21 世纪法学系列教材

总主编　曾宪义　王利明

商法案例分析

主　编　林　嘉
撰稿人　（以撰写章节先后为序）
　　　　戴　晨　田　野　黄　晶
　　　　陈　闯　张　敏　李　哲
　　　　王　涛　钱　源　范　围

中国人民大学出版社
·北京·

编审委员会

21世纪
法 学
系列教材

总 序

曾宪义

　　在人类文明与文化的发展中，中华民族曾作出过伟大的贡献，不仅最早开启了世界东方文明的大门，而且对人类法治、法学及法学教育的生成与发展进行了积极的探索与光辉的实践。

　　在我们祖先生存繁衍的土地上，自从摆脱动物生活、开始用双手去进行创造性的劳动、用人类特有的灵性去思考以后，我们人类在不断改造客观世界、创造辉煌的物质文明的同时，也在不断地探索人类的主观世界，逐渐形成了哲学思想、伦理道德、宗教信仰、风俗习惯等一系列维系道德人心、维持一定社会秩序的精神规范，更创造了博大精深、义理精微的法律制度。应该说，在人类所创造的诸种精神文化成果中，法律制度是一种极为奇特的社会现象。因为作为一项人类的精神成果，法律制度往往集中而突出地反映了人类在认识自身、调节社会、谋求发展的各个重要进程中的思想和行动。法律是现实社会的调节器，是人民权利的保障书，是通过国家的强制力来确认人的不同社会地位的有力杠杆，它来源于现实生活，而且真实地反映现实的要求。因而透过一个国家、一个民族、一个

1

时代的法律制度，我们可以清楚地观察到当时人们关于人、社会、人与人的关系、社会组织以及哲学、宗教等诸多方面的思想与观点。同时，法律是一种具有国家强制力、约束力的社会规范，它以一种最明确的方式，对当时社会成员的言论或行动作出规范与要求，因而也清楚地反映了人类在各个历史发展阶段中对于不同的人所作出的种种具体要求和限制。因此，从法律制度的发展变迁中，同样可以看到人类自身不断发展、不断完善的历史轨迹。人类社会几千年的国家文明发展历史已经无可争辩地证明，法律制度乃是维系社会、调整各种社会关系、保持社会稳定的重要的工具。同时，法律制度的不断完善，也是人类社会文明进步的显著体现。

由于发展路径的不同、文化背景的差异，东方社会与西方世界对于法律的意义、底蕴的理解、阐释存有很大的差异，但是，在各自的发展过程中，都曾比较注重法律的制定与完善。中国古代虽然被看成是"礼治"的社会、"人治"的世界，被认为是"只有刑，没有法"的时代，但从《法经》到《唐律疏议》、《大清律例》等数十部优秀成文法典的存在，充分说明了成文制定法在中国古代社会中的突出地位，唯这些成文法制所体现出的精神旨趣与现代法律文明有较大不同而已。时至20世纪初叶，随着西风东渐、东西文化交流加快，中国社会开始由古代的、传统的社会体制向近现代文明过渡，建立健全的、符合现代理性精神的法律文明体系方成为现代社会的共识。正因为如此，近代以来的数百年间，在西方、东方各主要国家里，伴随着社会变革的潮起潮落，法律改革运动也一直呈方兴未艾之势。

从历史上看，法律的文明、进步，取决于诸多的社会因素。东西方法律发展的历史均充分证明，推动法律文明进步的动力，是现实的社会生活，是政治、经济和社会文化的变迁；同时，法律内容、法律技术的发展，往往依赖于一大批法律专家以及更多的受过法律教育的社会成员的研究和推动。从这个角度看，法学教育、法学研究的发展，对于法律文明的发展进步，也有着异常重要的意义。正因为如此，法学教育和法学研究在现代国家的国民教育体系和科学研究体系中，开始占有越来越重要的位置。

中国近代意义上的法学教育和法学研究，肇始于19世纪末的晚清时代。清光绪二十一年（公元1895年）开办的天津中西学堂，首次开设法科并招收学生，虽然规模较小，但仍可以视为中国最早的近代法学教育机构（天津中西学堂后改名为北洋大学，又发展为天津大学）。三年后，中国近代著名的思想家、有"维新骄子"之称的梁启超先生即在湖南《湘报》上发表题为《论中国宜讲求法律之学》的文章，用他惯有的富有感染力的激情文字，呼唤国人重视法学，发明法学，讲求法学。梁先生是清代末年一位开风气之先的思想巨子，在他的辉煌的学术生涯中，法学并非其专攻，但他仍以敏锐的眼光，预见到了新世纪中国法学研究和法学教育的发展。数年以后，清廷在内外压力之下，被迫宣布实施"新政"，推动变法修律。以修订法律大臣沈家本为代表的一批有识之士，在近十年的变法修律过程中，在大量翻译西方法学著作，引进西方法律观念，有限度地改造中国传统的法律体制的同时，也开始推动中国早期的法学教育和法学研究。20 世纪初，中国最早设立的三所大学——北洋大学、京师大学堂、山西大学堂均设有法科或法律学科目，以期"端正方向，培养通才"。1906 年，应修订法律大臣沈家本、伍廷芳等人的奏请，清政府在京师正式设立中国第一所专门的法政教育机构——京师法律学堂。次年，另一所法政学堂——直属清政府学部的京师法政学堂也正式招生。这些大学法科及法律、法政学堂的设立，应该是中国历史上近代意义上的正规专门法学教育的滥觞。

自清末以来，中国的法学教育作为法律事业的一个重要组成部分，随着中国社会的曲折发展，经历了极不平坦的发展历程。在 20 世纪的大部分时间里，中国社会一直充斥着各种矛盾和斗争。在外敌入侵、民族危亡的沉重压力之下，中国人民为寻找适合中国国情的发展道路而花费了无穷的心力，付出过沉重的代价。从客观上看，长期的社会骚动和频繁的政治变迁曾给中国的法治与法学带来过极大的消极影响。直至 70 年代末期，以"文化大革命"宣告结束为标志，中国社会从政治阵痛中清醒过来，开始用理性的目光重新审视中国的过去，规划国家和社会的未来，中国由此进入长期稳定、和平发展的大好时期，以这种大的社会环境为背景，中国的法学教育也获得了前所未有的发展机遇。

从宏观上看，实行改革开放以来，经过二十多年的努力，中国的法学教育事业所取得的成就是辉煌的。首先，经过"解放思想，实事求是"思想解放运动的洗礼，在中国法学界迅速清除了极左思潮及苏联法学模式的一些消极影响，根据本国国情建设社会主义法治国家已经成为国家民族的共识，这为中国法学教育和法学研究的发展奠定了稳固的思想基础。其次，随着法学禁区的不断被打破、法学研究的逐步深入，一个较为完善的法学学科体系已经建立起来。理论法学、部门法学各学科基本形成了比较系统和成熟的理论体系和学术框架，一些随着法学研究逐渐深入而出现的法学子学科、法学边缘学科也渐次成型。1997 年，国家教育主管部门和教育部高校法学学科教学指导委员会对原有专业目录进行了又一次大幅度调整，决定自 1999 年起法学类本科只设一个单一的法学专业，按照一个专业招生，从而使法学学科的布局更加科学和合理。同时，在充分论证的基础上，确定了法学专业本科教学的 14 门核心课程，加上其他必修、选修课程的配合，由此形成了一个传统与更新并重、能够适应国家和社会发展需要的教学体系。法学硕士和博士研究生及法律硕士专业学位研究生的专业设置、课程教学和培养体系也日臻完善。再次，法学教育的规模迅速扩大，层次日趋齐全，结构日臻合理。目前中国有六百余所普通高等院校设置了法律院系或法律本科专业，在校本科学生和研究生已达二十余万人。除本科生外，在一些全国知名的法律院校，法学硕士研究生、法律硕士专业学位研究生、法学博士研究生已经逐步成为培养的重点。

众所周知，法律的进步、法治的完善，是一项综合性的社会工程。一方面，现实社会关系的发展，国家政治、经济和社会生活的变化，为法律的进步、变迁提供动力，提供社会的土壤。另一方面，法学教育、法学研究的发展，直接推动法律进步的进程。同时，全民法律意识、法律素质的提高，则是实现法治国理想的关键的、决定性的因素。在社会发展、法学教育、法学研究等几个攸关法律进步的重要环节中，法学教育无疑处于核心的、基础的地位。中国法学教育过去二十多年所走过的历程令人激动，所取得的成就也足资我们自豪。随着国家的发展、社会的进步，在 21 世纪，我们面临着更严峻的挑战和更灿烂的前景。"建设世界一流法学教育"，任重道远。

首先，法律是建立在经济基础之上的上层建筑，以法治为研究对象的法学也就成为一门实践性很强的学科。社会生活的发展变化，势必要对法学教育、法学研究不断提出新的要求。经过二十多年的奋斗，中国改革开放的前期目标已顺利实现。但随着改革开放的逐步深入，国家和社会的一些深层次问题，比如说社会主义市场经济秩序的真正建立、国有企业制度的改革、政治体制的完善、全民道德价值的重建、环境保护和自然资源的合理利用等等，也已经开始浮现出来。这些复杂问题的解决，无疑最终都会归结到法律制度的完善上来。建立一套完善、合理的法律制度，构建理想的和谐社会，乃一项持久而庞大的社会工程，需要全民族的智慧和努力。其中的基础性工作，如理论的论证、框架的设计、具体规范的拟订、法律实施中的纠偏等等，则有赖于法学研究的不断深入，以及高素质人才特别是法律人才的养成，而培养法律人才的任务，则是法学教育的直接责任。

其次，21 世纪是一个多元化的世纪。20 世纪中叶发生的信息技术革命，正在极大地改变着我们的世界。现代科学技术，特别是计算机网络信息技术的发展，使传统的生活方式、思想观念发生了根本的改变，并由此引发许多人类从未面对过的问题。就法学教育而言，在 21 世纪所要面临的，不仅是教学内容、研究对象的多元化问题，而且还有培养对象、培养目标的多元化、教学方式的多元化等一系列问题，这些问题都需要法学界去思考、去探索。

中国人民大学法学院建立于 1950 年，是新中国诞生后创办的第一所正规高

4

等法学教育机构。在半个多世纪的岁月中，中国人民大学法学院以其雄厚的学术力量、严谨求实的学风、高水平的教学质量以及丰硕的学术研究成果，在全国法学教育领域处于领先地位，并开始跻身于世界著名法学院之林。据初步统计，中国人民大学法学院已经为国家培养法学专业本科生、硕士生、博士生一万余人，培养各类成人法科学生三十余万人。经过多年的努力，中国人民大学法学院形成了较为明显的学术优势，在现职教师中，既有一批资深望重、在国内外享有盛誉的法学前辈，更有一大批在改革开放后成长起来的优秀中青年法学家。这些老中青法学专家多年来在勤奋研究法学理论的同时，也积极投身于国家的立法、司法实践，对国家法制建设贡献良多。

有鉴于此，中国人民大学法学院与中国人民大学出版社经过研究协商，决定结合中国人民大学法学院的学术优势和中国人民大学出版社的出版力量，出版一套"21世纪法学系列教材"。自1998年开始编写出版本科教材，包括按照国家教育部所确定的法学专业核心课程和其所颁布印发的《全国高等学校法学专业核心课程基本要求》而编写的14门核心课程教材，也包括法学各领域、各新兴学科教材及教学参考书和案例分析在内，到2000年12月3日在人民大会堂大礼堂召开举世瞩目的"21世纪世界百所著名大学法学院院长论坛暨中国人民大学法学院成立五十周年庆祝大会"之时，业已出版了50本作为50周年院庆献礼，到现在总共出版了80本。为了进一步适应高等法学教育发展的形势和教学改革的需要，最近中国人民大学法学院与中国人民大学出版社决定将这套教材扩大为四个系列，即："本科生用书"、"法学研究生用书"、"法律硕士研究生用书"以及"司法考试用书"，总数将达二百多本。我们设想，本套教材的编写，将更加注意"高水准"与"适用性"的合理结合。首先，本套教材将由中国人民大学法学院具有全国影响的各学科的学术带头人领衔，约请全国高校优秀学者参加，形成学术实力强大的编写阵容。同时，在编写教材时，将注意吸收中国法学研究的最新的学术成果，注意国际学术发展的最新动向，力求使教材内容能够站在21世纪的学术前沿，反映各学科成熟的理论，体现中国法学的水平。其次，本套教材在编写时，将针对新时期学生特点，将思想性、学术性、新颖性、可读性有机结合起来，注意运用典型生动的案例、简明流畅的语言去阐释法律理论与法律制度。

我们期望并且相信，经过组织者、编写者、出版者的共同努力，这套法学教材将以其质量效应、规模效应，力求成为奉献给新世纪的精品教材，我们诚挚地祈望得到方家和广大读者的教正。

2006年7月1日

序 言

法学教育是高等教育的重要组成部分，是建设社会主义法治国家、构建社会主义和谐社会的重要基础，并居于先导性的战略地位。在我国社会转型的新世纪、新阶段，法学教育不仅要为建设高素质的法律职业共同体服务，而且要面向全社会培养大批治理国家、管理社会、发展经济的高层次法律人才。近年来，法学教育取得了长足的进步，法科数量增长很快，教育质量稳步提高，培养层次日渐完善，目前已经形成了涵盖本科生、第二学士学位生、法学硕士研究生、法律硕士研究生、法学博士研究生的完整的法学人才培养体系，接受法科教育已经成为莘莘学子的优先选择之一。随着中国法治事业的迅速发展，我们有理由相信，中国法学教育的事业大有可为，中国法学教育的前途充满光明。

教育的基本功能在于育人，在于塑造德才兼备的高素质人才。法学教育的宗旨并非培养只会机械适用法律的"工匠"，而承载着培养追求正义、知法懂法、忠于法律、廉洁自律的法律人的任务。要完成法学教育的使命，首先必须认真抓好教材建设。我始终认为，教材是实现教育功能的重要工具和媒介，法学教材不

1

仅仅是法学知识传承的载体，而且是规范教学内容、提高教学质量的关键，对法学教育的发展有着不可估量的作用。

第一，法学教材是传授法学基本知识的工具。初学法律，既要有好的老师，又要有好的教材。正如冯友兰先生所言："学哲学的目的，是使人作为人能够成为人，而不是成为某种人。其他的学习（不是学哲学）是使人能够成为某种人，即有一定职业的人。"一套好的教材，能够高屋建瓴地展示法律的体系，能够准确简明地阐释法律的逻辑，能够深入浅出地叙述法律的精要，能够生动贴切地表达深奥的法理。所以，法学教材是学生学习法律的向导，是学生步入法律殿堂的阶梯。如果在入门之初教材就有偏颇之处，就可能误人子弟，学生日后还要花费大量时间与精力来修正已经形成的错误观念。

第二，法学教材是传播法律价值理念的载体。好的法学教材不仅要传授法学知识，更要传播法律的精神和法治的理念，例如对公平、正义的追求，尊重权利的观念。本科、研究生阶段的青年学子，正处在人生观、价值观形成的阶段，一套优秀的法学教材，对于他们价值观的塑造和健全人格的培养具有重要意义。

第三，法学教材是形成职业共同体的主要条件。建设社会主义法治国家，有赖于法律职业共同体的生成。一套好的法学教材，向法律研习者传授共同的知识，这对于培养一个接受共同的价值理念、共同的法律思维、共同的话语体系的法律共同体，具有重要的作用。

第四，法学教材是所有法律研习者的良师益友。没有好的教材，一个好的教师或可弥补教材的欠缺和不足，但对那些没有老师指导的自学者而言，教材就是老师，其重要作用是显而易见的。

长期以来，在我们的评价体系中，教材并没有获得应有的注重，对学术成果的形式优先考虑的往往是专著而非教材。在不少人的观念中，教材与创新、与学术精品甚至与学术无缘。其实，要真正写出一部好的教材，其难度之大、工作之艰辛、影响之深远，绝不低于一部优秀的专著，它甚至可以成为在几百年甚至更长的时间内发挥作用的传世之作。以查士丁尼的《法学阶梯》为例，所谓法学阶梯，即法学入门之义，就是一部教材。但它概括了罗马法的精髓，千百年来，一直是人们研习罗马法最基本的著述。日本著名学者我妻荣说过，大学教授有两大任务：一是写出自己熟悉的专业及学术领域的讲义乃至教科书；二是选择自己最有兴趣、最看重的题目，集中精力进行终生的研究。实际上，这两者是相辅相成的。写出一部好教材，必须要对相关领域形成一个完整的知识体系，还要能以深入浅出的语言将问题讲清楚、讲明白。没有编写教材的基本功，实际上也很难写出优秀的专著。当然，也只有对每一个专题都有一定研究，才能形成对这个学术领域的完整把握。

虽然近几年我国法学教育发展迅速，成绩显著，但是法学教育也面临许多挑战。各个学校的师资队伍和教学质量参差不齐，这就更需要推出更多的结构严谨、内容全面、角度各有侧重、能够适应不同需求的法学教材，为提高法学教学和人才培养质量、保障法学教育健康发展提供前提条件。

长期以来，中国人民大学法学院始终高度重视教材建设。作为新中国成立后建立的第一所正规的法学教育机构，中国人民大学法律系最早开设了社会主义法学教学课堂，编写了第一套社会主义法学讲义，培养了新中国第一批法学本科生和各学科的硕士生、博士生，产生了新中国最早的一批法学家和法律工作者。中国人民大学法律系因此被誉为"新中国法学教育的工作母机"。半个多世纪以来，中国人民大学法学院为社会主义法制建设培养了大批优秀的法律人才，并为法学事业的振兴和繁荣作出了卓越贡献，也因此成为引领中国法学教育的重镇、凝聚国内法律人才的平台和沟通中外法学交流的窗口，并在世界知名法学院行列中崭露头角。为了对中国法学教育事业作出更大的贡献，我们有义务也有责任出版一套体现我们最新研究成果的法学教材。

承蒙中国人民大学出版社的大力支持，我们组织编写了本套教材，其中包括本科生用书、法律硕士研究生用书、法学研究生用书和司法考试用书四大系列，分别面向不同层次法科教育需求。编写人员以中国人民大学法学院教师为主，反映了中国人民大学法学院整体的研究实力和学术视野。相信本套教材的出版，一定能够为新时期法学教育的繁荣发展发挥应有的作用。

是为序。

2006 年 7 月 10 日

编写说明

近年，我国的商事立法、修法活动较为活跃，新修订了《公司法》、《证券法》、《合伙企业法》和《保险法》，重新制定了《企业破产法》。《商法案例分析》是为了配合商法的教学和科研而编著的，其立足于我国的商法实践，结合新法的理解与适用，对于一些典型的商法案例进行了较为详细的分析。

本书共分为七章：第一章商法总论、第二章公司法、第三章证券法、第四章保险法、第五章票据法、第六章破产法、第七章海商法。本书在编写过程中，力求完整、全面地涵盖商法的实际适用，但是由于新法制定后，还有诸多配套的规范性文件尚未出台，新法中确立的众多制度也还没有在实践中经受足够的检验，有一些问题是我们还没有看到的。

本书由林嘉教授主编，参与本书编著的作者为（按撰写章节先后顺序）：

戴晨：第一、七章；

田野、黄晶：第二章；

陈闯、张敏：第三章；

李哲、王涛：第四章；

钱源：第五章；

范围：第六章。

由于水平有限，加之时间紧迫，书中难免存在不足和错误，希望各位读者批评指正。

编者

2009 年 3 月

目　录

第一章

商法总论

第一节　商主体

本节重点法条

《中华人民共和国民法通则》

第三十条　合伙是指两个以上公民按照协议，各自提供资金、实物、技术等，共同经营、共同劳动的组织形式。

《中华人民共和国合伙企业法》

第二条　本法所称合伙企业，是指自然人、法人和其他组织依照本法在中国境内设立的普通合伙企业和有限合伙企业。

普通合伙企业由普通合伙人组成，合伙人对合伙企业债务承担无限连带责任。本法对普通合伙人承担责任的形式有特别规定的，从其规定。

有限合伙企业由普通合伙人和有限合伙人组成，普通合伙人对合伙企业债务承担无限连带责任，有限合伙人以其认缴的出资额为限对合伙企业债务承担责任。

第十四条　设立合伙企业，应当具备下列条件：

（一）有二个以上合伙人。合伙人为自然人的，应当具有完全民事行为能力；

（二）有书面合伙协议；

（三）有合伙人认缴或者实际缴付的出资；

（四）有合伙企业的名称和生产经营场所；

（五）法律、行政法规规定的其他条件。

第十六条 合伙人可以用货币、实物、知识产权、土地使用权或者其他财产权利出资，也可以用劳务出资。

合伙人以实物、知识产权、土地使用权或者其他财产权利出资，需要评估作价的，可以由全体合伙人协商确定，也可以由全体合伙人委托法定评估机构评估。

合伙人以劳务出资的，其评估办法由全体合伙人协商确定，并在合伙协议中载明。

第二十六条 合伙人对执行合伙事务享有同等的权利。

按照合伙协议的约定或者经全体合伙人决定，可以委托一个或者数个合伙人对外代表合伙企业，执行合伙事务。

作为合伙人的法人、其他组织执行合伙事务的，由其委派的代表执行。

第二十七条 依照本法第二十六条第二款规定委托一个或者数个合伙人执行合伙事务的，其他合伙人不再执行合伙事务。

不执行合伙事务的合伙人有权监督执行事务合伙人执行合伙事务的情况。

第三十三条 合伙企业的利润分配、亏损分担，按照合伙协议的约定办理；合伙协议未约定或者约定不明确的，由合伙人协商决定；协商不成的，由合伙人按照实缴出资比例分配、分担；无法确定出资比例的，由合伙人平均分配、分担。

合伙协议不得约定将全部利润分配给部分合伙人或者由部分合伙人承担全部亏损。

第三十七条 合伙企业对合伙人执行合伙事务以及对外代表合伙企业权利的限制，不得对抗善意第三人。

第三十八条 合伙企业对其债务，应先以其全部财产进行清偿。

第三十九条 合伙企业不能清偿到期债务的，合伙人承担无限连带责任。

第四十条 合伙人由于承担无限连带责任，清偿数额超过本法第三十三条第一款规定的其亏损分担比例的，有权向其他合伙人追偿。

最高人民法院《关于贯彻执行〈中华人民共和国民法通则〉若干问题的意见（试行）》

47. 全体合伙人对合伙经营的亏损额，对外应当负连带责任；对内则应按照协议约定的债务承担比例或者出资比例分担；协议未规定债务承担比例或者出资比例的，可以按照约定的或者实际的盈余分配比例承担。但是对造成合伙经营亏损有过错的合伙人，应当根据其过错程度相应的多承担责任。

《中华人民共和国个人独资企业法》

第二条 本法所称个人独资企业，是指依照本法在中国境内设立，由一个自然人投资，财产为投资人个人所有，投资人以其个人财产对企业债务承担无限责任的经营实体。

第八条 设立个人独资企业应当具备下列条件：

（一）投资人为一个自然人；

（二）有合法的企业名称；

（三）有投资人申报的出资；

（四）有固定的生产经营场所和必要的生产经营条件；

（五）有必要的从业人员。

第九条 申请设立个人独资企业，应当由投资人或者其委托的代理人向个人独资企业所在地的登记机关提交设立申请书、投资人身份证明、生产经营场所使用证明等文件。委托代理人申请设立登记时，应当出具投资人的委托书和代理人的合法证明。

个人独资企业不得从事法律、行政法规禁止经营的业务；从事法律、行政法规规定须报经有关部门审批的业务，应当在申请设立登记时提交有关部门的批准文件。

案例1 合伙企业的效力问题[①]

【案情介绍】

某市市民 A 有私人住房五间，临街。2005 年 3 月，外地人 B 到该市准备开餐馆，经人介绍与 A 协商以 1 万元的月租租用该房。A 表示，愿意出租房屋，但不收租金，而要从餐馆的利润中分一部分。B 同意。双方签订了书面合同，其中规定：A 出房屋 4 间，并负责修缮、安装有关设施，适合开店之后交由 B 使用 3 年，A、B 按 4∶6 的比例分配赢利，A 不干预 B 的经营，也不参与经营管理。于是 B 到工商部门登记，登记为合伙企业，领取了营业执照。从 2005 年 3 月到 2005 年 12 月，B 与 A 都按照合同分配赢利，A 一共从中分得赢利 7.5 万元。2006 年 1 月，B 不慎购进一批有质量问题的猪肉和扇贝，两天造成 89 人中毒，为此赔偿医疗费、损失和罚款等费用 20 万元。B 要求 A 承担一部分，A 不同意，认为自己没有经营饭店，只是房屋的出租人，B 将自己登记为合伙人未经本人同意而无效，故食物中毒事故与己无关。双方发生争议，B 起诉到法院。

【法律问题】

1. 合伙企业成立的条件
2. 不参与经营管理的合伙人的责任
3. 有过错的合伙人对合伙债务的责任

【法律分析和结论】

根据修订后的《合伙企业法》的规定，合伙企业分为普通合伙企业和有限合伙企业。合伙成立的条件也修改为以下五个条件：(1) 合伙企业有二个以上合伙人。合伙人不再限定为自然人。但合伙人为自然人的，应当具有完全民事行为能

[①] 案例来源：范健主编：《商法教学案例》，1 页，北京，法律出版社，2004。

力。我国法律关于合伙人数上限没有规定。（2）合伙企业成立的法律基础是合伙协议，合伙协议必须以书面形式订立。（3）合伙人必须有认缴或实际缴付的出资，以保证企业能正常开展经营活动，但合伙企业法中没有规定注册资本。（4）合伙企业必须有自己的名称和生产经营场所，以区别于其他商事主体并能正常开展业务。（5）法律、行政法规规定的其他条件。如果法律、行政法规对普通合伙企业和有限合伙企业的设立有特殊要求的，依其规定。

《合伙企业法》规定，各合伙人对执行合伙企业事务享有同等的权利，可以由全体合伙人共同执行合伙企业事务，也可以由合伙协议约定或者全体合伙人决定，委托一名或者数名合伙人执行合伙企业事务。这表明合伙企业的事务可以由一名或几名合伙人经营管理。本案中的 A 明确表示不干预餐馆的经营，也不参与经营，属于不执行合伙事务的合伙人，但并不是不参与经营管理就不承担合伙债务。《合伙企业法》明确规定，由一名或数名合伙人执行合伙企业事务的，应当按照约定向其他不参加事务执行的合伙人报告事务执行情况以及合伙企业的经营状况和财务状况，其执行合伙企业所产生的收益归全体合伙人，所产生的亏损或者民事责任，由全体合伙人承担。总之，即使 A 依约定不参与经营管理，其也同样应对合伙企业的债务承担连带责任。

《合伙企业法》规定，合伙企业的利润和亏损，由合伙人按照合伙协议约定的比例分配和分担；合伙协议未约定利润分配比例和亏损分担比例的，由各合伙人平均分配和分担。虽然本案中没有约定亏损的分担比例，但可以依据赢利的分配比例确定亏损的分担比例。最高人民法院《关于贯彻执行〈中华人民共和国民法通则〉若干问题的意见（试行）》第 47 条规定，对造成合伙经营亏损有过错的合伙人，应当根据其过错程度相应地多承担责任。根据过错责任原则，B 采购的猪肉和海鲜有质量问题，是造成此次事故的主要原因。为此，B 应承担主要的责任。所以，A 与 B 在分担亏损时，应在 4∶6 的基础上，由 B 多承担一些。

案例2　个人独资企业的设立[①]

【案情介绍】

张某因单位经营困难，下岗在家，生计困难。其朋友李某在一家出版社做销售工作，见张某此种情形，便鼓励他在某学校附近开办一家书店，并代销其所在出版社的书籍，由李某负责供应书籍，等书卖完后再付款。张某担心工商管理部

---

① 案例来源：林嘉主编：《商法练习题集》，11 页，北京，中国人民大学出版社，2006。

门不会予以登记，因为他拿不出办书店的钱去注册。李某说，个人独资企业不是公司，没有最低注册资本金的要求，就像一些报纸上讲的，"一元钱就可以办企业"，张某的担心是多余的。

【法律问题】
个人独资企业的设立条件

【法律分析和结论】
在我国，设立个人独资企业应当具备以下条件：

1. 投资人为一个自然人。依据我国《民法通则》及其他相关法律的规定，个人独资企业的业主须是具有完全民事行为能力且从事商业活动不受法律限制的自然人。下列人员一般不能设立个人独资企业：一是法律、行政法规禁止从事商业活动的人，如国家机关的工作人员；二是对企业破产负有个人责任的企业法定代表人或对企业因违法经营被吊销营业执照负有个人责任的法定代表人、投资人及其他人员，自企业破产清算完结之日起或者企业被吊销营业执照之日起未满3年者；三是个人所负债务较多且到期未偿还者。

2. 有合法的企业名称。企业名称是企业的识别符号，也是一个企业区别于其他企业的基本标志，任何企业都必须有自己的名称。独资企业的名称除了必须符合《企业名称登记管理规定》之外，还应当与其责任形式及从事的营业相符合，由于个人独资企业的业主须对企业债务承担无限责任，故企业名称中不可出现"有限"或"有限责任"字样；同时"公司"一词在我国有特定含义，所以企业名称中也不可出现"公司"字样。这主要是为了防止误导交易相对人的情形出现。

3. 有投资人申报的出资。因为投资人对企业的债务承担无限责任，企业的财产不被作为企业用以偿还其所欠各种债务的总担保财产来看待，因此，法律对独资企业没有法定最低注册资本的要求，只规定有投资人申报的财产即可，这些财产也无须经验资机构验资。但法律这种规定并非如案例中李某所言不需要任何资金。个人独资企业是从事商行为的商主体，其主体资格和商事能力的取得是基于其特定的财产，如果没有物质保障，即一元钱就可办企业，就可能产生欺骗行为，损害债权人的利益。

4. 有固定的生产经营场所和必要的生产经营条件。

5. 有必要的从业人员。从业人员以企业的需要为限。

一般个人独资企业只要具备上述五个条件即可注册成立。但是对于从事法律、行政法规规定须报经有关部门审批的业务，在申请设立登记时还应当提交有关部门的批准文件。本案中张某拟开办的书店就属于尚需新闻出版部门审批的业务。

虽然《个人独资企业法》对个人独资企业的设立没有规定最低注册资本金的要求，但这并不是说企业的设立和经营不需要资金保障，也不意味着企业登记不需要注册资本。投资人申报的出资是个人独资企业成立之初的经营资本，也是企业对外承担责任的重要财产来源。规定出资是国家对个人独资企业监督的要求。事实上，在设立个人独资企业时，投资人承诺将投入企业的资本金不仅是企业设立和经营的基本保障，也是登记机关据以登记的企业出资额。由于个人独资企业对资金的需求相对较小，同时为了鼓励中小企业的成立，注册资本采取实事求是的方法，不规定最低限额，只要求保障生产经营的实际需要即可。

第二节　商行为

案例　商事代理问题[①]

【案情介绍】

A公司与B公司签订了3年的商事代理合同，约定：B公司在北京地区独家代理A公司的产品——轮胎，A公司按照B公司的需求随时供货，双方规定了年供货的最低额，B公司负责A公司商品的推销工作，费用由B公司自理。A、B公司在开始两年合作很好。第三年，A公司单方面终止了合同，不再向B公司供货，使B公司的货物严重短缺，B公司几经要求，A公司均拒绝供货，使B公司损失惨重。A公司随即提出终止合同，只赔偿B公司损失的代理费，B公司要求A公司赔偿其广告费等各种宣传费和A公司停止供货后B公司因销售网点的废止而损失的各种费用和人员工资。

【法律问题】

商事代理与民事代理的区别及特殊规则

【法律分析和结论】

我国《民法通则》所规定的代理是民事代理的范畴，重在保护被代理人的利益，在实际案件中很难保护商事代理人的利益。A公司所赔偿的代理费只是B公司的部分损失，B公司为推销A公司的产品，通过广告等各种其他的宣传方

---

① 案例来源：林嘉主编：《商法练习题集》，18页，北京，中国人民大学出版社，2006。

式推广 A 公司的产品；销售 A 公司的产品时，为 A 公司产品量身定做了销售网点，雇用了销售人员，培训了推销人员；因 A 公司违约不供货而导致的部分客户流失，使 B 公司在商业信誉等多方面遭受了损失，总之，对 B 公司从谈判、签订合同，到制定营销策略、培训人员、建设销售网点、推广产品等一系列的损失 A 公司都负有一定的责任。所以应保护 B 公司的合法权益，要求 A 公司赔偿商事代理商的所有法院可以认定的损失而不只是代理费。

第三节　商事登记

本节重点法条

《中华人民共和国民法通则》

第四十四条　企业法人分立、合并或者有其他重要事项变更，应当向登记机关办理登记并公告。

企业法人分立、合并，它的权利和义务由变更后的法人享有和承担。

第四十六条　企业法人终止，应当向登记机关办理注销登记并公告。

《中华人民共和国企业法人登记管理条例》

第十六条　申请企业法人开业登记的单位，经登记主管机关核准登记注册，领取《企业法人营业执照》后，企业即告成立。企业法人凭据《企业法人营业执照》可以刻制公章、开立银行账户、签订合同，进行经营活动。

登记主管机关可以根据企业法人开展业务的需要，核发《企业法人营业执照》副本。

第三十三条　企业法人被吊销《企业法人营业执照》，登记主管机关应当收缴其公章，并将注销登记情况告知其开户银行，其债权债务由主管部门或者清算组织负责清理。

《中华人民共和国公司登记管理条例》

第六十八条　虚报注册资本，取得公司登记的，由公司登记机关责令改正，处以虚报注册资本金额 5% 以上 15% 以下的罚款；情节严重的，撤销公司登记或者吊销营业执照。

第六十九条　提交虚假材料或者采取其他欺诈手段隐瞒重要事实，取得公司登记的，由公司登记机关责令改正，处以 5 万元以上 50 万元以下的罚款；情节严重的，撤销公司登记或者吊销营业执照。

第七十条　公司的发起人、股东虚假出资，未交付或者未按期交付作为出资的货币或者非货币财产的，由公司登记机关责令改正，处以虚假出资金额 5% 以上 15% 以下的罚款。

第七十一条　公司的发起人、股东在公司成立后，抽逃出资的，由公司登记机关责令改正，处以所抽逃出资金额 5% 以上 15% 以下的罚款。

第七十二条　公司成立后无正当理由超过 6 个月未开业的，或者开业后自行停止连续 6 个月以上的，可以由公司登记机关吊销营业执照。

第七十三条 公司登记事项发生变更时，未依照本条例规定办理有关变更登记的，由公司登记机关责令限期登记；逾期不登记的，处以1万元以上10万元以下的罚款。其中，变更经营范围涉及法律、行政法规或者国务院决定规定须经批准的项目而未取得批准，擅自从事相关经营活动，情节严重的，吊销营业执照。

公司未依照本条例规定办理有关备案的，由公司登记机关责令限期办理；逾期未办理的，处以3万元以下的罚款。

第七十四条 公司在合并、分立、减少注册资本或者进行清算时，不按照规定通知或者公告债权人的，由公司登记机关责令改正，处以1万元以上10万元以下的罚款。

公司在进行清算时，隐匿财产，对资产负债表或者财产清单作虚假记载或者在未清偿债务前分配公司财产的，由公司登记机关责令改正，对公司处以隐匿财产或者未清偿债务前分配公司财产金额5％以上10％以下的罚款；对直接负责的主管人员和其他直接责任人员处以1万元以上10万元以下的罚款。

公司在清算期间开展与清算无关的经营活动的，由公司登记机关予以警告，没收违法所得。

第七十五条 清算组不按照规定向公司登记机关报送清算报告，或者报送清算报告隐瞒重要事实或者有重大遗漏的，由公司登记机关责令改正。

清算组成员利用职权徇私舞弊、谋取非法收入或者侵占公司财产的，由公司登记机关责令退还公司财产，没收违法所得，并可以处以违法所得1倍以上5倍以下的罚款。

第七十六条 公司不按照规定接受年度检验的，由公司登记机关处以1万元以上10万元以下的罚款，并限期接受年度检验；逾期仍不接受年度检验的，吊销营业执照。年度检验中隐瞒真实情况、弄虚作假的，由公司登记机关处以1万元以上5万元以上的罚款，并限期改正；情节严重的，吊销营业执照。

第七十七条 伪造、涂改、出租、出借、转让营业执照的，由公司登记机关处以1万元以上10万元以下的罚款；情节严重的，吊销营业执照。

第七十八条 未将营业执照置于住所或者营业场所醒目位置的，由公司登记机关责令改正；拒不改正的，处以1 000元以上5 000元以下的罚款。

第七十九条 承担资产评估、验资或者验证的机构提供虚假材料的，由公司登记机关没收违法所得，处以违法所得1倍以上5倍以下的罚款，并可以由有关主管机关部门依法责令该机构停业、吊销直接责任人员的资格证书，吊销营业执照。

承担资产评估、验资或者验证的机构因过失提供有重大遗漏的报告的，由公司登记机关责令改正，情节较重的，处以所得收入1倍以上5倍以下的罚款，并可以由有关主管部门依法责令该机构停业、吊销直接责任人员的资格证书，吊销营业执照。

第八十条 未依法登记为有限责任公司或者股份有限公司，而冒用有限责任公司或者股份有限公司名义的，或者未依法登记为有限责任公司或者股份有限公司的分公司，而冒用有限责任公司或者股份有限公司的分公司名义的，由公司登记机关责令改正或者予以取缔，可以并处10万元以下的罚款。

第八十一条 公司登记机关对不符合规定条件的公司登记申请予以登记，或者对符合规定条件的登记申请不予登记的，对直接负责的主管人员和其他直接责任人员，依法给予行政处分。

第八十二条 公司登记机关的上级部门强令公司登记机关对不符合规定条件的登记申请予以登记，或者对符合规定条件的登记申请不予登记的，或者对违法登记进行包庇的，对直接负责的主管人员和其他直接责任人员依法给予行政处分。

第八十三条 外国公司违反《公司法》规定，擅自在中国境内设立分支机构的，由公司登记机关责令改正或者关闭，可以并处5万元以上20万元以下的罚款。

第八十四条 利用公司名义从事危害国家安全、社会公共利益的严重违法行为的，吊销营业执照。

第八十五条 分公司有本章规定的违法行为的，适用本章规定。

第八十六条 违反本条例规定，构成犯罪的，依法追究刑事责任。

《中华人民共和国合伙企业登记管理办法》

第十七条 合伙企业营业执照的签发之日，为合伙企业的成立日期。

《个人独资企业管理办法》

第十二条 个人独资企业营业执照的签发日期为个人独资企业成立日期。

最高人民法院法经〔2000〕23号函（函复甘肃省高级人民法院）

吊销企业法人营业执照，是工商行政管理局对实施违法行为的企业法人给予的一种行政处罚。根据《中华人民共和国民法通则》第四十条、第四十六条和《中华人民共和国企业法人登记管理条例》第三十三条的规定，企业法人营业执照被吊销后，应当由其开办单位（包括股东）或者企业组织清算组依法进行清算，停止清算范围外的活动。清算期间，企业民事诉讼主体资格依然存在。本案中人民法院不应以甘肃新科工贸有限责任公司（以下简称新科公司）被吊销企业法人营业执照，丧失民事诉讼主体资格为由，裁定驳回起诉。本案债务人新科公司在诉讼中被吊销企业法人营业执照后，至今未组织清算组依法进行清算，因此，债权人兰州岷山制药厂以新科公司为被告，后又要求追加该公司全体股东为被告，应当准许，追加该公司的股东为共同被告参加诉讼，承担清算责任。

案例 公司被吊销营业执照后原欠款纠纷案[①]

【案情介绍】

1997年，被告赣县饮食服务公司为改造装修"赣县饭店"，以为光彩市场开张庆典仪式接待做准备，与原告王某协议由其垫资承揽装修改造。至2000年12

---

① 案例来源：江西省赣州市中级人民法院（2008）赣中民一终字第138号，判决日期：2008年10月24日，载北大法意网，http://www.lawyee.net/Case/Case_Display.asp?RID=163522&KeyWord=吊销营业执照。

月7日，经双方结算，被告赣县饮食服务公司尚欠原告工程款216 210.53元。当日，被告赣县饮食服务公司出具承诺书，承诺该欠款不受时效性限制，直到付清有效。之后，赣县饮食服务公司陆续归还了部分欠款，至原告起诉时尚欠工程款91 210.53元。2003年6月30日，赣县饮食服务公司开始改制，没有再支付所欠的工程款。2004年，职工已经全部买断工龄。1999年8月3日，赣县饮食服务公司以金元大酒店的名义向中国工商银行赣县支行抵押贷款100万元，并办理了抵押登记手续。贷款到期后，由于赣县饮食服务公司无力偿还借款，中国工商银行赣县支行向赣州市中级人民法院起诉赣县饮食服务公司。判决生效后，中国工商银行赣县支行申请执行并要求拍卖抵押物，被告赣县饮食服务公司则以企业困难为由要求暂缓执行。2005年，中国工商银行因上市需要处理不良贷款，于是中国工商银行江西省分行与中国长城资产管理公司南昌办事处签订债权转让协议，中国长城资产管理公司南昌办事处取得了对赣县饮食服务公司的债权。2006年，为了保住金元大酒店，赣县人民政府经与中国长城资产管理公司南昌办事处协商后决定，中国长城资产管理公司对赣县饮食服务公司的债权由赣县商业局筹资36万元回购。赣县商业局回购该债权后，2007年10月15日，赣县饮食服务公司书面承诺同意由赣县商业局对金元大酒店进行租赁和收取租金，用以充抵债务和解决企业职工善后问题。赣县饮食服务公司现在的主要资产"金元大酒店"目前由被告赣县商业局出租并收取租金。

被告赣县饮食服务公司系全民所有制企业，根据赣县政府企业改制精神从2003年起企业内部进行了置换资产、职工买断工龄、身份置换、与企业解除劳动关系等改制工作，但由于企业负债重等原因，欠退休职工的工资尚未补发，个别职工还没有解除劳动关系，企业没有进行清算，企业改制没有结束，赣县饮食服务公司机构依然存在，由原负责人吴新瑞留守，负责处理善后事宜及处理日常工作。2005年11月9日赣县饮食服务公司的营业执照被吊销，其主管单位为被告赣县商业局。

后原告王某起诉赣县商业局要求其清偿欠款。

【法律问题】
1. 企业登记与营业执照的关系
2. 被吊销营业执照后，商事主体的诉讼主体资格

【法律分析和结论】
（一）参考结论

一审法院认为，赣县商业局作为赣县饮食服务公司的上级主管部门，在下属

企业赣县饮食服务公司被注销及改制结束以前负有清算责任，且赣县饮食服务公司的主要资产"金元大酒店"目前由赣县商业局监督、管理并出租收取租金，因此其是本案适格的诉讼主体。同时，赣县饮食服务公司的营业执照虽然被登记主管机关吊销，但是其民事主体资格并不随即终止，因为吊销营业执照仅引发公司的解散，只是对公司的民事权利能力和民事行为能力的一种限制，解散后的公司直至注销终止前，仍有一个清算的过程。最高人民法院在《关于企业法人被吊销营业执照后，其民事诉讼主体地位如何确定的复函》中规定："企业法人被吊销营业执照后，应当依法进行清算，清算程序结束并办理工商注销登记后，该企业法人才归于消灭，因此，企业法人被吊销营业执照后至被注销登记前，该企业法人仍应视为存续，可以自己的名义进行诉讼活动。"因此，赣县饮食服务公司被吊销营业执照后并不丧失法人资格和诉讼主体资格，可以进行清算范围内的民事活动并应诉、承担民事责任。所以法院根据当事人的申请追加赣县饮食服务公司为共同被告。

被告赣县商业局作为赣县饮食服务公司的上级主管部门，在赣县饮食服务公司被工商部门吊销营业执照后作为清算义务主体应组织清算小组对公司的资产和债务等进行清算，其应承担清算责任。但由于赣县商业局不存在投资不足或转移资产逃避债务等侵害债权的情形，也没有无偿接管被告赣县饮食服务公司的资产，而是出资回购了中国长城资产管理公司对被告赣县饮食服务公司的债权，因而不应承担连带责任。

一审法院判决赣县饮食服务公司偿还原告王某工程款91 210.53元，二审法院维持了一审法院的判决。

（二）学理分析

由于我国法律缺乏明确的规定，企业被吊销营业执照而引发的诉讼主体资格问题在我国司法实践中频频发生。关于企业成立时、企业主体资格消灭后的诉讼主体资格的认定等问题，最高人民法院先后就一些个案作出过具体指示，也曾以会议纪要的形式作出过一些指导性规定。本案的判决还是给我国就类似的缺乏法律明确规定的问题作出司法裁决提供了一种思路。

1. 商事登记

商事登记是指有关义务人依照商事登记法律法规规定的内容和程序，由当事人将登记事项向营业所在地登记机关提出申请，经登记机关审查核准，将登记事项记载于商事登记簿的综合法律行为。其目的在于获得商主体的资格与能力得以确立或使其发生变化的法律效果。商事登记是取得合法商事主体资格的必要和唯一的途径。商事登记属要式法律行为，登记的内容与事项往往由商事特别法以强制性条款的形式规定并具体列明，通过法定的格式，向法定商事登记主管机关提出申请。商事登记的实行，有利于交易相对人或社会公众对商主体与经营相关的情况有一个清晰的了解，从而更加明智地选择和决定自己的交易行为，进而保护交易相对人和社会公众的利益。

商事登记可以分为设立登记、变更登记和注销登记。

设立登记指商事主体的创设人为设立商事主体而向登记机关提出申请，并由登记机关办理登记的法律行为。我国的设立登记具有创设效力。我国对各种商事主体包括企业法人、非企业法人兼营营利性业务的以及个人均采用登记生效主义，未经登记，商事主体不得成立和开展活动。设立登记中，登记机关在收到申请人的申请及相关的材料并予以审核之后，应核发相应的营业执照。

变更登记是指商事登记事项在登记注册后发生变化的，应在法定期限内向原登记机关申请变更登记，未经核准变更登记的，不得擅自改变。变更登记事项涉及营业执照载明事项的，登记机关应当换发营业执照。

注销登记，是商事主体终止营业时，应当向原登记机关申请办理注销登记。同时应撤销注册号，收缴执照正、副本和公章，并通知开户银行。经登记机关核准注销登记，商事主体终止。

由此可以看出，登记与营业执照有着不可分割的联系，在登记的各个阶段都涉及营业执照的取得、变更和注销。这里就需要我们确定营业执照与登记的关系。根据《中华人民共和国公司登记管理条例》第3条规定："公司经公司登记机关依法登记，领取《企业法人营业执照》，方取得企业法人资格。自本条例施行之日起设立公司，未经公司登记机关登记的，不得以公司名义从事经营活动。"从此条可以看出，领取《企业法人营业执照》是企业成立的要件。但是，企业被吊销营业执照是否就意味着丧失主体资格？要理解此问题需要我们了解营业执照的法律性质。

2. 营业执照的法律性质

营业执照的法律性质一般涉及两个方面的问题：一是主体资格的确立问题；二是主体适用何种法律调整。与我们此处讨论的商事登记制度相关的营业执照的法律性质就是主体资格的确立问题。以下我们只涉及此主体资格问题，其他囿于篇幅，不再赘述。

一般认为营业执照是商事主体资格取得的凭证，同时也是经营资格取得的凭证。

《民法通则》第41条规定，全民所有制企业、集体所有制企业"经主管机关核准登记，取得法人资格"；外商投资企业"具备法人条件的，依法经工商行政管理机关核准登记，取得中国法人资格"。《公司法》第 7 条规定："依法设立的公司，由公司登记机关发给公司营业执照。公司营业执照签发日期为公司成立日期。"《公司登记管理条例》第 3 条第 2 款则规定："未经公司登记机关登记的，不得以公司名义从事经营活动"。另外，《行政许可法》第 12 条第 5 项也明确规定"企业或者其他组织的设立等，需要确定主体资格的事项"，属于行政许可。很显然，合法的公司法人或者其他企业法人主体资格的确立，必经工商行政管理机关核准登记，并领取营业执照。

《公司法》第 7 条第 2 款规定，公司营业执照必须载明"经营范围"事项。公司营业执照记载的"经营范围"就是国家许可其从事经营活动的内容。对于营业执照是非法人营业单位主体资格凭证的问题，也有相应的法律、法规的规定，不再赘述。因而，营业执照都具有双重性质，既是企业法人或者经营单位主体资格取得的凭证，也是经营资格取得的凭证。

3. 企业被吊销营业执照之后的主体资格问题

企业由于违法经营或者未按照法律法规的规定进行年检被吊销营业执照，此时企业的主体资格是否存在，存在不同的观点，有法人人格否定说、行为能力消灭说、行为能力限制说。由于理论上观点的不一，从而国家工商行政管理局和最高人民法院对吊销营业执照的法人的法律地位一直存在不同的看法。

如国家工商行政管理局工商企字〔1999〕第 173 号《关于企业登记管理若干问题的执行意见》第 10 条规定，企业被吊销营业执照的，其法人资格或者经营资格终止。2002 年 5 月 8 日工商总局工商企字〔2002〕第 106 号《关于企业法人被吊销营业执照后法人资格问题的答复》更加明确地表达了上述观点，其中表明："企业法人营业执照是企业法人凭证，申请人经登记主管机关依法核准登记，领取企业法人营业执照，取得法人资格。因此，企业法人营业执照被登记主管机关吊销，企业法人资格随之消亡。""对企业法人而言，吊销营业执照就意味着其法人资格被强行剥夺，法人资格也就随之消亡，并由登记主管机关在企业登记档案上予以载明，不需要被吊销营业执照的企业法人再申请办理注销手续。"① 有学者把工商行政部门将营业执照集法人资格和经营资格的证明效力于一身的企业登记制度，称之为"统一主义"立法模型。对于工商部门的观点，从行政管理的效率出发，这两个文件的解释也并非没有道理，但从企业法人或者非法人营业主

---

① 国家工商行政管理局工商企字〔1999〕第 173 号《关于企业登记管理若干问题的执行意见》和工商企字（2002）第 106 号《关于企业法人被吊销营业执照后法人资格问题的答复》（《行政许可法》出台后，相继被国家工商总局明文废止）。

体资格终止的实际运作而言，有点欠缺。以下两个问题将难以得到合理的解释。其一，如果企业的法人资格因企业被吊销营业执照而终止，那么，清算阶段的企业将不再是法人，也就不能以企业的财产对外独立承担民事责任。其二，理论上一般认为，处于清算阶段的企业，其法人资格并未消灭，应称之为清算法人。

最高人民法院对此采取不同的观点。如最高人民法院法经〔2000〕24号《关于企业法人被吊销营业执照后，其民事诉讼地位如何确定的函》中指出："企业法人被吊销营业执照后，应当依法进行清算，清算程序结束并办理工商注销登记后，该企业法人才归于消灭。因此，企业法人被吊销营业执照后至被注销登记前，该企业法人仍应视为存续，可以自己的名义进行诉讼活动。"这种规定，可以看出企业法人被吊销营业执照后，其主体资格并不一并消灭，其仍然可以参加诉讼，而不能进行经营活动，即法人资格和经营资格出现了分离。

从法律规定上看，《民法通则》第46条规定："企业法人终止，应当向登记机关办理注销登记并公告。"这里没有区分企业法人终止的原因是吊销营业执照引起，还是其他什么原因引起，企业法人终止的程序，就是办理注销登记，并公告后消亡。另外，从实务考虑，吊销营业执照是一种行政处罚，依法有救济途径，如果吊销营业执照一经作出，意味着企业法人资格的丧失，它如何以自己的名义清算、申请复议、提起诉讼？因此，最高人民法院的法经〔2000〕24号复函已经被后来出台的《行政许可法》（第70条第4项）证实是正确的。

（三）参考结论

近年来，在司法实践中已经逐渐确认了将企业法人资格与营业资格的吊销相分离的原则，即吊销营业执照并不意味着企业法人资格的消灭，只有经过清算，并办理注销登记手续后，才在法律上消灭其法人资格。因此，本案中法院判决被吊销营业执照的赣县饮食服务公司作为被告承担还款责任是正确的。

第四节　商业名称

本节重点法条

《中华人民共和国反不正当竞争法》

第五条　经营者不得采用下列不正当手段从事市场交易，损害竞争对手：

（一）假冒他人的注册商标；

（二）擅自使用知名商品特有的名称、包装、装潢，或者使用与知名商品近似的名称、包装、装潢，造成和他人的知名商品相混淆，使购买者误认为是该知名商品；

（三）擅自使用他人的企业名称或者姓名，引人误认为是他人的商品；

（四）在商品上伪造或者冒用认证标志、名优标志等质量标志，伪造产地，对商品质量作引人误解的虚假表示。

《中华人民共和国民法通则》

第四条 民事活动应当遵循自愿、公平、等价有偿、诚实信用的原则。

第一百三十四条 承担民事责任的方式主要有：

（一）停止侵害；

（二）排除妨碍；

（三）消除危险；

（四）返还财产；

（五）恢复原状；

（六）修理、重作、更换；

（七）赔偿损失；

（八）支付违约金；

（九）消除影响、恢复名誉；

（十）赔礼道歉。

以上承担民事责任的方式，可以单独适用，也可以合并适用。

人民法院审理民事案件，除适用上述规定外，还可以予以训诫、责令具结悔过、收缴进行非法活动的财物和非法所得，并可以依照法律规定处以罚款、拘留。

《中华人民共和国商标法》

第九条 申请注册的商标，应当有显著特征，便于识别，并不得与他人在先取得的合法权利相冲突。

商标注册人有权标明"注册商标"或者注册标记。

第十三条 就相同或者类似商品申请注册的商标是复制、摹仿或者翻译他人未在中国注册的驰名商标，容易导致混淆的，不予注册并禁止使用。

就不相同或者不相类似商品申请注册的商标是复制、摹仿或者翻译他人已经在中国注册的驰名商标，误导公众，致使该驰名商标注册人的利益可能受到损害的，不予注册并禁止使用。

第十四条 认定驰名商标应当考虑下列因素：

（一）相关公众对该商标的知晓程度；

（二）该商标使用的持续时间；

（三）该商标的任何宣传工作的持续时间、程度和地理范围；

（四）该商标作为驰名商标受保护的记录；

（五）该商标驰名的其他因素。

第三十一条 申请商标注册不得损害他人现有的在先权利，也不得以不正当手段抢先注册他人已经使用并有一定影响的商标。

案例 运动器具厂、大风俱乐部与大风厂商号与商标纠纷案①

【案情介绍】

大风俱乐部于 1995 年 8 月 28 日经××省民政厅批准注册为社会团体法人,其业务范围为"组织比赛、专业培训、技术交流"。活动地域为××省。大风俱乐部在球队队服、宣传册、信封信笺等物品上广泛使用了"大风"、"××大风"和"××大风足球俱乐部"等字样及队徽等图案。大风厂成立于 1996 年 7 月,经营范围为球类制造。1998 年 11 月 28 日,大风厂受让取得了"大风"商标及"大风及图"商标。这两个商标的有效期限分别为 1998 年 5 月 7 日至 2008 年 5 月 6 日和 1995 年 9 月 7 日至 2008 年 9 月 6 日,核定使用商品均为第 28 类运动球类。1996 年 11 月 21 日,大风俱乐部与运动器具厂签订了一份协议,约定双方合作制作九七纪念足球,运动器具厂有权使用 1997 年大风俱乐部队徽、吉祥物、球队队员、教练员肖像、签名并享有生产销售权,并向大风俱乐部交纳管理费 10 万元。运动器具厂除向大风俱乐部赠送了 50 只九七纪念足球外,还向全国进行销售并对产品质量负全责。运动器具厂于 1997 年 5 月开始在大风俱乐部所在地成立了销售中心,大风俱乐部还在参加 1999 年全国体育博览会时展出了由运动器具厂生产的带有"大风"字样的足球和篮球。这些"大风"字样系综艺繁体字型,并且字体较大。大风厂认为大风俱乐部大量销售该产品,构成了对其商标权的侵犯,因而向运动器具厂所在地中级人民法院提起诉讼。

【法律问题】

1. 商号权与他人注册商标专用权的冲突
2. 驰名商标与他人注册商标专用权的冲突
3. 未注册商标的在先权利与他人注册商标专用权的冲突

【法律分析和结论】

(一) 学理分析

1. 商号和商标的概念及区别

商号(Trade Names)是指从事生产或经营活动的经营者在进行登记注册时用以表示自己营业名称的一部分,是工厂、商店、公司、集团等企业的特

① 案例来源:范健主编:《商法判例解读》,25 页,北京,高等教育出版社,2004。

定标志和名称。商号与企业名称是有区别的,二者不能等同。按照国家工商管理局 1991 年发布的《企业名称登记管理规定》第 7 条第 1 款规定,企业名称应当由以下部分依法组成:字号(或商号)、行业或者经营特点、组织形式。由此可见,商号是企业名称的法定构成要素,是企业名称的一个组成部分而非全部。

商标是区分不同商品的标志,通常由文字、图形及其组合构成,最主要的功能在于区别商事主体所生产的产品和所提供的服务。商标权作为一种知识产权在我国已有明确的法律规定。在《保护工业产权巴黎公约》中,商号和商标同属工业产权的范畴,其规定:"工业产权的保护对象是专利、实用新型、工业外观设计、商标、服务商标、厂商名称、产地标记或属产地名称"。我国 1985 年成为其成员国,但我国立法中却并未明确商号的知识产权性质,并且也有商事主体以自己的商号作为文字商标申请注册的情况。

商号权相对于商标权仍有不同之处:

(1)调整的法律依据不同。保护商号权的法律法规主要有《民法通则》、《反不正当竞争法》、《公司法》、《产品质量法》、《企业名称登记管理规定》等;而商标权的产生依据则是《民法通则》、《商标法》及其实施条例等。

(2)二者具有不同的识别功能。商标将一个企业提供的商品或者服务与其他企业提供的商品或者服务区别开来;商号作为企业名称的核心要素,将一企业的经营活动与其他企业的经营活动区别开来。商号权的实现不需要依附于特定的商品或服务之上,但必须依赖于生产经营该商品的厂商或服务提供商;商标权的实现则大多体现在特定商品或服务之上。

(3)权利取得的方式以及地域效力不同。商标注册和企事业登记注册是二者权利产生的根源和法定程序,但取得权利的具体程序不同。二者的注册机构均是国家的工商行政管理机关,但却分属不同的注册系统,采用不同的注册审查方式:商号实行分级注册制,分别在不同的行政区域单独注册;商标注册由专门的代理机构向国家商标局提出申请,经实质性审查后公告授权。商号权比商标权更具地域性。二者虽然原则上在注册登记国都有效力,但商号权的效力范围更小,因为它只有在其所在的登记机关的管辖范围内有效力。

(4)商号权无法定的时间限制,商号权与商事主体并存,只要该主体存在,商号权就存在;而商标权有法定的期限。

2. 我国法律中商号权和商标权冲突问题

我国的法律制度下对商号和商标两者的保护是相互分离的。由于没有交互检索的系统,在商标领域对商号不予保护,在商号领域则只对驰名商标予以保护,使得商标权和商号权的冲突成为必然。这种冲突主要表现为两种形式：一是登记在先的企业字号被作为商标注册，二是注册在先的商标被作为商号的一部分进行登记。这种冲突使企业面临这样的风险：一种风险是由于在审查商标申请时并不考虑已登记在先的商号，商号的一部分一旦被他人注册为商标，企业只能在商标公告发出后提出异议或是在商标核准注册后申请裁定撤销该商标，这给企业造成了不必要的麻烦。另一种风险则是根据 1996 年 8 月 14 日国家工商行政管理局发布实施，1998 年 12 月 3 日修订的《驰名商标认定和管理暂行规定》，自驰名商标认定之日起，他人将与该驰名商标相同或相似的文字作为企业名称一部分使用，且可能引起公众误认的，工商行政管理机关不予核准登记；已经登记的，驰名商标注册人可以自知道或者应当知道之日起 2 年内，请求工商行政管理机关予以撤销。根据上述规定，只有当该商标是驰名商标时，才能制止其他企业将其作为商号的一部分进行登记，这样企业就必须首先证明其商标的知名程度并得到商标注册管理机关的认定。两种风险带来的后果都是企业经营的成果可能被他人分享。

3. 解决商号权与商标权冲突的原则

（1）保护在先合法权利原则

保护在先合法权利原则是解决知识产权权利冲突的一项基本原则。我国《商标法》第 41 条把侵犯他人合法在先权利进行注册的商标列入可撤销商标之列，明确了保护在先权利原则，但是这一规定过于笼统，缺乏可操作性。

认定在先权利必须经过严格审查，符合下列条件：首先，在先权利须合法存在；其次，在先权利主体应合法；再次，权利产生的时间在先；最后，权利没有受限制的情形。此外，具体适用保护在先权利原则，还必须界定在先权利的范围。国内有的学者主张，在先权利至少应当包括他人已经依民法或其他知识产权法享有的以下权利：肖像权、姓名权、版权、外观设计专利权、商号权等。

（2）禁止混淆原则

禁止混淆原则是判断不正当竞争行为的一项基本原则。《发展中国家商标、商号和不正当竞争行为示范法》规定：在营业中使用一种名称、商号或某营利事业、工商企业，或一种印刷品的专门标志，由此可能与另一种已经有权使用的名称、商号或专门标志引起混淆者，可请求制止其使用。

（3）利益均衡原则

知识产权法律制度设立的宗旨，绝不仅是对权利的保护。在满足权利人法律赋予权益的基础上，应当促进知识产权的传播，为全社会服务，以实现促进社会发展、经济进步的最大利益。因此在审理商标与商号权利冲突案件时，不应当把撤销某个注册商标或者变更某个企业名称作为首要的解决途径。恰当的选择是从宏观社会效益的角度，具体分析权利冲突的严重程度。如果仅仅是因为突出使用企业名称中的字号而造成与他人商标权的冲突，可以判决企业名称拥有者停止不正当使用行为，比如不再突出使用字号、不再随便简化使用自己的企业名称，从而规范企业名称的使用，既解决了商标与商号权的冲突，也有利于市场经济的发展。

（二）参考结论

在本案一审中，法院在判决中认为，我国并无关于字号的明确规定，当其与他人注册商标专用权发生冲突时，应当优先保护注册商标专用权。对于这一结论，二审法院作出相反的认定，认为我国法律对字号权作了明确规定，并且其与注册商标专用权之间并不存在效力强弱之分，而应当平衡各方利益，基于诚实信用、尊重和保护在先权利、禁止混淆原则进行处理，以维护公平的交易秩序。

一、二审法院的认识有一定的道理，但又不完全正确。《民法通则》在规定法人、个体工商户、个人合伙享有名称权的同时，又将个体工商户、个人合伙的名称称为"字号"（《民法通则》第26、33条）；《企业名称登记管理规定》第7条则规定："企业名称应当由以下部分依次组成：字号、行业或者经营特点、组织形式。"尽管这些规定有使用混乱的弊端，但至少说明我国还是有关于字号的明确规定的。不过，除了《民法通则》对在企业名称即商号意义上使用的字号有明确的法律效力的规定外，在《企业名称登记管理规定》等其他法规规定中确实没有对被作为企业明确核心词界定的字号的法律效力加以明确规定；至于所谓知名字号，则更是缺乏法律规定。我国除对知名商标的特殊保护作了明确规定之外，并无任何法律法规就知名商号的特殊保护加以规定。在实践中，由于我国奉行企业名称分级登记管理原则，使得许多知名企业的商号被人"盗用"为商号或注册商标以及其他商业标识，在市场日益融合、企业产品不仅要面向全国而且要面向全世界的时代背景之下，这一现象无疑对市场秩序产生了巨大的冲击，也严重损害了被冒用人的合法权益。本案中，司法机关创造性地认可了知名字号的特殊效力，并适用相关原则对商号与注册商标等商业标识之间的冲突作出了处理。这种创造性司法的积极意义应当受到肯定，其实质也并未违背法律的原则性规定，而是依据法律的公平、诚实信用等基本原则作出了合情、合理、合法的处理，具有商事示范法的效力。

第五节　商业账簿

本节重点法条

《中华人民共和国公司法》

第一百六十四条　公司应当依照法律、行政法规和国务院财政部门的规定建立本公司的财务、会计制度。

第二百零二条　公司违反本法规定，在法定的会计账簿以外另立会计账簿的，由县级以上人民政府财政部门责令改正，处以五万元以上五十万元以下的罚款。

第二百零三条　公司在依法向有关主管部门提供的财务会计报告等材料上作虚假记载或者隐瞒重要事实的，由有关主管部门对直接负责的主管人员和其他直接责任人员处以三万元以上三十万元以下的罚款。

《中华人民共和国会计法》

第十二条　会计核算以人民币为记账本位币。

业务收支以人民币以外的货币为主的单位，可以选定其中一种货币作为记账本位币，但是编报的财务会计报告应当折算为人民币。

第二十一条　财务会计报告应当由单位负责人和主管会计工作的负责人、会计机构负责人（会计主管人员）签名并盖章；设置总会计师的单位，还须由总会计师签名并盖章。

单位负责人应当保证财务会计报告真实、完整。

第四十三条　伪造、变造会计凭证、会计账簿，编制虚假财务会计报告，构成犯罪的，依法追究刑事责任。

有前款行为，尚不构成犯罪的，由县级以上人民政府财政部门予以通报，可以对单位并处五千元以上十万元以下的罚款；对其直接负责的主管人员和其他直接责任人员，可以处三千元以上五万元以下的罚款；属于国家工作人员的，还应当由其所在单位或者有关单位依法给予撤职直至开除的行政处分；对其中的会计人员，并由县级以上人民政府财政部门吊销会计从业资格证书。

案例　商事账簿制作的会计监督[①]

【案情介绍】

某审计组对甲公司进行检查时，通过审阅"银行存款日记账"等会计资料发现，该公司先后向其上级乙公司，以各种费用的名义，支付款项 35 万元。经了

---

① 案例来源：赵万一主编：《商法案例》，23 页，北京，中国人民大学出版社，2004。

解得知，甲公司因生产发展需要，与其上级乙公司签订了一个仓储保管合同，根据合同约定，甲公司向乙公司租用仓库堆放物资并要求其提供劳务，甲公司每月支付费用2万元。审计人员知道后，分析该厂的实际情况，认为其中有问题：甲公司近年来没有大的业务，为何要租用800平方米的仓库？该公司每月只有8万元左右利润，为何拿出25%支付租赁费？审计人员对甲公司展开查证工作。通过核对、审阅材料账簿记录和材料验收入库单，得出结论是记录清楚，账证、账账相符。但被询问的保管员却不知道本公司在外租用仓库一事，因为本公司的仓库还没有充分利用。审计人员追踪调查，找到乙公司，通过调阅会计凭证，进行账证核对，了解到乙公司在每月收到上述"费用"后，又把该款付给了某房屋开发销售公司；而从该房屋开发销售公司的账上了解到，该公司销售给甲公司老总一套住房。

【法律问题】

1. 对商事账簿制作的会计监督
2. 违法制作商事账簿的法律责任

【法律分析和结论】

（一）商事账簿的概念

商事账簿是指商人为了记录或者记载自己经营过程中财产状况以及盈亏状况而依法制作的商事凭证。现代各国商法均对商人的商事账簿制度作出了规定。我国虽然没有制定商法典，但某些商法仍然要求商人建立商事账簿制度，例如我国《公司法》第164条。可见，商事账簿制度是现代商法的重要制度。商事账簿包括哪些类型，各国法律的规定并不完全相同，一般学说认为，我国商事账簿包括会计凭证、会计账簿和财务报告。[①] 所谓会计凭证，简称为凭证，是指财务会计工作中用以记载商人商事经营活动发展和完成情况，明确经济责任的书面凭证，是用来登记账簿的依据。所谓会计账簿，简称账簿，是以会计凭证为依据，由具有一定格式、相互联系的账页组成，用来系统地、全面地和分类地记录和反映商人各项商事活动和业务活动内容的簿记。所谓财务报告，是指商人对外提供的反映商人某一特定时期财务状况和某一会计期间商事经营成果、现金流量的法律文件。商人的财务报告包括商人的会计报表主表、会计报表附表、会计报表附注以

---

① 参见张民安、龚赛红：《商法总则》，316页，广州，中山大学出版社，2004。

21

及财务情况说明书。①

（二）商事账簿的功能

现代各国商法之所以对商人的商事账簿制度作出明确的规定，是因为商事账簿制度具有重要的功能，针对不同的主体，商事账簿具有不同的意义。②

1. 对商人而言，制作商事账簿可以了解自身的营业状况和财务状况，以此作为计算盈利、分配利润的依据，也可以通过对商事账簿的分析，设计企业的发展战略、发展规划，及时调整经营决策。

2. 对交易相对人而言，可以通过商事账簿了解商人的营业状况、资信能力，并据此对该商事主体的经营能力和发展前景作出判断。

3. 对股东而言，可以通过商事账簿掌握企业的财产、营业和盈利状况，同时商事账簿也是其取得股息、红利以及确定其股权价格和企业剩余财产的依据。

4. 对于国家而言，首先，商人的商事账簿制度是国家了解和掌握国家宏观经济发展状况的重要手段，为国家制定正确的宏观经济政策提供理论根据。其次，商人的商事账簿制度是国家税务机关依法对商人征收税款的根据，因为，无论是我国还是其他国家，税务机关均是根据商人通过经营活动获得的利润或者营业额来对商人征税的，而无论是商人的利润还是营业额，其确定的依据均是商人的商事账簿。最后，商人的商事账簿制度是国家物价机关制定物价的重要根据。在市场经济条件下，国家物价部门仍然有权对商人的物价进行控制，防止他们在确定商品价格时违反市场经济的规律，或者确定过高或者过低的价格，损害社会利益或者其他商人的利益。物价部门控制商人价格的重要根据是商人的商事账簿。

（三）法律责任

鉴于商事账簿的重要作用，各国均在法律上明确规定商人应建立商事账簿。我国《会计法》第 3 条规定各单位必须依法设置会计账簿，并保证其真实、完整。现行《公司法》也要求公司必须按照法律、法规和规章的规定建立财务会计制度。对于违反财会制度的法律后果，我国《公司法》第 202 条、第 203 条和《会计法》第 43 条规定了相应的法律责任，主要是对公司或相关责任人员处以罚款，构成犯罪的，依法追究刑事责任，但是缺少民事法律责任的具体规定。

（四）参考结论

从本案的情况看，甲公司与乙公司虽然签订了合同，但该合同由于规避法

---

① 参见张民安：《商事账簿制度研究》，载《当代法学》，2005（2），60～67 页。
② 参见赵旭东：《商法学》，101～102 页，北京，高等教育出版社，2007。

律，属于无效的合同。当事人之间根本不存在真实的经济业务往来，而是以虚假的经济业务事项进行所谓的会计核算。甲公司明显违反了《会计法》中关于"不得以虚假的经济业务事项或者资料进行会计核算"以及"任何单位和个人不得伪造、变造会计凭证、会计账簿及其他会计资料，不得提供虚假的财务会计报告"的规定，对该公司应当根据《会计法》第43条的规定进行处罚。

第二章

公 司 法

第一节　公司设立和公司人格

■ 本节重点法条

《中华人民共和国公司法》

第三条　公司是企业法人，有独立的法人财产，享有法人财产权。公司以其全部财产对公司的债务承担责任。有限责任公司的股东以其认缴的出资额为限对公司承担责任；股份有限公司的股东以其认购的股份为限对公司承担责任。

第六条　设立公司，应当依法向公司登记机关申请设立登记。符合本法规定的设立条件的，由公司登记机关分别登记为有限责任公司或者股份有限公司；不符合本法规定的设立条件的，不得登记为有限责任公司或者股份有限公司。

法律、行政法规规定设立公司必须报经批准的，应当在公司登记前依法办理批准手续。

公众可以向公司登记机关申请查询公司登记事项，公司登记机关应当提供查询服务。

第七条　依法设立的公司，由公司登记机关发给公司营业执照。公司营业执照签发日期为公司成立日期。公司营业执照应当载明公司的名称、住所、注册资本、实收资本、经营范围、法定代表人姓名等事项。公司营业执照记载的事项发生变更的，公司应当依法办理变更登记，由公司登记机关换发营业执照。

第八条　依照本法设立的有限责任公司，必须在公司名称中标明有限责任公司或者有限公司字样。依照本法设立的股份有限公司，必须在公司名称中标明股份有限公司或者股份公司字样。

第十条　公司以其主要办事机构所在地为住所。

第十一条　设立公司必须依法制定公司章程。公司章程对公司、股东、董事、监事、高级管理人员具有约束力。

第十二条　公司的经营范围由公司章程规定，并依法登记。公司可以修改公司章程，改变经营范围，但是应当办理变更登记。

公司的经营范围中属于法律、行政法规规定须经批准的项目，应当依法经过批准。

第十三条　公司法定代表人依照公司章程的规定，由董事长、执行董事或者经理担任，并依法登记。公司法定代表人变更，应当办理变更登记。

第十四条　公司可以设立分公司。设立分公司，应当向公司登记机关申请登记，领取营业执照。分公司不具有法人资格，其民事责任由公司承担。

公司可以设立子公司，子公司具有法人资格，依法独立承担民事责任。

第二十条　公司股东应当遵守法律、行政法规和公司章程，依法行使股东权利，不得滥用股东权利损害公司或者其他股东的利益；不得滥用公司法人独立地位和股东有限责任损害公司债权人的利益。

公司股东滥用股东权利给公司或者其他股东造成损失的，应当依法承担赔偿责任。

公司股东滥用公司法人独立地位和股东有限责任，逃避债务，严重损害公司债权人利益的，应当对公司债务承担连带责任。

第二十三条　设立有限责任公司，应当具备下列条件：

（一）股东符合法定人数；

（二）股东出资达到法定资本最低限额；

（三）股东共同制定公司章程；

（四）有公司名称，建立符合有限责任公司要求的组织机构；

（五）有公司住所。

第二十四条　有限责任公司由五十个以下股东出资设立。

第二十五条　有限责任公司章程应当载明下列事项：

（一）公司名称和住所；

（二）公司经营范围；

（三）公司注册资本；

（四）股东的姓名或者名称；

（五）股东的出资方式、出资额和出资时间；

（六）公司的机构及其产生办法、职权、议事规则；

（七）公司法定代表人；

（八）股东会会议认为需要规定的其他事项。股东应当在公司章程上签名、盖章。

第二十六条　有限责任公司的注册资本为在公司登记机关登记的全体股东认缴的出资额。公司全体股东的首次出资额不得低于注册资本的百分之二十，也不得低于法定的注册资本最低限额，其余部分由股东自公司成立之日起两年内缴足；其中，投资公司可以在五年内缴足。有限责任公司注册资本的最低限额为人民币三万元。法律、行政法规对有限责任公司注册资本的最低限额有较高规定的，从其规定。

第二十七条　股东可以用货币出资，也可以用实物、知识产权、土地使用权等可以用货币估价并可以依法转让的非货币财产作价出资；但是，法律、行政法规规定不得作为出资的财产除外。

对作为出资的非货币财产应当评估作价，核实财产，不得高估或者低估作价。法律、行政法规对评估作价有规定的，从其规定。

全体股东的货币出资金额不得低于有限责任公司注册资本的百分之三十。

第二十八条　股东应当按期足额缴纳公司章程中规定的各自所认缴的出资额。股东以货币出资的，应当将货币出资足额存入有限责任公司在银行开设的账户；以非货币财产出资的，应当依法办理其财产权的转移手续。股东不按照前款规定缴纳出资的，除应当向公司足额缴纳外，还应当向已按期足额缴纳出资的股东承担违约责任。

第二十九条　股东缴纳出资后，必须经依法设立的验资机构验资并出具证明。

第三十条　股东的首次出资经依法设立的验资机构验资后，由全体股东指定的代表或者共同委托的代理人向公司登记机关报送公司登记申请书、公司章程、验资证明等文件，申请设立登记。

第三十一条　有限责任公司成立后，发现作为设立公司出资的非货币财产的实际价额显著低于公司章程所定价额的，应当由交付该出资的股东补足其差额；公司设立时的其他股东承担连带责任。

第三十二条　有限责任公司成立后，应当向股东签发出资证明书。

出资证明书应当载明下列事项：

（一）公司名称；

（二）公司成立日期；

（三）公司注册资本；

（四）股东的姓名或者名称、缴纳的出资额和出资日期；

（五）出资证明书的编号和核发日期。出资证明书由公司盖章。

第三十三条　有限责任公司应当置备股东名册，记载下列事项：

（一）股东的姓名或者名称及住所；

（二）股东的出资额；

（三）出资证明书编号。

记载于股东名册的股东，可以依股东名册主张行使股东权利。

公司应当将股东的姓名或者名称及其出资额向公司登记机关登记；登记事项发生变更的，应当办理变更登记。未经登记或者变更登记的，不得对抗第三人。

第七十七条　设立股份有限公司，应当具备下列条件：

（一）发起人符合法定人数；

（二）发起人认购和募集的股本达到法定资本最低限额；

（三）股份发行、筹办事项符合法律规定；

（四）发起人制订公司章程，采用募集方式设立的经创立大会通过；

（五）有公司名称，建立符合股份有限公司要求的组织机构；

（六）有公司住所。

第七十八条 股份有限公司的设立，可以采取发起设立或者募集设立的方式。

发起设立，是指由发起人认购公司应发行的全部股份而设立公司。

募集设立，是指由发起人认购公司应发行股份的一部分，其余股份向社会公开募集或者向特定对象募集而设立公司。

第七十九条 设立股份有限公司，应当有二人以上二百人以下为发起人，其中须有半数以上的发起人在中国境内有住所。

第八十条 股份有限公司发起人承担公司筹办事务。发起人应当签订发起人协议，明确各自在公司设立过程中的权利和义务。

第八十一条 股份有限公司采取发起设立方式设立的，注册资本为在公司登记机关登记的全体发起人认购的股本总额。公司全体发起人的首次出资额不得低于注册资本的百分之二十，其余部分由发起人自公司成立之日起两年内缴足；其中，投资公司可以在五年内缴足。在缴足前，不得向他人募集股份。

股份有限公司采取募集方式设立的，注册资本为在公司登记机关登记的实收股本总额。股份有限公司注册资本的最低限额为人民币五百万元。法律、行政法规对股份有限公司注册资本的最低限额有较高规定的，从其规定。

第八十二条 股份有限公司章程应当载明下列事项：

（一）公司名称和住所；

（二）公司经营范围；

（三）公司设立方式；

（四）公司股份总数、每股金额和注册资本；

（五）发起人的姓名或者名称、认购的股份数、出资方式和出资时间；

（六）董事会的组成、职权、任期和议事规则；

（七）公司法定代表人；

（八）监事会的组成、职权、任期和议事规则；

（九）公司利润分配办法；

（十）公司的解散事由与清算办法；

（十一）公司的通知和公告办法；

（十二）股东大会会议认为需要规定的其他事项。

第八十三条 发起人的出资方式，适用本法第二十七条的规定。

第八十四条 以发起设立方式设立股份有限公司的，发起人应当书面认足公司章程规定其认购的股份；一次缴纳的，应即缴纳全部出资；分期缴纳的，应即缴纳首期出资。以非货币财产出资的，应当依法办理其财产权的转移手续。

发起人不按照前款规定缴纳出资的，应当按照发起人协议的约定承担违约责任。

发起人首次缴纳出资后，应当选举董事会和监事会，由董事会向公司登记机关报送公司章程、由依法设定的验资机构出具的验资证明以及法律、行政法规规定的其他文件，申请设立登记。

第八十五条 以募集设立方式设立股份有限公司的，发起人认购的股份不得少于公司股份总数的百分之三十五；但是，法律、行政法规另有规定的，从其规定。

第八十六条 发起人向社会公开募集股份，必须公告招股说明书，并制作认股书。认股书应当载明本法第八十七条所列事项，由认股人填写认购股数、金额、住所，并签名、盖章。认股人按照所认购股数缴纳股款。

第八十七条 招股说明书应当附有发起人制订的公司章程，并载明下列事项：

（一）发起人认购的股份数；

（二）每股的票面金额和发行价格；

（三）无记名股票的发行总数；

（四）募集资金的用途；

（五）认股人的权利、义务；

（六）本次募股的起止期限及逾期未募足时认股人可以撤回所认股份的说明。

第八十八条 发起人向社会公开募集股份，应当由依法设立的证券公司承销，签订承销协议。

第八十九条 发起人向社会公开募集股份，应当同银行签订代收股款协议。

代收股款的银行应当按照协议代收和保存股款，向缴纳股款的认股人出具收款单据，并负有向有关部门出具收款证明的义务。

第九十条 发行股份的股款缴足后，必须经依法设立的验资机构验资并出具证明。发起人应当在三十日内主持召开公司创立大会。创立大会由认股人组成。发行的股份超过招股说明书规定的截止期限尚未募足的，或者发行股份的股款缴足后，发起人在三十日内未召开创立大会的，认股人可以按照所缴股款并加算银行同期存款利息，要求发起人返还。

第九十一条 发起人应当在创立大会召开十五日前将会议日期通知各认股人或者予以公告。创立大会应有代表股份总数过半数的认股人出席，方可举行。创立大会行使下列职权：

（一）审议发起人关于公司筹办情况的报告；

（二）通过公司章程；

（三）选举董事会成员；

（四）选举监事会成员；

（五）对公司的设立费用进行审核；

（六）对发起人用于抵作股款的财产的作价进行审核；

（七）发生不可抗力或者经营条件发生重大变化直接影响公司设立的，可以作出不设立公司的决议。创立大会对前款所列事项作出决议，必须经出席会议的认股人所持表决权过半数通过。

第九十二条 发起人、认股人缴纳股款或者交付抵作股款的出资后，除未按期募足股份、发起人未按期召开创立大会或者创立大会决议不设立公司的情形外，不得抽回其股本。

第九十三条 董事会应于创立大会结束后三十日内，向公司登记机关报送下列文件，申请设立登记：

（一）公司登记申请书；

（二）创立大会的会议记录；

（三）公司章程；

（四）验资证明；

（五）法定代表人、董事、监事的任职文件及其身份证明；

（六）发起人的法人资格证明或者自然人身份证明；

（七）公司住所证明。

以募集方式设立股份有限公司公开发行股票的，还应当向公司登记机关报送国务院证券监督管理机构的核准文件。

第九十四条 股份有限公司成立后，发起人未按照公司章程的规定缴足出资的，应当补缴；其他发起人承担连带责任。

股份有限公司成立后，发现作为设立公司出资的非货币财产的实际价额显著低于公司章程所定价额的，应当由交付该出资的发起人补足其差额；其他发起人承担连带责任。

第九十五条 股份有限公司的发起人应当承担下列责任：

（一）公司不能成立时，对设立行为所产生的债务和费用负连带责任；

（二）公司不能成立时，对认股人已缴纳的股款，负返还股款并加算银行同期存款利息的连带责任；

（三）在公司设立过程中，由于发起人的过失致使公司利益受到损害的，应当对公司承担赔偿责任。

第九十六条 有限责任公司变更为股份有限公司时，折合的实收股本总额不得高于公司净资产额。有限责任公司变更为股份有限公司，为增加资本公开发行股份时，应当依法办理。

案例1 公司登记与公司人格：威鹏化学工业公司供销经理部 诉宁丽日杂公司购销合同纠纷案[①]

【案情介绍】

2002年2月25日，威鹏化学工业公司供销经理部与宁丽日杂公司签订了购

---

① 案例来源：江平：《最新公司法案例评析》，北京，人民法院出版社，2006，有改动。

销化肥合同。合同规定：由威鹏化学工业公司供销经理部售给宁丽日杂公司碳酸氢氨4 500吨，每吨182元，货款共计819 000元，4月至8月分批供货，每次供货不少于600吨，交货地点为发货站站台，由供方代办托运，到货验收；货款每月底结算，且每次供货由供方在车皮指标批下后电告需方汇付当次货款的60%。此外，合同还规定了违约责任。合同签订后，威鹏化学工业公司供销经理部自同年4月21日至5月27日共向宁丽日杂公司发运化肥1 675吨，宁丽日杂公司一直未付货款。5月30日，威鹏化学工业公司供销经理部派人到宁丽日杂公司催要货款时，宁丽日杂公司表示付款有困难，经双方协商，同意解除合同，并约定已供化肥单价由每吨182元降至178元，所欠货款在同年6月30日前付清，在此之前未付货款的违约责任不再追究。此后，宁丽日杂公司到期共付货款25 200元，其余货款272 950元经威鹏化学工业公司供销经理部多次催要一直未付，威鹏化学工业公司供销经理部遂向法院起诉。

受诉法院查明，某县经济委员会已于2002年6月27日发出文件，将宁丽日杂公司合并到某县工业供销公司，某县工业供销公司改名为"某县工业物资公司"，并行文通知正式启用"某县工业物资公司"印章和"某县工业物资公司财务专用章"。宁丽日杂公司领导机构已撤销，其财产已全部合并到某县工业供销公司，但由于某县工业供销公司发现宁丽日杂公司负债过多，不愿合并，便一直未到某县工商行政管理局办理变更登记。宁丽日杂公司也未办理注销登记。

受诉法院认为，威鹏化学工业公司供销经理部与宁丽日杂公司签订的化肥购销合同是有效合同。宁丽日杂公司未按合同规定交付货款，应承担逾期付款的违约责任，向威鹏化学工业公司供销经理部偿付违约金。宁丽日杂公司以公司已合并为由，辩称应由某县工业物资公司承担责任，因某县工业物资公司尚未办理开业登记，宁丽日杂公司也未办理注销登记，其所述理由不能成立。据此判决：被告宁丽日杂公司给付原告威鹏化学工业公司供销经理部货款272 950元，并偿付逾期付款的违约金。

【法律问题】
公司登记的法律意义

【法律分析和结论】
这是一起还款纠纷，其焦点在于谁是负担还款责任的主体。被告公司被另一公司合并，但合并后的公司并未办理工商变更登记，被告也未办理注销登记，其所欠债务应由其偿还还是应由合并后的公司偿还，关键在于公司变更登记的法律效力。

（一）公司登记的意义

公司登记是指公司在设立、变更、终止时，由申请人依法向公司注册登记机关提出申请，公司注册登记机关审查无误后予以核准并记载法定登记事项的行为。公司登记意义重大，一是使公司设立、变动的事实及公司的各种情况为社会公众周知，以保护交易安全；二是便于国家掌握公司情况，进行必要管理，保障合法经营，制止非法活动。公司登记兼具有私法公示、保护交易安全功能和公法上的管理功能，尤以国家公权力介入私领域为特色。

在我国，公司登记采取强制主义。我国《公司法》在有关条款中对公司登记作了具体规定，国务院修订的《中华人民共和国公司登记管理条例》（2006年1月1日起实施，以下简称《条例》）对于公司登记制度作了更为具体完善的规定。根据上述规定，有限责任公司和股份有限公司的设立、变更和终止，都必须办理登记，未按规定办理登记的公司的设立、变更和终止不生效力。并且严重违反登记规定的应承担相应的法律责任。

公司登记不同于营业登记。公司登记属于法人登记，目的是创设法律人格，赋予公司以独立主体资格。营业登记又称商事登记、商业登记，其作用是政府承认某项营业或某一商号的合法性，准许其开业。在国外，多数国家或地区也将公司登记和营业登记合在一起。但也有的国家将二者分开，或在同一登记主管机关内分设不同的登记簿。在我国，公司的这两种登记是合并进行的，由同一机关主管。《条例》第3条规定："公司经公司登记机关依法登记，领取《企业法人营业执照》，方取得企业法人资格"，这实际是将营业登记作为主体资格取得的前提和起点。

（二）公司登记的类型

公司登记通常分为设立登记、变更登记和注销登记。

公司设立登记是公司设立过程中所作的登记，它是公司设立过程的必经程序和最后环节，未经登记的不得以公司名义进行经营活动。公司设立登记是公司取得独立人格的前提。完成设立登记后，公司便告成立。

变更登记是公司改变名称、住所、经营场所、法定代表人、经营范围、经营方式、注册资金、经营期限等原来的登记注册事项以及公司合并、分立、增减资、增设或撤销公司分支机构时等所作的登记。公司变更登记事项，应当向原公司登记机关申请变更登记。未经变更登记，公司不得擅自改变登记事项。因合并、分立而存续的公司，其登记事项发生变化的，应当申请变更登记。

注销登记是公司在发生破产、解散、依法被撤销等情况时，在清算后为消灭公司主体资格所进行的登记。注销登记是公司主体资格消灭的必经和最后程序。

（三）公司登记的机关

公司登记须在国家规定的公司注册登记机关进行。在我国，依《条例》及相关法律文件的规定，公司登记机关是国家工商行政管理总局和地方各级工商行政管理局。工商行政管理机关依法独立行使工商登记职权，在其系统内实行分级登记管理的制度，上级登记主管机关有权纠正下级登记主管机关不符合国家法律、法规和政策的行为。

（四）公司登记的程序

公司登记的程序大致分为四个阶段：申请和受理、审查、核准、公告。

1. 申请和受理

申请是公司登记的起始阶段。申请人应向登记机关提交法律规定的文件、证书、材料。申请的方式一般是申请人到公司登记机关提交申请，根据《条例》的最新规定，也可以通过信函、电报、电传、传真、电子数据交换和电子邮件等方式提出申请，这大大便利了公司登记申请。公司登记机关在收到申请文件后进行初步审查，确认文件齐备、符合申请条件的，作出受理的决定，并发出《受理通知书》。

2. 审查

登记机关对收到的申请进行审查以确定是否具备登记条件。关于公司登记的审查有三种立法例：形式审查主义、实质审查主义和折中主义。形式审查，即登记机关仅仅对申请者所提交的申请从是否符合法律规定的形式要件的角度进行审查，而不对登记事项的真伪进行调查核实；实质审查，则要求登记机关对申请者所提交的申请不仅从形式上审查其是否合法，而且要对申请事项的真伪进行审查；折中审查，则是登记机关对登记事项有重点地进行审查，尤其是对有疑问的事项予以实质审查，如发现有不实之处得依职权拒绝登记。

过去我国采取的是实质审查制，登记机关对登记材料的真实性和合法性进行严格审查，这有利于保障交易安全，但因其效率低下和导致的权力寻租而为世人所诟病。《条例》改采折中审查主义，其第54条规定："公司登记机关对决定予以受理的登记申请，应当分别情况在规定的期限内作出是否准予登记的决定：（一）对申请人到公司登记机关提出的申请予以受理的，应当当场作出准予登记的决定。（二）对申请人通过信函方式提交的申请予以受理的，应当自受理之日起15日内作出准予登记的决定。（三）通过电报、电传、传真、电子数据交换和电子邮件等方式提交申请的，申请人应当自收到《受理通知书》之日起15日内，提交与电报、电传、传真、电子数据交换和电子邮件等内容一致并符合法定形式的申请文件、材料原件；申请人到公司登记机关提交申请文件、材料原件的，应当当场作出准予登记的决定；申请人通过信函方式提交申请文件、材料原件的，应当自受理之日起 15 日内作出准予登记的决定。（四）公司登记机关自发出《受理通知书》之日起 60 日内，未收到申请文件、材料原件，或者申请文件、材料原件与公司登记机关所受理的申请文件、材料不一致的，应当作出不予登记的决定。公司登记机关需要对申请文件、材料核实的，应当自受理之日起 15 日内作出是否准予登记的决定。"根据上述规定，登记机关一般只对申请文件、材料是否真实、与原件是否一致进行审查，只有在登记机关认为需要时才对申请文件、材料的真实性进行核实。即是否审查核实文件、材料真实性是登记机关的职权而非义务，其可以根据需要决定是否进行实质审查。

3. 核准

登记机关通过审查，认为申请人申请登记的事项符合法律规定的，应在法定期间内作出予以核准的决定，发给登记证明和营业执照，并及时通知申请人。

4. 公告

公司登记被核准之后，应及时进行公告。《条例》规定，公司登记机关应当将公司登记事项记载于公司登记簿上，供社会公众查阅、复制。这增强了公司登记私法上的公示功能。公司被吊销《企业法人营业执照》的，由公司登记机关发布公告。

（五）公司登记的法律效力

公司登记的法律效力依其种类不同而不同。公司设立登记的法律效力是公司取得法人资格，可以以公司名义开始经营活动；变更登记的效力是公司以变更后的状态继续存在；注销登记的效力是公司主体资格消灭。合法有效的公司登记对第三人具有法律效力，反之，公司的设立或者变动未经合法有效登记的不得对抗善意第三人。

在本案中，原告威鹏化学工业公司供销经理部要求被告宁丽日杂公司支付拖欠的货款，而被告宁丽日杂公司以其已经与其他公司合并，故应由合并后的公司偿债为由提出抗辩。因此本案的关键在于公司合并是否有效及能否对抗第三人。据查，根据某县经济委员会文件，宁丽日杂公司合并到某县工业供销公司，合并后的公司采用新的名称（某县工业物资公司），并且经济委员会行文通知正式启用"某县工业物资公司"印章和"某县工业物资公司财务专用章"，而宁丽日杂公司财产也已全部合并到某县工业供销公司。但由于某县工业供销公司发现宁丽日杂公司负债过多，不愿合并，一直未到某县工商行政管理局办理变更登记，因此该合并不得对抗原告威鹏化学工业公司供销经理部。而宁丽日杂公司也未办理注销登记，其主体资格并未彻底消灭。综上，被告宁丽日杂公司应向原告威鹏化学工业公司供销经理部承担支付拖欠货款的责任，并应承担违约责任。

案例2　公司设立出资：重庆金宇装饰工程有限公司诉重庆长德娱乐餐饮有限公司债务纠纷案[①]

【案情介绍】

　　重庆长德娱乐餐饮有限公司系由重庆卓京实业发展有限公司和新加坡长德私人股份有限公司共同在我国境内设立的有限责任公司，注册资本500万美元，其中重庆卓京实业发展有限公司投资175万美元，新加坡长德私人股份有限公司投资325万美元。1997年重庆长德娱乐餐饮有限公司因装修拖欠重庆金宇装饰工程有限公司工程款，重庆金宇装饰工程有限公司在追讨工程款的过程中通过调查发现，重庆长德娱乐餐饮有限公司在成立时存在着股东虚假出资的情况，并因此导致其无力清偿装修费用。2004年8月6日，重庆金宇装饰工程有限公司向重庆市中级人民法院提起诉讼，请求判令重庆卓京实业发展有限公司承担出资不实的补缴责任并偿还本金和利息。法院经审理查明：在被告重庆卓京实业发展有限公司对重庆长德娱乐餐饮有限公司投资的175万美元中，其以一辆丰田海狮RZH114L型车折价280 437元，一辆三星SXZ6481客车折价347 951元，两辆车共折价628 388元，但未依法办理过户登记；以承包重庆大都会广场6、7、8层使用面积3 002.64平方米的十年经营权折价565.82万元出资。重庆长德娱乐餐饮有限公司已于2002年12月2日被重庆市工商行政管理局吊销了工商营业执照，但始终未进行清算。法院认为，股东以实物出资的，应当依法办理其财产权的转移手续。被告重庆卓京实业发展有限公司以两辆车共折价628 388元出资，但未依法办理过户登记，不能认定该车辆系公司财产，故认定该部分出资不实。我国公司法并未规定可以用经营权出资，被告重庆卓京实业发展有限公司以承包重庆大都会广场6、7、8层使用面积3 002.64平方米的十年经营权折价565.82万元出资，不符合公司法的规定，故认定该部分出资不实。重庆长德娱乐餐饮有限公司对原告重庆金宇装饰工程有限公司所产生的债务，在重庆长德娱乐餐饮有限公司不能清偿时，依法应由被告重庆卓京实业发展有限公司在其出资不实的范围内，对原告重庆金宇装饰工程有限公司承担赔偿责任。

---

　　① 案例来源：重庆市第一中级人民法院（2004）渝一中民初字第471号民事判决书，载http://www.cqvzfy.gov.cn/PicFileUpload/2005525142824221.doc。最后浏览于2007年2月3日。有改动。

【法律问题】

1. 股东违反出资义务的法律责任
2. 公司设立出资的形式

【法律分析和结论】

这是一起因股东违反出资义务损害债权人利益引发的纠纷，本案有两个焦点问题：一是股东违反出资义务应承担什么法律责任；二是公司设立时股东的出资方式有哪些。

（一）股东违反出资义务的法律责任

出资义务是股东的基本义务，股东如实履行出资义务是获得股权的前提。股东出资当然地构成公司的责任财产，公司资产是公司对外经营能力的表现，是对公司负债的一般担保。公司成立前，股东必须依法缴纳出资；公司成立后，股东不得抽逃出资。股东违反出资义务可能会给公司和其他股东以及其他利害关系人造成损失。对公司而言，股东不履行出资义务会损害公司资本的充实，影响公司的发展，甚至可能因未达到法定最低注册资本而无法成立。对其他认真履行出资义务的股东来说，股东不履行出资义务可能会导致公司设立失败，使其他股东受牵连；即使公司成立，违反出资义务的股东却可以同足额缴纳出资的股东一样取得股权，这对后者来说是不公平的。对于公司的债权人来说，股东违反出资义务无疑会造成公司资本不实，减少承担债务的责任财产，从而降低债权实现的可靠度。因此，股东应当如实履行出资义务，违反该义务应当承担法律责任，包括民事责任、行政责任甚至刑事责任。

股东履行出资义务的具体方法根据出资方式不同而有不同。股东以货币出资的，应当将货币出资足额存入拟成立公司在银行开设的临时账户。以非货币财产出资的，应当依法办理相应的财产权转移手续，比如以专利权出资的应当到专利局办理权利转移手续，以国有土地使用权出资的应到土地管理部门办理土地使用权移转登记等。

股东违反出资义务的表现形式多种多样，主要有：

1. 虚假出资：是指宣称其已经出资而事实上并未出资，其性质为欺诈行为，如以虚假银行进账单、对账单或者以虚假的实物投资手续骗取验资报告和公司登记。

2. 抽逃出资：是指在公司成立后或资本验资之后，将缴纳的出资抽回，其性质亦属欺诈。

3. 迟延出资：是指股东不按章程规定的期限交付出资或办理实物等财产权的转移手续。

4. 出资不足：所谓出资不足，是指在章程规定期限内，股东仅仅部分履行了其所承诺的出资义务，且未能补足出资的情形。出资不足是股东违反出资义务中最为普遍的现象。

5. 瑕疵出资：即股东交付的非货币财产实际价值显著低于评估价值。

股东违反出资义务应承担的法律责任主要包括三个方面：

（1）对公司的责任

出资是股东对公司的法定义务，股东违反出资义务影响到公司资本的充实，实际是对公司财产权的侵犯，股东因此应向公司承担违约责任，主要的责任形式是补足出资。

（2）对已出资股东的责任

出资义务有双重性质：一方面，出资是公司法上的法定义务；另一方面，出资是股东之间的合同义务。数人（自然人或法人）相约共同出资成立公司，作为合同一方当事人应当履行对其他当事人的承诺，按约向公司交纳出资。股东不履行出资义务，实际上违反了股东合意订立的公司设立协议或章程，应向其他股东承担违约责任。

（3）对公司债权人的责任

1）达不到法定最低限额承担无限责任

股东虚报注册资本、虚假出资、瑕疵出资，致公司实际资本达不到法定最低限额，应认为该公司不具备法人资格，各出资人之间为合伙关系。如公司的资产不足清偿对外债务的，由设立时的所有股东向债权人承担连带责任。

2）出资不足范围内承担清偿责任

有限责任公司股东虚报注册资本，虚假出资致公司实际投入的资本达不到注册资本，但达到法定最低限额，如企业资产不足清偿债务的，由出资未到位的股东在出资不足的范围内向债权人承担清偿责任。

3）瑕疵出资在差额范围内承担连带责任

如股东以实物、知识产权、土地使用权等出资，其作为出资的实物、知识产权、土地使用权的实际价额显著低于公司章程所确定价额，公司股东应在投入公司财产的实际价额与公司章程所定价额差额范围向债权人承担清偿责任，公司设立时其他股东承担连带责任。

4）抽逃出资范围内承担连带责任

有限责任公司股东在公司设立时，依法已缴纳了出资，公司成立后，股东抽回出资，公司空壳运转，公司资产不足以清偿债务的，股东应在所抽逃的资金范围内向债权人承担责任。

在本案中，被告重庆卓京实业发展有限公司作为重庆长德娱乐餐饮有限公司的股东，负有出资的法定义务，其以一辆丰田海狮 RZH114L 型车和一辆三星 SXZ6481 客车折价出资，却未依法办理过户登记，构成了虚假出资，并因此导致公司债权人重庆金宇装饰工程有限公司的债权无法实现。虽然重庆长德娱乐餐饮有限公司已被吊销营业执照，但卓京实业发展有限公司违反出资义务的法律责任并不会因此免除，其仍负有补足出资的责任，在其出资不实的范围内，对重庆金宇装饰工程有限公司承担赔偿责任。

（二）公司设立出资的方式

出资方式是指股东以何种财产向公司投资。我国原公司法对股东的出资形式进行了较为严格的限制，股东可以用货币出资，也可以用实物、工业产权、非专利技术、土地使用权作价出资。以工业产权、非专利技术作价出资的金额不得超过有限责任公司注册资本的 20%，国家对采用高新技术成果有特别规定的除外。这样严格的限制与现实经济生活发生了矛盾和冲突，制约了大众投资和公司融资。修订后的公司法扩大了出资形式的范围，根据《公司法》第 27 条规定，股东可以用货币出资，也可以用实物、知识产权、土地使用权等可以用货币估价并可以依法转让的非货币财产作价出资；但是，法律、行政法规规定不得作为出资的财产除外。全体股东的货币出资金额不得低于有限责任公司注册资本的 30%。所谓"可以用货币估价并可以依法转让的非货币财产"，实际是一个抽象的弹性标准，大大增强了出资形式的包容性，克服了列举式难免挂一漏万的缺点。而非货币出资额占全部注册资本的比例也大幅提升，可达到 70%。

在本案中，被告重庆卓京实业发展有限公司以承包重庆大都会广场 6、7、8 层使用面积 3 002.64 平方米的十年经营权折价 565.82 万元出资，法院根据原公司法的规定认定该出资不实。而如果依据新公司法的规定，承包经营权可以用货币估价，并且也可以转让，应当可以作为有效的出资。

案例 3　一人公司：赵某诉郭某股权转让纠纷案①

【案情介绍】

郭某与赵某于 2004 年 6 月 1 日签署的锐驰公司章程订明，公司注册资本

---

① 案例来源：广东省广州市中级人民法院（2006）穗中法民二终字第 2373 号，载北大法意网，http:// 124.65.167.30：3748/claw/ApiSearch.dll? ShowRecordText? Db = fnl&Id = 0&Gid = 117517048&Show Link= false&PreSelectId=664841160&Page=0&PageSize=20。

1 010 000元，股东郭某出资454 500元，占出资比例45％，赵某出资555 500元，占出资比例55％；股东之间可以相互转让其全部或部分出资，但转让后，股东人数不得少于二人；公司股东会由全体股东组成，为公司的权力机构，其职权包括修改公司章程等。2004年6月7日，郭某和赵某各自将出资454 500元和555 500元划付至锐驰公司账上，锐驰公司于2004年6月24日成立，赵某任法定代表人。后郭某与赵某达成口头协议，由郭某将其在锐驰公司的全部出资转让给赵某，赵某于2004年8月5日书面确认尚欠郭某1 400 000元，并承诺在10月25日前分三期清还，第二期、第三期共900 000万，其中以货款500 000元（按进货价）结算。后双方就股权转让发生纠纷，诉至法院。

原审法院审理认为，第一，1993年12月29日颁布的《中华人民共和国公司法》（1993年《公司法》）和锐驰公司的章程均规定，股东之间可以相互转让其全部或部分出资。本案郭某和赵某协议转让郭某的全部股权是真实意思表示，也符合公司法和章程的规定，且已经履行，因而是有效的。第二，郭某和赵某作为锐驰公司的股东既有权制订公司章程，也有权修改章程。虽然章程规定转让股权后，股东人数不能少于二人，但郭某与赵某协商一致将郭某的股权全部转让给赵某，应视为修改了章程。第三，郭某转让全部股权后，并非必然导致一人公司，赵某可以通过再次转让股权，使锐驰公司重新符合1993年《公司法》的规定。第四，2005年10月27日发布的《中华人民共和国公司法》（2005年《公司法》）已经确认了一人有限责任公司的组织形式。原审法院作出判决，赵某向郭某支付股权转让款及利息，驳回其他诉讼请求。

判决后，赵某不服，上诉称：第一，原审判决违反了1993年《公司法》关于公司股东人数的强制性规定，也违反了最高人民法院《关于适用〈中华人民共和国公司法〉若干问题的规定（一）》（法释〔2006〕3号）的规定，适用法律错误。第二，原审判决认定，修订后的公司法已经确认了一人有限责任公司的组织形式，因此赵某与郭某之间的股权转让行为有效，原审法院适用修改后的《公司法》并引用修订后《公司法》第72条作出判决违反了最高人民法院《关于适用〈中华人民共和国公司法〉若干问题的规定（一）》（法释〔2006〕3号）的规定。1993年《公司法》第19条、第20条的规定，有限公司的股东必须为2人以上50人以下，这一关于股东人数的强制性规定，贯穿于有限公司开立和存续全过程，不可以将其理解为有限公司开立时必须符合股东人数要求，而存续期间则不需要遵守，否则就会出现有限公司股东在存续期间通过股权变更成立实际上的一人公司的规避法律的行为。

郭某服从原审判决并答辩称：第一，1993年《公司法》对于公司股东间的股份转让并未禁止，且并未禁止一人公司的存续。有限责任公司由2个以上50个以下股东共同出资设立只是针对公司设立的规定，并不适用于转让型的一人公司。第二，对于股权转让协议是否有效问题。司法实践中，对于本案的这种特殊情况，一般认定股权转让协议有效。且股东之间股份的转让并非必然导致一人公司的结果。原审判决对法律的理解是正确的。而赵某对于本案的情况及法律的理解是有偏差的。

二审法院认为，当事人之间的股权转让协议有效。理由如下：虽然1993年《公司法》规定了有限公司的股东人数不得少于2人的规定，属于对公司设立时人数的要求，并未涉及公司在合法设立后因股权转让而产生的人数问题。因此股权转让后，公司股权归于一人并不意味着当事人的股权转让协议无效，因为当股权归于一人的情况下，受让股东有多种选择。包括转为一人公司；将公司解散或者清算注销；与他人重新签订股权转让协议而使得公司股东重新回到2人以上。2005年《公司法》已经确认了一人公司的存在，本案中虽然当事人之间的股权转让协议签订在该法生效之前，但是即使按照1993年《公司法》，当事人仍然可以继续履行该合同。

锐驰公司虽然有公司章程，但是其股东只有郭某和赵某两人。郭某与赵某协商一致的意思表示即视为锐驰公司的意思表示，包括对公司章程的修改。当事人约定郭某的股权全部转让给赵某，应视为修改了章程。有关修改章程的工商变更登记等手续，则可以由股东办理。上述工商变更登记手续办理与否并不影响章程实际变更的效力。

综上所述，赵某的上诉理由不能成立，其上诉请求本院不予支持，原审认定事实清楚，适用法律正确，程序合法。依照《中华人民共和国民事诉讼法》第153条第1款第1项之规定，判决如下：驳回上诉，维持原判。

【法律问题】

有限责任公司股东之间股权转让导致一人公司的有效性

【法律分析和结论】

这是一起股东之间转让股权导致一人公司的纠纷。本案的焦点是一人公司的有效性。

一人公司一直是一个充满争议的问题。所谓一人公司，是指只有一个自然人股东或者一个法人股东的公司。我国旧公司法中没有规定一人公司，在公司法修订过程中对于是否应当规定一人公司曾经存在着十分激烈的争论，既有大力推崇者，又有极力反对者。

反对一人公司的主要理由有：一人公司可能会增加公司治理结构方面的弊端，在一人公司中，通常是一人股东自任董事、经理并实际控制公司，复数股东之间的相互制衡和公司内部三大机构之间的相互制衡都不复存在。一人公司只有一名股东，股东个人意志无须转化为公司的意志，股东个人掌握着本应由三个机关各自行使的权利，股东权利一人独揽，权力垄断和集中，破坏了公司团体性的特征，破坏了三权分立、相互制约的民主法制思想及理念，这不可避免的给股东滥用权力侵害债权人及相关利害人利益留下了祸患，给公司治理结构增加了难以解决的问题。一人股东可以"为所欲为"地混同公司财产和股东财产，将公司财产挪作私用，给自己支付巨额报酬，同公司进行自我交易，以公司名义为自己担保或借贷，甚至行欺诈之事逃避法定义务、契约义务或侵权责任等。这诸多的混同已使公司的相对人难以搞清与之交易的对象是公司还是股东个人，而在有限责任的庇护下，即使公司财产有名无实，一人股东仍可隐藏在公司面纱的背后而不受公司债权人或其他相对人的追究，使公司债权人或相对人承担了过大的风险。一人公司容易导致公司滥设。由于一人公司股东承担有限责任，从而使它成为债务人合法规避债务和责任的形式，它赋予投资者有限责任制度带来的利益，而不能有效的鼓励其承担投资的风险。

另一方面的事实是在我国一人公司是广泛存在的。依照原公司法及相关法律的规定，允许两种场合下设立一人公司：一是为适应国企改革的需要而承认国有独资公司的设立；二是可以设立全部资本来自于国外的法人一人公司或自然人一人公司。此外，有限责任公司股东之间相互转让股份也可能会导致股东仅余一人的情况，而我国原公司法并未将其作为公司解散的事由之一。由挂名股东填充的一人公司更是不计其数。这些事实上的一人公司既实际上享受一人公司的好处，又幸免于法律特别的规制，因此引发了很多问题。

事实上，一人公司既有弊也有利。一人公司在一定程度上对社会经济发展是有益的。一人公司可以为大公司分散投资风险提供制度选择。随着公司制度的运用和现代市场经济的发展，出现了许多资本实力雄厚的集团公司、跨国公司，它们凭借资本的优势，具有投资举办任何实业的能力。为分散投资风险，也为减少复数股东之间的摩擦，一人公司往往是它们实现多行业投资组合、分散投资风险的最佳选择。一人公司也是中、小型规模的高科技企业的理想选择。当高科技、高风险的新兴行业如通信、网络、电子计算机、生物工程等不断兴起之时，进入这些领域的企业能否在竞争中取胜，主要依赖于高新技术的先进程度和投资机会的准确把握，而非资本的多寡及规模的大小，或者进言之是依赖于高素质的人。

一人公司具有资合性弱化但人合性凸显的特点，正是中、小规模投资可采取的最佳组织形式。一人公司极大地节约了成本，提高了公司运营效率。个人永远比团体更关注自己的利益，一人公司比多人公司，尤其是比那些具有成千上万股东的上市公司，运营效率要高得多，一人公司中一人股东说了就算，一人股东的决定就是一人公司的决定，不需要像上市公司那样还要通知、开会、表决，这就极大地提高了公司的决策效率，更适应快速发展的市场经济的需要。

由于实践中无法完全杜绝一人公司，而一人公司确实有一定的好处，虽然其同时也存在明显的弊端，但是可以通过法律的规制扬长避短，因此与其放任一人公司事实上的存在不如在立法中对其加以明确的规范。新《公司法》确立了一人公司制度，并且专门用一节对一人公司作了较为细致的规定。《公司法》在明确承认一人公司合法地位的同时，重点对一人公司进行了合理规制以防止其对公司独立人格的滥用。

第一，对一人公司设立的限制。首先是从最低注册资本和缴纳方式上加以限制。新《公司法》规定，一人有限责任公司的注册资本最低限额为人民币 10 万元，并且应当一次足额缴纳，这大大高于普通有限责任公司 3 万元注册资本并且可以分期缴纳的要求。其次，设立数量的限制。新《公司法》第 59 条规定，一个自然人只能投资设立一个一人有限责任公司。该一人有限责任公司不能投资设立新的一人有限责任公司。这样可以较好地防止一人公司的滥设。

第二，增强一人公司的透明度。（1）提高公示要求。一人有限责任公司应当在公司登记中注明自然人独资或者法人独资，并在公司营业执照中载明。（2）要式主义。股东作出重大决定时，应当采用书面形式，并由股东签字后置备于公司。（3）强制审计制度。一人有限责任公司应当在每一会计年度终了时编制财务会计报告，并经会计师事务所审计。通过一系列透明化的制度使一人公司置于债权人甚至是社会公众的监督之下。

第三，一人公司的人格否认。为了防止一人公司股东滥用公司人格，使个人财产与公司财产混同，新《公司法》规定一人有限责任公司的股东不能证明公司财产独立于股东自己财产的，应当对公司债务承担连带责任。

在本案中，赵某和郭某双方共同出资成立了一个有限责任公司，后来依据双方达成的股权转让协议，郭某退出公司，股东仅剩赵某一人。之后，赵某反悔，以一人公司违反法律规定为由要求确认股权转让协议无效。本案的焦点在于在股权转让后，公司的股东仅剩一人时，公司是否可以继续有效存在？本案争议发生时新公司法尚未实施，但是诉讼时新《公司法》颁布且生效，因此本案在适用法律问题上涉及新法是否具有溯及力问题。根据最高人民法院《关于适用〈中华人民共和国公司法〉若干问题的规定（一）》的规定，本案仍应适用旧法，但是可参照适用新公司法的规定。旧公司法中对一人公司没有明确规定，也未规定有限责任公司股权转让导致股东仅余一人的公司应当解散，并且新公司法中明确规定了一人公司，因此两审法院均判决了一人公司的有效性。今后一人公司的合法性已经不再是问题。

案例4 公司人格否认：曹某与恒润公司、何某买卖合同纠纷①

【案情介绍】

被告何某在恒润公司以现金方式出资196.2万元，占注册资本的90%，是控股股东，另一股东孟志豪出资21.8万元，持有10%股份。2005年，原告与恒润公司多次发生买卖毛领业务关系。2006年8月16日，被告何某为原告立有保证书一份，具体内容为：今欠曹某2005年毛领款1 388 980元，因本人生意不尽人意，长期未能还款，于心不安，今立此保证书，以我人格担保，他日生意稍有起色，必尽快陆续还清，绝无争议。

2006年9月7日，原告曹某与被告恒润公司法定代表人何某因恒润公司拖欠原告"壹佰叁拾捌万捌仟玖佰捌拾元"（1 388 980元）毛领款签订协议书一份，约定恒润公司自愿将其厂房、机器设备所有权转移给原告，抵顶80万元欠款，剩余欠款50.8万元，恒润公司尽快偿还，绝无争议。其中的抵顶款数"捌拾万元"是原告曹某书写，剩余欠款"伍拾捌点捌万元"是被告何某所写。现在恒润公司没有生产经营，厂房、机器设备由原告使用，原告对尚欠的50.8万元提起诉讼。

2006年5月26日，被告何某作为另案原告对张民提起诉讼。理由是：2004年8月31日至2005年3月19日，张民订购何某处尼克服3 988件，合款2 608 170元，陆续归还2 187 498.63元，尚欠420 671.37元。法院作出（2006）辛民初字第3-163号判决，判令张民偿还何某尼克服款420 671.37元。张民不服，提起上诉，石家庄市中级人民法院作出2006石民二终字第01016号判决，改判张民偿还何某尼克服款220 671元。

2006年11月29日，王子亮以何某在2005年4月至2005年年底多次赊购其

———————————
① 案例来源：河北省辛集市人民法院（2007）辛民初字第20004号，判决时间：2007年5月28日，载中国法院网。

缝纫机设备，尚欠货款 176 927 元为由，对何某起诉，本院作出（2007）辛民初字第 3-006 号判决，判处何某偿还以上欠款。该判决已发生法律效力。

2006 年 7 月 30 日，被告何某为马树良打下欠条，欠兔皮褥款 70 100 元，后偿还 2 000 元，尚欠的 68 100 元经本院主持调解，作出辛集市法院（2006）辛民一初字第 10126 号调解书，被告何某自愿于 2007 年 1 月 1 日前一次性还清马树良欠款。

2005 年 11 月 2 日和 2005 年 11 月 23 日，原告曹某分别从恒润公司支取毛领款 5 万元，共计 10 万元，有现金支付凭证为证。

原告认为，何某是恒润公司控股股东，滥用职权，滥用公司法人独立地位和股东有限责任，抽逃资金，逃避债务，损害债权人利益，对公司债务依法应承担连带责任。并提供如下证据进行证实：（1）2006 年 8 月 16 日保证书，证明何某是公司欠款保证人。（2）何某诉张民案件，法院（2006）辛民初字第 3-163 号判决和石家庄市中级人民法院 2006 石民二终字第 01016 号判决，说明何某利用公司法人独立地位抽逃资金 2 608 170 元。（3）恒润公司 2004 年年检报告中资产负债表第 4 行，应收账款是 0，但从何某诉张民一案判决书中原告何某诉称内容看，"2004 年 8 月 31 日，张民从何某处订购尼克服 3 988 件，合款 2 608 170 元。2004 年 9 月至 2005 年 5 月间，张民陆续付款 1 846 916.25 元，2005 年 5 月 13 日对账时尚欠 761 253.75 元"。庭审中，何某承认该债权归恒润公司。由此表明恒润公司 2004 年年底存有债权，而资产负债表记录应收账款是 0 元，说明何某个人财产和公司财产不分，何某非法占有公司财产。（4）王子亮诉何某一案，法院（2007）辛民初字第 3-006 号判决，证明何某个人财产和公司财产混同，因为何某认同是公司购买缝纫机，而判决何某个人承担债务，且该判决已生效。（5）恒润公司 2005 年年检报告中资产负债表第 32 行，期末数 767 950.67 元不正确，因为恒润公司在 2005 年欠原告大量货款，截至 2006 年 8 月 16 日仍欠 1 388 980 元，然而 2005 年度年检报告负债表仅反映出 767 950.67 元，说明何某侵吞了公司大量财产。（6）恒润公司变更登记资料，证明何某是恒润公司控股股东。（7）2006 年 12 月 14 日张士夺、刘晓、张畅证明，证实何某取走恒润公司财务账簿及库存物品，该证明上有何某亲笔签名。（8）马树良诉何某欠兔皮褥款 68 100 元一案，何某承认该欠款是恒润公司债务，证实何某个人财产和公司财产混同。

原告在法定期限内向本院提交了调取恒润公司财务账簿申请，认为恒润公司法定代表人何某有利用控股股东地位，滥用公司独立法人人格，恶意逃避债务行为。为准确查明事实，本院几次通知被告何某提交恒润公司财务账簿，何某以公

43

司财务账簿较乱，自己不懂财务为由没有提交。

被告对原告八份证据真实性没有异议，但认为均不能证明其主张。证据（1）保证书记载的内容不符合保证合同的基本要件和特征，只是何某作出一种承诺，表明还款诚意，不能作为何某对公司债务承担连带责任的证据。证据（2）、证据（4）共三份判决书，涉及的债权债务是恒润公司的，不是何某个人。判决书不能说明何某抽逃资金滥用职权，是原告主观臆断。证据（3）、证据（5）恒润公司2004年、2005年年检报告资产负债表，没有法定代表人何某签名，不能证明何某有抽逃资金、滥用职权行为。证据（7）与本案无关。证据（8）虽是恒润公司欠马树良兔皮褥款，但该证据已过举证期限，不应作为证据使用，不能说明何某个人财产和公司财产混同。

被告认为，原告没有直接证据证明控股股东何某抽逃资金、滥用职权，原告证据不相吻合，不能作为要求何某对公司债务承担连带责任的依据。原告申请法院调取恒润公司全部财务账簿，违反法律规定，法院不应支持。

法院认为，何某是恒润公司控股股东，控制公司生产经营。被告对原告证据真实性无异议，本院予以确认。原告证据反映，首先，何某对公司债权债务以个人名义起诉、应诉，对诉讼主体未提异议，说明其股东财产和公司财产不加区分。其次，公司年检报告资产负债表中应收应支部分与实际情况不一致，存在记录应收账款较实际少的现象，说明股东和公司财务账目不清。再次，恒润公司现在没有生产经营，厂房、机器设备抵顶欠原告款后由原告使用，原告认为何某作为公司控股股东，有滥用公司法人独立地位和股东有限责任，逃避债务损害自己利益的行为，申请被告何某向法院提交公司财务账簿，以便查实，合理合法，何某无正当理由没有提交。原告证据相互佐证，形成证据链条。被告无证据反驳原告观点。公司人格否认规则在诉讼程序上明确规定，控股股东对自己未滥用公司法人人格应当进行举证，如无法证明，应承担举证不能的责任。因此，何某应对公司债务承担民事法律侵权的连带责任。

【法律问题】
公司人格否认制度

【法律分析和结论】
公司有限责任为投资者合理规避投资风险提供了便利，但股东不得滥用公司的独立人格和有限责任损害公司债权人的利益。公司人格否认制度就是为了防止上述滥用行为的制度设计。

（一）公司法人人格否认的意义

公司法人人格否认，是指为了阻止股东滥用公司独立人格，保护公司债权人的利益及社会公共利益，在特定情形下，否认公司的独立人格和股东的有限责任，责令公司股东对公司债权人或公共利益直接承担责任的一种制度。公司法人人格否认不是彻底否定公司的独立人格，而是在承认其具有独立的法人人格的前提下，仅在个案中否定公司人格，目的是遏制出资人或其他人利用法人人格独立和股东有限责任的规则规避自身责任，使权利义务的分配符合公司正义的要求。

公司人格独立和股东有限责任是公司制度的基石。股东与公司的人格相互独立，股东仅以投入公司的财产承担有限责任，因此可以很好地控制投资风险，这就是公司之所以具有吸引力、成为最主要的企业组织形态的关键所在。公司独立人格和股东有限责任实际上在股东和公司债权人之间竖起一道屏障，公司债权人因此不得直接向股东主张权利，但并未切断股东与公司的联系。股东一方面基于其投资享有对公司的控制权，不断追求利润最大化，另一方面可以受到有限责任的庇护，并且股东常常会滥用公司的独立人格和股东有限责任的规则不正当的逃避本应承担的债务或责任。此时，股东与债权人之间的平衡就被打破，债权人的利益受到了损害，而公司独立人格和股东有限责任则异化为股东逃避责任的挡箭牌。因此，有必要通过法律上的制度设计阻止股东滥用公司独立人格，公司法人人格否认就是这样的制度。公司人格滥用实际是股东违法或不当的个人行为由公司来买单，而公司法人人格否认就是要在公司人格被滥用的特定场合，否认公司的独立人格，使股东由幕后走到台前直接对公司债权人负责。公司法人人格否认与公司人格独立和股东有限责任并不矛盾，相反是对后者的有益补充，以使其更好的发挥作用。我国新《公司法》确立了公司法人人格否认制度，意义重大。

（二）公司法人人格否认的适用情形

1. 公司资本显著不足

公司资本显著不足是指公司的资本总额与其所经营事业的性质及隐含的风险相比明显不足。资本是公司信用的基础，是公司成立、正常运作的基础。公司资本是否充足直接影响到与之交易的第三人的利益，如果公司资本显著不足，必然增加公司债权人的风险，实际是股东利用公司人格和有限责任把经营风险转嫁给公司的债权人或社会公众身上，有悖公平、正义的价值目标。公司资本是否充足不能仅以法定最低注册资本判断，而应以公司从事的营业性质需要来判断。对于实践中经常发生的虚假出资和抽逃出资的问题，实际有两种解决途径，一是追究出资人违反出资义务的责任，使其填补出资；二是提起公司法人人格否认之诉。

2. 公司人格形骸化

即公司与股东完全混同，股东控制着公司的各种事务，任意干预公司的运作，公司的人格只有象征意义。其主要表征包括财产混同、业务混同和组织混同。这在一人公司或母子公司的情况下较为严重。在这种情况下，公司实际成为股东的"代理人"、"化身"或"工具"，股东应当直接对公司的债权人承担责任。

3. 过度控制，主要发生在母子公司之间

母公司基于其特殊地位，对子公司的经营决策形成影响是必然的，此亦为法律所允许。但如果这种控制超过了必要的限度，母公司就应当对子公司的行为承担责任。过度控制一般要具备以下三个要件：第一，母公司对子公司的经营有完全的支配，而且这种支配具有连续性、持久性、广泛性；第二，母公司对子公司销售控制权系为不正当之利益，即为母公司之利益而损害子公司；第三，母公司对子公司之控制，对子公司的债权人或少数股东造成损害。

4. 利用公司人格规避法定或约定义务

典型的情形是公司"脱壳经营"，即公司以对外投资或新设子公司等方式，将公司资产抽出转移到新公司，把债务甩在已为"空壳"的原公司，或是不进行公司清算、注销程序就将原公司歇业，逃避债务，损害债权人利益。再如为了逃税、洗钱等非法目的而成立公司均为公司法人人格的滥用。在这些情形下，公司被作为股东逃避义务的工具，有悖于公司法人独立人格的初衷，因而公司的行为被视为股东的行为，股东应对此承担责任。

（三）公司法人人格否认的适用条件

公司独立人格和股东有限责任是公司法人制度的根基，而公司法人人格否认是对公司独立人格和股东有限责任的修正，对公司法人人格否认的适用必须加以严格的条件限制，否则极易导致其滥用而动摇公司制度的根基。我国《公司法》虽然规定了公司法人人格否认制度，但是法律条文表述过于原则，对公司法人人格否认的适用条件未作明文限制。一般认为，公司法人人格否认的适用必须具备以下条件：

第一，公司法人人格否认适用的前提——公司法人人格依法存在。适用中应严格区分公司法人人格否认制度下对公司人格暂时、个案的否认与对欠缺法人成立必备要件的法人人格的彻底、全面否定。公司人格否认的对象只能是具有合法有效独立人格的公司。

第二，主体要件——公司人格的滥用者及公司法人格否认的主张者。滥用公司人格者应限于公司的股东，进一步说，通常是那些对公司具有实际控制能力的大股东，只有他们才有机会实施滥用公司人格的行为。而对于公司董事、高级管

理人员利用职务便利滥用公司人格谋取私利的情形，应适用公司法关于董事、高级管理人员违背诚信义务的法律责任的相关规定，不应适用公司法人人格否认制度。公司法人人格否认的主张者是公司法人格滥用的受害者，通常是公司的债权人或者代表国家利益、公共利益的政府部门。

第三，行为要件——股东实施了滥用公司人格的行为。这是公司法人人格否认适用的客观要件，也是最关键的要件。实践中滥用公司人格行为的表现多种多样，常见的有：滥用公司人格规避法定或者约定的义务、公司与股东的混同行为、母子公司间过度控制等。

第四，损害要件——滥用行为造成了公司债权人利益或社会公共利益损失。根据《公司法》规定，股东滥用公司人格行为只有严重损害公司债权人利益的，才对公司债务承担连带责任。如果只有滥用行为而没有损害发生，或者损害特别轻微，则不能启动公司法人人格否认。

（四）公司法人人格否认适用的程序和效果

对于公司法人人格否认适用的程序，《公司法》没有做出明确规定。鉴于其关系重大，许多学者建议立法应规定公司法人人格否认必须采用诉讼的形式，以防止其滥用，维护公司法人制度的稳定性。

公司法人人格否认适用的效果是在个案特定的法律关系中否定公司的独立人格，追究滥用公司人格的股东的责任。根据《公司法》的规定，公司股东滥用公司法人独立地位和股东有限责任，逃避债务，严重损害公司债权人利益的，应当对公司债务承担连带责任，但公司的一般独立人格依旧存在。

本案中，被告何某作为恒润公司控股股东，持有90%股份，将公司债权债务与其个人财产混同，报表失真，拒不提供财务账簿进行核查，也没有证据证明其未滥用公司法人人格，应承担举证不能后果。公司已无法生产经营，其滥用公司法人独立地位，逃避债务的行为，严重损害了债权人利益，根据公司法有关规定，何某对公司债务应承担连带责任。

第二节　股权与股权转让

▨▨ 本节重点法条 ▨▨▨▨▨▨▨▨▨▨▨▨▨▨▨▨▨▨▨▨▨▨▨▨▨

《中华人民共和国公司法》

第四条　公司股东依法享有资产收益、参与重大决策和选择管理者等权利。

第二十八条　股东应当按期足额缴纳公司章程中规定的各自所认缴的出资额。股东以货币出资的，应当将货币出资足额存入有限责任公司在银行开设的账户；以非货币财产出资的，应当依法办理其财产权的转移手续。股东不按照前款规定缴纳出资的，除应当向公司足额缴纳外，还应当向已按期足额缴纳出资的股东承担违约责任。

第三十三条　有限责任公司应当置备股东名册，记载下列事项：

（一）股东的姓名或者名称及住所；

（二）股东的出资额；

（三）出资证明书编号。

记载于股东名册的股东，可以依股东名册主张行使股东权利。

公司应当将股东的姓名或者名称及其出资额向公司登记机关登记；登记事项发生变更的，应当办理变更登记。未经登记或者变更登记的，不得对抗第三人。

第三十四条　股东有权查阅、复制公司章程、股东会会议记录、董事会会议决议、监事会会议决议和财务会计报告。

股东可以要求查阅公司会计账簿。股东要求查阅公司会计账簿的，应当向公司提出书面请求，说明目的。公司有合理根据认为股东查阅会计账簿有不正当目的，可能损害公司合法利益的，可以拒绝提供查阅，并应当自股东提出书面请求之日起十五日内书面答复股东并说明理由。公司拒绝提供查阅的，股东可以请求人民法院要求公司提供查阅。

第三十五条　股东按照实缴的出资比例分取红利；公司新增资本时，股东有权优先按照实缴的出资比例认缴出资。但是，全体股东约定不按照出资比例分取红利或者不按照出资比例优先认缴出资的除外。

第三十六条　公司成立后，股东不得抽逃出资。

第三十九条　首次股东会会议由出资最多的股东召集和主持，依照本法规定行使职权。

第四十条　股东会会议分为定期会议和临时会议。定期会议应当按照公司章程的规定按时召开。代表十分之一以上表决权的股东，三分之一以上的董事，监事会或者不设监事会的公司的监事提议召开临时会议的，应当召开临时会议。

第四十一条　有限责任公司设立董事会的，股东会会议由董事会召集，董事长主持；董事长不能履行职务或者不履行职务的，由副董事长主持；副董事长不能履行职务或者不履行职务的，由半数以上董事共同推举一名董事主持。

有限责任公司不设董事会的，股东会会议由执行董事召集和主持。

董事会或者执行董事不能履行或者不履行召集股东会会议职责的，由监事会或者不设监事会的公司的监事召集和主持；监事会或者监事不召集和主持的，代表十分之一以上表决权的股东可以自行召集和主持。

第七十二条　有限责任公司的股东之间可以相互转让其全部或者部分股权。

股东向股东以外的人转让股权，应当经其他股东过半数同意。股东应就其股权转让事项书面通知其他股东征求同意，其他股东自接到书面通知之日起满三十日未答复的，视为同意转让。其他股东半数以上不同意转让的，不同意的股东应当购买该转让的股权；不购买的，视为同意转让。经股东同意转让的股权，在同等条件下，其他股东有优先购买权。两个以上股东主张行使优先购买权的，协商确定各自的购买比例；协商不成的，按照转让时各自的出资比例行使优先购买权。

公司章程对股权转让另有规定的，从其规定。

第七十三条　人民法院依照法律规定的强制执行程序转让股东的股权时，应当通知公司及全体股东，其他股东在同等条件下有优先购买权。其他股东自人民法院通知之日起满二十日不行使优先购买权的，视为放弃优先购买权。

第七十四条　依照本法第七十二条、第七十三条转让股权后，公司应当注销原股东的出资证明书，向新股东签发出资证明书，并相应修改公司章程和股东名册中有关股东及其出资额的记载。对公司章程的该项修改不需再由股东会表决。

第七十五条　有下列情形之一的，对股东会该项决议投反对票的股东可以请求公司按照合理的价格收购其股权：

（一）公司连续五年不向股东分配利润，而公司该五年连续盈利，并且符合本法规定的分配利润条件的；

（二）公司合并、分立、转让主要财产的；

（三）公司章程规定的营业期限届满或者章程规定的其他解散事由出现，股东会会议通过决议修改章程使公司存续的。

自股东会会议决议通过之日起六十日内，股东与公司不能达成股权收购协议的，股东可以自股东会会议决议通过之日起九十日内向人民法院提起诉讼。

第七十六条　自然人股东死亡后，其合法继承人可以继承股东资格；但是，公司章程另有规定的除外。

第九十八条　股东有权查阅公司章程、股东名册、公司债券存根、股东大会会议记录、董事会会议决议、监事会会议决议、财务会计报告，对公司的经营提出建议或者质询。

第一百零二条　股东大会会议由董事会召集，董事长主持；董事长不能履行职务或者不履行职务的，由副董事长主持；副董事长不能履行职务或者不履行职务的，由半数以上董事共同推举一名董事主持。

董事会不能履行或者不履行召集股东大会会议职责的，监事会应当及时召集和主持；监事会不召集和主持的，连续九十日以上单独或者合计持有公司百分之十以上股份的股东可以自行召集和主持。

第一百三十八条　股东持有的股份可以依法转让。

第一百三十九条　股东转让其股份，应当在依法设立的证券交易场所进行或者按照国务院规定的其他方式进行。

第一百四十条　记名股票，由股东以背书方式或者法律、行政法规规定的其他方式转让；转让后由公司将受让人的姓名或者名称及住所记载于股东名册。股东大会召开前二十日内或者公司决定分配股利的基准日前五日内，不得进行前款规定的股东名册的变更登记。但是，法律对上市公司股东名册变更登记另有规定的，从其规定。

第一百四十一条　无记名股票的转让，由股东将该股票交付给受让人后即发生转让的效力。

第一百四十二条 发起人持有的本公司股份,自公司成立之日起一年内不得转让。公司公开发行股份前已发行的股份,自公司股票在证券交易所上市交易之日起一年内不得转让。

公司董事、监事、高级管理人员应当向公司申报所持有的本公司的股份及其变动情况,在任职期间每年转让的股份不得超过其所持有本公司股份总数的百分之二十五;所持本公司股份自公司股票上市交易之日起一年内不得转让。上述人员离职后半年内,不得转让其所持有的本公司股份。公司章程可以对公司董事、监事、高级管理人员转让其所持有的本公司股份作出其他限制性规定。

第一百四十三条 公司不得收购本公司股份。但是,有下列情形之一的除外:

(一)减少公司注册资本;

(二)与持有本公司股份的其他公司合并;

(三)将股份奖励给本公司职工;

(四)股东因对股东大会作出的公司合并、分立决议持异议,要求公司收购其股份的。

公司因前款第(一)项至第(三)项的原因收购本公司股份的,应当经股东大会决议。公司依照前款规定收购本公司股份后,属于第(一)项情形的,应当自收购之日起十日内注销;属于第(二)项、第(四)项情形的,应当在六个月内转让或者注销。

公司依照第一款第(三)项规定收购的本公司股份,不得超过本公司已发行股份总额的百分之五;用于收购的资金应当从公司的税后利润中支出;所收购的股份应当在一年内转让给职工。

公司不得接受本公司的股票作为质押权的标的。

第一百四十四条 记名股票被盗、遗失或者灭失,股东可以依照《中华人民共和国民事诉讼法》规定的公示催告程序,请求人民法院宣告该股票失效。人民法院宣告该股票失效后,股东可以向公司申请补发股票。

第一百四十五条 上市公司的股票,依照有关法律、行政法规及证券交易所交易规则上市交易。

第一百四十六条 上市公司必须依照法律、行政法规的规定,公开其财务状况、经营情况及重大诉讼,在每会计年度内半年公布一次财务会计报告。

案例1　股东身份认定:沈阿大与周云清、
韩美琴等股东身份确认之诉①

【案情介绍】

2002年9月,周云清和韩美蓉在对江西兴国县圣源矿业有限公司进行考察

---

① 案例来源:江西省赣州市中级人民法院(2004)赣中民二终字第60号民事判决书,载北大法律信息网,http://vip. chinalawinfo. com/case/displaycontent. asp? Gid=1174737464&Kevword,最后浏览于2007年1月3日。

后，为寻找借款和合作伙伴便找到沈阿大商谈在兴国办莹石矿开采、加工、销售公司的事宜。2002年9月29日，沈阿大以金鹰公司的名义委托周云清在兴国成立公司，并办理相关手续。2002年10月8日，沈阿大汇款128万元给周云清，同年10月10日，周云清收到该汇款。2002年10月19日，兴国县圣源矿业有限公司以118万元的价格将其固定资产和采矿经营权转让给吴江金鹰有限公司兴国齐发矿业有限公司。

2002年11月6日，兴国齐发矿业有限公司（以下简称齐发公司）办理了设立工商登记，沈阿大任董事长，沈阿大和周云清、韩美文、徐均、万文辉、韩美蓉均在相关申请文件上签字。选举周云清、徐诚、韩美琴、韩美文、万文辉、徐均为齐发公司董事会成员。公司章程规定，公司名称为兴国齐发矿业有限公司，法定代表人为沈阿大，注册资本为100万元，股东及出资额为：沈阿大40万元，周云清13万元、韩美琴13万元、徐诚13万元、万文辉13万元、韩美文6万元，徐均2万元。2002年11月11日兴国县工商行政管理局同意核准登记兴国齐发矿业有限责任公司。

2003年3月28日，齐发公司向股东发出出资证明书：沈阿大出资40万元，占公司40％的股份，此款在沈阿大汇来的128万元中支付；周云清、韩美琴、徐诚、万文辉各出资13万元，各占公司13％的股份，韩美文出资6万元，占公司6％的股份，徐均出资2万元，占公司2％的股份，该款均在沈阿大汇来的128万元中借垫。2003年9月，沈阿大与其他股东就齐发公司矿业经营权转让事宜发生争议。

2003年10月17日，沈阿大凭借虚假的《齐发公司董事会决议》和《股权转让协议书》申请变更登记，将齐发公司原有股东变更为沈阿大和案外人董建勤、黄国华，并修改公司章程，股东及出资为，沈阿大出资74万元，董建勤出资13万元，黄国华出资13万元。兴国县工商行政管理局为齐发公司办理了变更登记。2003年10月18日，周云清等联名申请兴国县工商行政管理局撤销10月17日的变更登记。2003年11月25日，兴国县工商行政管理局撤销齐发公司于2003年10月17日申请办理的股东变更登记。

之后沈阿大向兴国县人民法院起诉，要求确认周云清、韩美琴、徐诚、万文辉、韩美文、徐均不是齐发公司的股东。

一审法院认为，因周云清、韩美琴、徐诚、万文辉、韩美文、徐均对齐发公司未实际出资，而齐发公司2002年11月6日的公司章程把他们列为公司股东，违反了公平原则，判决被告周云清、徐诚、徐均、韩美琴、韩美文、万文辉不是兴国齐发矿业有限公司股东。

周云清等不服判决,提起上诉。二审期间,2004年4月12日和13日,周云清、万文辉、韩美琴、徐诚、徐均按公司章程中各人承诺的出资金额分别向齐发公司在工商银行的账户上存入现金,合计54万元,其中周云清、万文辉、韩美琴、徐诚各13万元,徐均2万元。

二审法院审理后认为,确认股东身份资格的根本性标准不是出资与否,而是公司章程及公司登记机关的注册登记文件,根据公司章程及工商行政管理部门的公司登记文件,周云清、韩美琴、韩美文、万文辉、徐诚、徐均是齐发公司的股东。设立公司时,沈阿大负担了齐发公司全部注册资金的出资属于替代出资性质,不影响其他股东的股东资格。二审期间周云清等人已将承诺的出资缴入齐发公司账户,因而沈阿大虽然对周云清等人享有替代出资追偿权,可以另案解决其出资追偿问题,但其请求确认齐发公司章程无效及确认周云清、韩美琴、韩美文、万文辉、徐诚、徐均不是股东的诉讼请求缺乏事实和法律根据。周云清等人并非既不出资又不参与经营管理的纯粹虚拟股东,相反,从项目考察到谈判收购采矿权再到设立公司乃至公司设立后的经营管理,全部是由周云清等六人具体负责。基于诚实信用原则,沈阿大的诉讼请求不应支持。判决撤销一审判决,驳回被上诉人沈阿大的诉讼请求。

【法律问题】

公司股东身份认定

【法律分析和结论】

这是一起关于有限责任公司股东身份的确认之诉,本案的关键在于公司发起人的出资与股东身份取得之间的关系。

简单地说,股东就是向公司投钱的人,缴纳出资是股东的基本义务,因此出资与股东身份的取得有着十分密切的联系,或者说出资是获得股东身份的前提。然而对于"出资"应作何理解?是指承诺的出资还是实际缴纳的出资?未实际缴纳出资会成为否定股东身份的理由吗?有其他股东替代出资会影响被替代出资者的股东地位吗?

出资固然对股东身份取得具有重要意义,但对"出资"应作适当理解,不能简单地认为凡是没有履行实际出资义务的都不具备股东身份。根据《公司法》第28条规定,股东不按照规定缴纳出资的,应当向公司足额缴纳,还应当向已按期足额缴纳出资的股东承担违约责任。最高人民法院的相关司法解释、判决都认为,在股东的出资不到位的情况下,该股东并不是丧失其股东资格,而是必须在其出资额范围内对公司债务承担有限责任。因此，不论是立法上还是司法实务中，并不否定未出资股东的股东资格，而仅是追究其未出资责任。如果否定其股东资格，也就失去了要求未出资股东补足出资的根据和前提。在因果关系上，正因为具有股东身份才可以追究其出资责任，而不是说履行了出资义务才具有股东身份。换句话说，在出资与股东权的关系上，正确的表述应当是：取得公司股东的身份和资格，必须以对公司的出资承诺为前提，而要获得实际的股东权益，则应以出资义务的实际履行为前提。股东的身份资格与股东可以实际行使的股东权能是有所区别的，未出资的股东仍具有股东身份资格，只是在行使具体的股东权能如表决权、管理权、参与盈余分配权时受到限制并仍负有补足认缴出资的义务。因而，认定股东的身份资格，是以股东对公司的出资承诺为标准，具体而言，就是以公司章程、公司置备的股东名册，特别是以公司登记机关的公司注册登记文件为准。其出发点是维持公司行为的持续性和有效性，并达到保护交易安全的目的。至于在公司设立时一部分股东替其他股东缴纳出资，也并不会否定被替代者的股东资格，因为该出资在形式上是记在他的名下，只不过在上述股东之间会因替代出资发生追偿关系。

基于上述分析，在本案中沈阿大提出周云清等六名股东未实际履行缴纳出资义务，因此不是公司股东，显然是不成立的。周云清等六名股东记载在公司《章程》和股东名册中，并且在工商部门也有登记，虽然公司成立时其出资是由沈阿大垫付的，但这并不能否定其股东身份，只不过在沈阿大和周云清等六名股东之间形成债权债务关系，后者对前者替代其缴纳的出资负有偿还的责任。

案例 2 股东知情权：宁某与远大事务所纠纷①

【案情介绍】

2004 年 1 月 16 日，远大事务所公司成立，股东为王某、宁某、于某、魏某、许某、汤某。2004 年 6 月 25 日，远大事务所公司召开股东会，公司全体股东出席，并形成两份《股东会决议》，其中一份决议内容为：王某的股权 1 万元，占注册资本的 2%转让给宁某；另一份决议内容为：汤某的股权 17 万元，占注册资本的 34%转让给王某。该二份股东会决议上均载有宁某的签字。在上述两

① 案例来源：北京市海淀区人民法院（2006）海民初字第 7426 号判决书，判决时间：2006 年 3 月 20 日，载于北大法意网，http://www.lawyee.net/Case/Case_Display.asp? ChannelID=2010103&KeyWord=&RID=149825。

次股东变更后工商登记再未进行过变更。2005年12月30日，远大事务所公司与宁某签订了一份约定书，载明：宁某提出离开远大事务所公司，远大事务所公司于2005年12月30日，同意其离开，为保证双方的权利和义务，双方本着互让互谅的原则，经友好协商，达成以下约定：（1）宁某在远大事务所公司工作期间，由于远大事务所公司经营困难，总计有91 259.25元费用未能及时结算给宁某，其中：社会保险（四险）5 959.25元、住房公积金7 500元、未付工资22 700元、业务费用51 100元、其他费用3 500元、存档费500元；现宁某已离开公司，双方商定这些费用由远大事务所公司分三次在两年内偿还给宁某：第一次还款时间为2005年12月31日，偿还总金额的25％；第二次还款时间为2006年7月1日，偿还总金额的25％；第三次还款时间为2007年12月31日前，偿还总金额的50％，即清偿完毕。除上述费用外，双方无其他经济纠纷；（2）宁某离开远大事务所公司后，保证不泄露远大事务所公司机密，不做有损远大事务所公司利益的事情，远大事务所公司对于宁某也有相同的义务；（3）宁某应与远大事务所公司办理相关工作的交接事宜，双方不得设立阻碍交接工作的相关事宜；（4）远大事务所公司对宁某的转所等事宜应提供必要的便利和保证。

2005年12月31日，宁某与远大事务所公司交接完毕。

2005年12月31日，宁某向远大事务所公司及王某发出了一份申请书，载明：因即将撤股，作为公司股东，本人申请查阅公司（远大事务所公司）自2004年成立之日起至今的所有账簿及相关会计资料，以确定股权价格。

同日，王某在申请书回执上签字，载明：本人已于2005年12月31日收到本公司股东宁某提交的申请查阅公司（远大事务所公司）自2004年成立之日起至今的所有账簿及相关会计资料的申请书。

王某对宁某的申请未作出答复。

庭审中，宁某称其查阅会计账簿还有以下几点目的：（1）远大事务所公司于2005年7月份开始接受了北京市财政局的检查，检查结果至今未反馈给我，我作为股东有权知道此检查的结果，而且我从别处得到的消息，财政局说有五家事务所有问题，我想知道远大事务所公司是否属于此列；（2）王某违反会计法规定，掌握公司的账目，所以我需要查阅；（3）我认为王某等人没有会计证。

【法律问题】

公司股东的知情权

【法律分析和结论】

知情权是指股东可以要求获取公司经营和财务等重要信息的权利，它是股东享有的一项十分重要的权利。所有者与经营者分离是现代公司的重要特征，真正为公司出钱的人并不一定参与经营，特别是在公司规模日益扩大、股权渐趋分散以及董事会中心主义确立的情况下，股东参与经营越来越少。如何协调公司所有者与经营者之间的关系、防止经营者滥权以保护股东的合法权益，成为公司法的重大课题。所有权与经营权分离给股东权益保护带来的最大隐患就在于信息不对称，因此在法律上赋予股东知悉公司重要信息的权利以便对经营者形成监督可以说是保护股东权益的前提。知情权在整个股东权体系中具有基础性地位，是股东实现其他股东权的重要基础。

我国2005年《公司法》对股东的知情权作出了明确规定。第34条规定："股东有权查阅、复制公司章程、股东会会议记录、董事会会议决议、监事会会议决议和财务会计报告。股东可以要求查阅公司会计账簿。股东要求查阅公司会计账簿的，应当向公司提出书面请求，说明目的。公司有合理根据认为股东查阅会计账簿有不正当目的，可能损害公司合法利益的，可以拒绝提供查阅，并应当自股东提出书面请求之日起十五日内书面答复股东并说明理由。公司拒绝提供查阅的，股东可以请求人民法院要求公司提供查阅。"第98条规定："股东有权查阅公司章程、股东名册、公司债券存根、股东大会会议记录、董事会会议决议、监事会会议决议、财务会计报告，对公司的经营提出建议或者质询。"

同原《公司法》相比，新法对知情权保护的范围更广，力度更大。股东行使知情权的范围被大大拓展。新《公司法》将有限责任公司股东知情权的行使范围放宽到"有权查阅公司章程、股东会会议记录、董事会会议决议、监事会会议决议和财务会计报告以及公司的会计账簿"；而股份有限公司行使知情权的范围则扩张到"有权查阅公司章程、股东名册、公司债券存根、股东大会会议记录、董事会会议决议、监事会会议决议、财务会计报告"。其次，在规定有限责任公司股东可以查阅上列各种公司文件的同时，还规定了有限责任公司的股东有权复制公司章程、股东会会议记录、董事会会议决议、监事会会议决议和财务会计报告。特别值得注意的是，对于十分敏感、实践中发生纠纷最多的有限责任公司会计账簿是否在可查阅的范围之列问题上，新法给予了明确肯定。

在保护股东知情权的同时，为维护公司的合法权益，公司法对股东知情权的行使又作了一定的限制。虽然在赋予有限责任公司股东对某些公司文件享有查阅权的同时，明确地赋予其复制这些文件的权利，但是对于诸如公司账簿等公司文件则没有赋予股东复制权。在对待有限责任公司股东所享有的查阅权问题上，法律持一种十分谨慎的态度。在以法律形式认可股东可以对公司会计账簿查阅的同时，对于股东查阅权的行使设定了一定的约束性条件如：在提出查阅的要求时，股东必须向公司递交书面的请求；要求股东在查阅公司账簿时有合法的目的，并且要向公司说明其目的。如果公司有合理的根据认为股东查阅公司账簿有不正当目的、可能损害公司合法利益时，可以拒绝提供查阅。但为限制公司动辄以股东目的不合法为借口拒绝股东查阅账簿，法律则又赋予了股东在此种情形下享有一定的救济权利。在公司拒绝查阅时，股东有权要求公司在其提出请求后 15 日内给予答复并说明理由；同时，如果股东认为拒绝查阅存在不当，还可以请求人民法院要求公司提供查阅。

股东知情权与公司的商业秘密是一对矛盾，在司法实践中应当妥当处理二者之间的关系。既不可无限制地扩张知情权，对公司的商业秘密保护毫不顾及，也不可过于宽泛地解释商业秘密，动辄以保护商业秘密为借口对抗知情权，应当严格按照商业秘密的构成要件进行认定。对于正当的知情权主张应当坚决支持，而对于确实涉及商业秘密的，应作谨慎处理，比如可以指定由专业会计师或律师查阅公司账簿。

审理本案的法院认为，宁某作为远大事务所公司的股东，要求查阅公司会计账簿系其所享有的股东权利，远大事务所公司不得任意拒绝。宁某于 2005 年 12 月 31 日向远大事务所公司提交了申请书要求查阅公司会计账簿，远大事务所公司未作出任何答复，其行为显属不当。然而，任何人行使权利均应当选择与预期目的符合的方式，宁某在向远大事务所公司提供的申请书称其查阅会计账簿的目的系为确认股权价格，但其确定股权价格可以通过查阅公司财务会计报告确定，而不需要直接查阅公司会计账簿。宁某也并未指出公司财务会计报告中何处存在问题，致使其无法确定其股权转让的价格。故本院认为虽然宁某系公司的股东，享有股东的权利，但其行使权利应当有其合理性，即选择对股东和公司影响最小的方式。公司法之所以规定股东查阅公司账簿要有正当目的，并不仅仅是指股东查阅公司账簿不应具有侵害公司合法权益的故意，而且因查阅公司会计账簿作为公司知情权中的最终权利，还应当包括股东查询公司账簿的目的应当与该权利的救济程度相适应，不得任意滥用的含义。在宁某可以通过其他救济手段行使其权利的情况下，法院认为其不应当直接要求查阅会计账簿。法院根据《公司法》第34 条第 2 项的规定，判决驳回了宁某的诉讼请求。

案例3 股东会召集权：林伟山、黄平诉杨洪忠股东会召集权纠纷案[①]

【案情介绍】

原告林伟山、黄平分别来自福建省泉州市和重庆市大渡口区，2004年6月经他人介绍到四川泸县投资办企业。6月21日，二原告与被告杨洪忠签订股东协议，共出资120万元组建泸县恒顺矿业有限公司，并到登记机关办理了注册登记。三股东在公司章程中约定：每个股东的股份、表决权均为1/3，由杨洪忠任公司执行董事（法定代表人），林伟山、黄平任公司经理。公司的股东会议分为定期会议和临时会议，代表1/4以上的有表决权股东提议，可以召开临时股东会议。

公司依法成立后经营至2006年2月5日，因管理不善出现经营风险，股东林伟山、黄平向执行董事杨洪忠口头提出申请，要求召开临时股东会调整经营思路，杨不予理睬。2月10日，林、黄又提出书面申请，要求杨在15日内召集三方召开临时股东会议，杨收到林、黄的书面申请后，既不答复也不召开会议，二原告遂向四川省泸县人民法院起诉，要求法院判决杨召开临时股东会议。

四川省泸县人民法院受理案件后，为维护社会稳定和煤矿生产安全，优化投资环境，保护公司整体利益和股东个人利益，在原被告双方之间进行耐心的调解，最终促使双方握手言和。9月30日，两原告与被告在法院的主持下达成调解协议，由被告于2006年10月15日召集二原告召开临时股东会。若被告到期不召开，由二原告自行召开，股东会形成的决议对被告有约束力。

【法律问题】

公司股东自行召集股东会会议

【法律分析和结论】

本案是一起股东会会议召集权纠纷，其关键在于谁有权利召集临时股东会议。

股东会是公司的最高权力机构，由公司全体股东组成。股东会不是公司的一

[①] 案例来源：《林伟山、黄平诉杨洪忠股东会议召集权纠纷案》，载中国法律资源网，http://www.lawbase.com.cn/LAWDATA/LawArticle.asp? ArticleNo=396478，最后浏览于2007年1月3日。

个常设机构，召开股东会会议是股东会的基本工作方式，股东会召开会议必须由具有召集权的人进行召集。股东会会议主要有两种：一种是定期会议；另一种是不定期的临时会议。股东会议的召集方式根据是定期会议还是临时会议而有所不同。

（一）定期会议和股东年会召集权

对于有限责任公司的定期会议和股份有限公司的股东年会，一般是由董事会负责召集，董事会具有排他性的会议召集权。董事会召集股东会作为一项原则，具有悠久的历史，它是与董事会在公司机关中的地位密不可分的，没有谁比它更了解公司的需要，也没有谁比它更方便行使召集权。故而各国几乎无一例外地坚持了这一原则。对于有限责任公司的定期会议，我国公司法规定，除首次股东会议由出资最多的股东召集和主持外，定期会议应当按照公司章程的规定按时召开。对于股份有限公司的股东年会，公司法规定，股东大会应当每年召开一次年会，股东大会会议由董事会负责召集，由董事长主持。另外根据《公司法》的规定，有限责任公司不设董事会的，股东会会议由执行董事召集和主持。董事会或者执行董事不能履行或者不履行召集股东会会议职责的，由监事会或者不设监事会的公司的监事召集和主持。监事会或者监事不召集和主持的，代表 1/10 以上表决权的股东可以自行召集和主持。在股份有限公司，董事会不能履行或者不履行召集股东大会会议职责的，监事会应当及时召集和主持；监事会不召集和主持的，连续 90 日以上单独或者合计持有公司 10% 以上股份的股东可以自行召集和主持。对于公司董事会（执行董事）、监事会（监事）而言，召集定期股东会议与其说是一种权力，不如说是一种职责和义务，当其疏于履行这种职责时，一定持股比例的股东可以召集定期会议。

（二）临时股东会会议召集权

公司遇到急迫，且不能由公司管理层作出决定的情形时，须召开股东会。相对于股东会定期会议，它被称为临时股东会。我国《公司法》规定，代表 1/10 以上表决权的股东，1/3 以上的董事，监事会或者不设监事会的公司的监事提议召开临时会议的，应当召开临时会议。对于股份有限公司临时股东会议，公司法规定，当出现以下情形时，应当在 2 个月内召开临时股东大会：（1）董事人数不足公司法规定人数或者公司章程所定人数的 2/3 时；（2）公司未弥补的亏损达实收股本总额 1/3 时；（3）单独或者合计持有公司 10% 以上股份的股东请求时；（4）董事会认为必要时；（5）监事会提议召开时；（6）公司章程规定的其他情形出现时。

我国原公司法对公司股东会会议召集的规定比较简陋，而新公司法对有限责任公司和股份公司的股东会议召集权都进行了补充和完善。尤其值得一提的是，新公司法明确赋予一定持股比例的股东以股东会议的召集权。在原公司法下，股东只能向董事会提出召开股东会议的建议，董事会完全可以找各种理由拒绝股东的建议，因此股东的权益往往得不到很好的保护。在新公司法下，只要是满足法定比例的股东提出召开股东会议的请求，董事会就必须认真组织召开，不得拒绝，股东在这方面的权力明显增大了。这样，股东可以在任何其认为必要的时候请求召开股东会议，发表自己的看法，这对于广大股东维护自身权益意义重大。

具体到本案中，原告林伟山、黄平和被告杨洪忠都是泸县恒顺矿业有限公司的股东，并且其各自持有的股份、表决权均为 1/3。三股东在公司章程中明确约定：代表 1/4 以上的有表决权股东提议，可以召开临时股东会议，因此，原告有权召集临时股东会议。2006 年 2 月 5 日，股东林伟山、黄平向执行董事杨洪忠口头提出申请，要求召开临时股东会调整经营思路，杨不予理睬。2 月 10 日，林、黄又提出书面申请，杨仍然不予理睬。被告杨洪忠的不作为违反了公司章程，实际是对二原告股东会议召集权的侵犯，应当应原告的请求及时召开临时股东会。双方在法院的调解下最终和解，被告同意召开临时股东会，是明智合法的选择。

案例 4 股东优先购买权：镇江汇江房地产开发有限公司诉 仪征化纤房地产开发公司和袁海平股权转让案①

【案情介绍】

镇江香江房地产开发公司（以下简称香江公司）原是由仪征化纤房地产开发公司（以下简称仪化公司）、镇江市纺织工业供销公司（以下简称纺织公司）、宁波经济技术开发区江波纺织原料物资公司（以下简称江波公司）共同发起组建的有限责任公司，注册资本 855.5 万元，其中仪化公司的出资额 650 万元，占注册资本比例的 75.98%；纺织公司的出资额为 135.5 万元，占注册资本比例的 15.84%；江波公司的出资额为 70 万元，占注册资本比例的 8.18%。

镇江汇江房地产开发有限公司（以下简称汇江公司）系中外合作企业，由镇江市地方工业产品市场、镇江市医药集团、香港深汇发展有限公司于 1992 年共

---

① 案例来源：《镇江汇江房地产开发有限公司诉仪征化纤房地产开发公司和袁海平股权转让案》，载法搜网，http://www.fsou.com/html/text/fnl/1174860/117486069.html，有改动，最后浏览于 2007 年 1 月 3 日。

同出资建立。

1997年2月，汇江公司与纺织公司签订借款协议一份，约定由汇江公司借给纺织公司人民币100万元。汇江公司按月出借资金后，纺织公司未能如期偿还，为此汇江公司1999年向镇江市中级人民法院提起诉讼。后经镇江中院裁决将纺织公司在香江公司13.32%的股权作价125万元划转给汇江公司抵偿债务，并由镇江市工商局办理了股东及股权变更登记。

2001年11月23日，香江公司召开股东会暨四届一次董事会，仪化公司、纺织公司、江波公司均提出转让其在香江公司股权的意向。同时董事会纪要载明，转让股东应严格按照公司法操作，股东有优先受让权，汇江公司如无意收购香江公司股份，可向其他法人或自然人转让。

2001年11月23日，汇江公司致函仪化公司，告知股权转让的经济测算前提，提出受让其在香江公司股权的两种方案，请其研究答复。

2002年1月10日，仪化公司以传真回复汇江公司，提出三种转让方案。其中之一为如对方在2002年2月10日前能够一次性支付450万元，其即转让全部股权。

2002年2月4日，汇江公司复函仪化公司及总经理陈鹏，表示决定按1月10日来函中的第一方案购买其在香江公司的全部股权。并提及已经获悉仪化公司又将股权转让他人的消息，希望其按照公司章程将股权有限转让给汇江公司。

2002年2月6日，仪化公司总经理陈鹏以传真答复汇江公司董事长余德聪，表示对汇江公司迟到的决定感到十分遗憾。

2002年2月8日，香江公司召开临时股东会，就仪化公司向袁海平转让其在香江公司的全部股权等事项进行表决，并拟定了决议，载明由到会的股东盖章后生效。江波公司、纺织公司均表示同意，并加盖了印章。汇江公司董事长在会上发表了意见，表示对仪化公司转让股权的行为予以理解，但是仪化公司将股权转让给股东以外的人没有告知其他股东，不符合法定程序，因而转让结果无效，汇江公司作为香江公司的股东可以优先受让仪化公司在香江公司的股权。仪化公司与汇江公司发生争议，汇江公司提起诉讼主张优先购买权。

扬州市中级人民法院审理后认为，汇江公司具有在香江公司的合法股东地位，其股东权利应受法律保护。仪化公司转让出资，在同等条件下汇江公司依法享有优先购买的权利。仪化公司与袁海平之间的股权转让行为，违反了法律规定，依法应当确认无效。汇江公司与仪化公司的股权转让合同也已经成立并生效，仪化公司违反了合同约定，应承担继续履行的违约责任。

仪化公司不服一审判决，提出上诉。江苏省高级人民法院经审理后，驳回上诉，维持原判。

【法律问题】

有限责任公司股东之间股权转让的优先购买权

【法律分析和结论】

股东有权转让其持有的股权，但有限责任公司股东转让股权要受到一定的限制，股东向股东以外的第三人转让股权应当征得其他股东同意，并且在同等条件下其他股东有优先受让的权利。

股东优先购买权的理论依据是有限责任公司的人合性。有限责任公司的股东人数较少，股东之间一般存在着一种人身信任的关系。公司的成立、经营很大程度上要靠这种相互信任的关系来维护。一旦发生公司增资扩股、股东转让股权等情形时，即可能有原股东以外其他人加入公司，改变原有股东之间关系的架构，破坏原有股东之间的和谐。正是基于对股东这种相互信赖关系的保护，法律才规定了有限公司股东的优先购买权。其直接效果，是对股东以外其他人加入公司设置了一定的前置程序和限制条件。

股东优先购买权的成立须符合一定条件：

首先，优先购买权的客体必须是经股东同意转让的股权。根据《公司法》规定，有限责任公司股东向股东以外的人转让股权，应当经其他股东过半数同意。股东应就其股权转让事项书面通知其他股东征求同意，其他股东自接到书面通知之日起满 30 日未答复的，视为同意转让。其他股东半数以上不同意转让的，不同意的股东应当购买该转让的股权；不购买的，视为同意转让。在股权转让未获通过的情况下，不同意转让的股东应当购买该股权，此种购买不同于优先购买权的行使。值得一提的是，新《公司法》对于有限责任公司股权转让完善了程序性规定，包括转让征求意见的通知应当以书面形式作出，以及 30 日的回复期等。

其次，"同等条件"的限制。即股东必须是以与转让股东和第三人约定的条件相同的条件行使优先购买权，而不得低于该条件。然而对于究竟什么是"同等条件"，《公司法》并未明确规定，实践中存在着不同的认识。

一般认为，"同等条件"即等同于转让股东与欲受让股权的第三人最后确定的交易条件。但有的学者对此提出了质疑：转让方与受让方的交易条件只有在签署协议以后才能最终确定，如果此时其他股东主张优先购买权的话，将使转让方被迫陷入双重买卖的尴尬境地，善意受让人的磋商成本也白费了，这就给交易带来了极大的不稳定性。如果有股东需要转让股权时，该股东应先拟定一个条件

（至少应该包括价格、数量等）书面通知其他股东，如果其他股东在一定期限内不主张优先购买权则视为放弃，但前提是转让方与第三方达成的交易条件不得低于上述条件，否则其他股东可以重新主张优先购买权。如果转让条件是由第三人提出，转让方在准备承诺之前应将该条件及其承诺意思通知其他股东，其他股东在一定期限有权决定是否行使优先权。如果有股东决定购买，应立即通知转让股东，转让股东不得以他人条件更优为由予以拒绝。转让股东为了避免因其他股东行使优先购买权而向第三人承担违约责任，应在与第三人的转让协议中约定以其他股东不行使优先购买权作为协议生效的条件。

对于条件是否"同等"如何判断，存在着分歧。绝对等同说认为行使优先购买权的条件应与转让人与第三人约定的转让条件完全一致，不能有一点差别；相对等同说认为，二者不需要丝毫不差，所谓"同等"主要是指价格的同一，交易条件中，除价格条款外，还有履行期限、付款方式等必要条款，后者不应苛求同一。相对等同说是通说。确定相对一致的同等价格，通常按照折算法和市价参照法进行：首先将出让人同意相应转让价格时所考虑的其他因素折算成金钱；如这些因素是人情、关系等无法折算的因素，则按市场价格确定。有学者认为，条件是否"同等"应主要由当事人自主决定，只要转让人认为"同等"，即使按市场价格不同等，也应当尊重转让人的意思。

《公司法》对于法院依照法律规定的强制执行程序转让股东股权的情况作了特别的规定，法院应当通知公司及全体股东，其他股东在同等条件下有优先购买权。并对股东优先购买权行使的期限进行了限制，即其他股东应自人民法院通知之日起满20日行使优先购买权，否则视为放弃。上述"20日"在性质上属除斥期间。相比之下，对于普通的股权转让中股东优先购买权的行使，《公司法》未设明确的期限限制。

股东优先购买权行使的效力值得探讨。如果股东将股权转让给善意第三人并且已经办理了股权变更登记，该转让的效力如何？股东可否以该转让侵犯了自己的优先购买权为由要求确认其无效？对此我国《公司法》未作明确规定。一般认为，股东的优先购买权具有物权的效力，即使转让人与第三人之间的转让已经完成，优先购买权人也可以请求法院宣告该转让无效，而由自己受让该股权。

此外，《公司法》还规定了两个以上股东同时主张优先购买权的处理办法，即股东协商确定各自的购买比例；协商不成的，按照转让时各自的出资比例行使优先购买权。公司章程对股权转让另有规定的，从其规定。

在本案中，汇江公司是香江公司的合法股东，当然享有公司法规定的各项股东权，包括股权转让的优先购买权。仪化公司在向汇江公司发出股权转让要约、并且汇江公司进行了承诺之后，又将股权转让给股东之外的第三人袁海平。仪化公司的行为既构成了违约，又构成侵权。仪化公司 2002 年 1 月 10 日发给汇江公司的传真内容包含了股权转让合同的主要条款，构成完整的要约，且无可撤销情形；在汇江公司作出愿意按第一种方案受让股权的承诺后，双方之间的合同关系已经成立。仪化公司在香江公司临时股东会上提出向袁海平转让其持有的股份时，即应公开双方的合同内容，以使全体股东了解转让条件，而仪化公司没有履行上述义务，致使汇江公司无法行使优先购买权，其与袁海平之间的合同应无效。仪化公司应按之前与汇江公司之间成立的合同继续履行。

案例 5　有限责任公司股权转让：梁金、丁茗、周卫平诉王安保股权转让纠纷案[①]

【案情介绍】

河南海普赛能源科技有限公司（以下简称海普赛公司）成立于 2001 年 8 月，股东为河南环宇电源股份有限公司（以下简称环宇公司）及王安保。2003 年，海普赛公司股东会通过决议，同意梁金、丁茗、周卫平三人加入公司，并将公司注册资本增至 2 750 万元。此时公司股权结构为：环宇股份 46%、王安保 37%、梁金 10%、丁茗 3%、周卫平 4%。

公司成立后，2004 年实现净利润 200 多万元，2005 年实现净利润 1 800 多万元。在企业经营业绩不断上升的背景下，公司股东有意增加公司的注册资本，而王安保则准备将自己所持股权向其他股东转让。由于公司业绩良好，其他四位股东都希望更多的购买王安保的股权，提高自己的持股比例。环宇公司因此与另三名股东无法达成一致意见。

2006 年 5 月，环宇公司与王安保签订了股权转让协议，约定王安保将所持海普赛公司股份转让给环宇公司。随后王安保与环宇公司提议召开股东会，梁金、丁茗、周卫平提出王安保与环宇公司签订的股权转让协议无效，全体股东对王安保拟转让股份具有等额的认购权。表决时环宇公司和王安保赞成，梁金、丁茗、周卫平反对。

2006 年 7 月，环宇公司按照股权转让协议修改了海普赛公司章程，并在工商行政部门办理了变更登记。梁金、丁茗、周卫平不服，诉至法院，要求确认王

①　案例来源：《小股东起诉大股东让法官为难》，载慧聪网，http://info.biz.hc360.com/2005/11/01082637036.shtml，有改动，最后浏览于 2007 年 1 月 3 日。

安保与环宇公司签订的股权转让协议无效，并要求确认三原告对王安保转让的股份有等额的认购权。

【法律问题】

有限责任公司股东内部转让股份

【法律分析和结论】

有限责任公司股东可以将其持有的股权转让给他人，这是股东权的内容之一。当然，转让是要满足一定条件的。根据股权转让的对象不同，股东转让股权的自由度是不同的。根据我国《公司法》第72条的规定，如果股东向股东以外的人转让股权，应当经其他股东过半数同意。股东应就其股权转让事项书面通知其他股东征求同意，其他股东自接到书面通知之日起满30日未答复的，视为同意转让。其他股东半数以上不同意转让的，不同意的股东应当购买该转让的股权；不购买的，视为同意转让。经股东同意转让的股权，在同等条件下，其他股东有优先购买权。可见，有限责任公司股东向股东以外的人转让股权是受到较严格限制的。《公司法》之所以作这样的限制，是因为有限责任公司具有较强的人合性，股东之间具有较为密切的人身信任关系，如果任由股东将股权转让给股东之外的人，恐破坏这种和谐关系，不利于公司的顺畅运行。

对于有限责任公司股东相互之间转让股权，我国公司法则没有作出明确的限制。《公司法》第72条第1款规定，有限责任公司的股东之间可以相互转让其全部或者部分股权。根据上述规定，有限责任公司股东之间相互转让股权只需要互相达成股权转让协议即可，不需要征得其他股东同意。公司法之所以对有限责任公司股东相互之间转让股权未设任何限制，是考虑到这种内部转让不会破坏股东之间的信任关系，因此奉行意思自治原则。

对于公司法对有限责任公司股东之间转让股权完全不设限的做法是否合理，存在着不同的声音。有人认为，有限责任公司的股权转让不仅涉及公司人合性和股东之间信任关系的问题，还会引起公司股权结构的变化，从而影响股东之间的平衡关系。如果对公司股东内部的股权转让不加任何限制，可能会导致个别股东因为受让其他股东的股份而一股独大、控制公司的局面。尤其当股东相互之间转让股份是出于恶意时，更易造成其他股东利益的损害，不利于公司的健康发展。因此，即使是在有限责任公司股东内部转让股权，也应当对此加以适当限制。这种说法是有一定道理的。但不管怎样，现行公司法对这种股权的内部转让是未设限制的，因此除非存在其他违法的情形，这种股权转让是有效的。

不过，自由转让原则并非是公司法上的强制性规则，基于公司自治理念，公司法并不禁止股东就股权的内部转让作另外的约定，《公司法》第72条第4款明确规定，公司章程对股权转让另有规定的，从其规定。当事人完全可以事先通过公司章程对有限责任公司股权的内部转让作出限制，比如约定对股东转让的股权，其他股东有平均受让的权利。章程是公司自治的宪章，股东应该学会利用这个手段维护自身的权益。

在本案中，海普赛公司的股东之一王安保要转让自己的股权，因为公司的经营状况很好，其他股东都想更多的获得这部分股权，但王安保把自己的股权全部转让给了环宇公司。王安保与环宇公司达成了股权转让协议，该协议是双方的真实意思表示，也不存在其他违法情形，并且办理了变更登记，而公司章程对于股东内部转让股份并未作出特别的规定，因此，该笔转让是合法有效的。原告主张上述股权转让协议无效，王安保转让的股权应在所有股东之间平均分配，缺乏法律依据，不应获得支持。

第三节　公司治理

本节重点法条

《中华人民共和国公司法》

第三十七条　有限责任公司股东会由全体股东组成，股东会是公司的权力机构，依照本法行使职权。

第三十八条　股东会行使下列职权：

（一）决定公司的经营方针和投资计划；

（二）选举和更换非由职工代表担任的董事、监事，决定有关董事、监事的报酬事项；

（三）审议批准董事会的报告；

（四）审议批准监事会或者监事的报告；

（五）审议批准公司的年度财务预算方案、决算方案；

（六）审议批准公司的利润分配方案和弥补亏损方案；

（七）对公司增加或者减少注册资本作出决议；

（八）对发行公司债券作出决议；

（九）对公司合并、分立、变更公司形式、解散和清算等事项作出决议；

（十）修改公司章程；

（十一）公司章程规定的其他职权。对前款所列事项股东以书面形式一致表示同意的，可以不召开股东会会议，直接作出决定，并由全体股东在决定文件上签名、盖章。

第三十九条　首次股东会会议由出资最多的股东召集和主持，依照本法规定行使职权。

第四十条　股东会会议分为定期会议和临时会议。定期会议应当按照公司章程的规定按时召开。代表十分之一以上表决权的股东，三分之一以上的董事，监事会或者不设监事会的公司的监事提议召开临时会议的，应当召开临时会议。

第四十一条　有限责任公司设立董事会的，股东会会议由董事会召集，董事长主持；董事长不能履行职务或者不履行职务的，由副董事长主持；副董事长不能履行职务或者不履行职务的，由半数以上董事共同推举一名董事主持。

有限责任公司不设董事会的，股东会会议由执行董事召集和主持。

董事会或者执行董事不能履行或者不履行召集股东会会议职责的，由监事会或者不设监事会的公司的监事召集和主持；监事会或者监事不召集和主持的，代表十分之一以上表决权的股东可以自行召集和主持。

第四十二条　召开股东会会议，应当于会议召开十五日以前通知全体股东；但是，公司章程另有规定或者全体股东另有约定的除外。

股东会应当对所议事项的决定作成会议记录，出席会议的股东应当在会议记录上签名。

第四十三条　股东会会议由股东按照出资比例行使表决权；但是，公司章程另有规定的除外。

第四十四条　股东会的议事方式和表决程序，除本法有规定的外，由公司章程规定。

股东会会议作出修改公司章程、增加或者减少注册资本的决议，以及公司合并、分立、解散或者变更公司形式的决议，必须经代表三分之二以上表决权的股东通过。

第四十五条　有限责任公司设董事会，其成员为三人至十三人。本法第五十一条另有规定的除外。两个以上的国有企业或者其他两个以上的国有投资主体投资设立的有限责任公司，其董事会成员中应当有公司职工代表；其他有限责任公司董事会成员中也可以有公司职工代表。董事会中的职工代表由公司职工通过职工代表大会、职工大会或者其他形式民主选举产生。董事会设董事长一人，可以设副董事长。董事长、副董事长的产生办法由公司章程规定。

第四十六条　董事任期由公司章程规定，但每届任期不得超过三年。董事任期届满，连选可以连任。董事任期届满未及时改选，或者董事在任期内辞职导致董事会成员低于法定人数的，在改选出的董事就任前，原董事仍应当依照法律、行政法规和公司章程的规定，履行董事职务。

第四十七条　董事会对股东会负责，行使下列职权：

（一）召集股东会会议，并向股东会报告工作；

（二）执行股东会的决议；

（三）决定公司的经营计划和投资方案；

（四）制订公司的年度财务预算方案、决算方案；

（五）制订公司的利润分配方案和弥补亏损方案；

（六）制订公司增加或者减少注册资本以及发行公司债券的方案；

（七）制订公司合并、分立、变更公司形式、解散的方案；

（八）决定公司内部管理机构的设置；

（九）决定聘任或者解聘公司经理及其报酬事项，并根据经理的提名决定聘任或者解聘公司副经理、财务负责人及其报酬事项；

（十）制定公司的基本管理制度；

（十一）公司章程规定的其他职权。

第四十八条　董事会会议由董事长召集和主持；董事长不能履行职务或者不履行职务的，由副董事长召集和主持；副董事长不能履行职务或者不履行职务的，由半数以上董事共同推举一名董事召集和主持。

第四十九条　董事会的议事方式和表决程序，除本法有规定的外，由公司章程规定。

董事会应当对所议事项的决定作成会议记录，出席会议的董事应当在会议记录上签名。

董事会决议的表决，实行一人一票。

第五十条　有限责任公司可以设经理，由董事会决定聘任或者解聘。经理对董事会负责，行使下列职权：

（一）主持公司的生产经营管理工作，组织实施董事会决议；

（二）组织实施公司年度经营计划和投资方案；

（三）拟订公司内部管理机构设置方案；

（四）拟订公司的基本管理制度；

（五）制定公司的具体规章；

（六）提请聘任或者解聘公司副经理、财务负责人；

（七）决定聘任或者解聘除应由董事会决定聘任或者解聘以外的负责管理人员；

（八）董事会授予的其他职权。

公司章程对经理职权另有规定的，从其规定。经理列席董事会会议。

第五十一条　股东人数较少或者规模较小的有限责任公司，可以设一名执行董事，不设立董事会。执行董事可以兼任公司经理。

执行董事的职权由公司章程规定。

第五十二条　有限责任公司设立监事会，其成员不得少于三人。股东人数较少或者规模较小的有限责任公司，可以设一至二名监事，不设立监事会。监事会应当包括股东代表和适当比例的公司职工代表，其中职工代表的比例不得低于三分之一，具体比例由公司章程规定。监事会中的职工代表由公司职工通过职工代表大会、职工大会或者其他形式民主选举产生。监事会设主席一人，由全体监事过半数选举产生。监事会主席召集和主持监事会会议；监事会主席不能履行职务或者不履行职务的，由半数以上监事共同推举一名监事召集和主持监事会会议。

董事、高级管理人员不得兼任监事。

第五十三条　监事的任期每届为三年。监事任期届满，连选可以连任。

监事任期届满未及时改选，或者监事在任期内辞职导致监事会成员低于法定人数的，在改选出的监事就任前，原监事仍应当依照法律、行政法规和公司章程的规定，履行监事职务。

第五十四条　监事会、不设监事会的公司的监事行使下列职权：

（一）检查公司财务；

（二）对董事、高级管理人员执行公司职务的行为进行监督，对违反法律、行政法规、公司章程或者股东会决议的董事、高级管理人员提出罢免的建议；

（三）当董事、高级管理人员的行为损害公司的利益时，要求董事、高级管理人员予以纠正；

（四）提议召开临时股东会会议，在董事会不履行本法规定的召集和主持股东会会议职责时召集和主持股东会会议；

（五）向股东会会议提出提案；

（六）依照本法第一百五十二条的规定，对董事、高级管理人员提起诉讼；

（七）公司章程规定的其他职权。

第五十五条　监事可以列席董事会会议，并对董事会决议事项提出质询或者建议。

监事会、不设监事会的公司的监事发现公司经营情况异常，可以进行调查；必要时，可以聘请会计师事务所等协助其工作，费用由公司承担。

第五十六条　监事会每年度至少召开一次会议，监事可以提议召开临时监事会会议。

监事会的议事方式和表决程序，除本法有规定的外，由公司章程规定。

监事会决议应当经半数以上监事通过。监事会应当对所议事项的决定作成会议记录，出席会议的监事应当在会议记录上签名。

第五十七条　监事会、不设监事会的公司的监事行使职权所必需的费用，由公司承担。

第五十八条　一人有限责任公司的设立和组织机构，适用本节规定；本节没有规定的，适用本章第一节、第二节的规定。

本法所称一人有限责任公司，是指只有一个自然人股东或者一个法人股东的有限责任公司。

第六十七条　国有独资公司不设股东会，由国有资产监督管理机构行使股东会职权。国有资产监督管理机构可以授权公司董事会行使股东会的部分职权，决定公司的重大事项，但公司的合并、分立、解散、增减注册资本和发行公司债券，必须由国有资产监督管理机构决定；其中，重要的国有独资公司合并、分立、解散、申请破产的，应当由国有资产监督管理机构审核后，报本级人民政府批准。前款所称重要的国有独资公司，按照国务院的规定确定。

第六十八条　国有独资公司设立董事会，依照本法第四十七条、第六十七条的规定行使职权。董事每届任期不得超过三年。董事会成员中应当有公司职工代表。董事会成员由国有资产监督管理机构委派；但是，董事会成员中的职工代表由公司职工代表大会选举产生。董事会设董事长一人，可以设副董事长。董事长、副董事长由国有资产监督管理机构从董事会成员中指定。

第六十九条　国有独资公司设经理，由董事会聘任或者解聘。经理依照本法第五十条规定行使职权。经国有资产监督管理机构同意，董事会成员可以兼任经理。

第七十条　国有独资公司的董事长、副董事长、董事、高级管理人员，未经国有资产监督管理机构同意，不得在其他有限责任公司、股份有限公司或者其他经济组织兼职。

第七十一条 国有独资公司监事会成员不得少于五人，其中职工代表的比例不得低于三分之一，具体比例由公司章程规定。

监事会成员由国有资产监督管理机构委派；但是，监事会中的职工代表由公司职工代表大会选举产生。监事会主席由国有资产监督管理机构从监事会成员中指定。监事会行使本法第五十四条第（一）项至第（三）项规定的职权和国务院规定的其他职权。

第九十九条 股份有限公司股东大会由全体股东组成，股东大会是公司的权力机构，依照本法行使职权。

第一百条 本法第三十八条第一款关于有限责任公司股东会职权的规定，适用于股份有限公司股东大会。

第一百零一条 股东大会应当每年召开一次年会。有下列情形之一的，应当在两个月内召开临时股东大会：

（一）董事人数不足本法规定人数或者公司章程所定人数的三分之二时；

（二）公司未弥补的亏损达实收股本总额三分之一时；

（三）单独或者合计持有公司百分之十以上股份的股东请求时；

（四）董事会认为必要时；

（五）监事会提议召开时；

（六）公司章程规定的其他情形。

第一百零二条 股东大会会议由董事会召集，董事长主持；董事长不能履行职务或者不履行职务的，由副董事长主持；副董事长不能履行职务或者不履行职务的，由半数以上董事共同推举一名董事主持。

董事会不能履行或者不履行召集股东大会会议职责的，监事会应当及时召集和主持；监事会不召集和主持的，连续九十日以上单独或者合计持有公司百分之十以上股份的股东可以自行召集和主持。

第一百零三条 召开股东大会会议，应当将会议召开的时间、地点和审议的事项于会议召开二十日前通知各股东；临时股东大会应当于会议召开十五日前通知各股东；发行无记名股票的，应当于会议召开三十日前公告会议召开的时间、地点和审议事项。

单独或者合计持有公司百分之三以上股份的股东，可以在股东大会召开十日前提出临时提案并书面提交董事会；董事会应当在收到提案后二日内通知其他股东，并将该临时提案提交股东大会审议。临时提案的内容应当属于股东大会职权范围，并有明确议题和具体决议事项。股东大会不得对前两款通知中未列明的事项作出决议。无记名股票持有人出席股东大会会议的，应当于会议召开五日前至股东大会闭会时将股票交存于公司。

第一百零四条 股东出席股东大会会议，所持每一股份有一表决权。但是，公司持有的本公司股份没有表决权。股东大会作出决议，必须经出席会议的股东所持表决权过半数通过。但是，股东大会作出修改公司章程、增加或者减少注册资本的决议，以及公司合并、分立、解散或者变更公司形式的决议，必须经出席会议的股东所持表决权的三分之二以上通过。

第一百零五条 本法和公司章程规定公司转让、受让重大资产或者对外提供担保等事项必须经股东大会作出决议的，董事会应当及时召集股东大会会议，由股东大会就上述事项进行表决。

第一百零六条 股东大会选举董事、监事，可以根据公司章程的规定或者股东大会的决议，实行累积投票制。本法所称累积投票制，是指股东大会选举董事或者监事时，每一股份拥有与应选董事或者监事人数相同的表决权，股东拥有的表决权可以集中使用。

第一百零七条 股东可以委托代理人出席股东大会会议，代理人应当向公司提交股东授权委托书，并在授权范围内行使表决权。

第一百零八条 股东大会应当对所议事项的决定作成会议记录，主持人、出席会议的董事应当在会议记录上签名。会议记录应当与出席股东的签名册及代理出席的委托书一并保存。

第三节 董事会、经理

第一百零九条 股份有限公司设董事会，其成员为五人至十九人。

董事会成员中可以有公司职工代表。董事会中的职工代表由公司职工通过职工代表大会、职工大会或者其他形式民主选举产生。

本法第四十六条关于有限责任公司董事任期的规定，适用于股份有限公司董事。

本法第四十七条关于有限责任公司董事会职权的规定，适用于股份有限公司董事会。

第一百一十条 董事会设董事长一人，可以设副董事长。董事长和副董事长由董事会以全体董事的过半数选举产生。

董事长召集和主持董事会会议，检查董事会决议的实施情况。副董事长协助董事长工作，董事长不能履行职务或者不履行职务的，由副董事长履行职务；副董事长不能履行职务或者不履行职务的，由半数以上董事共同推举一名董事履行职务。

第一百一十一条 董事会每年度至少召开两次会议，每次会议应当于会议召开十日前通知全体董事和监事。代表十分之一以上表决权的股东、三分之一以上董事或者监事会，可以提议召开董事会临时会议。董事长应当自接到提议后十日内，召集和主持董事会会议。董事会召开临时会议，可以另定召集董事会的通知方式和通知时限。

第一百一十二条 董事会会议应有过半数的董事出席方可举行。董事会作出决议，必须经全体董事的过半数通过。

董事会决议的表决，实行一人一票。

第一百一十三条 董事会会议，应由董事本人出席；董事因故不能出席，可以书面委托其他董事代为出席，委托书中应载明授权范围。

董事会应当对会议所议事项的决定作成会议记录，出席会议的董事应当在会议记录上签名。董事应当对董事会的决议承担责任。董事会的决议违反法律、行政法规或者公司章程、股东大会决议，致使公司遭受严重损失的，参与决议的董事对公司负赔偿责任。但经证明在表决时曾表明异议并记载于会议记录的，该董事可以免除责任。

第一百一十四条 股份有限公司设经理，由董事会决定聘任或者解聘。

本法第五十条关于有限责任公司经理职权的规定，适用于股份有限公司经理。

第一百一十五条 公司董事会可以决定由董事会成员兼任经理。

第一百一十六条 公司不得直接或者通过子公司向董事、监事、高级管理人员提供借款。

第一百一十七条 公司应当定期向股东披露董事、监事、高级管理人员从公司获得报酬的情况。

第四节 监事会

第一百一十八条 股份有限公司设立监事会，其成员不得少于三人。

监事会应当包括股东代表和适当比例的公司职工代表，其中职工代表的比例不得低于三分之一，具体比例由公司章程规定。监事会中的职工代表由公司职工通过职工代表大会、职工大会或者其他形式民主选举产生。监事会设主席一人，可以设副主席。监事会主席和副主席由全体监事过半数选举产生。监事会主席召集和主持监事会会议；监事会主席不能履行职务或者不履行职务的，由监事会副主席召集和主持监事会会议；监事会副主席不能履行职务或者不履行职务的，由半数以上监事共同推举一名监事召集和主持监事会会议。

董事、高级管理人员不得兼任监事。

本法第五十三条关于有限责任公司监事任期的规定，适用于股份有限公司监事。

第一百一十九条 本法第五十四条、第五十五条关于有限责任公司监事会职权的规定，适用于股份有限公司监事会。

监事会行使职权所必需的费用，由公司承担。

第一百二十条 监事会每六个月至少召开一次会议。监事可以提议召开临时监事会会议。

监事会的议事方式和表决程序，除本法有规定的外，由公司章程规定。

监事会应当对所议事项的决定作成会议记录，出席会议的监事应当在会议记录上签名。

第五节 上市公司组织机构的特别规定

第一百二十一条 本法所称上市公司，是指其股票在证券交易所上市交易的股份有限公司。

第一百二十二条 上市公司在一年内购买、出售重大资产或者担保金额超过公司资产总额百分之三十的，应当由股东大会作出决议，并经出席会议的股东所持表决权的三分之二以上通过。

第一百二十三条 上市公司设立独立董事，具体办法由国务院规定。

第一百二十四条 上市公司设立董事会秘书，负责公司股东大会和董事会会议的筹备、文件保管以及公司股权管理，办理信息披露事务等事宜。

第一百二十五条 上市公司董事与董事会会议决议事项所涉及的企业有关联关系的，不得对该项决议行使表决权，也不得代理其他董事行使表决权。该董事会会议由过半数的无关联关系董事出席即可举行，董事会会议所作决议须经无关联关系董事过半数通过。出席董事会的无关联关系董事人数不足三人的，应将该事项提交上市公司股东大会审议。

第六章 公司董事、监事、高级管理人员的资格和义务

第一百四十七条 有下列情形之一的，不得担任公司的董事、监事、高级管理人员：

（一）无民事行为能力或者限制民事行为能力；

（二）因贪污、贿赂、侵占财产、挪用财产或者破坏社会主义市场经济秩序，被判处刑罚，执行期满未逾五年，或者因犯罪被剥夺政治权利，执行期满未逾五年；

（三）担任破产清算的公司、企业的董事或者厂长、经理，对该公司、企业的破产负有个人责任的，自该公司、企业破产清算完结之日起未逾三年；

（四）担任因违法被吊销营业执照、责令关闭的公司、企业的法定代表人，并负有个人责任的，自该公司、企业被吊销营业执照之日起未逾三年；

（五）个人所负数额较大的债务到期未清偿。公司违反前款规定选举、委派董事、监事或者聘任高级管理人员的，该选举、委派或者聘任无效。董事、监事、高级管理人员在任职期间出现本条第一款所列情形的，公司应当解除其职务。

第一百四十八条 董事、监事、高级管理人员应当遵守法律、行政法规和公司章程，对公司负有忠实义务和勤勉义务。

董事、监事、高级管理人员不得利用职权收受贿赂或者其他非法收入，不得侵占公司的财产。

第一百四十九条 董事、高级管理人员不得有下列行为：

（一）挪用公司资金；

（二）将公司资金以其个人名义或者以其他个人名义开立账户存储；

（三）违反公司章程的规定，未经股东会、股东大会或者董事会同意，将公司资金借贷给他人或者以公司财产为他人提供担保；

（四）违反公司章程的规定或者未经股东会、股东大会同意，与本公司订立合同或者进行交易；

（五）未经股东会或者股东大会同意，利用职务便利为自己或者他人谋取属于公司的商业机会，自营或者为他人经营与所任职公司同类的业务；

（六）接受他人与公司交易的佣金归为己有；

（七）擅自披露公司秘密；

（八）违反对公司忠实义务的其他行为。董事、高级管理人员违反前款规定所得的收入应当归公司所有。

第一百五十条 董事、监事、高级管理人员执行公司职务时违反法律、行政法规或者公司章程的规定，给公司造成损失的，应当承担赔偿责任。

第一百五十一条 股东会或者股东大会要求董事、监事、高级管理人员列席会议的，董事、监事、高级管理人员应当列席并接受股东的质询。

董事、高级管理人员应当如实向监事会或者不设监事会的有限责任公司的监事提供有关情况和资料，不得妨碍监事会或者监事行使职权。

第一百五十二条　董事、高级管理人员有本法第一百五十条规定的情形的，有限责任公司的股东、股份有限公司连续一百八十日以上单独或者合计持有公司百分之一以上股份的股东，可以书面请求监事会或者不设监事会的有限责任公司的监事向人民法院提起诉讼；监事有本法第一百五十条规定的情形的，前述股东可以书面请求董事会或者不设董事会的有限责任公司的执行董事向人民法院提起诉讼。

监事会、不设监事会的有限责任公司的监事，或者董事会、执行董事收到前款规定的股东书面请求后拒绝提起诉讼，或者自收到请求之日起三十日内未提起诉讼，或者情况紧急、不立即提起诉讼将会使公司利益受到难以弥补的损害的，前款规定的股东有权为了公司的利益以自己的名义直接向人民法院提起诉讼。

他人侵犯公司合法权益，给公司造成损失的，本条第一款规定的股东可以依照前两款的规定向人民法院提起诉讼。

第一百五十三条　董事、高级管理人员违反法律、行政法规或者公司章程的规定，损害股东利益的，股东可以向人民法院提起诉讼。

案例 1　股东会决议瑕疵：重庆大众糖果糕点有限责任公司股东会决议无效案[①]

【案情介绍】

重庆大众糖果糕点公司原系国有企业，1997 年 8 月 26 日，重庆大众糖果糕点公司职代会通过了重庆大众糖果糕点公司产权制度改革的方案，将重庆大众糖果糕点公司的国有资产整体出售给企业职工，由企业职工个人出资集体购买，组建重庆大众糖果糕点有限责任公司，公司总股本由职工实化持股和职工购买国资的股金构成。公司由职工个人出资购买的股份（含实化部分）按出资人所在部门组成股东组。1998 年 4 月 29 日，大众公司申请进行工商登记，登记注册资金为 300 万元，出资人为 171 人，其资金构成为原重庆大众糖果糕点公司净资产 150 万元实化给 171 名职工以及 171 名职工按实化资产 1∶1 的比例出资 150 万元。其中郑祥英出资 7 200 元、公司净资产实化 7 200 元，共计 14 400 元；童庆明出资 12 000 元、公司净资产实化 12 000 元，共计 24 000 元。工商行政管理机关登记的 1997 年 9 月大众公司章程上，载明的股东人数为 25 人（组），由原公司总部部分工作人员和 12 个经营门市部门的负责人组成。章程载明的股本构成中，

---

① 案例来源：《重庆大众糖果糕点有限责任公司与郑祥英等确认公司章程、股东会决议、董事会议案无效纠纷上诉案》，载法搜网，http://www.fsou.com/html/text/fnl/1174588/117458826_4.html，有改动，最后浏览于 2007 年 1 月 3 日。

刘永庆、杨锦专、蒲远培、马家林、熊绍华分别代表了部分公司总部其他未进入股东名册的出资人的出资份额，12个经营门市部门的负责人代表了本门市的出资人的出资份额，另有8个股东以各自的出资额载入公司章程。童庆明、郑祥英二人作为门市部的负责人进入了股东会，公司章程载明，郑祥英出资29 600元，持有公司0.98％的股份；童庆明出资78 400元，持有公司2.61％的股份。

2004年3月，大众公司股东会又制定一份章程，对1997年章程进行了修改，该章程第13条载明：个人所持股份占总股份1.5％以上的出资人，可以自然人的身份成为股东，进入股东会。在此章程上，未记载股东名册，但有杨锦专等16人签名，其中有12人为1997年章程所载明的股东，所占股份为53.05％，其余4人均非股东。大众公司在修改章程时，未通知童庆明等其他股东参加相应股东大会。2004年3月22日，上述16人又通过了大众公司第二届股东会决议，免去了刘永庆董事职务，免去艾祖娴、陈世蓉的监事职务，增选周赛等三人为董事，增选陈小渝、魏华英为监事。同日，杨锦专等七人又通过了大众公司第二届董事会第一次会议决议，选举杨锦专为董事长、蒲远培为总经理。上述股东会决议未通知全体登记股东到会。

2004年12月18日，大众公司股东会对2004年章程进行了修改，其修改的内容为：将2004年章程中的第13条"个人所持股份占总股份1.5％以上的出资人，可以自然人的身份成为股东，进入股东会"改为"个人所持股份占总股份1％以上的出资人，可以自然人的身份成为股东，进入股东会"。在章程修改案中，签名者共计32人，其中有13人为1997年章程所载明的股东，其余人员均非股东。同日，大众公司股东会通过了大众公司第二届第二次股东大会特别决议，内容为：将公司所属人和仓库按账面值转让给部分股东，建新的企业，将公司所属房产一处按账面值转让给部分股东，以达到减少企业负债，盘活现有存量资产等目的。在该特别决议中，签名者共计33人，其中13人为1997年章程所载明的股东，另20人均非股东。同日，大众公司第五届二次职代会形成决议，通过了将大众公司位于渝北区人和镇双桥村八社的人和仓库和位渝中区打铜街20号的房屋按账面值转让给部分股东，组建众香公司。上述股东会决议和特别决议均未通知全体登记股东到会。从2006年起，大众公司未在工商政管理部门办理企业年检登记手续。

2006年，大众公司股东郑祥英、童庆明向重庆市渝中区人民法院提起诉讼，请求撤销大众公司2001年3月章程及2004年12月18日的章程修改案及2004年12月18日的第二届第二次股东大会特别决议。

法院审理后认为，大众公司 2004 年 3 月章程未按法定的方式和程序进行议决，未能充分代表和体现全体股东的真实意思，侵犯了股东参与公司重要事务的决策管理权，该决议应属可撤销。大众公司 2004 年 12 月 18 日针对该章程第 13 条所作的章程修改案也属可撤销。大众公司 2004 年 12 月 18 日的第二届第二次股东大会关于处置资产的特别决议及 2005 年 7 月 24 日大众公司关于转让公司股份的股东会决议，均未通知全体股东到会，股东会召开的程序违法。且参加该两次股东会并通过了决议的人员中，除 1997 年章程载明的股东外，其余人员如何进入大众公司股东会，缺乏事实上和法律上的依据。遂判决撤销重庆大众糖果糕点有限责任公司 2004 年 3 月章程及 2004 年 12 月 18 日的章程修改案。重庆大众糖果糕点有限责任公司 2004 年 12 月 18 日的第二届第二次股东大会特别决议亦属可撤销。

大众公司不服，提起上诉。重庆市第一中级人民法院于 2006 年作出终审判决，驳回上诉，维持原判。

【法律问题】
有瑕疵的股东会决议的效力

【法律分析和结论】
这是一起关于公司股东会决议效力的纠纷，本案的关键在于未通知全体股东召开的股东会所作出的决议是否具有法律效力。

股东会是公司的最高权力机构和决策机构，股东会对公司重要事务作出决议，由经营管理机构贯彻执行。股东会会议是股东会的基本工作方式，分为定期会议和临时会议。股东是股东会的成员，从股东与股东会会议的关系来看，一定比例的股东有权请求召开临时股东会会议，股东有权参加股东会会议，在会议上有提案权，并可行使表决权。股东参加股东会会议并行使表决权是股东参与公司管理、实施监督的基本手段。只有参与股东会会议，对会议待决事项发表自己的赞成或反对的意见，股东才能有效维护自身的权益，做公司的主人。

股东会决议对于公司和股东的利益都会产生重大的影响，因此股东会决议必须合法。根据公司法的规定，这里的"法"应作广义理解，既包括法律、也包括行政法规，还包括公司章程。股东会决议不仅要内容合法，决议作出的程序也要合法。如果股东会决议在实体上或者程序上违反了法律法规或者章程的规定，则该股东会决议是有瑕疵的，其效力自然要受到影响。

股东会决议要具备法律效力，要求从股东会会议的召集到表决的全过程都应遵守程序规定，其中在股东会会议召开之前通知股东就是其中的重要一环。根据《公司法》第 42 条、第 103 条的规定，有限责任公司召开股东会会议，应当于会议召开 15 日以前通知全体股东，股份有限公司召开股东大会会议，应当将会议召开的时间、地点和审议的事项于会议召开 20 日前通知各股东，临时股东大会应当于会议召开 15 日前通知各股东；发行无记名股票的，应当于会议召开 30 日前公告会议召开的时间、地点和审议事项。应当强调的是，召开股东（大）会会议，应当通知所有股东，不论其持股多少。如果股东（大）会会议没有通知全体股东参加，有所遗漏，就是剥夺了未被通知股东的说话的权利，其所作出的股东（大）会会议决议因违反程序规定在效力上是有瑕疵的。

那么未通知所有股东而作出的股东（大）会决议的效力究竟如何呢？根据新《公司法》的规定，股东会决议瑕疵的情形包括股东会决议无效和可撤销，二者的区别在于，可撤销的股东会决议在股东请求法院撤销之前依然是有效的，如果撤销权人不在法定期间内行使撤销权，该决议就会确定地成为合法决议。而无效决议是自始无效的。区分股东会决议无效和可撤销是新公司法的进步，这种区分的价值在于，无效决议的违法性较大，而可撤销决议的违法性相对而言较小，如果撤销权人不认为该决议有损于其利益，则认为其合法更有利于实现公司效率的价值。基于私法自治的原则，对于那些不涉及公共利益的轻微违法决议，应该给股东一个选择权，根据自身利益作出权衡和决定。根据《公司法》第 22 条规定，股东（大）会决议无效的事由主要是公司股东（大）会的决议内容违反法律、行政法规。而可撤销的事由有三：（1）股东会或者股东大会的会议召集程序违反法律、行政法规或者公司章程；（2）股东（大）会表决方式违反法律、行政法规或者公司章程；（3）决议内容违反公司章程。行使撤销权的期间是自决议作出之日起 60 日，该期间是除斥期间。公司根据股东会或者股东大会决议已办理变更登记的，人民法院宣告该决议无效或者撤销该决议后，公司应当向公司登记机关申请撤销变更登记。未通知全体股东召开股东（大）会会议，属于召集程序违法，所作决议应当属于可撤销的范围，未被通知的股东可以请求法院撤销该决议。

在本案中，大众公司 2004 年 3 月修改公司章程，2004 年 12 月 18 日再次修改公司章程，2004 年 12 月 18 日股东会作出处置资产的特别决议，2005 年 7 月 24 日作出转让公司股权的决议，股东会在作出上述行为时均未通知包括郑祥英、童庆明等在内的全体股东到会，股东会召开的程序违法，根据新公司法的规定，上述决议属于可撤销决议。

案例 2 董事、高级管理人员的竞业限制义务：
北京东方家园有限公司诉苏某案[①]

【案情介绍】

2002 年 9 月 28 日，东方家园公司与苏某签订聘用合同，合同主要条款约定，苏某同意根据东方家园公司工作需要，担任东方家园公司常务副总经理职务，合同期限 3 年，自 2002 年 10 月 1 日至 2005 年 10 月 1 日止。2004 年 9 月，苏某与叶则东、黄昌融共同出资成立润景公司，其中苏某出资额为 200 万元。2005 年 5 月 20 日，苏某向东方家园公司发出通告函，提出解除双方签订的上述聘用合同。

东方家园公司的经营范围包括房地产开发、销售商品房、自有房屋物业管理、自有房屋出租。润景公司的经营范围包括房地产开发、物业管理、销售自行开发的商品房等。

北京市海淀区人民法院认为：我国《公司法》关于董事、经理不得自营或者为他人经营与其所任职公司同类的营业或者从事损害本公司利益的活动的规定，即为董事、经理的竞业禁止义务，负有此项义务的董事、经理不得兼任其他同类业务企业的董事或经理人，不得为自己或他人从事属于公司营业范围之内的商业活动。苏某在东方家园公司担任常务副总经理期间，虽与他人共同出资成立的润景公司与东方家园公司的经营范围属同类的营业，但因苏某仅系润景公司的股东，未在该公司担任董事、经理或其他管理人员，且东方家园公司未提供证据证明苏某实际参与了润景公司的经营管理或为该公司从事了与东方家园公司同类业务性质的商业活动，故苏某的上述出资行为并不违反我国《公司法》关于竞业禁止义务的规定。东方家园公司主张苏某在润景公司股权收益的权益并赔偿经济损失的诉讼请求，缺乏事实根据和法律依据，本院不予支持。判决驳回东方家园公司的诉讼请求。

北京市第一中级人民法院经公开审理查明：除认定一审法院查明的事实外，另查明：苏某在润景公司担任监事职务。润景公司章程规定：股东享有参加或推选代表参加股东会并按照其出资比例行使表决权、选举和被选举为执行董事或监

---

① 案例来源：北京市第一中级人民法院（2005）一中民终字第 12260 号判决书，时间：2005 年 12 月 16 日，载北大法意网，http://www.lawyee.net/Case/Case_Display.asp? ChannelID＝2010103&KeyWord＝&RID＝148114。

事、查阅股东会会议记录和公司财务会计报告等权利；监事行使下列职权：检查公司财务、对执行董事和经理执行公司职务时违反法律法规或者公司章程的行为进行监督、当执行董事和经理的行为损害公司利益时要求执行董事和经理予以纠正、提议召开临时股东会。诉讼中，东方家园公司称其主张的49.9万元经济损失包括：苏某自润景公司成立之日至其与东方家园公司解除聘用合同之日，其在东方家园公司领取的工资、报销的额外费用。

北京市第一中级人民法院认为：1999年《公司法》第61条第1款规定："董事、经理不得自营或者为他人经营与其所任职公司同类的营业或者从事损害本公司利益的活动。从事上述营业或者活动的，所得收入应当归公司所有。"本案中，苏某在担任东方家园公司常务副总经理职务期间，与他人共同出资设立了润景公司，并在该公司担任监事职务，而润景公司与东方家园公司的经营范围属于同类的营业。根据润景公司章程规定，苏某作为润景公司的股东，其享有对润景公司经营决策等重大事项的表决权；其作为润景公司的监事，享有检查公司财务和对董事、经理执行公司职务进行监督的权利。依据润景公司章程的规定享有该公司的经营管理权，故其存在自营或者为他人经营与其所任职的东方家园公司同类营业的行为。根据上述法律规定，苏某的行为违反了董事、经理的竞业禁止义务，其在润景公司的所得收入应当归东方家园公司所有。因东方家园公司在二审审理期间提交了证明苏某是润景公司监事的新证据，故一审法院判决未认定苏某在润景公司担任监事职务的事实有误，本院予以纠正。

【法律问题】

公司董事、高级管理人员的竞业限制义务

【法律分析和结论】

这是一起公司董事为其他公司经营与其所任职公司同类业务引发的纠纷，本案的关键在于公司董事的竞业限制义务。

（一）竞业限制与竞业禁止

竞业限制是指公司董事、高级管理人员不得擅自经营或者为他人经营与所任职公司同类的业务。竞业限制义务源于董事、高级管理人员对公司的忠实义务，是忠实义务的具体化。董事、高级管理人员作为公司的成员，应当忠于公司，将公司的利益置于最高处，不得为了个人利益而损害公司利益。如果董事、高级管理人员从事与任职公司同类的业务，可能会与公司形成竞争关系，与公司争利，并且其可能利用职务之便抢夺本属于公司的机会，这与忠实义务是相悖的。因此，各国公司法上都对董事、高级管理人员同业竞争的问题加以规制。

竞业限制与竞业禁止十分相近，但二者还是存在差别的。严格来说，竞业禁止是指法律绝对禁止公司董事、高级管理人员自营或者为他人经营与所任职公司同类的业务，而竞业限制并不绝对禁止董事、高级管理人员自营或者为他人经营与所任职公司同类的业务，如果满足一定的条件，如经过股东大会同意，董事、高级管理人员可以从事同类经营。我国原《公司法》采取的是竞业禁止的做法，其第61条规定："董事、经理不得自营或者为他人经营与其所任职公司同类的业务或者从事损害本公司利益的活动。从事上述营业或者活动的，所得收入应当归公司所有"。

绝对禁止立法的好处是能强化董事的竞业禁止义务以及加强董事履行这一义务的责任感，以更好地保护公司和股东的合法权益，但也有不足之处，比如在实践中，控股投资者从经营策略考虑，常常派本公司的董事担任子公司的董事长、执行董事或一般董事。但是如果子公司的经营范围与母公司相同，其所派的董事就会因违反竞业禁止义务，而不能直接参加与母公司有竞争关系事宜的决策，从而影响母公司的投资策略。绝对禁止立法不利于高级管理人才才能的充分发挥。董事、高级管理人员多为同行中的"经营里手"或"专家"，而有些董事（尤其是非执行董事）在公司的工作时间有很多闲余，若其在不损害公司利益的前提下从事与其任职公司同类业务，亦应负违反竞业禁止义务的责任，则是人才浪费。此外，我国幅员辽阔，许多市场尚未开发，这就为董事在不与其任职公司利益相冲突前提下从事与该公司同类营业的经营活动提供了广阔市场空间。如果把董事的竞业禁止义务绝对化，对我国市场的发育也是不利的。

修订后的《公司法》改采竞业限制的做法，根据修订后的《公司法》第149条规定，董事、高级管理人员如果经过股东会或者股东大会同意，就可以自营或者为他人经营与所任职公司同类的业务。这一修改具有进步意义，有利于革除绝对禁止主义过于僵化的弊端，更加适应实际需要。当然在放宽要求的同时也要加以适当规制。新《公司法》将同业经营的决定权赋予了股东会和股东大会，董事、高级管理人员要从事与所任职公司同类的业务，必须事先经过股东会或股东大会同意或者事后获得其追认，股东会和股东大会在决定是否同意时，必须为公司利益着想，关键是要判断该同业经营的请求是否会给公司造成不利影响。

（二）竞业限制的内容

关于董事及高级管理人员竞业限制的内容有广义和狭义之分，狭义上竞业限制仅指董事及高级管理人员不得自营或为他人经营与其任职公司同类的营业，而广义的竞业限制在狭义的基础上，还包括董事及高级管理人员不能抢夺公司的商业机会和禁止自我交易的内容。我国原《公司法》采用狭义说，竞业禁止不包括抢夺公司商业机会和董事自我交易。新《公司法》采广义说，扩大了竞业限制的内容范围，包含了抢夺公司商业机会。

1. 关于"不得自营"和"为他人经营"的理解

一般认为，"自营或者为他人经营"是指"以自己或者第三者利益的竞争行为"，即不问这种经营是以何人名义进行，只要该竞争营业而产生的权利义务以及从竞争营业中产生的损益归于自己或者第三者。因此，不但董事及高级管理人员以自己的名义或者作为第三人的代理人或代表所进行的名义与利益相一致的竞业行为应属限制之列，而且利益与名义相悖场合所进行的竞业行业也属应限制之列。

2. 关于"与其所任职公司同类的营业"的理解

对于什么是"同类的营业"，《公司法》没有作出明确规定，对此常常发生争议。一般认为"同类的营业"可以是完全相同的商品或者服务，也可以是同种或者类似的商品或者服务，"同类的营业"包括了与执行公司营业范围之目的事务密切相关的业务。在公司章程所载的公司经营范围内的事业，被限制的竞业营业局限于目前公司实际上进行的营业，如目前公司没有进行的营业不应被列于限制的竞争营业之内。另外，即使公司章程有明确记载的营业，但公司完全不准备进行的营业以及完全废止的营业不应列入"公司的营业"。因此，在上述场合，即使经营相同的营业，也不属于被限制的竞争营业。

3. 关于篡夺公司机会的问题

篡夺公司机会，即董事、高级管理人员利用职务便利夺取本属于公司的商业机会，谋取个人利益的行为。各国公司法对此种行为经历了从绝对禁止到相对许可的过程，我国亦是如此，新《公司法》规定董事、高级管理人员要利用公司商业机会必须经过股东会或者股东大会同意。在法理上，一般认为只有在公司完全不可能利用该机会等场合才可由董事、高级管理人员利用。

4. 关于董事违反竞业限制义务的判断

在确定董事及高级管理人员是否违反了竞业禁止义务时，应综合地域、时间等多种因素加以判断。对竞业限制的地域范围法律没有明确规定，但依法理该范围不应过宽，一般认为应限于与董事及高级管理人员所任职公司可能产生竞争关系的地区。从时间角度，竞业限制可分为在职竞业限制和离职竞业限制，前者是指董事及高级管理人员在任职期间的竞业限制，而后者是指董事及高级管理人员不再担任职务之后的竞业限制。《公司法》规定的主要是在职竞业限制，对于离职竞业限制未作规定，因此董事及高级管理人员离职后并不当然的有竞业限制义务。但是公司可以与董事及高级管理人员就离职竞业限制问题做出约定，这里的竞业限制属于约定义务，对此可适用劳动法的相关规定。此外，董事及高级管理人员离职后虽不当然有竞业限制的法定义务，但其不得利用在任职期间掌握的公司无形资产，如公司的商业秘密，否则即是违反了后合同义务，应承担相应的责任。

（三）违反竞业限制的法律后果

1. 对第三人的法律效果

从我国《公司法》的有关条款规定综合考察，法律并未直接确认董事及高级管理人员违反竞业限制义务的行为无效。这是出于保护交易中善意第三人合法权益的目的，因为善意第三人无义务也不可能知道其交易对方的董事及高级管理人员与自己订立合同的行为已违反该董事及高级管理人员所负担的竞业限制义务。如若法律规定该行为无效，极易引发交易关系动荡不稳，危害该交易中善意第三人的利益。故一般应视该行为对善意第三人有效。但是，对于负竞业禁止义务的董事及高级管理人员故意与第三人进行事前的恶意通谋，意在损害原公司利益的情形，应视该行为无效。

2. 对公司的法律效果

董事及高级管理人员违反竞业限制义务将产生如下法律效果：首先，公司享有归入权，即将董事从事竞业所取得的收入收归公司所有；其次，公司享有损害赔偿请求权。我国《公司法》第150条规定："董事、监事、高级管理人员执行公司职务时违反法律、行政法规或者公司章程的规定，给公司造成损失的，应当承担赔偿责任。"因此，行使归入权并不足以弥补公司所受损害的，对此损害差额部分公司有权要求董事及高级管理人员赔偿。

在本案中，苏某作为东方家园公司的高级管理人员，应忠于公司，依法负有竞业限制义务，不得擅自自营或为他人经营与东方家园公司同类的营业。润景公司的主营范围与东方家园相同，根据润景公司章程规定，苏某作为润景公司的股东，享有对润景公司经营决策等重大事项的表决权；作为润景公司的监事，享有检查公司财务和对董事、经理执行公司职务进行监督的权利。依据润景公司章程的规定，可以认定苏某享有润景公司的经营管理权，故存在自营或者为他人经营与其所任职的东方家园公司同类营业的行为。根据公司法的规定，苏某的行为违反了董事、经理的竞业禁止义务，其在润景公司的所得收入应当归东方家园公司所有。但是因为东方家园公司未提供证据证明苏某在润景公司取得了收入，因此其主张苏某赔偿其经济损失的诉讼请求，法院未支持。

案例3 股东代表诉讼：林某与新概念公司纠纷案①

【案情介绍】

城市通公司于1999年7月8日注册登记成立，股东分别为中外建设信息有限责任公司、新概念公司、林某、李某、姚某、傅某。2002年12月19日，城市通公司被吊销营业执照。之后，城市通公司未成立清算组。

2004年5月19日，北京市海淀区法院就受理的林某与新概念公司、中外建设信息有限责任公司、李乐人企业清算纠纷一案，作出一审判决：林某与新概念公司、中外建设信息有限责任公司、李某共同对城市通公司进行清算。新概念公司不服判决，提出上诉。北京市第一中级人民法院于2004年10月14日作出终审判决：驳回上诉，维持原判。在该案执行过程中，曾委托北京中昊信泰会计师事务所对城市通公司2001年3月26日的资产负债表及成立以来的收支情况进行了清查。会计师事务所于2005年11月10日作出审计报告确认：航天金卡公司从城市通公司取得的170万元属于股东占用公司的财产，应予收回；城市通公司违规支付的194 465.90元应从责任人航天金卡公司收回。

2002年10月16日，华建会计师事务所有限责任公司受中外建信息有限责任公司的委托，对城市通公司2002年9月30日的资产负债及成立以来的收支情况进行了清查核实，并作出清产核资审计报告，其中第三条清查验证事项说明第3项：其他应收款170万元，全部为应收航天金卡有限公司的款项。1999年7月13日，股东航天金卡有限公司入资70万元，中外建设信息有限责任公司入资70万元，林某入资30万元，李某入资10万元，姚某入资10万元，傅某入资10万元，合计入资200万元。以上入资已经北京华京会计师事务所出具的开业验资报告书确认。上述入资款于1999年10月8日，转付航天金卡有限公司170万元，形成其他应收款——航天金卡有限公司170万元。

2002年11月6日，林某向航天金卡有限公司发函，提到了城市通公司注册资金170万元被抽逃，虚假做账等情况，要求妥善、圆满、友好地解决。

以上提到的航天金卡有限公司系新概念公司的前身。

---

① 案例来源：北京市海淀区人民法院（2006）海民初字第08927号判决书，判决时间：2006年10月19日，载北大法意网，http://www.lawyee.net/Case/Case_Display.asp? ChannelID＝2010103&KeyWord＝&RID＝149829。

另外，北京安必盛会计师事务所于 2006 年 3 月 30 日接受新概念公司的委托对该公司与城市通公司的资金往来情况进行了审计并作出专项审计报告，报告记载：经审计新概念公司账载与城市通公司的资金往来，自 1999 年 6 月始，至 1999 年 12 月止，其中新概念公司于 1999 年 7 月 1 日划转 170 万元，收款人为城市通公司，该笔资金账务处理为借：其他应收款—暂借款—城市通 170 万元，贷：银行存款 170 万元。新概念公司于 1999 年 7 月 22 日收回 170 万元，付款人为城市通公司，该笔资金账务处理为借：银行存款 170 万元，贷：其他应收款—暂借款—城市通 170 万元。

北京市海淀区人民法院认为：本案是城市通公司的股东林某起诉城市通公司的另一股东新概念公司，要求新概念公司向城市通公司赔偿损失，案件类型属于"股东代表诉讼"纠纷，即当违法行为人因其违法行为给公司造成损失，公司拒绝或怠于向该违法行为人请求损害赔偿时，公司股东有权为了公司的利益以自己的名义提起诉讼，请求违法行为人赔偿公司损失。

【法律问题】
股东代表诉讼

【法律分析和结论】
本案是一起股东侵犯公司权益，其他股东为维护公司利益而代表公司提起的诉讼，即股东代表诉讼。

（一）股东代表诉讼的意义
股东代表诉讼，也叫股东派生诉讼，是指当公司的正当权益受到大股东、董事、监事或者他人的侵害，应该代表公司进行诉讼的公司机关拒绝或怠于行使诉讼权利时，具备法定资格的股东为了公司的利益而以自己的名义代表公司提起的诉讼。股东代表诉讼是与股东直接诉讼相对而言的，股东直接诉讼是指股东为了维护自身的合法权益提起的诉讼。从法理上讲，在权益侵害事实发生以后，只有权利人本人才有资格提起诉讼。因此，当公司利益受到侵害的时候，一般应当由公司本身维护权利，即应由公司的有关机关提起直接诉讼。然而，在实践中侵犯公司利益的行为往往是公司的大股东或者董事、监事等高级管理人员所为，对公司的侵害来自公司的内部，侵权人恰恰就是应当维护公司利益的人，这些人是不可能为了维护公司的利益而把自己告上法庭的。在这个时候，就需要由他人代替公司主张权利。股东是公司的主人，与公司关系密切，侵犯公司的利益也必然间接侵犯到股东的利益，股东自然是完成上述使命的不二人选。股东代表诉讼是弥补公司治理结构缺陷及其他救济方法不足的必要手段，在保护公司和中小股东权益等方面发挥着重要作用。在我国实践中大股东或公司管理层侵害公司利益的现象十分普遍，公司机关怠于起诉，而原公司法中没有规定股东代表诉讼，广大中小股东在向法院起诉维护公司权益时，法院往往以诉讼主体不合格为由不予受理。新《公司法》明确规定了股东代表诉讼制度，是一个重大的进步。

第一，股东代表诉讼有利于广大中小股东利益的保护。股东代表诉讼制度具有事前抑制和事后救济两大功能，就前者而言，股东代表诉讼是防御公司内部人错误行为的重要堡垒，是阻吓错误行为的一种重要手段；就后者而言，代表诉讼有利于保护公司和少数股东的利益，同时也有利于保护债权人的利益。

第二，股东代表诉讼制度能够促进市场经济平等主体的公平竞争，为守法经营者提供一个良好的法制环境。特别是目前我国证券市场存在着严重的侵害投资者利益的行为，如虚假陈述、内幕交易等行为，股东代表诉讼制度对这些行为予以有力地遏止。

第三，股东代表诉讼制度将有利于促进我国公司治理水平的提高。我国上市公司的股权分布较为不合理，普遍存在着股权高度集中的现象，国有股或法人股一股独大。大股东实际控制着上市公司，因此大股东为自身利益而损害公司和中小股东利益的情况经常发生，监事会形同虚设。股东代表诉讼制度的引入对一股独大现象起到一定的遏制作用，从而保护其他股东的利益，恢复其他股东参与公司治理的积极性，最终将有利于提高上市公司治理水平，实现股权多元化的改革目标，促进资本市场的高效配置。

（二）股东代表诉讼的原告

顾名思义，股东代表诉讼的原告当然是股东。尽管从理论上讲，每一个股东都应享有提起代表诉讼的权利，但为了防止股东代表诉讼的滥用，各国均对原告即提起代表诉讼的股东作出一定资格条件的限制。从各国的立法例来看，限制主要是从两个方面进行的：一是股东持股的时间，二是持股比例。根据我国现行《公司法》第152条第1款的规定，有权提起股东代表诉讼的人是：有限责任公司的股东、股份有限公司连续180日以上单独或者合计持有公司1％以上股份的股东。可见，我国公司法确立的股东代表诉讼制度，对有限责任公司的股东作为原告的资格未加任何限制。凡是无过错的股东，无论其持股多少，都可以享有股东代表讼诉提起权。这是因为有限责任公司的股东人数不多，且股东之间有一定的人合性质，一般不宜对股东的原告资格作出限制。而股份有限公司的股东作为原告的资格则受到了一定的限制。这是股份有限公司的资合性质决定的，股份有限公司股东众多，利益较为分散，有必要对其作为原告的资格作出一定的限制，一方面是对股东与公司高管相互间利益的平衡，另一方面也是避免滥诉、维护公司的正常经营活动的需要。

（三）股东代表诉讼的可诉对象

股东代表诉讼的可诉对象即股东可以针对哪些事项提起代表诉讼。根据我国《公司法》第21条、第152条、第113条的规定，公司股东有权提起代表诉讼的情形主要有以下几种：

1. 公司的控股股东、实际控制人、董事、监事、高级管理人员利用其关联关系损害公司利益的；

2. 董事、监事、高级管理人员执行公司职务时违反法律、行政法规或者公司章程规定，给公司造成损失的；

3. 他人侵犯公司合法权益，给公司造成损失的；

4. 股份公司的董事会决议违反法律、行政法规或者公司章程、股东大会决议，致使公司遭受严重损失的。

另外根据《证券法》第47条的规定，上市公司董事会怠于行使对董事、监事、高级管理人员、持有上市公司股份5％以上的股东的短线交易归入权的，股东可提起代表诉讼。

（四）股东代表诉讼的前置程序

股东代表诉讼制度既有积极作用，也有一定的负面效应，容易被个别股东滥用以达到非法目的。因此，有必要对股东代表诉讼的适用加以合理的限制。除了前述原告资格的限制之外，从诉讼提起的程序方面进行适当限制也是各国的普遍做法。一般而言，在公司利益遭受侵害的情况下，应当首先考虑由公司的机关出面主张权利，只有在公司的机关存在懈怠行为或者情况特别紧急即直接的诉讼遇到障碍的时候，才考虑由股东代表公司起诉。股东代表诉讼的提起受前置程序的限制。前置程序是指股东在提起股东代表诉讼之前，必须首先在公司内部寻求救济，股东只有在不能通过公司内部获得救济后，才能取得对公司利益的代位权，才具有提起代表诉讼的资格。前置程序能够减少不必要的诉讼，也能够促使公司提起诉讼，同时也有利于避免滥诉。

根据公司法的规定，股东在一般情况下不能直接向法院起诉，而应先通过公司的机关，即可以书面形式请求董事会（执行董事）或监事会（监事）作为公司代表起诉，当股东的书面请求遭到明确拒绝，或者公司机关自收到请求之日起30日内未提起诉讼，或者情况紧急、不立即提起诉讼将会使公司利益受到难以弥补的损害的，该股东才有权为了公司的利益以自己的名义直接向人民法院提起诉讼。

法院最后认定，本案中城市通公司已被工商行政管理机关吊销营业执照，并经人民法院判决由几位股东对其进行清算，同时《公司法》第185条又作了关于"清算组在清算期间代表公司参与民事诉讼活动"的规定。据此，城市通公司的董事会或监事会已不能再对外行使相关职权，包括代表公司行使起诉权。该公司的股东在发现公司利益受到他人损害发生损失的情况下，通过书面请求监事会或董事会提起诉讼寻求救济已无实际意义和可能，又因城市通公司清算组也未成立，足以说明通过城市通公司内部救济途径无法实现该公司的权益救济，在此情况下，公司的股东林某以自己的名义直接提起诉讼，为城市通公司请求利益保护，符合法律规定，作为本案原告适格。

新概念公司在未征得城市通公司全体股东意见的情况下，擅自以收回借款的名目，将170万元从城市通公司银行账户划至本公司银行账户，属于非法占用城市通公司财产的行为。新概念公司从城市通公司违规支出了194 465.90元，侵害了城市通公司的财产权益。新概念公司的上述行为均给城市通公司造成了财产方面的损失，应承担相应的赔偿责任，故其作为本案被告适格。

新概念公司提出关于林某的诉讼主张已过诉讼时效期间，丧失了胜诉权的辩称：该公司提出的理由是林某在2002年11月6日即发现了其收回170万元的事实，至本案起诉时已过法定两年诉讼时效期间。对此，法院认为：《公司法》在2005年10月27日修订之前，尚无"股东代表诉讼"制度的明确规定，林某尚无法定之诉权，因而不受诉讼时效制度的适用约束。修订后的《公司法》明确规定了"股东代表诉讼"制度，赋予股东起诉权。林某起诉之日，在修订后的《公司法》实施日之后，并未超过法定诉讼时效期间，故新概念公司的辩称本院不予采信。本院判令其将上述两笔款项及相应利息偿付给城市通公司，列入城市通公司清算财产范围。

第四节　公司的变动

▰▰▰ 本节重点法条 ▰▰▰

《中华人民共和国公司法》

第九章　公司合并、分立、增资、减资

第一百七十三条　公司合并可以采取吸收合并或者新设合并。

一个公司吸收其他公司为吸收合并，被吸收的公司解散。两个以上公司合并设立一个新

的公司为新设合并，合并各方解散。

第一百七十四条　公司合并，应当由合并各方签订合并协议，并编制资产负债表及财产清单。公司应当自作出合并决议之日起十日内通知债权人，并于三十日内在报纸上公告。债权人自接到通知书之日起三十日内，未接到通知书的自公告之日起四十五日内，可以要求公司清偿债务或者提供相应的担保。

第一百七十五条　公司合并时，合并各方的债权、债务，应当由合并后存续的公司或者新设的公司承继。

第一百七十六条　公司分立，其财产作相应的分割。公司分立，应当编制资产负债表及财产清单。公司应当自作出分立决议之日起十日内通知债权人，并于三十日内在报纸上公告。

第一百七十七条　公司分立前的债务由分立后的公司承担连带责任。但是，公司在分立前与债权人就债务清偿达成的书面协议另有约定的除外。

第一百七十八条　公司需要减少注册资本时，必须编制资产负债表及财产清单。

公司应当自作出减少注册资本决议之日起十日内通知债权人，并于三十日内在报纸上公告。债权人自接到通知书之日起三十日内，未接到通知书的自公告之日起四十五日内，有权要求公司清偿债务或者提供相应的担保。公司减资后的注册资本不得低于法定的最低限额。

第一百七十九条　有限责任公司增加注册资本时，股东认缴新增资本的出资，依照本法设立有限责任公司缴纳出资的有关规定执行。

股份有限公司为增加注册资本发行新股时，股东认购新股，依照本法设立股份有限公司缴纳股款的有关规定执行。

第一百八十条　公司合并或者分立，登记事项发生变更的，应当依法向公司登记机关办理变更登记；公司解散的，应当依法办理公司注销登记；设立新公司的，应当依法办理公司设立登记。

公司增加或者减少注册资本，应当依法向公司登记机关办理变更登记。

第十章　公司解散和清算

第一百八十一条　公司因下列原因解散：

（一）公司章程规定的营业期限届满或者公司章程规定的其他解散事由出现；

（二）股东会或者股东大会决议解散；

（三）因公司合并或者分立需要解散；

（四）依法被吊销营业执照、责令关闭或者被撤销；

（五）人民法院依照本法第一百八十三条的规定予以解散。

第一百八十二条　公司有本法第一百八十一条第（一）项情形的，可以通过修改公司章程而存续。依照前款规定修改公司章程，有限责任公司须经持有三分之二以上表决权的股东通过，股份有限公司须经出席股东大会会议的股东所持表决权的三分之二以上通过。

第一百八十三条　公司经营管理发生严重困难，继续存续会使股东利益受到重大损失，通过其他途径不能解决的，持有公司全部股东表决权百分之十以上的股东，可以请求人民法院解散公司。

第一百八十四条　公司因本法第一百八十一条第（一）项、第（二）项、第（四）项、第（五）项规定而解散的，应当在解散事由出现之日起十五日内成立清算组，开始清算。有限责任公司的清算组由股东组成，股份有限公司的清算组由董事或者股东大会确定的人员组成。逾期不成立清算组进行清算的，债权人可以申请人民法院指定有关人员组成清算组进行清算。人民法院应当受理该申请，并及时组织清算组进行清算。

第一百八十五条　清算组在清算期间行使下列职权：

（一）清理公司财产，分别编制资产负债表和财产清单；

（二）通知、公告债权人；

（三）处理与清算有关的公司未了结的业务；

（四）清缴所欠税款以及清算过程中产生的税款；

（五）清理债权、债务；

（六）处理公司清偿债务后的剩余财产；

（七）代表公司参与民事诉讼活动。

第一百八十六条　清算组应当自成立之日起十日内通知债权人，并于六十日内在报纸上公告。债权人应当自接到通知书之日起三十日内，未接到通知书的自公告之日起四十五日内，向清算组申报其债权。

债权人申报债权，应当说明债权的有关事项，并提供证明材料。清算组应当对债权进行登记。在申报债权期间，清算组不得对债权人进行清偿。

第一百八十七条　清算组在清理公司财产、编制资产负债表和财产清单后，应当制定清算方案，并报股东会、股东大会或者人民法院确认。

公司财产在分别支付清算费用、职工的工资、社会保险费用和法定补偿金，缴纳所欠税款，清偿公司债务后的剩余财产，有限责任公司按照股东的出资比例分配，股份有限公司按照股东持有的股份比例分配。清算期间，公司存续，但不得开展与清算无关的经营活动。公司财产在未按前款规定清偿前，不得分配给股东。

第一百八十八条　清算组在清理公司财产、编制资产负债表和财产清单后，发现公司财产不足清偿债务的，应当依法向人民法院申请宣告破产。

公司经人民法院裁定宣告破产后，清算组应当将清算事务移交给人民法院。

第一百八十九条　公司清算结束后，清算组应当制作清算报告，报股东会、股东大会或者人民法院确认，并报送公司登记机关，申请注销公司登记，公告公司终止。

第一百九十条　清算组成员应当忠于职守，依法履行清算义务。

清算组成员不得利用职权收受贿赂或者其他非法收入，不得侵占公司财产。

清算组成员因故意或者重大过失给公司或者债权人造成损失的，应当承担赔偿责任。

第一百九十一条　公司被依法宣告破产的，依照有关企业破产的法律实施破产清算。

案例1　公司分立：江西省某压缩机股份有限公司诉宏达公司、宏泰公司和宏天公司债务纠纷案

【案情介绍】

2006年1月4日，某市天宇电器股份有限公司（以下简称天宇公司）与江西省某压缩机股份有限公司（以下简称压缩机公司）签订了一份10万台压缩机的买卖合同。合同约定：（1）每台压缩机的单价为500元。合同标的总金额为5 000万元；（2）履行期限为2006年年底前，买受人（天宇公司）收到出卖人（压缩机公司）货物后1个月内付清全部货款；（3）任何一方不履行合同或履行合同不符合约定，均应向另一方支付违约总金额5％的违约金。合同签订后，压缩机公司依约如期履行了合同，而天宇公司在合同履行期届满时，由于冰箱销路不畅而导致大量积压，仅支付了2 000万元。尔后，压缩机公司一直向天宇公司追讨，天宇公司均以种种借口拒绝。2007年3月，由于公司经营管理不善，造成严重亏损。债权人得知天宇公司经营困难后都担心自己的债权受损，于是纷纷到天宇公司讨债。天宇公司为逃避债权人追讨，经公司股东大会决议并经出席会议的股东所持表决权的2/3通过，且经公司所在地的省级人民政府批准，将天宇公司分成三个公司：即宏达公司、宏泰公司和宏天公司，三个公司于同年3月26日签订了公司分立协议并编制了资产负债表和财产清单。协议规定：（1）原天宇公司的厂房、机器设备等优质资产由宏达公司和宏泰公司平均分配；（2）天宇公司厂房占用范围外的土地使用权（以作为质押合同的标的向某市工商银行质押贷款）和债务由分立后的宏天公司承继。因天宇公司欠压缩机公司3 000万元货款和违约金一直未支付，2007年4月压缩机公司向某市某区人民法院起诉，要求分立后的三公司支付货款和违约金及其利息。宏达公司和宏泰公司辩称天宇公司分立时，宏达公司、宏泰公司和宏天公司已签订分立协议，协议规定天宇公司的债务由宏天公司承担，而与他们无关。

法院经审理后认为，天宇公司分立为宏达公司、宏泰公司和宏天公司，虽然三公司签订了分立协议并对天宇公司的财产作了相应分割且编制了资产负债表和财产清单，并依法通知和公告了债权人，但未与债权人达成债务承担协议。判决如下：

（1）宏达公司、宏泰公司和宏天公司对天宇公司欠压缩机公司的3 000万元货款和150万元的违约金及其银行同期存款利息承担连带责任。

（2）案件受理费由三被告承担。

判决后，三被告均不服判决，并于法定上诉期内向某市中级人民法院提起上诉。上诉理由为：宏达公司、宏泰公司和宏天公司已经依法分立，签订了分立协议，并在分立协议中对天宇公司的债权债务进行了约定，依据协议约定天宇公司的债务应由宏天公司承担，因此，宏达公司、宏泰公司对天宇公司的债务不承担责任。

某市中级人民法院经审理认为：根据《合同法》第90条规定，当事人订立合同后分立的，除债权人和债务人另有约定的以外，由分立的法人或者其他组织对合同的权利和义务享有连带债权、承担连带债务。压缩机厂与天宇公司签订压缩机买卖合同后，天宇公司分立为宏达公司、宏泰公司和宏天公司。三被告虽然对天宇公司的债权债务进行了约定，但未与债权人压缩机公司就债务分担问题协商一致，因而他们对天宇公司的债务应承担连带责任。《合同法》第8条规定："依法成立的合同，对当事人具有法律约束力。当事人应当按照约定履行自己的义务。"《合同法》第141条规定：当事人可以约定违约金，本买卖合同之所以未完全履行，是因为分立为三被告的天宇公司违约以及三被告对债务未承担连带责任所致，责任完全在被告。法院据此作出如下判决：第一，三被告对压缩机公司承担连带责任；第二，案件受理费由被告承担。

【法律问题】

公司的分立

【法律分析和结论】

本案是一起债务纠纷，关键在于公司分立后债务应如何分担。

（一）公司分立的概念和分类

公司分立是指公司因生产经营或管理上的需要，依据法律或合同的规定，将公司依法变更为两个或两个以上公司的法律行为。公司分立是公司法上的重要制度，是公司实现资产重组、调整组织结构、实现企业经营专业化、降低投资风险、提高公司盈利能力的重要经营手段之一。

公司分立可以分为新设分立和派生分立。新设分立是指一个公司分成两个或者两个以上的新公司，原来的公司消灭。派生分立是指一个公司分立成两个或两个以上公司，原公司继续存在。

（二）公司分立的程序

1. 由公司董事会拟定公司分立方案

公司分立必须先经董事会决议。董事会草拟公司分立方案，并同时草拟有关的分立协议，内容包括分立的原因与目的、分立后公司的地位、分立后公司章程及其他相关问题的安排，尤其是处理财产及债务分割的问题。

2. 股东会决议

公司分立经董事会决议后须提交股东会决议。公司分立是公司的重大变动，可能对股东利益产生重大影响，因此必须获得股东会的认可。根据《公司法》规定，公司分立属于股东会特别决议事项，必须获得绝对多数股东同意才能通过并生效。根据《公司法》第 44 条规定，有限责任公司分立必须经代表 2/3 以上表决权的股东通过；根据《公司法》第 104 条规定，股份有限公司分立必须经出席股东会会议的股东所持表决权的 2/3 以上通过。

3. 财产分割及编制资产负债表和财产清单

公司分立，其财产应作相应的分割，并应当编制资产负债表及财产清单。

4. 通知或者公告债权人

公司应当自作出分立决议之日起 10 日内通知债权人，并于 30 日内在报纸上公告。

5. 办理公司变更登记

《公司法》第 180 条规定，公司分立致登记事项发生变更的，应当依法向公司登记机关办理变更登记。

与原公司法相比，现行《公司法》大大简化了公司分立的程序。原公司法规定，公司应当自作出分立决议之日起 10 日内通知债权人，并于 30 日内在报纸上至少公告三次。债权人自接到通知书之日起 30 日内，未接到通知书的自第一次公告之日起 90 日内，有权要求公司清偿债务或者提供相应的担保。不清偿债务或者不提供相应的担保的，公司不得分立。新法将公司分立公告的次数缩减为一次，并且删去了不清偿债务或者不提供担保公司就不得分立的规定。

（三）公司分立后的债务承担

公司分立将发生一系列法律后果，可能对相关利益主体——尤其是公司债权人产生重大影响。在实践中因公司分立引发的法律纠纷中债务承担纠纷占了相当大的比例，很多公司试图采用公司分立的手段达到逃避债务的非法目的。因此，在公司分立中如何保护公司债权人的利益十分重要。

《公司法》第 177 条规定："公司分立前的债务由分立后的公司承担连带责任。但是，公司在分立前与债权人就债务清偿达成的书面协议另有约定的除外。"此外《合同法》第 90 条规定："当事人订立合同后分立的，除债权人和债务人另有约定的以外，由分立的法人或者其他组织对合同的权利和义务享有连带债权，承担连带债务。"根据上述法律规定，对公司分立后的债务承担应按照以下原则处理：

首先，公司在分立前与债权人就公司分立后如何清偿债务进行协商并达成协议。只要该协议是双方的真实意思，并且不违反法律强制性规定、不违背社会公共利益，就对当事人具有法律约束力。本着私法自治原则，如果有上述协议的存在，则其应当优先适用。

其次，如果公司在分立前没有与债权人就债务负担问题达成协议，或者虽有约定但约定不明，或虽有约定但显失公平，则应当由分立后的公司对分立前公司的债务承担连带清偿责任。连带责任有利于保护公司债权人的正当权益。

在本案中，天宇公司拖欠压缩机公司巨额货款，之后天宇公司分立为宏达公司、宏泰公司和宏天公司，在分立协议中，优质资产由宏达公司和宏泰公司平均分配，而债务则推给宏天公司一方承担。压缩机公司主张由分立后的三家公司就拖欠的货款共同承担清偿责任，而宏达公司和宏泰公司则以分立协议提出抗辩。宏达、宏泰公司的抗辩理由是不成立的。因为虽然有分立协议的存在，并对天宇公司的财产作了相应分割且编制了资产负债表和财产清单，并依法通知和公告了债权人，但并未与债权人达成债务承担协议。分立后的三家公司相互之间达成的债务负担协议只是一种内部约定，未经债权人压缩机公司的同意，对其不具有对抗效力。实际上天宇公司分立的意图十分明显，即借公司分立逃避债务，对于这种行为应予否定，以保护债权人的利益。被告三公司依法应对公司分立前的债务向原告压缩机公司负担连带清偿责任。

案例 2　公司解散：厦门市美奂工贸有限公司诉欲望都市（厦门）餐饮有限公司、林某案[①]

【案情介绍】

2004 年 11 月 29 日，原告美奂公司与被告林某签订了《欲望都市（厦门）餐饮有限责任公司章程》，约定双方共同出资设立欲望公司，公司注册资本为 31 万元，分期出资，双方各占 50％股权。之后，原告美奂公司和被告林某依约分别缴足第一期出资 2.5 万元。同年 12 月 14 日，被告欲望公司取得营业执照，正式成立，被告林某为执行董事，原告美奂公司的法定代表人之子周某为公司经理；营业执照上确定第二期出资 15.5 万元的缴足期限为 2005 年 12 月 21 日，第

---

① 案例来源：福建省厦门市中级人民法院（2006）厦民终字第 2288 号民事判决书，载北大法意网，http://www.lawyee.net/Case/Case_Display.asp? ChannelID＝2010103&KeyWord＝&RID＝154244。

三期出资的缴足期限为 2007 年 11 月 12 日，经营范围为"酒吧＋法律、法规未禁止或未规定需经审批的项目，自主选择经营项目，开展经营活动"。同时，在处理原告美奂公司与被告林某合作经营被告欲望公司的相关问题中，周某作为原告美奂公司的特别授权代理人。2005 年 1 月 12 日之前，被告欲望公司营业亏损。2005 年 1 月 12 日，原告美奂公司和被告林某签订备忘录，确认亏损事实，并同意由被告林某负责与第三方合作对被告欲望公司进行承包经营；2005 年 1 月 13 日被告林某与他人签订合作经营合同。周某作为原告美奂公司的特别授权代理人在上述合同上签字予以认可。2005 年 1 月 13 日至 2005 年 5 月 15 日，被告欲望公司在李昕承包经营期间仍处于亏损状态。2005 年 6 月 10 日，原告美奂公司拟转让其持有的欲望公司部分股权，授权周某与樊劲签订了转让协议书，并通知被告林某。被告林某在转让协议书上签字表示不同意原告美奂公司将股份转让给樊劲，但未表示将行使优先购买权购买原告美奂公司拟转让的股权。2005 年 5 月 16 日至 2005 年 11 月 25 日，被告欲望公司经营处于停顿，期间仍需支付经营场所租金。2005 年 11 月 25 日，被告林某未经原告美奂公司同意以欲望公司名义与南国春公司签订合同书，将被告欲望公司的经营场所以承包方式交由南国春公司作为酒店经营场所，期限自 2005 年 12 月 23 日起至 2007 年 8 月 31 日止；被告林某作为欲望公司的法定代表人在合同书上签字。2005 年 11 月，被告欲望公司经营活动报停，其公司经营场所由南国春公司作为酒店经营场所使用。另外，被告欲望公司成立至今，从未按照公司章程的约定每半年召开定期会议或根据股东的提议召开临时会议，亦无股东会决议产生，而且被告林某和欲望公司均未向原告美奂公司提供 2005 年 1 月 13 日之后被告欲望公司的经营情况，故原告美奂公司对被告欲望公司 2005 年 1 月 13 日之后的具体经营情况无法了解。

厦门市思明区人民法院经审理认为：

1. 关于被告欲望公司的经营是否发生严重困难。所谓"公司经营管理发生严重困难"，是指公司在存续运行中由于股东、董事之间矛盾激烈或发生纠纷，且彼此不愿妥协而处于僵持状况，导致股东会、董事会等权力和决策机关陷入权利对峙而不能按照法定程序作出决策，从而使公司陷入无法正常运转经营，甚至瘫痪的事实状态。在本案中，被告欲望公司只有原告美奂公司和被告林某两个股东，双方各持有 50% 的股份，股权对等，且双方目前已对簿公堂，被告欲望公司也没有召开过股东会议或临时会议，亦无股东会决议的产生。在对外经营活动中，被告欲望公司在营业执照上的经营范围为酒吧，而目前欲望公司业已报停，其公司设施及营业场所已租赁给南国春酒店以收取租金。据此应认定，被告欲望公司目前已处于"公司经营管理发生严重困难"的境地。

2. 关于被告欲望公司继续存续是否会使原告美奂公司的股东利益受到重大损失。根据《公司法》第4条的规定，公司股东依法享有资产收益、参与重大决策和选择管理者等权利。被告林某在担任被告欲望公司执行董事期间，从未召开过股东会并产生股东会决议，造成原告美奂公司所有的股东权益缺乏行使的条件。被告林某承认担任执行董事将被告欲望公司经营场所承包给厦门南国春酒店管理有限公司并没有经过原告美奂公司的同意，被告林某的行为侵犯了原告美奂公司作为公司股东参与重大决策的权利。鉴于公司存续应以股东间良好的信用和合作关系为纽带，被告欲望公司股东之间的关系实际处于紧张状态，特别是原告美奂公司和被告林某作为股东均持有50％的股份，而被告林某把持被告欲望公司的一切权利，严重侵犯了原告美奂公司的股东权利，两名股东已失去合作基础。故应认定被告欲望公司的存续将会使原告美奂公司的股东权利遭受损失。

3. 关于若不解散被告欲望公司，因经营困难造成的股东利益重大损失是否能够通过其他途径解决。根据被告欲望公司营业执照及被告林某的自认，原告美奂公司与被告林某不仅已缴齐欲望公司第一期注册资金，而且对被告欲望公司的投资款项已超出其应缴足的第二期注册资金，而欲望公司第三期注册资金缴纳时间尚未到期。故本院认定双方均已完成对欲望公司的出资义务。被告林某所称的代垫投资款与亏损，与股东承担的出资义务无关，与本案不具关联性。由于在被告欲望公司经营处于严重困难的状态下，原告美奂公司不仅无法行使其享有的股东权利，其欲出让所持有的被告欲望公司股权，被告林某既不愿意优先购买又不同意原告美奂公司将股权转让他人，故应认定，原告美奂公司通过其他途径已无法解决欲望公司的僵局问题。

综上所述，原告美奂公司持有欲望公司50％的股份，具有提出解散公司之诉的法定资格。鉴于被告欲望公司已无经营场所，且公司两股东长期对簿公堂，欲望公司内部经营决策和正常业务活动均无法正常作出、开展，已经严重危及、损害原告美奂公司作为股东的合法利益，因此，在被告欲望公司经营管理发生严重困难，欲望公司的存续将造成原告美奂公司的利益继续遭受重大损失，并无法通过其他途径解决公司僵局的情况下，原告美奂公司要求解散被告欲望公司并进行清算，符合法律规定，本院应当给予支持。

厦门市思明区人民法院依照《公司法》第183条的规定，作出如下判决：解散被告欲望都市（厦门）餐饮有限公司。

厦门市中级人民法院经审理认为：美奂公司要求解散公司有事实和法律依据，应予支持，理由如下：首先，林某与周某签订的备忘录，确认2005年1月12日之前，欲望公司营业亏损。2005年1月13日至2005年5月15日期间，欲望公司在李昕承包经营期间仍处于亏损状态。2005年11月，欲望公司经营活动报停，公司经营场所由厦门南国春酒店管理有限公司作为酒店经营场所使用。上述事实足以表明，欲望公司经营已发生严重困难。其次，欲望公司未成立董事会，其决策机构为股东会，但欲望公司登记注册后，未按公司章程约定每半年定期召开一次股东会，即便是涉及公司经营管理的重要事项，如厦门南国春酒店管理有限公司承包经营欲望公司，林某作为公司执行董事也未召开股东会或征得美免公司同意，也就是说，林某与美免公司作为持股相等的股东关系紧张，导致股东会不能按照法定程序作出决策，公司事务管理发生困难，两股东已失去合作的基础。再次，2005年8月15日，林某否决美免公司将股权转让给樊劲的协议后，也未能收购美免公司股权，故通过转让股权解决公司僵局也无法实现。综上分析，在公司无法按法定程序作出经营决策，公司经营发生严重困难的情况下，欲望公司的存续将造成美免公司的利益继续遭受损失，因此，美免公司作为持有欲望公司50%股权的股东，在通过其他途径无法解决公司僵局的情况下，要求法院解散公司并进行清算，符合法律规定，法院予以支持。

厦门市中级人民法院根据《民事诉讼法》第153条第1款第1项的规定，作出如下判决：驳回上诉，维持原判。

【法律问题】

公司僵局下股东的公司解散请求权

【法律分析和结论】

这是一起股东起诉要求确认股东权并请求解散公司的诉讼，本案的特殊性在于原告股东和被告股东各持有公司50%的股权，双方在公司经营过程中发生严重冲突而形成对峙局面，使公司陷入僵局。在公司僵局的情况下部分股东是否享有公司解散请求权是本案的关键。

（一）公司僵局的概念、成因及危害

公司的正常运作是以公司机关的顺畅运行和协调配合为前提的。然而由于公司机关内部成员如股东或公司管理人员之间存在着利益冲突，公司机关在运行过程中可能会发生障碍，严重时便形成公司僵局。所谓"公司僵局"，就是指在公司内部治理过程中，公司的一切决策和管理机制都陷于瘫痪，股东大会或董事会由于章程规定的应参加的人员拒绝参加而无法有效召集；或者即使能够举行会议，也因各方成员持有不同见解，董事、监事、高级管理人员消极应对股东提议、建议，或者股东之间对另一方的提案不予认可而无法通过任何决议，致使股东参加公司决策和管理的权利以及利益分配等股东依照公司法应当享有的利益之期待落空的一种状态。公司僵局就如同电脑死机，公司无法正常运作。

公司僵局的主要成因在于公司决策和管理所实行的多数表决制度。依照公司法的规定，股东大会、董事会和监事会通过任何决议都需至少半数以上的表决权或人数的同意，对于股东大会增加资本、减少资本、分立、合并、解散或者变更公司形式以及修改章程的决议等重大事项，则必须经代表 2/3 以上的表决权同意。在公司股东人数有限（特别是只有两方）、各方股东派任的董事人数基本相当或相同的情况下，如果股东或董事之间发生了激烈的矛盾和冲突，并采取完全对抗的态度，那么任何一方可能都无法形成公司法和公司章程所要求的表决多数，决议的通过近乎不可能，公司的僵局状态正是由此形成。

公司僵局的危害是显而易见的。公司一旦陷入僵局，生产和经营即无法正常进行。任何生产经营决议都无法达成，管理陷入瘫痪和混乱，效率低下，公司财产易于流失，公司实际控制权为少数掌握实权的股东把持，其他股东的权益无从保障。

（二）公司僵局的对策——股东的公司解散请求权

在公司僵局发生之后，必须及时采取相应的有效措施加以解决。由于此时公司已陷入瘫痪状态，要在公司内部寻求问题的解决几乎不可能，因此只能借助于外部力量的介入和干预。

在公司僵局下，由于股东或董事之间的利益冲突或权利争执以及情感的对抗已经发展到登峰造极的程度，各方之间已经丧失了最起码的信任，相互合作的基础已完全破裂，僵局已不可化解，与其任由公司继续处于僵而不死的状态，还不如干脆将公司解散，使所有股东得以脱身。然而在旧公司法规定的公司解散事由中并没有将公司僵局列入，实践中公司章程中也鲜有对此作出规定的。因此对于部分股东是否有权请求解散公司、法院是否应当受理并支持股东的解散公司请求等问题都存在疑问，很多股东起诉到法院的公司僵局案件被法院驳回。

在公司僵局下应当赋予股东请求法院解散公司的权利。在公司僵局状态中，通常存在着一方股东对其他股东事实上的强制和严重的不公平，原管理公司的少数股东控制着公司经营和财产，事实上剥夺了其他股东的任何权利，不允许解散等于允许控制股东对其他股东权利的侵犯和对公司财产的非法占有。股东解散公司的意愿本可通过股东会议实现，但是由于公司已陷入僵局，根本无法形成有效的股东会决议，因此必须向其提供其他的外部救济路径。诉讼最终解决是世界各国纠纷处理机制共同的原则，对于公司僵局下股东解散公司的请求，法院没有令人信服的理由不受理和裁判，拒绝审判实际是推卸责任。

现行《公司法》明确将公司僵局作为公司解散的事由之一，赋予股东以公司解散的请求权，同时对该权利的行使作了适当限制。根据《公司法》第183条规定，公司僵局下股东解散公司请求权的行使必须符合以下条件：

　　第一，公司经营管理发生严重困难。这是股东请求法院解散公司的前提条件。至于究竟如何判断公司经营管理是否发生了严重困难，《公司法》未作明文规定。

　　第二，继续存续会使股东利益受到重大损失。

　　第三，通过其他途径不能解决。即在穷尽其他一切救济之前不得行使该权利，毕竟这是一种无奈的选择，如能通过其他途径解决该僵局，较之于解散公司，公司的存续总是一种更优的选择。

　　第四，必须是持有公司全部股东表决权10%以上的股东才有此项权利。这是对主体资格的限制。

　　第五，须以诉讼的方式为之。股东必须以向法院起诉的方式行使该权利，至于是否准许，则是法院自由裁量的事项。

　　《公司法》的上述规定无疑有利于公司僵局的化解，保障股东的权益。

　　首先，本案是典型的"股东会僵局"，欲望公司仅有两个股东，且双方持有相同的股权。由于林某系公司的法定代表人，在经营过程中实际掌控公司。自公司设立后，其从未按照公司章程的约定每半年召开定期会议，公司处于表决僵局的状态。另外，林某亦未按照公司章程的约定向美奂公司送交财务会计报告，也从未向美奂公司分配股利。其次，公司对外经营活动发生困难，公司继续存在会使股东受到更大的损失。自2005年11月始，公司已实际未再进行经营。在股东会不能作出任何决议或根本无法召开股东会的情况下，美奂公司的法定权利失去了行使的条件；而在这种僵局中，林某利用其系公司法定代表人的优势和掌控公司的强势，控制公司经营和财产，事实上剥夺了美奂公司的任何权利。再次，美奂公司通过其他途径不能解决欲望公司的僵局。本案中美奂公司原拟通过召开股东会或转让股权的方式，退出公司，均因林某的原因未果。因此本案完全符合《公司法》第183条规定的公司解散条件。

第三章

证 券 法

第一节　证券发行

本节重点法条

《中华人民共和国证券法》

第十条　公开发行证券，必须符合法律、行政法规规定的条件，并依法报经国务院证券监督管理机构或者国务院授权的部门核准；未经依法核准，任何单位和个人不得公开发行证券。

有下列情形之一的，为公开发行：

（一）向不特定对象发行证券的；

（二）向特定对象发行证券累计超过二百人的；

（三）法律、行政法规规定的其他发行行为。

非公开发行证券，不得采用广告、公开劝诱和变相公开方式。

第十一条　发行人申请公开发行股票、可转换为股票的公司债券，依法采取承销方式的，或者公开发行法律、行政法规规定实行保荐制度的其他证券的，应当聘请具有保荐资格的机构担任保荐人。

保荐人应当遵守业务规则和行业规范，诚实守信，勤勉尽责，对发行人的申请文件和信息披露资料进行审慎核查，督导发行人规范运作。

保荐人的资格及其管理办法由国务院证券监督管理机构规定。

第十三条　公司公开发行新股，应当符合下列条件：

（一）具备健全且运行良好的组织机构；

（二）具有持续盈利能力，财务状况良好；

（三）最近三年财务会计文件无虚假记载，无其他重大违法行为；

（四）经国务院批准的国务院证券监督管理机构规定的其他条件。

上市公司非公开发行新股，应当符合经国务院批准的国务院证券监督管理机构规定的条件，并报国务院证券监督管理机构核准。

第十五条 公司对公开发行股票所募集资金，必须按照招股说明书所列资金用途使用。改变招股说明书所列资金用途，必须经股东大会作出决议。擅自改变用途而未作纠正的，或者未经股东大会认可的，不得公开发行新股。

第十六条 公开发行公司债券，应当符合下列条件：

（一）股份有限公司的净资产不低于人民币三千万元，有限责任公司的净资产不低于人民币六千万元；

（二）累计债券余额不超过公司净资产的百分之四十；

（三）最近三年平均可分配利润足以支付公司债券一年的利息；

（四）筹集的资金投向符合国家产业政策；

（五）债券的利率不超过国务院限定的利率水平；

（六）国务院规定的其他条件。

公开发行公司债券筹集的资金，必须用于核准的用途，不得用于弥补亏损和非生产性支出。

上市公司发行可转换为股票的公司债券，除应当符合第一款规定的条件外，还应当符合本法关于公开发行股票的条件，并报国务院证券监督管理机构核准。

第十八条 有下列情形之一的，不得再次公开发行公司债券：

（一）前一次公开发行的公司债券尚未募足；

（二）对已公开发行的公司债券或者其他债务有违约或者延迟支付本息的事实，仍处于继续状态；

（三）违反本法规定，改变公开发行公司债券所募资金的用途。

第二十条 发行人向国务院证券监督管理机构或者国务院授权的部门报送的证券发行申请文件，必须真实、准确、完整。

为证券发行出具有关文件的证券服务机构和人员，必须严格履行法定职责，保证其所出具文件的真实性、准确性和完整性。

第二十一条 发行人申请首次公开发行股票的，在提交申请文件后，应当按照国务院证券监督管理机构的规定预先披露有关申请文件。

第二十二条 国务院证券监督管理机构设发行审核委员会，依法审核股票发行申请。

发行审核委员会由国务院证券监督管理机构的专业人员和所聘请的该机构外的有关专家组成，以投票方式对股票发行申请进行表决，提出审核意见。

发行审核委员会的具体组成办法、组成人员任期、工作程序，由国务院证券监督管理机构规定。

第二十四条 国务院证券监督管理机构或者国务院授权的部门应当自受理证券发行申请文件之日起三个月内，依照法定条件和法定程序作出予以核准或者不予核准的决定，发行人根据要求补充、修改发行申请文件的时间不计算在内；不予核准的，应当说明理由。

第二十五条 证券发行申请经核准，发行人应当依照法律、行政法规的规定，在证券公开发行前，公告公开发行募集文件，并将该文件置备于指定场所供公众查阅。

发行证券的信息依法公开前，任何知情人不得公开或者泄露该信息。

发行人不得在公告公开发行募集文件前发行证券。

第二十六条 国务院证券监督管理机构或者国务院授权的部门对已作出的核准证券发行的决定，发现不符合法定条件或者法定程序，尚未发行证券的，应当予以撤销，停止发行。已经发行尚未上市的，撤销发行核准决定，发行人应当按照发行价并加算银行同期存款利息返还证券持有人；保荐人应当与发行人承担连带责任，但是能够证明自己没有过错的除外；发行人的控股股东、实际控制人有过错的，应当与发行人承担连带责任。

第二十八条 发行人向不特定对象发行的证券，法律、行政法规规定应当由证券公司承销的，发行人应当同证券公司签订承销协议。证券承销业务采取代销或者包销方式。

证券代销是指证券公司代发行人发售证券，在承销期结束时，将未售出的证券全部退还给发行人的承销方式。

证券包销是指证券公司将发行人的证券按照协议全部购入或者在承销期结束时将售后剩余证券全部自行购入的承销方式。

第二十九条 公开发行证券的发行人有权依法自主选择承销的证券公司。证券公司不得以不正当竞争手段招揽证券承销业务。

第三十一条 证券公司承销证券，应当对公开发行募集文件的真实性、准确性、完整性进行核查；发现有虚假记载、误导性陈述或者重大遗漏的，不得进行销售活动；已经销售的，必须立即停止销售活动，并采取纠正措施。

第三十二条 向不特定对象发行的证券票面总值超过人民币五千万元的，应当由承销团承销。承销团应当由主承销和参与承销的证券公司组成。

第三十三条 证券的代销、包销期限最长不得超过九十日。

证券公司在代销、包销期内，对所代销、包销的证券应当保证先行出售给认购人，证券公司不得为本公司预留所代销的证券和预先购入并留存所包销的证券。

第三十五条 股票发行采用代销方式，代销期限届满，向投资者出售的股票数量未达到拟公开发行股票数量百分之七十的，为发行失败。发行人应当按照发行价并加算银行同期存款利息返还股票认购人。

一、证券发行的条件

案例　内蒙古中鼎投资咨询有限公司非法发行股票案①

【案情介绍】

2005 年 12 月 29 日，来自河北省武强县周窝乡的农民杜世伟，以 50 万元注册资本在呼和浩特市工商局注册成立了具有独立法人资格的内蒙古中鼎投资咨询有限公司（以下简称中鼎投资）。2006 年 5 月 29 日，中鼎投资受北京中盛恰合投资顾问有限公司（以下简称中盛恰合）的委托，非法代理西安华海医疗信息技术服务有限公司（非上市公司）和"大东国际"（非上市公司）的自然人股权转让业务。而且声称这些公司的股权在西安产权交易中心挂牌，并将在美国纳斯达克股票市场上市，以稳固收益引诱投资者购买。至 2007 年 8 月份，中鼎投资共非法转让股票 105 000 股，合计人民币 52.5 万元，涉及购股人员 15 人。

中鼎投资的非法行为引起了有关群众的注意，他们及时地向呼和浩特市公安局经侦支队进行了举报。为了维护证券市场的正常秩序和社会稳定，保护投资者的合法权益，根据公安部和中国证券监督管理委员会的有关文件精神，警方接报后立即与内蒙古证券监督管理委员会联系，并采取紧急行动控制有关涉案人员。警方经过 24 小时的艰苦工作，将中鼎投资非法募集的资金全部追回。目前，此案正在进一步审理中。

【法律问题】

1. 股票发行的条件
2. 中鼎投资的募集资金行为的效力

【法律分析和结论】

股票发行是证券发行中最重要的一种形式，分为股票首次公开发行和新股发行。

（一）股票首次公开发行

股票首次公开发行是指发行人初次向社会不特定投资者公开发行股票的行为。中国证监会发布的《首次公开发行股票并上市管理办法》第 3 条的规定：

---

① 案例来源：《呼和浩特警方依法查处一起非法公开发行证券案》，载中华网，http：// news. china. com/zh＿cn/news100/11038989/20061115/13746391. html，最后浏览于 2007 年 1 月 3 日。

"首次公开发行股票并上市，应当符合《证券法》、《公司法》和本办法规定的发行条件。"结合《公司法》、《证券法》及《首次公开发行股票并上市管理办法》的规定，股票首次公开发行的条件包括：

1. 发行人主体资格合法。根据《首次公开发行股票并上市管理办法》的规定，具体包括：（1）发行人应当是依法设立且合法存续的股份有限公司。经国务院批准，有限责任公司在依法变更为股份有限公司时，可以采取募集设立方式公开发行股票。（2）发行人自股份有限公司成立后，持续经营时间应当在3年以上。有限责任公司按原账面净资产值折股整体变更为股份有限公司的，持续经营时间可以从有限责任公司成立之日起计算。（3）发行人的注册资本已足额缴纳，发起人或者股东用作出资的资产的财产权转移手续已办理完毕，发行人的主要资产不存在重大权属纠纷。（4）发行人的生产经营符合法律、行政法规和公司章程的规定，符合国家产业政策。（5）发行人最近3年内主营业务和董事、高级管理人员没有发生重大变化，实际控制人没有发生变更。（6）发行人的股权清晰，控股股东和受控股股东、实际控制人支配的股东持有的发行人股份不存在重大权属纠纷。

2. 发行人具有独立性，具体内容为：（1）发行人应当具有完整的业务体系和直接面向市场独立经营的能力。（2）发行人的资产完整。生产型企业应当具备与生产经营有关的生产系统、辅助生产系统和配套设施，合法拥有与生产经营有关的土地、厂房、机器设备以及商标、专利、非专利技术的所有权或者使用权，具有独立的原料采购和产品销售系统；非生产型企业应当具备与经营有关的业务体系及相关资产。（3）发行人的人员独立。发行人的总经理、副总经理、财务负责人和董事会秘书等高级管理人员不得在控股股东、实际控制人及其控制的其他企业中担任除董事、监事以外的其他职务，不得在控股股东、实际控制人及其控制的其他企业领薪；发行人的财务人员不得在控股股东、实际控制人及其控制的其他企业中兼职。（4）发行人的财务独立。发行人应当建立独立的财务核算体系，能够独立作出财务决策，具有规范的财务会计制度和对分公司、子公司的财务管理制度；发行人不得与控股股东、实际控制人及其控制的其他企业共用银行账户。（5）发行人的机构独立。发行人应当建立健全内部经营管理机构，独立行使经营管理职权，与控股股东、实际控制人及其控制的其他企业间不得有机构混同的情形。（6）发行人的业务独立。发行人的业务应当独立于控股股东、实际控制人及其控制的其他企业，与控股股东、实际控制人及其控制的其他企业间不得有同业竞争或者显失公平的关联交易。（7）发行人在独立性方面不得有其他严重缺陷。

3. 发行人经营运作规范，具体要求是：（1）发行人已经依法建立健全股东大会、董事会、监事会、独立董事、董事会秘书制度，相关机构和人员能够依法履行职责。（2）发行人的董事、监事和高级管理人员已经了解与股票发行上市有关的法律法规，知悉上市公司及其董事、监事和高级管理人员的法定义务和责任。（3）发行人的董事、监事和高级管理人员符合法律、行政法规和规章规定的任职资格，且不得有下列情形：被中国证监会采取证券市场禁入措施尚在禁入期的；最近36个月内受到中国证监会行政处罚，或者最近12个月内受到证券交易所公开谴责；因涉嫌犯罪被司法机关立案侦查或者涉嫌违法违规被中国证监会立案调查，尚未有明确结论意见。（4）发行人的内部控制制度健全且被有效执行，能够合理保证财务报告的可靠性、生产经营的合法性、营运的效率与效果。（5）发行人不得有下列情形：最近36个月内未经法定机关核准，擅自公开或者变相公开发行过证券；或者有关违法行为虽然发生在36个月前，但目前仍处于持续状态；最近36个月内违反工商、税收、土地、环保、海关以及其他法律、行政法规，受到行政处罚，且情节严重；最近36个月内曾向中国证监会提出发行申请，但报送的发行申请文件有虚假记载、误导性陈述或重大遗漏；或者不符合发行条件以欺骗手段骗取发行核准；或者以不正当手段干扰中国证监会及其发行审核委员会审核工作；或者伪造、变造发行人或其董事、监事、高级管理人员的签字、盖章；本次报送的发行申请文件有虚假记载、误导性陈述或者重大遗漏；涉嫌犯罪被司法机关立案侦查，尚未有明确结论意见；严重损害投资者合法权益和社会公共利益的其他情形。（6）发行人的公司章程中已明确对外担保的审批权限和审议程序，不存在为控股股东、实际控制人及其控制的其他企业进行违规担保的情形。（7）发行人有严格的资金管理制度，不得有资金被控股股东、实际控制人及其控制的其他企业以借款、代偿债务、代垫款项或者其他方式占用的情形。

4. 发行人有健全的财务会计制度，具体要求是：（1）发行人资产质量良好，资产负债结构合理，盈利能力较强，现金流量正常。（2）发行人的内部控制在所有重大方面是有效的，并由注册会计师出具了无保留结论的内部控制鉴证报告。（3）发行人会计基础工作规范，财务报表的编制符合企业会计准则和相关会计制度的规定，在所有重大方面公允地反映了发行人的财务状况、经营成果和现金流量，并由注册会计师出具了无保留意见的审计报告。（4）发行人编制财务报表应以实际发生的交易或者事项为依据；在进行会计确认、计量和报告时应当保持应有的谨慎；对相同或者相似的经济业务，应选用一致的会计政策，不得随意变更。（5）发行人应完整披露关联方关系并按重要性原则恰当披露关联交易。关联交易价格公允，不存在通过关联交易操纵利润的情形。（6）发行人应当符合下列条件：最近3个会计年度净利润均为正数且累计超过人民币3 000万元，净利润以扣除非经常性损益前后较低者为计算依据；最近 3 个会计年度经营活动产生的现金流量净额累计超过人民币 5 000 万元；或者最近 3 个会计年度营业收入累计超过人民币 3 亿元；发行前股本总额不少于人民币 3 000 万元；最近一期末无形资产（扣除土地使用权、水面养殖权和采矿权等后）占净资产的比例不高于 20%；最近一期末不存在未弥补亏损。（7）发行人依法纳税，各项税收优惠符合相关法律法规的规定。发行人的经营成果对税收优惠不存在严重依赖。（8）发行人不存在重大偿债风险，不存在影响持续经营的担保、诉讼以及仲裁等重大事项。（9）发行人申报文件中不得有下列情形：故意遗漏或虚构交易、事项或者其他重要信息；滥用会计政策或者会计估计；操纵、伪造或篡改编制财务报表所依据的会计记录或者相关凭证。（10）发行人不得有下列影响持续盈利能力的情形：发行人的经营模式、产品或服务的品种结构已经或者将发生重大变化，并对发行人的持续盈利能力构成重大不利影响；发行人的行业地位或发行人所处行业的经营环境已经或者将发生重大变化，并对发行人的持续盈利能力构成重大不利影响；发行人最近一个会计年度的营业收入或净利润对关联方或者存在重大不确定性的客户存在重大依赖；发行人最近一个会计年度的净利润主要来自合并财务报表范围以外的投资收益；发行人在用的商标、专利、专有技术以及特许经营权等重要资产或技术的取得或者使用存在重大不利变化的风险；其他可能对发行人持续盈利能力构成重大不利影响的情形。

5. 募集资金合法运用。具体要求包括：（1）募集资金应当有明确的使用方向，原则上应当用于主营业务。除金融类企业外，募集资金使用项目不得为持有交易性金融资产和可供出售的金融资产、借予他人、委托理财等财务性投资，不得直接或者间接投资于以买卖有价证券为主要业务的公司。（2）募集资金数额和投资项目应当与发行人现有生产经营规模、财务状况、技术水平和管理能力等相适应。（3）募集资金投资项目应当符合国家产业政策、投资管理、环境保护、土地管理以及其他法律、法规和规章的规定。（4）发行人董事会应当对募集资金投资项目的可行性进行认真分析，确信投资项目具有较好的市场前景和盈利能力，有效防范投资风险，提高募集资金使用效益。（5）募集资金投资项目实施后，不会产生同业竞争或者对发行人的独立性产生不利影响。（6）发行人应当建立募集资金专项存储制度，募集资金应当存放于董事会决定的专项账户。

（二）新股发行

新股发行是指公司成立后发行股份，包括公开发行和非公开发行。《证券法》第 13 条规定："公司公开发行新股，应当符合下列条件：（一）具备健全且运行良好的组织机构；（二）具有持续盈利能力，财务状况良好；（三）最近三年财务会计文件无虚假记载，无其他重大违法行为；（四）经国务院批准的国务院证券监督管理机构规定的其他条件。上市公司非公开发行新股，应当符合经国务院批准的国务院证券监督管理机构规定的条件，并报国务院证券监督管理机构核准。"中国证监会《上市公司证券发行管理办法》对上市公司发行新股进一步作出了规定。

1. 上市公司发行证券的一般条件

根据《上市公司证券发行管理办法》的规定，上市公司证券发行的一般条件包括：（1）上市公司的组织机构健全、运行良好，包括公司章程合法有效，公司组织机构制度健全，公司内部控制制度健全、完整、合理、有效，现任董事、监事和高级管理人员具备任职资格，与控股股东或者实际控制人的人员、资产、财务分开，机构、业务独立等诸多具体要求。（2）上市公司的盈利能力具有可持续性，主要包括最近三个会计年度连续盈利，业务和盈利来源相对稳定，现有主营业务或投资方向能够可持续发展，高级管理人员和核心技术人员稳定，公司重要资产、核心技术或其他重大权益的取得合法，不存在可能严重影响公司持续经营的担保、诉讼、仲裁或其他重大事项等。（3）上市公司财务状况良好，包括会计基础工作规范符合国家统一会计制度，最近三年及一期财务报表未被注册会计师出具保留意见、否定意见或无法表示意见的审计报告，资产质量良好，经营成果真实，现金流量正常，最近三年以现金或股票方式累计分配的利润不少于最近三年实现的年均可分配利润的 20%；上市公司最近 36 个月内财务会计文件无虚假记载，不存在下列重大违法行为，如受到证监会的行政处罚或者受到刑事处罚，违反工商、税收、土地、环保、海关法律、行政法规或规章并受到行政处罚且情节严重。（4）上市公司募集资金的数额和使用应当符合规定。

上市公司如存在下列情形，则不得公开发行证券：（1）本次发行申请文件有虚假记载、误导性陈述或重大遗漏；擅自改变前次公开发行证券募集资金的用途而未作纠正。（2）上市公司最近 12 个月内受到过证券交易所的公开谴责。（3）上市公司及其控股股东或实际控制人最近 12 个月内存在未履行向投资者作出的公开承诺的行为。（4）上市公司或其现任董事、高级管理人员因涉嫌犯罪被司法机关立案侦查或涉嫌违法违规被中国证监会立案调查。（5）严重损害投资者的合法权益和社会公共利益的其他情形。

2. 上市公司配售股份的条件

配售股份，是指上市公司向原股东发行股票。根据《上市公司证券发行管理办法》，向原股东配售股份，除符合上市公司发行证券的一般条件外，还必须符合下列规定：（1）拟配售股份数量不超过本次配售股份前股本总额的 30%；

（2）控股股东应当在股东大会召开前公开承诺认配股份的数量；（3）采用证券法规定的代销方式发行。

3. 上市公司增发股份的条件

增发股份，指上市公司向不特定的对象公开募集股份。除应当符合上市公司发行证券的一般条件外，还应当符合下列规定：（1）最近三个会计年度加权平均净资产收益平均不低于6％。扣除非经常性损益后的净利润与扣除前的净利润相比，以低者作为加权平均净资产收益率的计算依据。（2）除金融类企业外，最近一期末不存在持有金额较大的交易性金融资产和可供出售的金融资产、借予他人款项、委托理财等财务性投资的情形。（3）发行价格应不低于公告招股意向书前20个交易日公司股票均价或前一个交易日的均价。

4. 上市公司非公开发行股票的条件

上市公司非公开发行股票，本质上即为定向发行或者定向募集。《上市公司证券发行管理办法》规定了"特定对象"、"发行条件"和"禁止发行"三方面内容，可以说构成了上市公司非公开发行股票的条件。（1）"特定对象"是指定向募集对象应当符合股东大会决议规定的条件，并且不超过10名。（2）"发行条件"包括：发行价格不低于定价基准日前20个交易日公司股票均价的90％；本次发行的股份自发行结束之日起，12个月内不得转让；控股股东、实际控制人及其控制的企业认购的股份，36个月内不得转让；募集资金使用应当符合规定；本次发行将导致上市公司控制权发生变化的，还应当符合证监会的其他规定。（3）"禁止发行"是指当公司存在下列情形的，不得非公开发行股票：本次发行申请文件有虚假记载、误导性陈述或重大遗漏；上市公司的权益被控股股东或实际控制人严重损害且尚未消除；上市公司及其附属公司违规对外提供担保且尚未解除；现任董事、高级管理人员最近36个月内受到过中国证监会的行政处罚，或者最近12个月内受到过证券交易所公开谴责；上市公司或其现任董事、高级管理人员因涉嫌犯罪被司法机关立案侦查或涉嫌违法违规被中国证监会立案调查；最近一年及一期财务报表被注册会计师出具保留意见、否定意见或无法表示意见的审计报告，保留意见、否定意见或无法表示意见所涉及事项的重大影响已经消除或者本次发行涉及重大重组的除外；严重损害投资者的合法权益和社会公共利益的其他情形。

本案中，西安华海医疗信息技术服务有限公司和"大东国际"均非上市公司，不具备《公司法》、《证券法》及中国证监会规定的发行股票的主体资格条件，内蒙古中鼎投资咨询有限公司为这些公司代办的是自然人股权转让。中鼎投资公司在代办过程中声称这两家公司的股权在西安产权交易中挂牌，并将在美国纳斯达克股票市场上市，以稳固收益引诱投资者购买，这种行为根本就不符合关于股票发行的任何条件，构成证券法规定的虚假发行，是对投资者的欺诈，故本次募集资金行为无效。投资者有权要求中鼎投资咨询有限公司返还募集的资金。同时由于该行为可能涉及刑事犯罪，公安机关有权介入侦查。

二、证券发行所需的文件

案例　擅自改动配股说明书募集资金用途案

【案情介绍】

2005 年，甲公司发行 A 股募集资金 42 916 万元，除 22 731 万元投入招股说明书承诺的项目外，其余 20 184.77 万元被用于归还乙公司欠银行的贷款本息，截至证监会调查终结之日乙公司尚未归还上述款项。对此，甲公司直到证监会日常检查发现上述问题后才进行了披露，因此造成公司之后几年的定期报告内容存在重要遗漏。

2007 年，甲公司实施配股，实际募集资金 29 871 万元，配股说明书中承诺配股资金投资于引进卧式加工中心等设备和发动机厂迁建扩能工程两个项目。甲公司在 2007 年年度报告中称，上述配股资金中的 12 536 万元已用于引进卧式加工中心等设备，并在 2008 年 B 股招股说明书中称，上述配股资金已用于引进卧式加工中心等设备的技术改造项目，上述设备已于 2007 年底购置完毕并投入运行。经证监会查明，配股募集资金实际未投入引进卧式加工中心等设备的技术改造项目，投入发动机厂迁建扩能工程的募集资金则比原承诺多 6 908 万元。因此甲公司 2007 年年度报告和 2008 年 B 股招股说明书对配股资金使用情况的披露与实际情况严重不符，各年年度报告间的定期报告也未对前述募集资金的使用情况进行披露。

【法律问题】

股票发行所募资金的用途

【法律分析和结论】

根据《证券法》第 15 条的规定，公司对公开发行股票所募集资金，必须按照招股说明书所列资金用途使用。改变招股说明书所列资金用途，必须经股东大会作出决议。擅自改变用途而未作纠正的，或者未经股东大会认可的，不得公开发行新股，上市公司也不得非公开发行新股。上市公司不得擅自更改股票发行所募资金的用途，其原因有：（1）招股说明书和配股说明书是上市公司对投资者作出的一种法律承诺文件，投资者据此作出投资与否的判断。如果投资者决定投资，就等于与上市公司签订以招股说明书或配股说明书为内容的投资合同，约定投资人出资，公司方面负责经营管理。因此，上市公司必须依法履行其在招股说明书或配股说明书中对投资者所承诺的事项。（2）投资者购买股票其实质就是在购买公司的未来，而公司的未来如何主要取决于募集资金的用途是否恰当，以及投资项目所能产生的预期收益。公司应当根据国家宏观产业政策、企业经营战略和自身的运作能力，对投资项目作出充分的可行性论证，以确保投资者的资金得到合理利用。（3）上市公司是股东以其持股份额共同组成的，股东大会是对公司经营管理和股东利益作出最高决策的机构，董事会只是受股东大会之托行使对公司的管理权，而管理层只是受雇于董事会，因此，不经过股东大会批准同意，上市公司的董事会或经理层，都无权擅自变更募集资金的用途。但是，在实际工作中，募集资金的用途并不是绝对不可以变动的。当管理层发现招股说明书或配股说明书的全部或部分资金用途，因客观条件发生变化而无法实施时，有义务向董事会报告并提出建议；董事会如发现上述问题，不得以任何理由为借口，隐瞒事实，而必须尽诚信义务，开会研究拿出方案，同时召集股东大会并提交变更募集资金用途的提议，由股东大会讨论和作出决议。如果股东大会同意更改募集资金用途，并向社会如实披露股东大会决议，董事会便可责成经理班子执行。只有经过上述程序，更改募集资金用途才是合法的。发行人擅自更改招股说明书或配股说明书所募集资金用途的，投资者可以要求违约的发行人退还购股款并加银行同期利息。

本案中，甲公司发行 A 股募集资金 42 916 万元，除 22 731 万元投入招股说明书承诺的项目外，其余 20 184.77 万元被用于归还乙公司欠银行的贷款本息，不符合其在招股说明书中所列资金的用途，投资者有权要求甲公司更正行为，也可以要求发行人退还股款并加银行同期利息。

三、承销商在证券发行中应承担的义务

案例　证券承销商未能保证发行人募集文件真实性案

【案情介绍】

某证券公司在某水运股份有限公司 2006 年公开发行股票、上市中担任主

承销商，在招股说明书上声明"本公司已严格履行法定职责，保证所出具文件的真实性、准确性和完整性，并对此依法承担相应的法律责任"。经查明，某水运公司招股说明书中存在重大虚假陈述。某证券公司虽对某水运公司公开发行募集文件的真实性、准确性和完整性进行了核查验证，但核查中在某些环节和线索上还有所疏漏，未能勤勉尽责地保证公开发行募集文件的真实性、准确性和完整性。

【法律问题】

证券公司在证券承销中的义务

【法律分析和结论】

证券发行要进行信息披露是证券法的一项重要的制度，这是为了保护投资者，加强证券市场监管，健全证券市场所必需的手段。因此，证券发行时要求发行人编制证券法所要求的报告文件，并保证文件的真实性、准确性和完整性。证券承销商是证券发行人的主要审查者，如果能够证明承销商对存在虚假陈述或重大遗漏的报告文件存在过错，承销商应当就其过错对投资者造成的损害承担民事责任。《证券法》第31条规定："证券公司承销证券，应当对公开发行募集文件的真实性、准确性、完整性进行核查；发现有虚假记载、误导性陈述或者重大遗漏的，不得进行销售活动；已经销售的，必须立即停止销售活动，并采取纠正措施。"《证券发行与承销管理办法》第51条规定："发行人和主承销商在发行过程中，应当按照中国证监会规定的程序、内容和格式，编制信息披露文件，履行信息披露义务。"第52条规定："发行人和主承销商在发行过程中披露的信息，应当真实、准确、完整，不得有虚假记载、误导性陈述或者重大遗漏。"《上市公司信息披露管理办法》第52条规定："为信息披露义务人履行信息披露义务出具专项文件的保荐人、证券服务机构，应当勤勉尽责、诚实守信，按照依法制定的业务规则、行业执业规范和道德准则发表专业意见，保证所出具文件的真实性、准确性和完整性。"第65条规定："为信息披露义务人履行信息披露义务出具专项文件的保荐人、证券服务机构及其人员，违反《证券法》、行政法规和中国证监会的规定，由中国证监会依法采取责令改正、监管谈话、出具警示函、记入诚信档案等监管措施；应当给予行政处罚的，中国证监会依法处罚。"可见，负责证券承销的证券公司在证券发行中对发行文件有核查义务。

本案中，某证券公司虽对某水运公司公开发行募集文件的真实性、准确性和完整性进行了核查验证，但核查中在某些环节和线索上还有所疏漏，未能勤勉尽责地保证公开发行募集文件的真实性、准确性和完整性，违反了证券法相关规定，证监会可以对该证券公司处以罚款。

第二节　证券交易

本节重点法条

《中华人民共和国证券法》

第三十八条　依法发行的股票、公司债券及其他证券，法律对其转让期限有限制性规定的，在限定的期限内不得买卖。

第四十三条　证券交易所、证券公司和证券登记结算机构的从业人员、证券监督管理机构的工作人员以及法律、行政法规禁止参与股票交易的其他人员，在任期或者法定限期内，不得直接或者以化名、借他人名义持有、买卖股票，也不得收受他人赠送的股票。

任何人在成为前款所列人员时，其原已持有的股票，必须依法转让。

第四十五条　为股票发行出具审计报告、资产评估报告或者法律意见书等文件的证券服务机构和人员，在该股票承销期内和期满后六个月内，不得买卖该种股票。

除前款规定外，为上市公司出具审计报告、资产评估报告或者法律意见书等文件的证券服务机构和人员，自接受上市公司委托之日起至上述文件公开后五日内，不得买卖该种股票。

第四十七条　上市公司董事、监事、高级管理人员、持有上市公司股份百分之五以上的股东，将其持有的该公司的股票在买入后六个月内卖出，或者在卖出后六个月内又买入，由此所得收益归该公司所有，公司董事会应当收回其所得收益。但是，证券公司因包销购入售后剩余股票而持有百分之五以上股份的，卖出该股票不受六个月时间限制。

公司董事会不按照前款规定执行的，股东有权要求董事会在三十日内执行。公司董事会未在上述期限内执行的，股东有权为了公司的利益以自己的名义直接向人民法院提起诉讼。

公司董事会不按照第一款的规定执行的，负有责任的董事依法承担连带责任。

第五十条　股份有限公司申请股票上市，应当符合下列条件：

（一）股票经国务院证券监督管理机构核准已公开发行；

（二）公司股本总额不少于人民币三千万元；

（三）公开发行的股份达到公司股份总数的百分之二十五以上；公司股本总额超过人民币四亿元的，公开发行股份的比例为百分之十以上；

（四）公司最近三年无重大违法行为，财务会计报告无虚假记载。

证券交易所可以规定高于前款规定的上市条件，并报国务院证券监督管理机构批准。

第五十四条　签订上市协议的公司除公告前条规定的文件外，还应当公告下列事项：

（一）股票获准在证券交易所交易的日期；

（二）持有公司股份最多的前十名股东的名单和持股数额；

（三）公司的实际控制人；

（四）董事、监事、高级管理人员的姓名及其持有本公司股票和债券的情况。

第五十五条 上市公司有下列情形之一的，由证券交易所决定暂停其股票上市交易：

（一）公司股本总额、股权分布等发生变化不再具备上市条件；

（二）公司不按照规定公开其财务状况，或者对财务会计报告作虚假记载，可能误导投资者；

（三）公司有重大违法行为；

（四）公司最近三年连续亏损；

（五）证券交易所上市规则规定的其他情形。

第五十六条 上市公司有下列情形之一的，由证券交易所决定终止其股票上市交易：

（一）公司股本总额、股权分布等发生变化不再具备上市条件，在证券交易所规定的期限内仍不能达到上市条件；

（二）公司不按照规定公开其财务状况，或者对财务会计报告作虚假记载，且拒绝纠正；

（三）公司最近三年连续亏损，在其后一个年度内未能恢复盈利；

（四）公司解散或者被宣告破产；

（五）证券交易所上市规则规定的其他情形。

第五十七条 公司申请公司债券上市交易，应当符合下列条件：

（一）公司债券的期限为一年以上；

（二）公司债券实际发行额不少于人民币五千万元；

（三）公司申请债券上市时仍符合法定的公司债券发行条件。

第六十条 公司债券上市交易后，公司有下列情形之一的，由证券交易所决定暂停其公司债券上市交易：

（一）公司有重大违法行为；

（二）公司情况发生重大变化不符合公司债券上市条件；

（三）发行公司债券所募集的资金不按照核准的用途使用；

（四）未按照公司债券募集办法履行义务；

（五）公司最近二年连续亏损。

第六十一条 公司有前条第（一）项、第（四）项所列情形之一经查实后果严重的，或者有前条第（二）项、第（三）项、第（五）项所列情形之一，在限期内未能消除的，由证券交易所决定终止其公司债券上市交易。

公司解散或者被宣告破产的，由证券交易所终止其公司债券上市交易。

第六十二条 对证券交易所作出的不予上市、暂停上市、终止上市决定不服的，可以向证券交易所设立的复核机构申请复核。

第六十三条 发行人、上市公司依法披露的信息，必须真实、准确、完整，不得有虚假记载、误导性陈述或者重大遗漏。

第六十五条 上市公司和公司债券上市交易的公司，应当在每一会计年度的上半年结束之日起二个月内，向国务院证券监督管理机构和证券交易所报送记载以下内容的中期报告，并予公告：

（一）公司财务会计报告和经营情况；

（二）涉及公司的重大诉讼事项；

（三）已发行的股票、公司债券变动情况；

（四）提交股东大会审议的重要事项；

（五）国务院证券监督管理机构规定的其他事项。

第六十六条 上市公司和公司债券上市交易的公司，应当在每一会计年度结束之日起四个月内，向国务院证券监督管理机构和证券交易所报送记载以下内容的年度报告，并予公告：

（一）公司概况；

（二）公司财务会计报告和经营情况；

（三）董事、监事、高级管理人员简介及其持股情况；

（四）已发行的股票、公司债券情况，包括持有公司股份最多的前十名股东的名单和持股数额；

（五）公司的实际控制人；

（六）国务院证券监督管理机构规定的其他事项。

第六十七条 发生可能对上市公司股票交易价格产生较大影响的重大事件，投资者尚未得知时，上市公司应当立即将有关该重大事件的情况向国务院证券监督管理机构和证券交易所报送临时报告，并予公告，说明事件的起因、目前的状态和可能产生的法律后果。

下列情况为前款所称重大事件：

（一）公司的经营方针和经营范围的重大变化；

（二）公司的重大投资行为和重大的购置财产的决定；

（三）公司订立重要合同，可能对公司的资产、负债、权益和经营成果产生重要影响；

（四）公司发生重大债务和未能清偿到期重大债务的违约情况；

（五）公司发生重大亏损或者重大损失；

（六）公司生产经营的外部条件发生的重大变化；

（七）公司的董事、三分之一以上监事或者经理发生变动；

（八）持有公司百分之五以上股份的股东或者实际控制人，其持有股份或者控制公司的情况发生较大变化；

（九）公司减资、合并、分立、解散及申请破产的决定；

（十）涉及公司的重大诉讼，股东大会、董事会决议被依法撤销或者宣告无效；

（十一）公司涉嫌犯罪被司法机关立案调查，公司董事、监事、高级管理人员涉嫌犯罪被司法机关采取强制措施；

（十二）国务院证券监督管理机构规定的其他事项。

第六十八条 上市公司董事、高级管理人员应当对公司定期报告签署书面确认意见。上市公司监事会应当对董事会编制的公司定期报告进行审核并提出书面审核意见。

上市公司董事、监事、高级管理人员应当保证上市公司所披露的信息真实、准确、完整。

第六十九条　发行人、上市公司公告的招股说明书、公司债券募集办法、财务会计报告、上市报告文件、年度报告、中期报告、临时报告以及其他信息披露资料，有虚假记载、误导性陈述或者重大遗漏，致使投资者在证券交易中遭受损失的，发行人、上市公司应当承担赔偿责任；发行人、上市公司的董事、监事、高级管理人员和其他直接责任人员以及保荐人、承销的证券公司，应当与发行人、上市公司承担连带赔偿责任，但是能够证明自己没有过错的除外；发行人、上市公司的控股股东、实际控制人有过错的，应当与发行人、上市公司承担连带赔偿责任。

第七十三条　禁止证券交易内幕信息的知情人和非法获取内幕信息的人利用内幕信息从事证券交易活动。

第七十四条　证券交易内幕信息的知情人包括：

（一）发行人的董事、监事、高级管理人员；

（二）持有公司百分之五以上股份的股东及其董事、监事、高级管理人员，公司的实际控制人及其董事、监事、高级管理人员；

（三）发行人控股的公司及其董事、监事、高级管理人员；

（四）由于所任公司职务可以获取公司有关内幕信息的人员；

（五）证券监督管理机构工作人员以及由于法定职责对证券的发行、交易进行管理的其他人员；

（六）保荐人、承销的证券公司、证券交易所、证券登记结算机构、证券服务机构的有关人员；

（七）国务院证券监督管理机构规定的其他人。

第七十五条　证券交易活动中，涉及公司的经营、财务或者对该公司证券的市场价格有重大影响的尚未公开的信息，为内幕信息。

下列信息皆属内幕信息：

（一）本法第六十七条第二款所列重大事件；

（二）公司分配股利或者增资的计划；

（三）公司股权结构的重大变化；

（四）公司债务担保的重大变更；

（五）公司营业用主要资产的抵押、出售或者报废一次超过该资产的百分之三十；

（六）公司的董事、监事、高级管理人员的行为可能依法承担重大损害赔偿责任；

（七）上市公司收购的有关方案；

（八）国务院证券监督管理机构认定的对证券交易价格有显著影响的其他重要信息。

第七十六条　证券交易内幕信息的知情人和非法获取内幕信息的人，在内幕信息公开前，不得买卖该公司的证券，或者泄露该信息，或者建议他人买卖该证券。

持有或者通过协议、其他安排与他人共同持有公司百分之五以上股份的自然人、法人、其他组织收购上市公司的股份，本法另有规定的，适用其规定。

内幕交易行为给投资者造成损失的，行为人应当依法承担赔偿责任。

第七十七条 禁止任何人以下列手段操纵证券市场：

（一）单独或者通过合谋，集中资金优势、持股优势或者利用信息优势联合或者连续买卖，操纵证券交易价格或者证券交易量；

（二）与他人串通，以事先约定的时间、价格和方式相互进行证券交易，影响证券交易价格或者证券交易量；

（三）在自己实际控制的账户之间进行证券交易，影响证券交易价格或者证券交易量；

（四）以其他手段操纵证券市场。

操纵证券市场行为给投资者造成损失的，行为人应当依法承担赔偿责任。

第七十八条 禁止国家工作人员、传播媒介从业人员和有关人员编造、传播虚假信息，扰乱证券市场。

禁止证券交易所、证券公司、证券登记结算机构、证券服务机构及其从业人员，证券业协会、证券监督管理机构及其工作人员，在证券交易活动中作出虚假陈述或者信息误导。

各种传播媒介传播证券市场信息必须真实、客观，禁止误导。

第七十九条 禁止证券公司及其从业人员从事下列损害客户利益的欺诈行为：

（一）违背客户的委托为其买卖证券；

（二）不在规定时间内向客户提供交易的书面确认文件；

（三）挪用客户所委托买卖的证券或者客户账户上的资金；

（四）未经客户的委托，擅自为客户买卖证券，或者假借客户的名义买卖证券；

（五）为牟取佣金收入，诱使客户进行不必要的证券买卖；

（六）利用传播媒介或者通过其他方式提供、传播虚假或者误导投资者的信息；

（七）其他违背客户真实意思表示，损害客户利益的行为。

欺诈客户行为给客户造成损失的，行为人应当依法承担赔偿责任。

第八十条 禁止法人非法利用他人账户从事证券交易；禁止法人出借自己或者他人的证券账户。

第八十四条 证券交易所、证券公司、证券登记结算机构、证券服务机构及其从业人员对证券交易中发现的禁止的交易行为，应当及时向证券监督管理机构报告。

一、证券上市

案例 1　红光实业骗取股票发行上市案①

【案情介绍】

1997 年 5 月 23 日，红光实业以每股 6.05 元的价格向社会公开发行 7 000 万股股票，所募集资金主要用于扩建彩管生产线项目。公司在招股说明书披露前三

---

① 案例来源：参见廖理：《公司治理与独立董事案例》，37 页，北京，清华大学出版社，2003。

年每股收益分别为 0.380 元、0.491 元、0.339 元，发行市盈率为 15 倍。与此同时，红光实业聘用的成都市蜀都会计师事务所出具了审计意见，认定红光实业前三个会计年度的会计报表合法、真实。6 月 6 日，红光实业股票正式上市。公司承诺：彩管生产线 1998 年建成投产后，公司资产总额将达 38 亿元，销售收入将比 1996 年新增 22.92 亿元，税后利润增加 2.85 亿元，还预期 1997 年全年将实现利润 7 055 万元，每股收益 0.306 3 元。当时，连篇累牍的报道和投资价值分析报告纷纷为红光股票捧场。结果，上市首日开市价 14 元，最高 14.5 元，最低 6.66 元，年末收报 10.65 元，第二年最低 4.59 元，年末收市价只有 5.50 元，第三年收于 5.9 元。1997 年 8 月 20 日，刚上市的红光实业公布的中期业绩只有 0.073 元，并称"公司生产经营面临困难。"1998 年 1 月 8 日，公司董事会公告：公司彩管玻屏池炉、彩管玻锥池炉超期运行，导致玻壳生产能力下降，需停产大修及技术改造。但在半年多前公布的招股说明书中，公司对这一严重影响公司业绩的重大事件没有任何说明。同年 4 月 30 日，1997 年度年报披露全年亏损 1.98 亿元，每股亏损 0.863 元，公司进入"ST"。9 月 5 日，1998 年度中报每股仍亏损 0.406 元，公司称彩管扩建项目未如期获得开工报告，致使公司损失巨大。1998 年度业绩，每股亏损达 1.442 元。1998 年 11 月 20 日，证监会公布了关于红光实业公司严重违法违规案件的通报，认定红光公司编造虚假利润，骗取上市资格；少报亏损，欺骗投资者；隐瞒重大事项，挪用募集资金违规买卖股票，未履行重大事项的披露义务。

【法律问题】
1. 股票上市的条件
2. 红光实业的责任

【法律分析和结论】

股票上市可以推动企业建立完善、规范的经营管理机制，以市场为导向自动运作，完善公司治理结构，不断提高运行质量。但是，为了加强证券市场的健康发展，防止证券欺诈行为，保护中小投资者，法律规定公司证券上市的条件是必需的。如果不对上市公司的条件作出严格的限制，将会对证券市场和投资者的信心造成不可磨灭的打击。因此我国《证券法》第 50 条规定："股份有限公司申请股票上市，应当符合下列条件：（一）股票经国务院证券监督管理机构核准已公开发行；（二）公司股本总额不少于人民币三千万元；（三）公开发行的股份达到公司股份总数的百分之二十五以上；公司股本总额超过人民币四亿元的，公开发行股份的比例为百分之十以上；（四）公司最近三年无重大违法行为，财务会计报告无虚假记载。证券交易所可以规定高于前款规定的上市条件，并报国务院证券监督管理机构批准。"股份有限公司申请其股票上市，必须符合《证券法》规定的上市条件。《证券法》第189条规定："发行人不符合发行条件，以欺骗手段骗取发行核准，尚未发行证券的，处以三十万元以上六十万元以下的罚款；已经发行证券的，处以非法所募资金金额百分之一以上百分之五以下的罚款。对直接负责的主管人员和其他直接责任人员处以三万元以上三十万元以下的罚款。发行人的控股股东、实际控制人指使从事前款违法行为的，依照前款的规定处罚。"

本案的红光实业通过虚增利润，满足了股票上市的各方面条件，构成以欺骗手段骗取发行核准的行为，已经发行证券的，证监会可以对其依法处罚。

案例 2　国光瓷业被终止上市案①

【案情介绍】

湖南国光瓷业集团股份有限公司2003年至2005年连续三年经审计的净利润为负数，且未按期披露2006年年度报告，根据《上海证券交易所股票上市规则》第14.3.1条、第14.3.2条和第14.3.12条的规定，上海市证券交易所决定自2007年5月31日起终止该公司股票上市。

【法律问题】

股票被终止上市的原因

【法律分析和结论】

证券上市必须要符合一定的要求，这对证券市场的稳定，保护中小投资者具有重要的作用。我国证券法规定了股票上市的一般条件，并对上市公司在证券上市后上市资格进行监督，即通过上市资格的暂停和终止制度进行规范。对于股票上市的暂停和终止，我国《证券法》第55条规定："上市公司有下列情形之一的，由证券交易所决定暂停其股票上市交易：（一）公司股本总额、股权分布等发生变化不再具备上市条件；（二）公司不按照规定公开其财务状况，或者对财务会计报告作虚假记载，可能误导投资者；（三）公司有重大违法行为；（四）公

---

① 案例来源：参见《湖南国光瓷业集团股份有限公司关于公司股票终止上市的公告》，载新浪网，http://finance.sina.com.cn/stock/t/20070529/02401436619.shtml，最后浏览于2007年1月3日。

司最近三年连续亏损；（五）证券交易所上市规则规定的其他情形。"第56条规定："上市公司有下列情形之一的，由证券交易所决定终止其股票上市交易：（一）公司股本总额、股权分布等发生变化不再具备上市条件，在证券交易所规定的期限内仍不能达到上市条件；（二）公司不按照规定公开其财务状况，或者对财务会计报告作虚假记载，且拒绝纠正；（三）公司最近三年连续亏损，在其后一个年度内未能恢复盈利；（四）公司解散或者被宣告破产；（五）证券交易所上市规则规定的其他情形。"上海证券交易所制定的《上海证券交易所股票上市规则》对上市公司上市的条件作出了更为细致、严格的规定。该上市规则第14.3.1条、14.3.2条和14.3.12条规定了上市委员会终止公司上市的条件和程序。

湖南国光瓷业集团股份有限公司2003年至2005年连续三年经审计的净利润为负数，符合《证券法》关于终止上市的"公司最近三年连续亏损，在其后一个年度内未能恢复盈利"的条件，因此上海证券交易所的终止上市决定是正确的。

二、持续信息披露

案例1　天目药业未按规定披露信息案①

【案情介绍】

经查明，天目药业存在以下信息披露违法行为：

第一，通过浙江天目保健品有限公司（以下简称天目保健品）向控股股东关联方浙江现代汽车维修有限公司（以下简称现代汽修）提供资金资助累计4 000万元，未按规定予以披露。

2006年11月30日和12月1日，天目药业开具汇票两张各1 000万元给子公司天目保健品，天目保健品当日背书给现代汽修；2006年12月1日，天目药业开具两张汇票共计2 000万元给本公司，后背书给天目保健品，天目保健品再背书给现代汽修。2006年12月11日、2006年12月18日，现代汽修将前述款项通过天目保健品归还了全部占用资金。前述事项，由章鹏飞批准，天目药业未对上述事项进行临时公告。

第二，通过民生银行萧山支行银行账户直接向控股股东关联方现代汽修提供

---

① 案件来源：中国证券监督管理委员会网站，《中国证监会行政处罚决定书（天目药业、章鹏飞、郑智强）》［2009］5号，时间：2009年2月1日。http：//www.csrc.gov.cn/n575458/n776436/n3376288/n3376382/n3418730/n11098081/11098715.html。

资金资助 2 850 万元，未按规定予以披露。

2006 年 12 月 13 日，天目药业与民生银行杭州萧山支行签订质押借款合同，取得银行贷款 950 万元，随即分两笔 150 万元和 800 万元开具汇票给天目药业自己，当日背书给现代汽修；2006 年 12 月 29 日，天目药业与民生银行杭州萧山支行签订质押借款合同，取得银行贷款 950 万元，当日天目药业从民生银行杭州萧山支行汇入现代汽修 1 000 万元；2006 年 12 月 31 日，天目药业从民生银行杭州萧山支行活期账户汇入现代汽修深圳发展银行黄龙支行账户 900 万元。2007 年 3 月 22 日和 3 月 26 日，现代汽修分别从广东发展银行（以下简称广发行）账户汇入天目药业民生银行萧山支行账户 1 000 万元和 900 万元；2007 年 3 月 29 日，现代联合控股集团有限公司（以下简称联合控股）从民生银行武林支行账户汇入天目药业民生银行萧山支行账户 950 万元。前述事项，由章鹏飞批准，天目药业未对上述事项进行临时公告。

第三，向控股股东关联方山东现代物流中心发展有限公司（以下简称现代物流）提供资金资助 1 100 万元，未按规定予以披露。

2006 年 12 月 28 日，天目药业从中国银行临安支行账户电汇 200 万元至现代物流工商银行济南经十一路支行账户，同日，天目药业从交通银行临安支行电汇 900 万元至现代物流工商银行济南经十一路支行账户。2007 年 4 月 17 日，现代物流从建设银行济南经七路支行匡山分理处电汇 1 100 万元至天目药业交通银行西湖支行账户。前述事项，由章鹏飞批准，郑智强知情，天目药业未对上述事项进行临时公告。

第四，向控股股东关联方杭州富鼎投资有限公司（以下简称富鼎投资）拆借资金 2 000 万元，未按规定予以披露。

2007 年 4 月 16 日和 4 月 17 日，天目药业从交通银行杭州西湖支行账户汇出两笔合计 2 000 万元至富鼎投资广发行德胜支行账户。2007 年 5 月 8 日，富鼎投资从广发行德胜支行账户汇入 1 150 万元至天目药业工商银行临安支行账户；2007 年 5 月 9 日，富鼎投资从广发行德胜支行账户汇入 850 万元至天目药业在工商银行临安支行的账户。前述事项，由章鹏飞在天目药业财务的领（付）款凭证上签字，天目药业未对上述事项进行临时公告。

第五，通过杭州品上广告有限公司（以下简称杭州品上）向控股股东关联方现代汽修提供资金资助，未按规定予以披露。

2006 年 9 月 1 日，天目药业与杭州品上签订广告代理合同，广告发布期间为 2006 年 8 月 1 日至 2007 年 12 月 31 日。2006 年 9 月 4 日，天目药业电汇汇入杭州品上 480 万元，同日杭州品上将款项转入现代汽修 480 万元；2006 年 9 月 7

日，天目药业先后分两笔420万元与40万元电汇汇入杭州品上，杭州品上于当天分两笔420万元与40万元电汇汇入现代汽修460万元。2006年11月30日，天目药业取得杭州品上开具的广告费发票，金额326 245元，财务入账冲抵上述预付款；2007年4月16日，现代汽修电汇570万元至杭州品上，同日杭州品上汇入天目药业；2007年4月28日现代汽修电汇3 373 755元至杭州品上，同日杭州品上汇入天目药业。董事长章鹏飞和总经理郑智强在有关领（付）款凭证上签字，天目药业未对上述事项进行临时公告。

第六，通过杭州骁日新特材料技术有限公司（以下简称杭州骁日）向控股股东关联方现代汽修提供资金资助，未按规定予以披露。

2006年12月28日，天目药业与杭州骁日签订购买包装原材料的合同，合同总价1 875万元，结算方式：先由天目药业预付80%的货款。2007年1月12日，天目药业分别开具60万元、290万元和150万元汇票给杭州骁日，当日杭州骁日将三张汇票背书给现代汽修；2007年1月23日，天目药业开具汇票1 000万元给本公司，当日此汇票背书给杭州骁日，杭州骁日又背书给关联企业浙江四通汽车有限公司（以下简称四通汽车），上述资金合计1 500万元。2007年4月16日，杭州骁日转入天目药业账户430万元；2007年4月27日，四通汽车电汇汇入杭州骁日1 000万元，同日转入天目药业；2007年4月29日，现代汽修汇入杭州骁日70万元，同日，转入天目药业账户。以上归还资金合计1 500万元。董事长章鹏飞在有关的用款申请单上签字，天目药业未对上述事项进行临时公告。

上述事实，有询问涉案人员的谈话记录、资金往来凭证、工商登记资料、审计机构的专项审计说明等证据在案证明。

【法律问题】
信息披露的方式、内容和地点

【法律分析和结论】
持续性信息披露，是指发行人、发行人主要股东和有关当事人披露与证券交易和证券价格有关的重大信息。根据《证券法》和《上市公司信息披露管理办法》，我国的持续信息披露制度包括定期报告和临时报告制度。定期报告是上市公司在法定期限内制作并公告的信息披露文件，分为年度报告、中期报告和季度报告。临时报告，又称"重大事件临时报告"，是在发生可能对上市公司证券及其衍生品种交易价格产生较大影响的重大事件，投资者尚未得知时，上市公司制作的旨在说明事件的起因、目前的状态和可能产生的影响的信息披露文件。根据

《证券法》第 67 条的规定，编制和披露临时报告的义务人是股票上市公司，公司债券发行人无须公布临时报告。临时报告中的"重大事件"包括：（1）公司的经营方针和经营范围的重大变化；（2）公司的重大投资行为和重大的购置财产的决定；（3）公司订立重要合同，可能对公司的资产、负债、权益和经营成果产生重要影响；（4）公司发生重大债务和未能清偿到期重大债务的违约情况；（5）公司发生重大亏损或者重大损失；（6）公司生产经营的外部条件发生的重大变化；（7）公司的董事、1/3 以上监事或者经理发生变动；（8）持有公司 5％以上股份的股东或者实际控制人，其持有股份或者控制公司的情况发生较大变化；（9）公司减资、合并、分立、解散及申请破产的决定；（10）涉及公司的重大诉讼，股东大会、董事会决议被依法撤销或者宣告无效；（11）公司涉嫌犯罪被司法机关立案调查，公司董事、监事、高级管理人员涉嫌犯罪被司法机关采取强制措施；（12）国务院证券监督管理机构规定的其他事项。《上市公司信息披露管理办法》第 30 条规定的"重大事件"包括：（1）公司的经营方针和经营范围的重大变化；（2）公司的重大投资行为和重大的购置财产的决定；（3）公司订立重要合同，可能对公司的资产、负债、权益和经营成果产生重要影响；（4）公司发生重大债务和未能清偿到期重大债务的违约情况，或者发生大额赔偿责任；（5）公司发生重大亏损或者重大损失；（6）公司生产经营的外部条件发生的重大变化；（7）公司的董事、1/3 以上监事或者经理发生变动；董事长或者经理无法履行职责；（8）持有公司 5％以上股份的股东或者实际控制人，其持有股份或者控制公司的情况发生较大变化；（9）公司减资、合并、分立、解散及申请破产的决定；或者依法进入破产程序、被责令关闭；（10）涉及公司的重大诉讼、仲裁，股东大会、董事会决议被依法撤销或者宣告无效；（11）公司涉嫌违法违规被有权机关调查，或者受到刑事处罚、重大行政处罚；公司董事、监事、高级管理人员涉嫌违法违纪被有权机关调查或者采取强制措施；（12）新公布的法律、法规、规章、行业政策可能对公司产生重大影响；（13）董事会就发行新股或者其他再融资方案、股权激励方案形成相关决议；（14）法院裁决禁止控股股东转让其所持股份；任一股东所持公司 5％以上股份被质押、冻结、司法拍卖、托管、设定信托或者被依法限制表决权；（15）主要资产被查封、扣押、冻结或者被抵押、质押；（16）主要或者全部业务陷入停顿；（17）对外提供重大担保；（18）获得大额政府补贴等可能对公司资产、负债、权益或者经营成果产生重大影响的额外收益；（19）变更会计政策、会计估计；（20）因前期已披露的信息存在差错、未按规定披露或者虚假记载，被有关机关责令改正或者经董事会决定进行更正；（21）中国证监会规定的其他情形。

根据《上市公司信息披露管理办法》第31条的规定，上市公司应当在最先发生的以下任一时点，及时履行重大事件的信息披露义务：（1）董事会或者监事会就该重大事件形成决议时；（2）有关各方就该重大事件签署意向书或者协议时；（3）董事、监事或者高级管理人员知悉该重大事件发生并报告时。在以上时点之前出现下列情形之一的，上市公司应当及时披露相关事项的现状、可能影响事件进展的风险因素：（1）该重大事件难以保密；（2）该重大事件已经泄露或者市场出现传闻；（3）公司证券及其衍生品种出现异常交易情况。

上市公司披露重大事件后，已披露的重大事件出现可能对上市公司证券及其衍生品种交易价格产生较大影响的进展或者变化的，应当及时披露进展或者变化情况、可能产生的影响。上市公司控股子公司发生的重大事件，可能对上市公司证券及其衍生品种交易价格产生较大影响的，上市公司应当履行信息披露义务。上市公司参股公司发生可能对上市公司证券及其衍生品种交易价格产生较大影响的事件的，上市公司应当履行信息披露义务。涉及上市公司的收购、合并、分立、发行股份、回购股份等行为导致上市公司股本总额、股东、实际控制人等发生重大变化的，信息披露义务人应当依法履行报告、公告义务，披露权益变动情况。上市公司应当关注本公司证券及其衍生品种的异常交易情况及媒体关于本公司的报道。证券及其衍生品种发生异常交易或者在媒体中出现的消息可能对公司证券及其衍生品种的交易产生重大影响时，上市公司应当及时向相关各方了解真实情况，必要时应当以书面方式问询。上市公司控股股东、实际控制人及其一致行动人应当及时、准确地告知上市公司是否存在拟发生的股权转让、资产重组或者其他重大事件，并配合上市公司做好信息披露工作。公司证券及其衍生品种交易被中国证监会或者证券交易所认定为异常交易的，上市公司应当及时了解造成证券及其衍生品种交易异常波动的影响因素，并及时披露。

根据《证券法》第67条规定，发生可能对上市公司股票交易价格产生较大影响的重大事件，投资者尚未得知时，上市公司应当立即将有关该重大事件的情况向国务院证券监督管理机构和证券交易所报送临时报告，并予公告，说明事件的起因、目前的状态和可能产生的法律后果。《证券法》第70条规定，依法必须披露的信息，应当在国务院证券监督管理机构指定的媒体发布，同时将其置备于公司住所、证券交易所，供社会公众查阅。中国证监会《上市公司信息披露管理办法》第2条第2款规定："信息披露义务人应当同时向所有投资者公开披露信息"。天目药业对于应当予以披露的重大事件，没有按照《证券法》的规定在国务院证券监督管理机构指定的媒体上发布，未能同时向所有投资者公开披露该重大信息，其行为违反了《证券法》和《上市公司信息披露管理办法》的规定。构成了《证券法》第 193 条所述"发行人、上市公司或者其他信息披露义务人未按照规定披露信息，或者所披露的信息有虚假记载、误导性陈述或者重大遗漏"的行为。

依据《证券法》第 193 条"发行人、上市公司或者其他信息披露义务人未按照规定披露信息，或者所披露的信息有虚假记载、误导性陈述或者重大遗漏的，责令改正，给予警告，并处以三十万元以上六十万元以下的罚款。对直接负责的主管人员和其他直接责任人员给予警告，并处以三万元以上三十万元以下的罚款"的规定，证监会分别给予天目药业、章鹏飞、郑智强相应的处罚。

案例 2　宏峰公司未按规定披露年度报告案

【案情介绍】

宏峰股份有限公司在 2006 年 4 月 26 日召开的第四届第十四次董事会会议上，参会董事不同意某会计师事务所对公司 2005 年年报出具的拒绝表示意见的审计报告，决定解聘某会计师事务所，改聘另外一家会计师事务所对其 2005 年年报重新进行审计。宏峰股份有限公司直至 2006 年 7 月 1 日才披露 2005 年的年报，未按法律规定在 2006 年 4 月 31 日前及时披露年报。

【法律问题】

上市公司年度报告披露的时间

【法律分析和结论】

我国的持续信息披露制度包括定期报告和临时报告制度。定期报告是上市公司在法定期限内制作并公告的信息披露文件，分为年度报告、中期报告和季度报告。年度报告，是在每个会计年度结束时，由上市公司依法制作并提交的，反映公司本会计年度基本经营状况、财务状况等重大信息的法律文件。年度报告是最重要的定期报告，是股东与经营者交流的最有效工具。根据《证券法》第 66 条的规定，年度报告应记载以下内容：（1）公司概况；（2）公司财务会计报告和经营情况；（3）董事、监事、高级管理人员简介及其持股情况；（4）已发行的股票、公司债券情况，包括持有公司股份最多的前十名股东名单和持股数额；（5）公司的实际控制人；（6）国务院证券监督管理机构规定的其他事项。证监会于 2007 年 1 月 30 日发布的《上市公司信息披露管理办法》第 21 条对年度报告内容作出了更为详细的规定，年度报告应当记载以下内容：（1）公司基本情况；

（2）主要会计数据和财务指标；（3）公司股票、债券发行及变动情况，报告期末股票、债券总额、股东总数，公司前10大股东持股情况；（4）持股5％以上股东、控股股东及实际控制人情况；（5）董事、监事、高级管理人员的任职情况、持股变动情况、年度报酬情况；（6）董事会报告；（7）管理层讨论与分析；（8）报告期内重大事件及对公司的影响；（9）财务会计报告和审计报告全文；（10）中国证监会规定的其他事项。年度报告中的财务会计报告应当经具有证券、期货相关业务资格的会计师事务所审计。根据《证券法》第66条及《上市公司信息披露管理办法》第20条的规定，上市公司和公司债券上市交易的公司，应当在每一会计年度结束之日起4个月内，向国务院证券监督管理机构和证券交易所报送年度报告，并予公告。

宏峰有限责任公司的行为违反了《证券法》及《上市公司信息披露管理办法》关于依法披露年度报告的规定，构成《证券法》第193条所述"未按照规定报送有关报告"的违法行为，证监会可以对宏峰有限责任公司处罚。

三、证券交易

案例　陈某非法买卖上市公司高级管理人员持有本公司股票案

【案情介绍】

陈某在担任某股份有限公司董事长期间，指派其助手王某代理使用其股票账户于2006年4月13日、14日共买入该公司股票1.61万股，并于2006年6月23日全部卖出。

【法律问题】

1. 短线交易
2. 短线交易的归入权

【法律分析和结论】

本案是关于证券交易中的短线交易及归入权的问题。短线交易，是指上市公司董事、监事、高级管理人员以及主要股东，在法定期间内买入本公司股票并再行卖出，或者卖出本公司股票后再行买入的行为。在短线交易中，公司有权要求短线交易主体向公司给付短线交易所得利益，这种将短线交易主体实施的短线交易收益收归公司所有的权利，称为归入权。短线交易主体有义务将交易所得利益给付公司。我国《证券法》第 47 条第 1 款规定："上市公司董事、监事、高级管理人员、持有上市公司股份百分之五以上的股东，将其持有的该公司的股票在买入后六个月内卖出，或者在卖出后六个月内又买入，由此所得收益归该公司所有，公司董事会应当收回其所得收益。但是，证券公司因包销购入售后剩余股票而持有百分之五以上股份的，卖出该股票不受六个月时间限制。"在解释上，董事会行使归入权所得利益应当视为公司利益，应当进入公司账户，不能以公司董事会名义存储，更不能以董事名义存储。归入权的义务主体是短线交易主体，即公司董事、监事、高级管理人员和持有公司 5% 以上股份的股东。

归入权有三种实现方式：第一是主动履行，即短线交易主体将所得利益主动交付公司。第二是公司诉讼，是指公司以自己名义向短线交易主体提起诉讼。第三是股东派生诉讼，即在符合法律规定的条件下，由股东代表公司提起要求短线交易主体将所得利益交付公司的特别诉讼。我国《证券法》第 47 条第 2 款规定："公司董事会不按照前款规定执行的，股东有权要求董事会在三十日内执行。公司董事会未在上述期限内执行的，股东有权为了公司的利益以自己的名义直接向人民法院提起诉讼。"短线交易所得利益既然归属于公司，公司放弃该所得利益即为公司遭受损失，为了实现公司利益，公司董事应当忠实和勤勉履行义务，积极执行归入权，否则就应当承担相应的责任。我国《证券法》第 47 条第 3 款规定："公司董事会不按照第一款的规定执行的，负有责任的董事依法承担连带责任。"

在本案中，陈某的行为违反了《证券法》关于上市公司董事、监事、高级管理人员、持有上市公司股份 5% 以上的股东不得在一定时间内转让股票的规定，其因转让股票获得的利益应该归公司所有，公司享有归入权。如果公司怠于追偿，股东可以以公司的名义要求将利益归还公司，同时证监会还可以决定对陈某处以警告并可以处以罚款。

四、证券违法行为

案例 1　银广夏证券虚假陈述案[①]

【案情介绍】

广夏（银川）实业股份有限公司（以下简称银广夏）自 1998 年至 2001 年期

---

① 案例来源：《为权利而斗争——银广夏虚假陈述证券民事赔偿案的"三难"》，载中证网，http://www.cs.com.cn/rx/03/200609/t20060907_988894.htm，最后浏览于 2007 年 1 月 3 日。

间累计虚构销售收入 104 962.60 万元，少计费用 4 845.34 万元，导致虚增利润 77 156.70 万元。其中：1998 年虚增利润 1 776.10 万元，由于银广夏主要控股子公司天津广夏 1998 年及以前年度的财务资料丢失，银广夏 1998 年度利润的真实性无法确定；1999 年虚增利润 17 781.86 万元，实际亏损 5 003.20 万元；2000 年虚增利润 56 704.74 万元，实际亏损 14 940.10 万元；2001 年 1 月至 6 月虚增利润 894 万元，实际亏损 2 557.10 万元。

此外，1997 年 3 月 17 日，银广夏董事局作出对深圳广夏软盘配件有限公司、深圳广夏微型软盘有限公司、深圳广夏录像器材有限公司报停和注销的决定，但公司未按有关规定进行披露，并在 1999 年至 2001 年中报中继续虚假披露。1997 年 3 月 18 日，银广夏在未履行资产收购相关程序情况下，非法收购大股东深圳广夏文化实业有限公司资产——已关停的深圳广夏软盘配件公司。此重大事项公司未按有关规定进行披露。银广夏 1999 年、2000 年年报均披露 1999 年配股资金 30 388.96 万元已全部投入承诺的配股资金项目。经查，配股承诺投资项目的投入为 17 816.88 万元，其余配股资金被银广夏董事局及其控股子公司占用及借款，其中支付董事局经费 1 200 万元。银广夏在 2000 年年报中披露，以价值 4 351 万元的设备作为投资，对芜湖广夏华东玻璃制品股份公司进行增资扩股，并在此基础上设立了芜湖广夏生物技术股份公司，公司注册资本 7 535 万元，其中：银广夏出资 3 337.59 万元，持股 44.29%；天津广夏出资 2 637.25 万元，持股 35%。经查，芜湖广夏华东玻璃制品股份公司是在 2001 年 3 月 6 日才更名为芜湖广夏生物技术股份公司，注册资本仍为 3 184 万元，股东构成及其持股比例也未发生变化，银广夏持股比例为 30%，天津广夏并无出资。

因上述行为，银广夏的中小股民以遭受损失为由提起诉讼。

【法律问题】
1. 虚假陈述行为的构成要件
2. 虚假陈述的法律责任

【法律分析和结论】
证券市场虚假陈述，是指行为人违反信息披露义务，在提交或者公布的信息披露文件中作出虚假记载、误导性陈述或者重大遗漏的行为，其构成要件包括：
（1）虚假陈述的行为主体
虚假陈述的行为主体，是指违反证券信息披露义务，实施了虚假陈述行为的人，即在证券的发行和交易过程中，对证券信息进行虚假记载、误导性陈述或者重大遗漏、不当陈述的人。《证券法》第63条规定，"发行人、上市公司依法披露的信息，必须真实、准确、完整，不得有虚假记载、误导性陈述或者重大遗漏。"《上市公司信息披露管理办法》第2条规定，"信息披露义务人应当真实、准确、完整、及时地披露信息，不得有虚假记载、误导性陈述或者重大遗漏。"可见，虚假陈述的行为人即信息披露义务人，包括发行人与上市公司。

（2）虚假陈述的客观行为类型

最高人民法院《关于审理证券市场因虚假陈述引发的民事赔偿案件的若干规定》第17条明确规定："证券市场虚假陈述，是指信息披露义务人违反证券法律规定，在证券发行或者交易过程中，对重大事件作出违背事实真相的虚假记载、误导性陈述，或者在披露信息时发生重大遗漏、不正当披露信息的行为。"可见，虚假陈述根据行为性质，可分为虚假记载、误导性陈述、重大遗漏和不正当披露四种类型。虚假记载，是指信息披露义务人在披露信息时，将不存在的事实在信息披露文件中予以记载的行为。误导性陈述，是指虚假陈述行为人在信息披露文件中或者通过媒体，作出使投资人对其投资行为发生错误判断并产生重大影响的陈述。重大遗漏，是指信息披露义务人在信息披露文件中，未将应当记载的事项完全或者部分予以记载。不正当披露，是指信息披露义务人未在适当期限内或者未以法定方式公开披露应当披露的信息。

（3）虚假陈述民事责任的因果关系

虚假陈述民事责任因果关系，是指虚假陈述行为与投资者损失之间的因果关系。根据责任自负原则，行为人只对自己行为导致的损害后果承担赔偿责任。如果认定行为人应对他人损失承担赔偿责任，就必须证明他人所受损失是由行为人行为所导致的，即行为人的行为与他人损失之间存在因果关系。但在证券虚假陈述案件中，原告往往很难证明虚假陈述的确切情况；并且，由于证券信息繁杂，各种信息对证券价格的影响程度各不相同，在一个虚假陈述案件中可能存在多个虚假陈述行为。如果按照普通民事诉讼赔偿案件的举证原则，就使原告的举证非常艰难。因此，必须根据虚假陈述案件的特殊性，合理分配原告和被告对因果关系的举证责任，适当减轻原告的举证责任。

根据最高人民法院《关于审理证券市场因虚假陈述引发的民事赔偿案件的若干规定》第18条的规定，投资人以被告虚假陈述为由提起诉讼的，原告证明存在以下情形的，人民法院应认定虚假陈述与损害结果之间存在因果关系：1）投资人所投资的是与虚假陈述直接关联的证券；2）投资人在虚假陈述实施日及以后，至揭露日或者更正日之前买入该证券；3）投资人在虚假陈述揭露日或者更正日及以后，因卖出该证券发生亏损，或者因持续持有该证券而产生亏损。根据

第 19 条的规定，被告举证证明原告具有以下情形的，人民法院应当认定虚假陈述与损害结果之间不存在因果关系：1）在虚假陈述揭露日或者更正日之前已经卖出证券；2）在虚假陈述揭露日或者更正日及以后进行的投资；3）明知虚假陈述存在而进行的投资；4）损失或者部分损失是由证券市场系统风险等其他因素所导致；5）属于恶意投资、操纵证券价格的。虚假陈述实施日，是指作出虚假陈述或者发生虚假陈述之日。虚假陈述揭露日，是指虚假陈述在全国范围发行或者播放的报刊、电台、电视台等媒体上，首次被公开揭露之日。虚假陈述更正日，是指虚假陈述行为人在中国证券监督管理委员会指定披露证券市场信息的媒体上，自行公告更正虚假陈述并按规定履行停牌手续之日。

（4）虚假陈述的主观要件

根据《证券法》第 69 条的规定，发行人、上市公司公告的招股说明书、公司债券募集办法、财务会计报告、上市报告文件、年度报告、中期报告、临时报告以及其他信息披露资料，有虚假记载、误导性陈述或者重大遗漏，致使投资者在证券交易中遭受损失的，发行人、上市公司应当承担赔偿责任。可见，对于发行人、上市公司即虚假陈述行为人，无论其主观过错如何，都要对其虚假陈述行为造成的损失承担赔偿责任。

关于虚假陈述民事责任的承担，最高人民法院《关于审理证券市场因虚假陈述引发的民事赔偿案件的若干规定》第 7 条规定，"虚假陈述证券民事赔偿案件的被告，应当是虚假陈述行为人，包括：（一）发起人、控股股东等实际控制人；（二）发行人或者上市公司；（三）证券承销商；（四）证券上市推荐人；（五）会计师事务所、律师事务所、资产评估机构等专业中介服务机构；（六）上述（二）、（三）、（四）项所涉单位中负有责任的董事、监事和经理等高级管理人员以及（五）项中直接责任人；（七）其他作出虚假陈述的机构或者自然人。"其实，最高人民法院司法解释规定的"虚假陈述行为人"是承担虚假陈述民事责任的责任人，并不是实施了虚假陈述行为的行为人，司法解释的表述并不科学。

发行人、上市公司的董事、监事、高级管理人员和其他直接责任人员以及保荐人、承销的证券公司、证券服务机构承担过错推定责任。根据《证券法》第 69 条的规定，发行人、上市公司的董事、监事、高级管理人员和其他直接责任人员以及保荐人、承销的证券公司，应当与发行人、上市公司承担连带赔偿责任，但是能够证明自己没有过错的除外。第 173 条规定，证券服务机构为证券的发行、上市、交易等证券业务活动制作、出具审计报告、资产评估报告、财务顾问报告、资信评级报告或者法律意见书等文件，应当勤勉尽责，对所制作、出具的文件内容的真实性、准确性、完整性进行核查和验证。其制作、出具的文件有虚假记载、误导性陈述或者重大遗漏，给他人造成损失的，应当与发行人、上市公司承担连带赔偿责任，但是能够证明自己没有过错的除外。可见，对于投资人的损失，法律推定发行人、上市公司的董事、监事、高级管理人员和其他直接责任人员以及保荐人、承销的证券公司、证券服务机构是有过错的，但如果能证明自己没有过错，则可以免责。

发行人和上市公司的控股股东和实际控制人承担过错责任。根据《证券法》第69条的规定，发行人、上市公司的控股股东、实际控制人有过错的，应当与发行人、上市公司承担连带赔偿责任。可见，对于投资人的损失，如果原告证明发行人、上市公司的控股股东、实际控制人有过错的，则他们与发行人、上市公司承担连带赔偿责任。

本案中，银广夏在年度财务报告中披露虚假的利润的行为，构成虚假记载。其隐瞒重大事实的行为，构成虚假记载和重大遗漏。如果给投资者造成损失的并且这种损失和虚假陈述之间存在因果关系的，应该对中小股民承担赔偿责任。其董事、监事、高级管理人员和其他直接责任人员以及保荐人、承销的证券公司，应当与银广夏承担连带赔偿责任，但是能够证明自己没有过错的除外。为银广夏制作、出具有虚假记载、误导性陈述或者重大遗漏的文件的证券服务机构，如果不能证明自己没有过错，应当与银广夏承担连带赔偿责任。

案例2　陈建良内幕交易案①

【案情介绍】

2004年6月24日，新疆屯河投资股份有限公司（以下简称新疆屯河）与中国非金属材料总公司（以下简称中材公司）签署了股份转让协议书，将其所持新疆天山水泥股份有限公司（以下简称天山股份，证券代码：000877）部分股权转让给中材公司，6月29日，天山股份、新疆屯河、中材公司发布公告披露上述股权转让事项。在该股权转让协议签订之前的2004年6月10日至15日期间，相关中介机构人员进驻天山股份，对其进行全面调查，为签署股权转让协议做准备。最迟至2004年6月15日，天山股份向下属公司，包括陈建良及其所任职的江苏事业部，通报上述股权转让谈判将进入实质性阶段的情况，陈建良本人在此期间也曾向天山股份询问股权转让进展情况。该股权转让及其重要进展在依法披

---

① 案例来源：《天山水泥原副总陈建良缺席首个内幕交易民事案》，载新民网，http://biz.xinmin.cn/zhengquan/2008/09/04/1331807.html，最后浏览于2007年1月3日。

露前属于证券法规定的内幕信息。该信息2004年6月29日公开。陈建良知悉上述内幕信息。

陈建良利用其控制的代码为34435（户名：陈建良）、36076（户名：黎明）资金账户及其下挂0101760684、0102281334、0102453453证券账户，自2004年6月21日起交易天山股份股票，至2004年6月29日上述信息公告前，合计买入164.6757万股，卖出19.5193万股。

【法律问题】

1. 内幕交易行为的界定
2. 内幕交易行为的构成要件

【法律分析和结论】

内幕交易，也称为"内部人交易"、"内线交易"、"内情者交易"，是指内幕人员利用所掌握的、尚未公开的内部信息进行证券交易，或者其他人员利用违法获得的内幕信息进行证券交易的行为。我国证券市场起步较晚，法律制度不健全，因此，内幕交易行为盛行，严重阻碍了证券市场的良性运行和健康发展，必须遏制。对于内幕交易的判断，关键是在于内幕信息和知情人的认定上。

内幕信息，是指在证券交易活动中，涉及公司经营、财务或者对该公司证券的市场价格有重大影响的尚未公开的信息。内幕信息主要是对证券的价格产生影响，并且是企业或公司的信息，非公司的信息并非内幕交易所依赖的对象。内幕信息应当是尚未公开的重大信息，已经公开的信息，或者对证券交易价格影响不大的信息，并不是内幕信息。《证券法》第67条第2款的规定了"重大事件"内幕信息，包括：（1）公司的经营方针和经营范围的重大变化；（2）公司的重大投资行为和重大的购置财产的决定；（3）公司订立重要合同，可能对公司的资产、负债、权益和经营成果产生重要影响；（4）公司发生重大债务和未能清偿到期重大债务的违约情况；（5）公司发生重大亏损或者重大损失；（6）公司生产经营的外部条件发生的重大变化；（7）公司的董事、1/3以上监事或者经理发生变动；（8）持有公司5％以上股份的股东或者实际控制人，其持有股份或者控制公司的情况发生较大变化；（9）公司减资、合并、分立、解散及申请破产的决定；（10）涉及公司的重大诉讼，股东大会、董事会决议被依法撤销或者宣告无效；（11）公司涉嫌犯罪被司法机关立案调查，公司董事、监事、高级管理人员涉嫌犯罪被司法机关采取强制措施；（12）国务院证券监督管理机构规定的其他事项。第75条第2款规定的其他内幕信息包括：（1）公司分配股利或者增资的计划；

（2）公司股权结构的重大变化；（3）公司债务担保的重大变更；（4）公司营业用主要资产的抵押、出售或者报废一次超过该资产的30%；（5）公司的董事、监事、高级管理人员的行为可能依法承担重大损害赔偿责任；（6）上市公司收购的有关方案；（7）国务院证券监督管理机构认定的对证券交易价格有显著影响的其他重要信息。

知情人，是指依其职务获得内幕信息以及其他非法获得内幕信息的人。按照获得内幕信息的合法性，知情人可以分为合法知情人、非法知情人和正当知情人。合法知情人，是指依据其职务获得内幕信息的人。根据《证券法》第74条的规定，主要包括：（1）发行人的董事、监事、高级管理人员；（2）持有公司5%以上股份的股东及其董事、监事、高级管理人员，公司的实际控制人及其董事、监事、高级管理人员；（3）发行人控股的公司及其董事、监事、高级管理人员；（4）由于所任公司职务可以获取公司有关内幕信息的人员；（5）证券监督管理机构工作人员以及由于法定职责对证券的发行、交易进行管理的其他人员；（6）保荐人、承销的证券公司、证券交易所、证券登记结算机构、证券服务机构的有关人员；（7）国务院证券监督管理机构规定的其他人。非法知情人，是指故意且非法获取内幕信息的人，包括以窃取或者其他方式非法取得内幕信息的人。窃取者，为明知取得信息为不法却采取积极手段获得该内幕信息的人。以其他方式故意获得内部信息者，为明知无权接触而接触了内幕信息的人。由于非法知情人已经形成了对内幕信息的事实占有，应被视为知情人并应承担法定义务。我国《证券法》第76条明确禁止非法知情人买卖证券。正当知情人，是指虽非故意但因其他原因获知内幕信息的人，如公司职员因合法知情人及非法知情人的偶尔谈论而获知内幕信息。这些知情人不是故意或者以非法方式获得内幕信息，其占用或者知晓内幕信息并无可谴责之处，应当将其独立确定为正当知情人或者合理知情人。但正当知情人也应当承担禁止买卖证券的义务，这一点与合法或非法知情人承担的义务并无不同，只不过在保守秘密义务方面，对于正当知情人不应与其他知情人同等对待。《证券法》第76条第1款规定："证券交易内幕信息的知情人和非法获取内幕信息的人，在内幕信息公开前，不得买卖该公司的证券，或者泄露该信息，或者建议他人买卖该证券。"可见，知情人应当承担禁止买卖证券、禁止泄密及禁止建议的法定义务。禁止证券买卖，即知情人不得买进或者卖出与所知悉内幕信息有关的证券。无论知情人是否利用该内幕信息买卖证券，无论其知悉证券内幕信息的时间，更无论买卖证券的目的如何，均不得买卖该种证券。禁止泄密，即知情人不得将其所知悉的内幕信息泄露给他人。泄密具体方式包括故意将内幕信息告知他人，或者无意中将内幕信息泄露给他人，如将内幕信息文件交给他人保存，或与无关人员讨论涉及内幕信息的公司方案等。禁止建议，是指知情人除了不得泄露内幕信息及不得买卖与内幕信息相关的证券外，还不得建议他人买卖该证券。

一般认为内幕交易行为包括：（1）内幕人员利用内幕信息买卖证券或者根据内幕信息建议他人买卖证券；（2）内幕人员向他人泄露内幕信息，使他人利用该信息进行内幕交易；（3）非内幕人员通过不正当的手段或者其他途径获得内幕信息，并根据该信息买卖证券或者建议他人买卖证券；（4）其他内幕交易行为。

行为人主观上的故意不是构成内幕交易的必备要件，对于通过"买卖"或"建议他人买卖"的方式完成内幕交易的，由其行为方式决定了这些行为只能由故意构成，不存在过失"买卖"或过失"建议他人买卖"的可能。对于通过"泄露"的方式完成的内幕交易，则可能存在故意和过失两种情况，内幕人有时可能会由于疏忽大意、保密观念不强，造成内幕信息的泄露。为了严厉打击内幕交易活动，使负有保密义务的义务人严格履行义务，对此类人应认定无论过失或故意均构成内幕交易，若仅以主观故意来认定其行为，司法机关也难以调查取证；再者，无论是故意泄露，还是过失泄露，行为人主观上均有过错，均具备可惩罚性和可谴责性，其泄露行为所可能导致的后果与社会危害性与其主观上的故意或过失没有任何关系，因此，对于过失泄露内幕信息行为亦应予以禁止和制裁。

本案中关于天山股份股权转让的谈判事项在依法披露前属于内幕信息。陈建良作为天山股份的控股公司的董事长，属于《证券法》所界定的"发行人控股的公司及其董事、监事、高级管理人员"，其通过各种手段利用知道的内幕信息在信息披露前进行证券交易，并获得了利益，该行为违反了《证券法》关于内幕交易的规定，如果给投资者造成损失的，应该承担赔偿责任。证监会可以根据《证券法》第202条的规定，对其进行没收非法所得、罚款等处罚。

案例3　汉唐证券操纵证券市场案①

【案情介绍】

经查，2000年9月26日至2004年9月3日间，汉唐证券有限责任公司（以下简称汉唐证券）先后在74家证券营业部利用上海股票账户4 554个、深圳股票账户2 296个，利用资金、持股优势操纵"浪潮软件"、"百花村"、"菲达环

---

① 案例来源：《中国证券监督管理委员会市场禁入事先告知公告书》，载新华网，http://news. xinhuanet. com/stock/2006-10/25/content_5246955. htm。

保"、"恒大地产"、"南纺股份"、"铜峰电子"、"中国软件"股票价格。截至
2004年9月3日，造成浮动亏损144 705.43万元。具体如下：

1. 2002年6月27日至2004年9月3日间，汉唐证券利用资金、持股优势
操纵"浪潮软件"股票价格。

2. 2003年1月10日至2004年9月3日间，汉唐证券利用资金、持股优势
操纵"百花村"股票价格。

3. 2002年7月22日至2004年9月3日间，汉唐证券利用资金、持股优势
操纵"菲达环保"股票价格。

4. 2000年9月26日至2004年9月2日间，汉唐证券利用资金、持股优势
操纵"恒大地产"股票价格。

5. 2002年1月14日至2004年9月3日间，汉唐证券利用资金、持股优势
操纵"南纺股份"股票价格。

6. 2001年9月20日至2004年9月3日间，汉唐证券利用资金、持股优势
操纵"铜峰电子"股票价格。

7. 2002年5月17日至2004年9月3日间，汉唐证券利用资金、持股优势
操纵"中国软件"股票价格。

【法律问题】
1. 操纵市场行为的含义
2. 操纵市场行为的构成要件

【法律分析和结论】
操纵市场，是指利用资金优势、信息优势或者滥用职权，影响证券市场价
格，诱使投资者买卖证券，扰乱证券市场秩序的行为。《证券法》第77条规定：
"禁止任何人以下列手段操纵证券市场：（一）单独或者通过合谋，集中资金优
势、持股优势或者利用信息优势联合或者连续买卖，操纵证券交易价格或者证券
交易量；（二）与他人串通，以事先约定的时间、价格和方式相互进行证券交易，
影响证券交易价格或者证券交易量；（三）在自己实际控制的账户之间进行证券
交易，影响证券交易价格或者证券交易量；（四）以其他手段操纵证券市场。操
纵证券市场行为给投资者造成损失的，行为人应当依法承担赔偿责任。"可见，
操纵市场的行为包括以下类型：

（1）连续买卖。连续买卖，是指为了抬高、压低或者维持交易价格，行为人
连续高价买入或者连续低价卖出某种证券的市场行为，分为单边持续买入和单边

卖出两种情况。连续单边买入，是在特定时间内连续以某个高价买入某种证券；连续单边卖出，是在特定时间内连续以某个较低价格卖出某种证券。根据参加人数不同，连续买卖分为单独连续买卖和联合持续买卖，前者是某一行为人单独实施的连续买卖，后者则是多数人联合实施的连续买卖。在认定连续买卖时，首先要看行为人是否利用了资金优势、持股优势或信息优势；其次，行为人是否在特定时间内进行的连续交易，如果在一定的时间内交易较少，交易量也很小，不足以对该种证券的交易量或者交易价格产生显著影响，则不宜认定为连续交易；再次，要考虑证券的价格幅度，如果证券的价格幅度较小，说明行为对证券的价格影响不大；最后，证券成交的数量也是认定操纵市场的重要因素，只有连续买卖并操纵了证券的交易价格或证券成交量，才构成操纵市场。在联合连续买卖场合下，应将联合各方的优势地位、交易数量、价格幅度和成交数量进行统一考虑。

（2）串通相互买卖。串通相互买卖，是指与他人串通，以事先约定的时间、价格和方式相互进行证券交易，影响证券交易价格或者证券交易量的行为。首先，必须存在相互串通的两方以上的行为人，如果各行为人没有串通、通谋或者意思联络，即使客观上形成相互买卖，也不构成串通相互买卖。其次，必须是同种证券的相互买卖，如果买卖的不是同种证券，则一般不会对某一证券的价格和成交量产生太大影响。再次，必须有实现相互买卖的可能性。只要行为人达到同一营业日内买卖证券的约定，且此等约定依照交易规则能够实现，即可构成相对委托。

（3）冲洗买卖。冲洗买卖，又称"自买自卖"，是指以自己为交易对象，进行不转移所有权的自买自卖，影响证券交易价格或者证券交易量的行为。冲洗买卖的核心，是某一行为人为影响证券交易价格或证券交易量，自己同时充当证券买卖的双方。在我国，投资者从事证券交易必须遵守实名制规则，即投资者必须以真实姓名或者名称开立证券账户，并以该证券账户从事证券买卖。同时，投资者只能开立一个证券账户，不可能获准同时开立两个或多个证券账户，因此，投资者不可能以自己的名义开立的一个账户进行冲洗买卖。但如果行为人实际控制着两个或多个证券账户，并通过这些证券账户相互进行证券买卖，就构成冲洗买卖。可见，冲洗买卖的核心是证券账户的实际控制权，并且虽然在法律上发生了证券权利的转移，但没有发生证券权利的事实转让。

（4）其他操纵市场的行为。在证券市场上，操纵市场的行为复杂多样，很难用列举的方式穷尽各种不当操纵行为，因此为避免挂一漏万，法律规定了"以其他手段操纵证券市场"的"兜底条款"，以便根据证券市场的实际情况进行漏洞补充。

一般认为操纵证券市场行为属于一般侵权行为，其构成要件有：（1）主观过错（故意或过失）；（2）操纵市场的行为；（3）行为与损害后果之间的因果关系。操纵市场的主观过错是指操纵人意图影响证券市场价格、诱使他人买卖证券的不良心理状态。针对受害人自负举证责任的困难与不现实性，法律适用过程中应实行"过错推定"的责任方式，实现举证责任的倒置。无论行为人在实施交易时是否具有操纵股市价格的主观故意，只要其事实上存在妨碍或可能妨碍市场价格的合理形成，就构成了操纵市场行为。如果被告不能证明自己实施交易的行为不是为了操纵市场价格，就必须承担法律责任。从市场操纵行为人的客观行为推定其主观动机，将过错的举证责任倒置，从而充分保护和救济受害人。侵权行为所产生的损害一般指"实际损失"，而非"账面损失"，只有存在"实际损失"才能构成侵权责任的要件。对如何计算"实际损失"，在理论上有多种方法：一是实际价值计算法，即赔偿额为受害者进行交易时的价格与当时证券的实际价值之差额；二是实际诱因法，即虚假陈述者只对虚假陈述引起的价格波动负赔偿责任；三是实际差价计算法，即从有赔偿要求者为取得该有价证券所支付的金额中扣除要求赔偿损失时的市场价格。当然最简单的方法就是以侵权行为人所获得的不当利益除以原告持股总数为每股的平均损失。

如果受害人欲证明操纵市场的行为与损害后果之间存在因果关系，必须承担两项举证责任。其一，证明其对操纵市场行为造成的市场假象存在信赖，并基于此种信赖作出了投资决定，是为交易的因果关系；其二，证明其损害后果是由于市场操纵行为引起的，是为损失的因果关系。

《证券法》第 203 条规定："违反本法规定，操纵证券市场的，责令依法处理其非法持有的证券，没收违法所得，并处以违法所得一倍以上五倍以下的罚款；没有违法所得或者违法所得不足三十万元的，处以三十万元以上三百万元以下的罚款。单位操纵证券市场的，还应当对直接负责的主管人员和其他直接责任人员给予警告，并处以十万元以上六十万元以下的罚款。"汉唐证券操纵"浪潮软件"、"百花村"、"菲达环保"、"恒大地产"、"南纺股份"、"铜峰电子"、"中国软件"股票价格的行为，构成操纵市场行为，情节特别严重。依法应对汉唐证券进行处罚，并且对因该行为受到损失的投资者，给予赔偿。另外，《证券法》第233 条还规定了市场禁入的法律责任，"违反法律、行政法规或者国务院证券监督管理机构的有关规定，情节严重的，国务院证券监督管理机构可以对有关责任人员采取证券市场禁入的措施。前款所称证券市场禁入是指在一定期限内直至终身不得从事证券业务或者不得担任上市公司董事、监事、高级管理人员的制度。"《证券市场禁入规定》对市场禁入的情形及执行作了进一步的详细规定，如果本案中的有关人员被认定为"市场禁入者",则其在禁入期间,除不得继续在原机构从事证券业务或者担任原上市公司董事、监事、高级管理人员职务外,也不得在其他任何机构中从事证券业务或者担任其他上市公司董事、监事、高级管理人员职务。

案例 4　闽发证券欺诈客户案①

【案情介绍】

福建闽发证券有限责任公司(以下简称闽发证券)自 1997 年以来,累计挪用客户保证金 68 笔,累计发生额为 30.085 亿元,其中挪出闽发证券公司拆借给吴永红等人及其控制的福建协盛贸易公司等使用共 33 笔,累计 11.14 亿元。截至 2004 年 4 月 30 日,闽发证券保证金缺口总额为 14.09 亿元,其中,因该公司拆借和自营形成保证金缺口为 5.56 亿元,因委托理财国债回购问题被登记公司扣划保证金 6.6 亿元,因担保被银行扣划保证金 1.93 亿元。

鉴于闽发证券违法行为性质恶劣、后果严重,证监会已经于 2005 年 7 月 8 日,将闽发证券关闭。闽发证券案件涉嫌犯罪部分,已经移送司法机关。

【法律问题】

1. 证券市场中的欺诈客户行为
2. 欺诈客户行为的类型

【法律分析和结论】

欺诈客户是指证券公司及其从业人员在办理证券经纪过程中,违背客户真实意思,损害客户利益的行为。《证券法》第 79 条规定:"禁止证券公司及其从业人员从事下列损害客户利益的欺诈行为:(一)违背客户的委托为其买卖证券;(二)不在规定时间内向客户提供交易的书面确认文件;(三)挪用客户所委托买卖的证券或者客户账户上的资金;(四)未经客户的委托,擅自为客户买卖证券,或者假借客户的名义买卖证券;(五)为牟取佣金收入,诱使客户进行不必要的证券买卖;(六)利用传播媒介或者通过其他方式提供、传播虚假或者误导投资

---

① 案例来源:《证监罚字 [2005] 43 号中国证监会行政处罚决定书》,载中国反商业欺诈网,http://antifraud.mofcom.gov.cn/infomanage/2_article_JS2006030800155.jsp,最后浏览于 2007 年 1 月 3 日。

者的信息；（七）其他违背客户真实意思表示，损害客户利益的行为。欺诈客户行为给客户造成损失的，行为人应当依法承担赔偿责任。"可见，欺诈客户的行为主要有以下几种：

（1）违背客户的委托为其买卖证券。如果客户作出委托指令，但证券公司违背客户委托的事项，为客户买卖证券即构成违背客户委托的欺诈行为。可见要构成这种欺诈行为，必须是客户下达了买入或卖出证券的委托指令，并且证券公司为客户买入或者卖出了证券，证券交易的结果不符合委托的内容。

（2）不在规定时间内向客户提供交易的书面确认文件。根据证券交易所制定的交易规则，证券公司应当在证券买卖成交后规定的期限内将书面确认书交给客户。向客户提交交易的书面确认文件是证券公司的法定义务，客户有权要求取得该书面确认文件。如果客户同意放弃获得该书面确认文件的，证券公司应当取得客户的事先认可。

（3）挪用客户所委托买卖的证券或者客户账户上的资金。这主要是指证券公司或者其从业人员擅自将客户账户上的证券或资金挪作他用，如将客户账户上的证券用于质押，将客户账户上的资金用于自营或者转借给他人等。客户账户内的证券和资金均属于客户资产，而不是证券公司的财产。这些财产应当单独管理，不能与证券公司的财产混合。证券公司挪用客户所委托买卖的证券或者客户账户上的资金，属于违反信托义务的欺诈行为。

（4）未经客户的委托，擅自为客户买卖证券，或者假借客户的名义买卖证券。擅自为客户买卖证券，是指在客户没有发出委托指令的场合下，证券公司利用该账户发出证券买卖指令。一般有两种情况，一是证券公司或其从业人员未经客户委托授权，擅自买卖客户账户上的证券；一是证券公司及其从业人员未经过其依法设立的营业场所私下接受客户委托买卖证券。假借客户名义买卖证券，所买卖的证券可能是客户账户上的证券，也可能并不动用客户账户上的证券，而是假借客户的名义开立证券账户进行证券买卖。

（5）为牟取佣金收入，诱使客户进行不必要的证券买卖。在证券交易中，客户买卖证券须按成交额的一定比例向证券公司支付佣金。证券公司为了牟取佣金利益，可能采取引诱手段使得客户进行不必要的证券买卖。诱使是证券公司以口头或书面等形式引诱客户买卖证券的行为。不必要的证券买卖，主要是指对客户的经济利益来说是没有必要，既不能获得多少利润，也不能减少多少损失的证券交易。

（6）利用传播媒介或者通过其他方式提供、传播虚假或者误导投资者的信息。这种行为发生在证券公司和与证券公司存在概括委托关系的客户之间，与证券发行和交易中的虚假陈述有所不同。第一，行为人不同。通过这种方式欺诈客户的行为人是证券公司及其从业人员，而虚假陈述的行为人是发行人和上市公司。第二，证券公司提供或者传播虚假信息的载体不同。虚假陈述通常是在法定信息披露文件中作出不真实陈述，欺诈客户的信息却可以借助各种载体。第三，提供或者传播虚假信息所侵害的投资者不同。证券公司欺诈客户时，受害的投资者往往具有相对性，而在虚假陈述中，受到虚假信息损害的投资者往往是不特定的多数人。

（7）其他违背客户真实意思表示，损害客户利益的行为。这是一项概括性的规定，这样规定是考虑适应复杂多变的实际情况和随着实际情况的变化对付新形式的证券欺诈行为的需要，使法律更具灵活性，有利于打击各种欺诈客户的行为，也可以维护法律的严肃性。

《证券法》第 79 条第 2 款规定："欺诈客户行为给客户造成损失的，行为人应当依法承担赔偿责任。"第 211 条规定："证券公司、证券登记结算机构挪用客户的资金或者证券，或者未经客户的委托，擅自为客户买卖证券的，责令改正，没收违法所得，并处以违法所得一倍以上五倍以下的罚款；没有违法所得或者违法所得不足十万元的，处以十万元以上六十万元以下的罚款；情节严重的，责令关闭或者撤销相关业务许可。对直接负责的主管人员和其他直接责任人员给予警告，撤销任职资格或者证券从业资格，并处以三万元以上三十万元以下的罚款。"

本案中，闽发证券挪用客户保证金 68 笔，累计发生额为 30.085 亿元，构成《证券法》第 79 条第 1 款第 3 项"挪用客户所委托买卖的证券或者客户账户上的资金"的行为，如果欺诈挪用客户证券、资金或交易结算资金而给客户造成损失的，应该承担赔偿责任；此外，闽发证券及其直接负责的主管人员和其他直接责任人员还应当承担相应的行政责任；根据《刑法》第 185 条、第 272 条和第 384 条的规定，如果构成犯罪，还应当承担刑事责任。

第三节　上市公司收购

本节重点法条

《中华人民共和国证券法》

第八十五条　投资者可以采取要约收购、协议收购及其他合法方式收购上市公司。

第八十六条　通过证券交易所的证券交易，投资者持有或者通过协议、其他安排与他人共同持有一个上市公司已发行的股份达到百分之五时，应当在该事实发生之日起三日内，向国务院证券监督管理机构、证券交易所作出书面报告，通知该上市公司，并予公告；在上述期限内，不得再行买卖该上市公司的股票。

投资者持有或者通过协议、其他安排与他人共同持有一个上市公司已发行的股份达到百分之五后，其所持该上市公司已发行的股份比例每增加或者减少百分之五，应当依照前款规定进行报告和公告。在报告期限内和作出报告、公告后二日内，不得再行买卖该上市公司的股票。

第八十八条 通过证券交易所的证券交易，投资者持有或者通过协议、其他安排与他人共同持有一个上市公司已发行的股份达到百分之三十时，继续进行收购的，应当依法向该上市公司所有股东发出收购上市公司全部或者部分股份的要约。

收购上市公司部分股份的收购要约应当约定，被收购公司股东承诺出售的股份数额超过预定收购的股份数额的，收购人按比例进行收购。

第九十条 收购人在依照前条规定报送上市公司收购报告书之日起十五日后，公告其收购要约。在上述期限内，国务院证券监督管理机构发现上市公司收购报告书不符合法律、行政法规规定的，应当及时告知收购人，收购人不得公告其收购要约。

收购要约约定的收购期限不得少于三十日，并不得超过六十日。

第九十一条 在收购要约确定的承诺期限内，收购人不得撤销其收购要约。收购人需要变更收购要约的，必须事先向国务院证券监督管理机构及证券交易所提出报告，经批准后，予以公告。

第九十二条 收购要约提出的各项收购条件，适用于被收购公司的所有股东。

第九十三条 采取要约收购方式的，收购人在收购期限内，不得卖出被收购公司的股票，也不得采取要约规定以外的形式和超出要约的条件买入被收购公司的股票。

第九十四条 采取协议收购方式的，收购人可以依照法律、行政法规的规定同被收购公司的股东以协议方式进行股份转让。

以协议方式收购上市公司时，达成协议后，收购人必须在三日内将该收购协议向国务院证券监督管理机构及证券交易所作出书面报告，并予公告。

在公告前不得履行收购协议。

第九十六条 采取协议收购方式的，收购人收购或者通过协议、其他安排与他人共同收购一个上市公司已发行的股份达到百分之三十时，继续进行收购的，应当向该上市公司所有股东发出收购上市公司全部或者部分股份的要约。但是，经国务院证券监督管理机构免除发出要约的除外。

收购人依照前款规定以要约方式收购上市公司股份，应当遵守本法第八十九条至第九十三条的规定。

第九十七条 收购期限届满，被收购公司股权分布不符合上市条件的，该上市公司的股票应当由证券交易所依法终止上市交易；其余仍持有被收购公司股票的股东，有权向收购人以收购要约的同等条件出售其股票，收购人应当收购。

收购行为完成后，被收购公司不再具备股份有限公司条件的，应当依法变更企业形式。

第九十八条 在上市公司收购中，收购人持有的被收购的上市公司的股票，在收购行为完成后的十二个月内不得转让。

第九十九条 收购行为完成后，收购人与被收购公司合并，并将该公司解散的，被解散公司的原有股票由收购人依法更换。

案例 吉林敖东和延边公路上市收购程序违法案①

【案情介绍】

经查，吉林敖东药业集团股份有限公司（以下简称"吉林敖东"）和延边公路建设股份有限公司（以下简称延边公路）存在如下违法行为：

2006 年 5 月 17 日，吉林敖东为收购深圳国际信托投资有限公司（以下简称深国投）所持延边公路 18.83%股权，与深国投、深圳庆安投资有限公司、吉林省交通投资开发公司等就收购中的债权债务以及股权转让的各项权利义务安排达成协议（以下简称《四方协议》）。根据《四方协议》及其附件《股权转让协议》实施上述股权转让后，深国投将不再持有延边公路的股权，吉林敖东持有延边公路的股权将占总股本的 46.15%，依法需国务院国有资产监督管理委员会批准及证监会豁免要约收购。因此，《四方协议》及其附件《股权转让协议》是吉林敖东实施对延边公路的收购而与相关方达成的收购协议。根据《证券法》第 94 条的规定："以协议方式收购上市公司时，达成协议后，收购人必须在 3 日内将该收购协议向国务院证券监督管理机构及证券交易所作出书面报告，并予公告"，吉林敖东应当在《四方协议》达成后 3 日内按上述规定进行报告和公告。但吉林敖东直至 2006 年 6 月 22 日才作出《关于增持延边公路建设股份有限公司股权的提示性公告》，仍未将《四方协议》予以披露，违反收购程序，未及时履行报告义务，信息披露不及时，不充分。

延边公路董事会秘书张洪军参与了上述《四方协议》的签订，并向董事长郭仁堂进行汇报。因此，延边公路相关信息披露主要负责人员知悉上述大股东拟进行的收购行动。《证券法》第 67 条规定："发生可能对上市公司股票交易价格产生较大影响的重大事件，投资者尚未得知时，上市公司应当立即将有关该重大事件的情况向国务院证券监督管理机构和证券交易所报送临时报告，并予公告，说明事件的起因、目前的状态和可能产生的法律后果。下列情况为前款所称重大事

---

① 案例来源：《吉林敖东（000623）关于"加强上市公司治理专项活动"自查事项报告》，载国信证券网，http://www.guosen.com.cn/webd/public/infoDetail.jsp? infoid=2858767，最后浏览于 2007 年 1 月 3 日。

件……（八）持有公司百分之五以上股份的股东或者实际控制人，其持有股份或者控制公司的情况发生较大变化"。吉林敖东通过《四方协议》及其附件《股权转让协议》拟进行的收购行动，将导致延边公路的大股东即吉林敖东持有的股份发生较大变化，延边公路应当按上述规定进行报告和公告。但延边公路直至2006年6月22日才作出《股东增持股份的提示性公告》，未及时履行报告义务，信息披露不及时。

【法律问题】

上市公司收购的方式和程序

【法律分析和结论】

我国的上市公司收购有要约收购与协议收购。

（一）要约收购

要约收购，是指收购人持有上市公司一定比例以上股份时，通过公开向上市公司的所有股东发出收购要约，收购上市公司股东持有的公司部分或全部股份，从而达到控制上市公司的收购。《证券法》第85条、第88条、第89条、第90条、第91条、第92条、第93条规定了要约收购制度。《上市公司收购管理办法》第三章对要约收购作了更为详细的规定。

1. 要约收购的种类

要约收购根据收购人是否自愿采取，分为自愿要约收购与强制要约收购。自愿要约收购，是指投资者自愿选择以要约的方式对上市公司的收购。《上市公司收购管理办法》第23条规定："投资者自愿选择以要约方式收购上市公司股份的，可以向被收购公司所有股东发出收购其所持有的全部股份的要约，也可以向被收购公司所有股东发出收购其所持有的部分股份的要约。"强制要约收购是指投资者持有上市公司的股份达到法定的比例时，如果继续对该上市公司进行收购，在没有取得要约豁免时，必须采取以要约的方式来收购。《上市公司收购管理办法》第24条规定："通过证券交易所的证券交易，收购人持有一个上市公司的股份达到该公司已发行股份的30%时，继续增持股份的，应当采取要约方式进行，发出全面要约或者部分要约。"第47条第2款规定："收购人拥有权益的股份达到该公司已发行股份的30%时，继续进行收购的，应当依法向该上市公司的股东发出全面要约或者部分要约。"

2. 要约收购的方式

根据《证券法》和《上市公司收购管理办法》的规定，要约收购的方式有全面要约和部分要约两种。全面要约是指向目标公司所有股东发出收购其所持有的全部股份的要约。部分要约是指向目标公司所有股东发出收购其所持有的部分股份的要约。无论是全面要约收购还是部分要约收购，根据《上市公司收购管理办法》第25条的规定，收购人预定收购的股份比例均不得低于该上市公司已发行股份的5%。

3. 要约收购的程序

上市公司收购不同于一般的股票买卖行为，必须遵守法律规定的程序。《证券法》和《上市公司收购管理办法》规定要约收购的程序包括：

第一，收购的批准。上市公司的收购及相关股份权益变动活动不得危害国家安全和社会公共利益。上市公司的收购及相关股份权益变动活动涉及国家产业政策、行业准入、国有股份转让等事项，需要取得国家相关部门批准的，应当在取得批准后进行。外国投资者进行上市公司的收购及相关股份权益变动活动的，应当取得国家相关部门的批准，适用中国法律，服从中国的司法、仲裁管辖。

第二，聘请财务顾问。收购人进行上市公司的收购，应当聘请在中国注册的具有从事财务顾问业务资格的专业机构担任财务顾问。收购人未按照本办法规定聘请财务顾问的，不得收购上市公司。

第三，履行权益预披露义务。在收购上市公司时，如果投资者及其一致行动人拥有权益的股份达到一个上市公司已发行股份的5%时，应当在该事实发生之日起3日内编制权益变动报告书，向中国证监会、证券交易所提交书面报告，抄报该上市公司所在地的中国证监会派出机构，通知该上市公司，并予公告；在上述期限内，不得买卖该上市公司的股票。投资者及其一致行动人拥有权益的股份达到一个上市公司已发行股份的5%后，通过证券交易所的证券交易，其拥有权益的股份占该上市公司已发行股份的比例每增加或者减少5%，应当依照规定进行报告和公告。在报告期限内和作出报告、公告后2日内，不得再行买卖该上市公司的股票。

第四，编制并报送、公告收购报告书。以要约方式收购上市公司股份的，收购人应当编制要约收购报告书，并应当聘请财务顾问向中国证监会、证券交易所提交书面报告，抄报派出机构，通知被收购公司，同时对要约收购报告书摘要作出提示性公告。收购人向中国证监会报送要约收购报告书后，在公告要约收购报告书之前，拟自行取消收购计划的，应当向中国证监会提出取消收购计划的申请及原因说明，并予公告；自公告之日起12个月内，该收购人不得再次对同一上市公司进行收购。收购人依照规定报送符合中国证监会规定的要约收购报告书及相关文件之日起15日后，公告其要约收购报告书、财务顾问专业意见和律师出具的法律意见书。在 15 日内，中国证监会对要约收购报告书披露的内容表示无异议的，收购人可以进行公告；中国证监会发现要约收购报告书不符合法律、行政法规及相关规定的，及时告知收购人，收购人不得公告其收购要约。

第五，收购人向上市公司股东发出收购要约。收购人应当在正式公告收购报告书的同时，向上市公司股东发出收购要约。根据《上市公司收购管理办法》第23 条的规定，投资者自愿选择以要约方式收购上市公司股份的，可以向被收购公司所有股东发出收购其所持有的全部股份的全面要约，也可以向被收购公司所有股东发出收购其所持有的部分股份的部分要约。收购上市公司部分股份的收购要约应当约定，被收购公司股东承诺出售的股份数额超过预定收购的股份数额的，收购人按比例进行收购。

第六，收购要约的"预受"和承诺。收购要约约定的收购期限不得少于 30日，并不得超过 60 日；但是出现竞争要约的除外。在收购要约约定的承诺期限内，收购人不得撤销其收购要约。收购人作出公告后至收购期限届满前，不得卖出被收购公司的股票，也不得采取要约规定以外的形式和超出要约的条件买入被收购公司的股票。收购要约提出的各项收购条件，适用于被收购公司的所有股东。收购人需要变更收购要约的，必须事先向中国证监会提出书面报告，同时抄报派出机构，抄送证券交易所和证券登记结算机构，通知被收购公司；经中国证监会批准后，予以公告。收购要约期限届满前 15 日内，收购人不得变更收购要约；但是出现竞争要约的除外。出现竞争要约时，发出初始要约的收购人变更收购要约距初始要约收购期限届满不足 15 日的，应当延长收购期限，延长后的要约期应当不少于 15 日，不得超过最后一个竞争要约的期满日，并按规定比例追加履约保证金；以证券支付收购价款的，应当追加相应数量的证券，交由证券登记结算机构保管。发出竞争要约的收购人最迟不得晚于初始要约收购期限届满前15 日发出要约收购的提示性公告，并应当根据规定履行报告、公告义务。要约收购报告书所披露的基本事实发生重大变化的，收购人应当在该重大变化发生之日起 2 个工作日内，向中国证监会作出书面报告，同时抄报派出机构，抄送证券交易所，通知被收购公司，并予公告。

同意接受收购要约的预受股东，应当委托证券公司办理预受要约的相关手续。收购人应当委托证券公司向证券登记结算机构申请办理预受要约股票的临时保管。证券登记结算机构临时保管的预受要约的股票，在要约收购期间不得转让。被收购公司股东同意接受要约的初步意思表示，在要约收购期限内不可撤回之前不构成承诺。在要约收购期限届满 3 个交易日前，预受股东可以委托证券公司办理撤回预受要约的手续，证券登记结算机构根据预受要约股东的撤回申请解除对预受要约股票的临时保管。在要约收购期限届满前 3 个交易日内，预受股东不得撤回其对要约的接受。在要约收购期限内，收购人应当每日在证券交易所网站上公告已预受收购要约的股份数量。出现竞争要约时，接受初始要约的预受股东撤回全部或者部分预受的股份，并将撤回的股份售予竞争要约人的，应当委托证券公司办理撤回预受初始要约的手续和预受竞争要约的相关手续。

第七，收购要约的履行。在要约收购期限届满前 3 个交易日内，预受股东不得撤回其对要约的接受。这意味着预受股东对收购要约的承诺发生了法律效力，收购人与预受股东达成了收购协议。收购期限届满，发出部分要约的收购人应当按照收购要约约定的条件购买被收购公司股东预受的股份，预受要约股份的数量超过预定收购数量时，收购人应当按照同等比例收购预受要约的股份；以终止被收购公司上市地位为目的的，收购人应当按照收购要约约定的条件购买被收购公司股东预受的全部股份；未取得中国证监会豁免而发出全面要约的收购人应当购买被收购公司股东预受的全部股份。发出收购要约的收购人在收购要约期限届满，不按照约定支付收购价款或者购买预受股份的，自该事实发生之日起 3 年内不得收购上市公司，中国证监会不受理收购人及其关联方提交的申报文件；涉嫌虚假信息披露、操纵证券市场的，中国证监会对收购人进行立案稽查，依法追究其法律责任。收购期限届满后 3 个交易日内，接受委托的证券公司应当向证券登记结算机构申请办理股份转让结算、过户登记手续，解除对超过预定收购比例的股票的临时保管。

第八，收购情况的报告和公告。收购期限届满后 3 个交易日内，收购人应当公告本次要约收购的结果。收购期限届满，被收购公司股权分布不符合上市条件，该上市公司的股票由证券交易所依法终止上市交易。在收购行为完成前，其余仍持有被收购公司股票的股东，有权在收购报告书规定的合理期限内向收购人以收购要约的同等条件出售其股票，收购人应当收购。收购行为完成后，被收购公司不再具备股份有限公司条件的，应当依法变更企业形式。收购人持有的被收购的上市公司的股票，在收购行为完成后的 12 个月内不得转让。收购行为完成后，收购人与被收购公司合并，并将该公司解散的，被解散公司的原有股票由收购人依法更换。收购期限届满后 15 日内，收购人应当向中国证监会报送关于收购情况的书面报告，同时抄报派出机构，抄送证券交易所，通知被收购公司。

（二）协议收购

协议收购，是指收购人通过与上市公司个别股东或大股东协商达成股份转让协议，并按协议约定的收购条件、收购价格、收购期限等事项收购上市公司股份的行为。《证券法》第 85 条、第 86 条、第 95 条、第 96 条规定了协议收购制度。

《上市公司收购管理办法》第四章对协议收购作了更为详细的规定。

1. 协议收购的适用条件

根据《证券法》和《上市公司收购管理办法》的规定，投资者采取协议收购的方式收购上市公司时，适用条件为：第一，收购人持有或者通过协议、其他安排与他人共同持有一个上市公司已发行股份不及30%，且收购人收购或者通过协议、其他安排与他人共同收购一个上市公司已发行股份不及30%。第二，收购人持有或者通过协议、其他安排与他人共同持有一个上市公司已发行股份达到30%，或者收购人收购或者通过协议、其他安排与他人共同收购一个上市公司已发行股份达到30%的，必须申请国务院证券监督管理机构豁免强制要约收购的批准。

2. 协议收购的种类

协议收购根据收购人的不同，可分为一般协议收购、管理层收购和境外机构收购。一般协议收购的收购人为目标公司内部以外的境内机构和个人；管理层收购的收购人为目标公司的董事、监事、高级管理人员、员工或者其所控制或者委托的法人或其他组织；境外机构收购的收购人为境外法人或者境外的其他组织。

3. 协议收购的程序

《证券法》和《上市公司收购管理办法》规定的协议收购的程序包括：

第一，与上市公司股东达成股份转让协议。《证券法》第94条规定："采取协议收购方式的，收购人可以依照法律、行政法规的规定同被收购公司的股东以协议方式进行股份转让。以协议方式收购上市公司时，达成协议后，收购人必须在三日内将该收购协议向国务院证券监督管理机构及证券交易所作出书面报告，并予公告。在公告前不得履行收购协议。"可见，以协议方式收购上市公司，收购人必须首先与被收购公司的股东达成股份转让协议。

第二，收购的批准。与要约收购一样，在协议收购时，上市公司的收购及相关股份权益变动活动不得危害国家安全和社会公共利益。上市公司的收购及相关股份权益变动活动涉及国家产业政策、行业准入、国有股份转让等事项，需要取得国家相关部门批准的，应当在取得批准后进行。外国投资者进行上市公司的收购及相关股份权益变动活动的，应当取得国家相关部门的批准，适用中国法律，服从中国的司法、仲裁管辖。

第三，聘请财务顾问。收购人进行上市公司的收购，应当聘请在中国注册的具有从事财务顾问业务资格的专业机构担任财务顾问。收购人未按照本办法规定聘请财务顾问的，不得收购上市公司。

第四，履行权益预披露义务。在收购上市公司时，如果投资者及其一致行动人拥有权益的股份达到一个上市公司已发行股份的 5％时，应当在该事实发生之日起 3 日内编制权益变动报告书，向中国证监会、证券交易所提交书面报告，抄报该上市公司所在地的中国证监会派出机构，通知该上市公司，并予公告；在上述期限内，不得买卖该上市公司的股票。投资者及其一致行动人拥有权益的股份达到一个上市公司已发行股份的 5％后，通过证券交易所的证券交易，其拥有权益的股份占该上市公司已发行股份的比例每增加或者减少 5％，应当依照规定进行报告和公告。在报告期限内和作出报告、公告后 2 日内，不得再行买卖该上市公司的股票。

第五，强制要约收购的豁免申请。《证券法》第 96 条第 1 款规定："采取协议收购方式的，收购人收购或者通过协议、其他安排与他人共同收购一个上市公司已发行的股份达到百分之三十时，继续进行收购的，应当向该上市公司所有股东发出收购上市公司全部或者部分股份的要约。但是，经国务院证券监督管理机构免除发出要约的除外。"《上市公司收购管理办法》第 47 条规定："收购人通过协议方式在一个上市公司中拥有权益的股份达到或者超过该公司已发行股份的 5％，但未超过 30％的，按照本办法第二章的规定办理。收购人拥有权益的股份达到该公司已发行股份的 30％时，继续进行收购的，应当依法向该上市公司的股东发出全面要约或者部分要约。符合本办法第六章规定情形的，收购人可以向中国证监会申请免除发出要约。收购人拟通过协议方式收购一个上市公司的股份超过 30％的，超过 30％的部分，应当改以要约方式进行；但符合本办法第六章规定情形的，收购人可以向中国证监会申请免除发出要约。收购人在取得中国证监会豁免后，履行其收购协议；未取得中国证监会豁免且拟继续履行其收购协议的，或者不申请豁免的，在履行其收购协议前，应当发出全面要约。"可见，收购人持有或者通过协议、其他安排与他人共同持有一个上市公司已发行股份达到 30％，或者收购人收购或者通过协议、其他安排与他人共同收购一个上市公司已发行股份达到 30％的，如果想继续采取协议收购方式收购上市公司，则必须申请国务院证券监督管理机构豁免强制要约收购的批准。

第六，编制收购报告书，报送及公告相关收购文件。以协议方式收购上市公司股份超过 30％，收购人拟申请豁免的，应当在与上市公司股东达成收购协议之日起 3 日内编制上市公司收购报告书，提交豁免申请及规定的相关文件，委托财务顾问向中国证监会、证券交易所提交书面报告，同时抄报派出机构，通知被收购公司，并公告上市公司收购报告书摘要。派出机构收到书面报告后通报上市公司所在地省级人民政府。收购人自取得中国证监会的豁免之日起 3 日内公告其收购报告书、财务顾问专业意见和律师出具的法律意见书；收购人未取得豁免的，应当自收到中国证监会的决定之日起 3 日内予以公告，并按照规定办理。中国证监会发现收购报告书不符合法律、行政法规及相关规定的，应当及时告知收购人，收购人未纠正的，不得公告收购报告书，在公告前不得履行收购协议。已披露收购报告书的收购人在披露之日起 6 个月内，因权益变动需要再次报告、公告的，可以仅就与前次报告书不同的部分作出报告、公告；超过 6 个月的，应当按规定履行报告、公告义务。

第七，收购协议的履行。协议收购的相关当事人应当向证券登记结算机构申请办理拟转让股份的临时保管手续，并可以将用于支付的现金存放于证券登记结算机构指定的银行。收购报告书公告后，相关当事人应当按照证券交易所和证券登记结算机构的业务规则，在证券交易所就本次股份转让予以确认后，凭全部转让款项存放于双方认可的银行账户的证明，向证券登记结算机构申请解除拟协议转让股票的临时保管，并办理过户登记手续。收购人未按规定履行报告、公告义务，或者未按规定提出申请的，证券交易所和证券登记结算机构不予办理股份转让和过户登记手续。收购人在收购报告书公告后 30 日内仍未完成相关股份过户手续的，应当立即作出公告，说明理由；在未完成相关股份过户期间，应当每隔30 日公告相关股份过户办理进展情况。

第八，收购结束后的报告和公告。收购期限届满，被收购公司股权分布不符合上市条件的，该上市公司的股票应当由证券交易所依法终止上市交易；其余仍持有被收购公司股票的股东，有权向收购人以收购要约的同等条件出售其股票，收购人应当收购。收购行为完成后，被收购公司不再具备股份有限公司条件的，应当依法变更企业形式。收购人持有的被收购的上市公司的股票，在收购行为完成后的 12 个月内不得转让。收购人与被收购公司合并，并将该公司解散的，被解散公司的原有股票由收购人依法更换。收购人应当在 15 日内将收购情况报告国务院证券监督管理机构和证券交易所，并予公告。

本案中吉林敖东在进行上市公司收购时，未及时充分披露《四方协议》和进行有关报告的行为，违反了《证券法》第 94 条"采取协议收购方式的，收购人可以依照法律、行政法规的规定同被收购公司的股东以协议方式进行股份转让。以协议方式收购上市公司时，达成协议后，收购人必须在三日内将该收购协议向国务院证券监督管理机构及证券交易所作出书面报告，并予公告。在公告前不得履行收购协议"的规定，构成《证券法》第 213 条所述"收购人未按照本法规定履行上市公司收购的公告、发出收购要约、报送上市公司收购报告书"的违法行为；延边公路在知悉大股东拟增持股份后未在规定时间内进行披露并进行报告的行为违反了《证券法》第 67 条规定，构成《证券法》第 193 条所述披露信息有

"重大遗漏"和"未按照规定报送有关报告"的违法行为。由于董事长李秀林参与了《四方协议》的订立,吉林敖东上述信息披露违法行为的直接负责的主管人员是李秀林。延边公路董事会秘书张洪军参与了《四方协议》的订立,董事长郭仁堂知悉协议订立和收购事项,分别是延边公路上述信息披露违法行为的其他直接责任人员和直接负责的主管人员。根据当事人违法行为的事实、性质、情节与社会危害程度,证监会可以:(1)责令吉林敖东改正虚假陈述行为,给予警告,并处以罚款;(2)对吉林敖东上述违法行为的直接负责的主管人员董事长李秀林给予警告,并处以罚款;(3)责令延边公路改正虚假陈述行为,给予警告,并处以罚款;(4)对延边公路上述违法行为的直接负责的主管人员董事长郭仁堂给予警告,并处以罚款;对延边公路上述违法行为的其他直接责任人员张洪军给予警告,并处以罚款。

第四节　证券主体制度

本节重点法条

《中华人民共和国证券法》

第一百二十二条　设立证券公司,必须经国务院证券监督管理机构审查批准。未经国务院证券监督管理机构批准,任何单位和个人不得经营证券业务。

第一百二十五条　经国务院证券监督管理机构批准,证券公司可以经营下列部分或者全部业务:

(一)证券经纪;

(二)证券投资咨询;

(三)与证券交易、证券投资活动有关的财务顾问;

(四)证券承销与保荐;

(五)证券自营;

(六)证券资产管理;

(七)其他证券业务。

第一百二十七条　证券公司经营本法第一百二十五条第(一)项至第(三)项业务的,注册资本最低限额为人民币五千万元;经营第(四)项至第(七)项业务之一的,注册资本最低限额为人民币一亿元;经营第(四)项至第(七)项业务中两项以上的,注册资本最低限额为人民币五亿元。证券公司的注册资本应当是实缴资本。

国务院证券监督管理机构根据审慎监管原则和各项业务的风险程度,可以调整注册资本最低限额,但不得少于前款规定的限额。

第一百三十条　国务院证券监督管理机构应当对证券公司的净资本，净资本与负债的比例，净资本与净资产的比例，净资本与自营、承销、资产管理等业务规模的比例，负债与净资产的比例，以及流动资产与流动负债的比例等风险控制指标作出规定。

证券公司不得为其股东或者股东的关联人提供融资或者担保。

第一百三十四条　国家设立证券投资者保护基金。证券投资者保护基金由证券公司缴纳的资金及其他依法筹集的资金组成，其筹集、管理和使用的具体办法由国务院规定。

第一百三十五条　证券公司从每年的税后利润中提取交易风险准备金，用于弥补证券交易的损失，其提取的具体比例由国务院证券监督管理机构规定。

第一百三十六条　证券公司应当建立健全内部控制制度，采取有效隔离措施，防范公司与客户之间、不同客户之间的利益冲突。

证券公司必须将其证券经纪业务、证券承销业务、证券自营业务和证券资产管理业务分开办理，不得混合操作。

第一百三十七条　证券公司的自营业务必须以自己的名义进行，不得假借他人名义或者以个人名义进行。

证券公司的自营业务必须使用自有资金和依法筹集的资金。

证券公司不得将其自营账户借给他人使用。

第一百三十九条　证券公司客户的交易结算资金应当存放在商业银行，以每个客户的名义单独立户管理。具体办法和实施步骤由国务院规定。

证券公司不得将客户的交易结算资金和证券归入其自有财产。禁止任何单位或者个人以任何形式挪用客户的交易结算资金和证券。证券公司破产或者清算时，客户的交易结算资金和证券不属于其破产财产或者清算财产。非因客户本身的债务或者法律规定的其他情形，不得查封、冻结、扣划或者强制执行客户的交易结算资金和证券。

第一百四十二条　证券公司为客户买卖证券提供融资融券服务，应当按照国务院的规定并经国务院证券监督管理机构批准。

第一百四十三条　证券公司办理经纪业务，不得接受客户的全权委托而决定证券买卖、选择证券种类、决定买卖数量或者买卖价格。

第一百四十四条　证券公司不得以任何方式对客户证券买卖的收益或者赔偿证券买卖的损失作出承诺。

第一百四十五条　证券公司及其从业人员不得未经过其依法设立的营业场所私下接受客户委托买卖证券。

第一百四十六条　证券公司的从业人员在证券交易活动中，执行所属的证券公司的指令或者利用职务违反交易规则的，由所属的证券公司承担全部责任。

第一百四十七条　证券公司应当妥善保存客户开户资料、委托记录、交易记录和与内部管理、业务经营有关的各项资料，任何人不得隐匿、伪造、篡改或者毁损。上述资料的保存期限不得少于二十年。

第二百零五条　证券公司违反本法规定，为客户买卖证券提供融资融券的，没收违法所得，暂停或者撤销相关业务许可，并处以非法融资融券等值以下的罚款。对直接负责的主管人员和其他直接责任人员给予警告，撤销任职资格或者证券从业资格，并处以三万元以上三十万元以下的罚款。

第二百一十九条 证券公司违反本法规定，超出业务许可范围经营证券业务的，责令改正，没收违法所得，并处以违法所得一倍以上五倍以下的罚款；没有违法所得或者违法所得不足三十万元的，处以三十万元以上六十万元以下罚款；情节严重的，责令关闭。对直接负责的主管人员和其他直接责任人员给予警告，撤销任职资格或者证券从业资格，并处以三万元以上十万元以下的罚款。

《中国证券监督管理委员会境内及境外证券经营机构从事外资股业务资格管理暂行规定》
第十一条 国家境内证券经营机构申请取得资格证书，应当向证监会报送下列文件：
（一）证监会统一印制的《经营外资股业务资格申请表》；
（二）机构批设机关颁发的《经营金融业务许可证（副本）》和国家外汇管理部门颁发的《经营外汇业务许可证（副本）》；
（三）工商行政管理部门颁发的《企业法人营业执照（副本）》；
（四）机构批设机关核准的公司章程；
（五）具有从事证券业务资格的会计师事务所审计的最近二年的资产负债表、损益表和财务状况变动表；
（六）法定代表人、主要负责人及主要业务人员《证券从业资格证书》或简历、专业证书等；
（七）最后二年经营证券业务情况说明；
（八）证监会要求的其他文件。

案例 1 国泰君安深圳华发营业部超出营业范围经营证券案①

【案情介绍】

2000 年 9 月至 2001 年 4 月期间，国泰君安证券股份有限公司深圳华发营业部先后介绍 42 名客户到香港证券经营机构开户。2001 年 4 月深圳证管办发出通知严禁代理有关港股业务后，该营业部停止了介绍客户进行港股交易的行为，但客户仍在继续进行交易。截至 2001 年 5 月 22 日，上述客户合计托管股票市值港币 17 556 万元，保证金余额港币 838 万元。2000 年 9 月至 2001 年 4 月期间，该营业部因介绍客户开户从香港证券经营机构取得佣金收入港币 453 732.25 元。

---

① 案件来源：中国证券监督管理委员会网站，证监罚字〔2002〕16 号，时间：2005 年 9 月 7 日。http：//www.csrc.gov.cn/n575458/n776436/n3376288/n3376382/n3418730/n3419021/3442816.html。

【法律问题】

证券公司超出营业范围经营证券业务的责任

【法律分析和结论】

证券公司是按照公司法和证券法等法律法规规定的设立条件，经证券监督管理机构批准并经公司登记机关登记设立的、从事证券业务的有限责任公司或者股份有限公司。根据《证券法》第 122 条的规定，未经国务院证券监督管理机构批准，任何单位和个人不得经营证券业务。《证券法》第 125 条规定的证券公司的业务范围包括：证券经纪；证券投资咨询；与证券交易、证券投资活动有关的财务顾问；证券承销与保荐；证券自营；证券资产管理；其他证券业务。经国务院证券监督管理机构批准，证券公司可以经营上述部分或者全部业务。未经批准，证券公司不得经营证券业务。《证券法》第 219 条规定，证券公司"超出业务许可范围经营证券业务的，责令改正，没收违法所得，并处以违法所得一倍以上五倍以下的罚款；没有违法所得或者违法所得不足三十万元的，处以三十万元以上六十万元以下罚款；情节严重的，责令关闭。对直接负责的主管人员和其他直接责任人员给予警告，撤销任职资格或者证券从业资格，并处以三万元以上十万元以下的罚款"。

本案中，根据《证券法》及《境内及境外证券经营机构从事外资股业务资格管理暂行规定》的规定，国泰君安证券股份有限公司深圳华发营业部作为非法人并没有得到证监会批准经营境外（香港）证券业务，证监会可以责令华发营业部限期对介绍客户进行港股交易的行为进行改正，并可以没收违法所得，处违法所得 1 倍以上 5 倍以下的罚款，还可以对直接责任人给予警告、撤销任职资格或者证券从业资格和罚款的处罚。

案例 2　新基业公司允许客户保证金不足进行期货交易和混码交易案[①]

【案情介绍】

经查明，当事人新基业公司存在如下违规事实：

1. 允许客户在保证金不足的情况进行期货交易。

客户周荣于 2001 年 3 月 21 日在新基业公司开户，其账户在 2001 年 4 月 12

① 案例来源：《中国证券监督管理委员会行政处罚决定书》，载新浪网，http://finance.sina.com.cn/stock/t/20050909/0240303855.shtml，最后浏览于 2007 年 1 月 3 日。

日就出现了客户权益小于其持仓保证金的情况。至 8 月 31 日平仓前，除 7 月 3 日外，周荣账户内的保证金均处于透支情况下，最高透支达 71.7 万元。新基业公司在周荣保证金不足的情况下允许其新增仓手数累计达 387 手。

2. 未为客户单独开立专门账户、设置交易编码，进行混码交易。

自 2001 年 4 月 2 日至 8 月 28 日，客户周荣通过新基业公司进行品种为上海期货交易所铜和上海期货交易所铝的期货交易。在此期间，新基业公司始终未给客户周荣设置交易编码。新基业公司内部为客户周荣编制的客户号 1210 非期货交易所交易编码。客户周荣的期货交易通过 116949 交易码成交，而该码是新基业公司先前为其他客户开立的。

当事人洪磊系新基业公司副总经理，是新基业公司业务的直接负责的主管人员，对新基业公司的上述违规行为负有责任。

【法律问题】
客户保证金不足情况下的交易

【法律分析和结论】
根据《期货交易管理条例》的规定，期货交易应当严格执行保证金制度。期货交易所向会员、期货公司向客户收取的保证金，不得低于国务院期货监督管理机构、期货交易所规定的标准，并应当与自有资金分开，专户存放。期货公司应当为每一个客户单独开立专门账户、设置交易编码，不得混码交易。根据《期货公司管理办法》的规定，期货公司存管的期货保证金属于客户所有，客户的保证金应当与期货公司的自有资产相互独立、分别管理。期货公司应当在依法批准的期货保证金存管银行开立期货保证金账户。客户应当将保证金存入期货公司通过期货保证金安全存管监控机构网站披露的期货保证金账户。期货保证金账户是指期货公司在期货保证金存管银行开立的用于存放和管理客户保证金的专用存款账户，包括期货公司在期货交易所所在地开立的、用于与期货交易所办理期货业务资金往来的专用资金账户。期货公司存管的客户保证金应当全额存放在期货保证金账户和期货交易所专用结算账户内，严禁在期货保证金账户和期货交易所专用结算账户之外存放客户保证金。客户应当向期货公司登记以本人名义开立的用于存取保证金的期货结算账户。期货公司和客户应当通过备案的期货保证金账户和登记的期货结算账户转账存取保证金。客户保证金不足时，应当及时追加保证金或者自行平仓。客户未在期货公司规定的时间内及时追加保证金或者自行平仓的，期货公司应当将该客户的合约强行平仓，强行平仓的有关费用和发生的损失由该客户承担。客户在期货交易中违约的，期货公司先以该客户的保证金承担违约责任；保证金不足的，期货公司应当以风险准备金和自有资金代为承担违约责任，并由此取得对该客户的相应追偿权。期货公司允许客户在保证金不足的情况下进行期货交易或者进行混码交易的，应当责令改正，给予警告，没收违法所得，并处违法所得1倍以上3倍以下的罚款；没有违法所得或者违法所得不满10万元的，并处10万元以上30万元以下的罚款；情节严重的，责令停业整顿或者吊销期货业务许可证；并对直接负责的主管人员和其他直接责任人员给予警告，并处1万元以上5万元以下的罚款；情节严重的，暂停或者撤销任职资格、期货从业人员资格。

本案中新基业公司允许客户在保证金不足的情况下进行期货交易并违反规定进行混码交易，构成期货交易违规行为。当事人洪磊作为新基业公司副总经理，经公司授权对公司业务全面负责，证监会可以对新基业公司依法处罚，并可以对直接负责的主管人员洪磊进行处罚。

案例3　期货公司与客户约定分享利益、共担风险案[①]

【案情介绍】

经查明：当事人期货公司存在下列违法事实：

（1）未将客户交易指令下达到期货交易所内。

经查，自2001年1月1日至2001年3月1日，京都期货经纪有限公司（以下简称京都期货）将原股东所属的711账户（客户名为邵玉珍）、188账户（客户名为徐凤）与608账户（户名为总部风险户）私下对冲，未将711和188账户的部分指令下达到期货交易所内。其中，711账户未入场的交易指令是5月大豆合约250手、7月大豆合约50手、9月大豆合约70手，188账户未入场的指令是5月大豆合约140手、7月大豆合约447手、9月大豆合约270手。上述两账户未入场指令总计1227手，该公司获取手续费13195元，非法盈利193210元，总计获取非法所得206405元。上述行为，由京都期货原总经理韩东决定，为直接负责的主管人员；由其交易部经理李志平具体操作，为其他直接责任人员。

（2）与客户约定分享利益、共担风险。

2001年3月15日，京都期货由其总经理韩东（乙方）与客户王晓平（甲

---

① 案例来源：《京都期货经纪有限公司诉张庆光借款纠纷案》，载法搜网，http://www.fsou.com/html/text/fnl/1174461/117446108.html，最后浏览于2007年1月3日。

方）签订投资协议，并加盖该公司的合同专用章。双方约定，"甲方投资 20 万元，交与乙方进行套期保值业务，乙方保证甲方投资有 10% 的收益，超出部分双方按各 50% 分配。"根据该协议，王晓平于同日投资 20 万元。2001 年 11 月 21 日，双方签订清算协议，王晓平据此收到投资款 20 万元，投资收益 2 万元。此间，没有发现客户王晓平的成交记录。上述行为，由京都期货原总经理韩东决定并实施，为直接负责的主管人员。

【法律问题】
期货公司的客户盈亏自负

【法律分析和结论】
根据《期货交易管理条例》的规定，期货公司接受客户委托为其进行期货交易，应当事先向客户出示风险说明书，经客户签字确认后，与客户签订书面合同。期货公司不得未经客户委托或者不按照客户委托内容，擅自进行期货交易。期货公司不得向客户作获利保证；不得在经纪业务中与客户约定分享利益或者共担风险。客户可以通过书面、电话、互联网或者国务院期货监督管理机构规定的其他方式，向期货公司下达交易指令。客户的交易指令应当明确、全面。期货公司应当遵循诚实信用原则，以专业的技能，勤勉尽责地执行客户的委托，维护客户的合法权益。期货公司不得隐瞒重要事项或者使用其他不正当手段诱骗客户发出交易指令。根据《期货交易管理条例》第 71 条的规定，期货公司如果在经纪业务中与客户约定分享利益、共担风险，或者不按照规定接受客户委托或者不按照客户委托内容擅自进行期货交易，或者未将客户交易指令下达到期货交易所的，应当责令改正，给予警告，没收违法所得，并处违法所得 1 倍以上 5 倍以下的罚款；没有违法所得或者违法所得不满 10 万元的，并处 10 万元以上 50 万元以下的罚款；情节严重的，责令停业整顿或者吊销期货业务许可证。对其直接负责的主管人员和其他直接责任人员给予警告，并处 1 万元以上 10 万元以下的罚款；情节严重的，暂停或者撤销任职资格、期货从业人员资格。
本案中，京都期货采取与公司风险户私下对冲的手段，未将客户的 711、188 账户的部分交易指令下达到期货交易所内，违反了《期货交易管理条例》第 71 条的规定，因此中国证监会应当依法对京都期货进行处罚；对其直接负责的主管人员和直接责任人员韩东、李志平进行处罚。京都期货与客户王晓平签订投资协议的行为属于《期货交易管理条例》第 71 条第 1 款第 2 项所述"在经纪业务中与客户约定分享利益、共担风险的"行为，中国证监会应当根据规定对京都期货及直接负责的主管人员韩东依法处罚。

案例 4　恒丰期货欺诈客户案[①]

【案情介绍】

经查明，当事人云南恒丰期货经纪有限公司（以下简称恒丰期货）存在如下违法行为：

（1）挪用客户保证金。

2000 年 9 月 14 日，恒丰期货账面显示应付客户保证金余额为 434.51 万元，扣除在各交易所结算准备金 17.1 万元及在各银行存款 31.98 万元，账面反映挪用客户保证金 385.43 万元。

（2）未经客户委托或者不按照客户委托范围，擅自进行期货交易。

1998 年 9 月 15 日，客户周强生与恒丰期货签订开户文件，恒丰期货职员杨中华接受客户全权委托，指使周强生在空白交易单上签字，造成损失。周强生起诉杨中华及恒丰期货，昆明市中级人民法院（［2000］昆法经初字第 138 号）判决恒丰期货存在接受客户全权委托行为。

（3）未将客户交易指令下达到期货交易所内、向客户提供虚假成交回报。

恒丰期货向其客户提供的客户交易账单显示，2000 年 6 月 15 日其两客户平仓大连大豆，7 月 14 日一客户平仓大连大豆。由于恒丰期货无大连期货交易所交易席位，其大连品种均通过河南中期期货经纪有限公司代理。经查，恒丰期货在河南中期期货经纪有限公司开设的交易账户 2000 年 6 月 15 日、7 月 14 日均没有交易。

【法律问题】

期货公司欺诈客户行为

【法律分析和结论】

期货公司的欺诈客户行为是受到法律严格控制的。按照《期货交易管理条例》第 71 条的规定，期货经纪公司有欺诈客户行为的，应当责令改正，给予警告，没收违法所得，并处违法所得 1 倍以上 5 倍以下的罚款；没有违法所得或者

---

① 案例来源：《中国证券监督管理委员会证监罚字［2003］24 号行政处罚决定书》，载中国反商业欺诈网，http://caf.mofcom.gov.cn/infomanage/2_article_JS2006030900233.jsp，最后浏览于 2007 年 1 月 3 日。

违法所得不满 10 万元的,并处 10 万元以上 50 万元以下的罚款;情节严重的,责令停业整顿或者吊销期货业务许可证。对其直接负责的主管人员和其他直接责任人员给予警告,并处 1 万元以上 10 万元以下的罚款;情节严重的,暂停或者撤销任职资格、期货从业人员资格。这些欺诈客户的行为包括:(1)向客户作获利保证或者不按照规定向客户出示风险说明书的;(2)在经纪业务中与客户约定分享利益、共担风险的;(3)不按照规定接受客户委托或者不按照客户委托内容擅自进行期货交易的;(4)隐瞒重要事项或者使用其他不正当手段,诱骗客户发出交易指令的;(5)向客户提供虚假成交回报的;(6)未将客户交易指令下达到期货交易所的;(7)挪用客户保证金的;(8)不按照规定在期货保证金存管银行开立保证金账户,或者违规划转客户保证金的;(9)国务院期货监督管理机构规定的其他欺诈客户的行为。

本案中,当事人恒丰期货的行为属于《期货交易管理条例》第 71 条第 1 款第 3 项、第 5 项、第 6 项、第 7 项规定的行为,应当对恒丰期货依法进行处罚,并对直接负责的主管人员及其他直接责任人员进行处罚。

案例 5　证券公司违规融资融券案

【案情介绍】

1996 年 7 月至 1998 年 4 月,浙江证券有限责任公司深圳营业部等 10 个营业部为客户股票交易提供融资 10 047.75 万元,其中深圳营业部 1998 年 3 月 31 日为客户融资 3 878.99 万元(详见表一)。上述行为,违反了《股票条例》第 43 条的规定,构成《股票发行与交易暂行条例》第 71 条第 8 项所述的行为。此外,该公司 1997 年接受上海证券登记结算公司深圳代办处的全权委托,代理买卖股票 850 万元,其中 500 万元保证年收益率 24%,专门用于新股申购,盈利 67 万元,24% 回报率及本金已付给上海证券登记结算公司深圳代办处;其余 350 万元保证年收益率 20%,专门用于股票炒作,按审计日计算亏损 112.72 万元。上述行为,构成《股票发行与交易暂行条例》第 71 条第 7 项所述的行为。

表一　浙江证券有限责任公司系统违规为客户股票交易融资情况汇总表　　单位:万元

序号	单位名称	时间	违规金额	获利
1	杭州营业部	1998.4.27	2 823.60	
2	绍兴营业部	1998.3.6	238	
3	温州营业部	1997.3.19	367	14.12
4	台州营业部	1998.4	240	

续前表

序号	单位名称	时间	违规金额	获利
5	北京营业部	1997.4.8	951.88	58.85
6	武汉营业部	1997.5.23	603.26	62
7	天津营业部	1997	446.23	
8	天津贵州路营业部	1997	78	
9	上海营业部	1998.4.30	428.91	
10	深圳营业部	1998.3.31	3 878.99	153
合计			10 047.75	287.97

【法律问题】

证券公司的融资融券业务

【法律分析和结论】

融资融券交易，又称保证金交易或者信用交易，是指客户按照法律规定，在买卖证券时只向证券公司支付一定数额的保证金或交付部分证券，其应当支付的价款和应交付的证券不足时，由证券公司垫付的一种交易方式。其中融资买入证券为买空，融券卖出证券为卖空。为了抑制和防止证券交易中的投机行为，防范金融风险，我国1999年的《证券法》禁止证券公司为客户提供融资融券服务。但融资融券是资本市场发展应具有的基本功能，各国资本市场均建立了证券融资融券交易制度。通过融资融券可增加市场流动性，提供风险回避手段，提高资金利用率。融资融券也是实施期货等金融衍生工具交易必不可少的基础，因此我国2005年《证券法》逐渐开放证券公司融资融券业务，规定证券公司可以为客户买卖证券提供融资融券服务，但应当按照国务院的规定并经国务院证券监督管理机构批准。证券公司违反本法规定，为客户买卖证券提供融资融券的，没收违法所得，暂停或者撤销相关业务许可，并处以非法融资融券等值以下的罚款。对直接负责的主管人员和其他直接责任人员给予警告，撤销任职资格或者证券从业资格，并处以3万元以上30万元以下的罚款。

此案是证监会发给浙江证券有限责任公司的整改意见，时间是在新《证券法》出台之前，因此可能与现行《证券法》的规定不一致。现行《证券法》规定证券公司可以为客户提供融资融券服务。2006年证监会出台了《证券公司融资融券业务试点管理办法》，上海证券交易所和深圳证券交易所业相继出台了融资融券实施细则，这些都对融资融券作出了具有可操作性的安排。根据这些规定，证券公司开展融资融券业务试点，必须经中国证券监督管理委员会批准，未经证监会批准，任何证券公司不得向客户融资、融券，也不得为客户与客户、客户与他人之间的融资融券活动提供任何便利和服务。证监会根据审慎监管的原则，批准符合规定条件的证券公司开展融资融券业务试点；根据试点情况和证券市场发展需要，逐步批准符合规定条件的其他证券公司开展融资融券业务。证监会及其派出机构依法对证券公司融资融券业务的试点活动进行监督管理。中国证券业协会、证券交易所、证券登记结算机构按照本机构的章程和规则，对证券公司融资融券业务试点活动进行自律管理。

第五节　证券监管制度

本节重点法条

《中华人民共和国证券法》

第一百七十九条　国务院证券监督管理机构在对证券市场实施监督管理中履行下列职责：

（一）依法制定有关证券市场监督管理的规章、规则，并依法行使审批或者核准权；

（二）依法对证券的发行、上市、交易、登记、存管、结算，进行监督管理；

（三）依法对证券发行人、上市公司、证券公司、证券投资基金管理公司、证券服务机构、证券交易所、证券登记结算机构的证券业务活动，进行监督管理；

（四）依法制定从事证券业务人员的资格标准和行为准则，并监督实施；

（五）依法监督检查证券发行、上市和交易的信息公开情况；

（六）依法对证券业协会的活动进行指导和监督；

（七）依法对违反证券市场监督管理法律、行政法规的行为进行查处；

（八）法律、行政法规规定的其他职责。

国务院证券监督管理机构可以和其他国家或者地区的证券监督管理机构建立监督管理合作机制，实施跨境监督管理。

第一百八十条　国务院证券监督管理机构依法履行职责，有权采取下列措施：

（一）对证券发行人、上市公司、证券公司、证券投资基金管理公司、证券服务机构、证券交易所、证券登记结算机构进行现场检查；

（二）进入涉嫌违法行为发生场所调查取证；

（三）询问当事人和与被调查事件有关的单位和个人，要求其对与被调查事件有关的事项作出说明；

（四）查阅、复制与被调查事件有关的财产权登记、通讯记录等资料；

（五）查阅、复制当事人和与被调查事件有关的单位和个人的证券交易记录、登记过户记录、财务会计资料及其他相关文件和资料；对可能被转移、隐匿或者毁损的文件和资料，可以予以封存；

（六）查询当事人和与被调查事件有关的单位和个人的资金账户、证券账户和银行账户；对有证据证明已经或者可能转移或者隐匿违法资金、证券等涉案财产或者隐匿、伪造、毁损重要证据的，经国务院证券监督管理机构主要负责人批准，可以冻结或者查封；

（七）在调查操纵证券市场、内幕交易等重大证券违法行为时，经国务院证券监督管理机构主要负责人批准，可以限制被调查事件当事人的证券买卖，但限制的期限不得超过十五个交易日；案情复杂的，可以延长十五个交易日。

案例　顾雏军市场禁入案①

【案情介绍】

申请人顾雏军不服中国证券监督管理委员会（以下简称本会）证监法律字[2006] 4 号《关于对顾雏军等人实施市场禁入的决定》（以下简称《市场禁入决定》）对其的处理，向本会提出了行政复议申请。本会受理后，依法对本案进行了审查，现已审查终结。

《市场禁入决定》认定，科龙电器披露的 2002 年、2003 年、2004 年年度报告存在以下虚假记载、重大遗漏等违法事实：（1）2002 年至 2004 年，科龙电器采取虚构主营业务收入、少计坏账准备、少计诉讼赔偿金等手段编造虚假财务报告，导致其 2002 年年度报告虚增利润 11 996.31 万元，2003 年年度报告虚增利润 11 847.05 万元，2004 年年度报告虚增利润 14 875.91 万元；（2）科龙电器2003 年年度报告现金流量表披露存在重大虚假记载；（3）科龙电器 2002 年至2004 年未披露会计政策变更等重大事项，也未披露与关联方共同投资、购买商品等关联交易事项。科龙电器的上述行为违反了原《证券法》第 59 条、第 60条、第 61 条、第 62 条的有关规定，构成原《证券法》第 177 条所述的"未按照有关规定披露信息，或者所披露的信息有虚假记载、误导性陈述或者有重大遗漏"的行为。时任科龙电器董事长的申请人顾雏军在审议通过科龙电器 2002 年、2003 年、2004 年年度报告正文及摘要的董事会决议上签字，并组织、领导、策划、指挥了科龙电器上述全部违法行为，是直接负责的主管人员。依据《证券市场禁入暂行规定》第 4 条、第 5 条的规定，本会认定申请人为市场禁入者，自本会宣布决定之日起，永久性不得担任任何上市公司和从事证券业务机构的高级管理人员职务。

申请人以《市场禁入决定》事实不清、依据的证据不足等为由，请求撤销本

---

① 案件来源：中国证券监督管理委员会网站，证监复决字 [2006] 28 号，时间：2007 年 6 月 12日。http://www.csrc.gov.cn/n575458/n776436/n805040/n3745534/n3751743/3819737.html。

会所作的《市场禁入决定》。

经审查查明，在科龙电器披露的 2002 年、2003 年、2004 年年度报告中，存在通过虚构主营业务收入、少计坏账准备、少计诉讼赔偿金等手段虚增利润的虚假记载，2003 年年度报告现金流量表存在重大虚假记载；科龙电器 2002 年至 2004 年未披露会计政策变更，及其与关联方共同投资、购买商品等关联交易的重大事项。申请人作为科龙电器董事长在审议通过科龙电器 2002 年、2003 年、2004 年年度报告正文及摘要的董事会决议上签字，并实际组织、领导、策划了上述违法行为。

【法律问题】

1. 证监会的性质和职权
2. 证券市场禁入

【法律分析和结论】

我国《证券法》第 178 条规定："国务院证券监督管理机构依法对证券市场实行监督管理，维护证券市场秩序，保障其合法运行。"根据《证券法》第 7 条、第 8 条的规定，我国对证券市场的监管实行以政府监管为主，辅之以自律监管。根据《中国证券监督管理委员会职能配置、内设机构和人员编制规定》的规定，证监会的性质属于国务院直属事业单位。2005 年新《证券法》修订后赋予了证监会大量行政执法权限和准司法权。这里先不探讨是否存在违宪问题，至少表明证监会在加强证券市场监管、惩处证券市场不法行为的作用和地位是非常重大的，其职权几乎覆盖了所有关于对证券不法行为的行政权限和准司法权限。根据《证券法》第 179 条的规定，中国证监会的职权包括：（1）依法制定有关证券市场监督管理的规章、规则，并依法行使审批或者核准权；（2）依法对证券的发行、上市、交易、登记、存管、结算，进行监督管理；（3）依法对证券发行人、上市公司、证券公司、证券投资基金管理公司、证券服务机构、证券交易所、证券登记结算机构的证券业务活动，进行监督管理；（4）依法制定从事证券业务人员的资格标准和行为准则，并监督实施；（5）依法监督检查证券发行、上市和交易的信息公开情况；（6）依法对证券业协会的活动进行指导和监督；（7）依法对违反证券市场监督管理法律、行政法规的行为进行查处；（8）法律、行政法规规定的其他职责。根据《证券法》第 180 条的规定，证监会的执法权包括：现场检查权；调查取证权；询问权；查阅、复制权；封存文件资料权；查询、冻结、查封权；限制证券买卖权。

另外，根据《证券法》第233条的规定，违反法律、行政法规或者国务院证券监督管理机构的有关规定，情节严重的，国务院证券监督管理机构可以对有关责任人员采取证券市场禁入的措施。所谓证券市场禁入，是指在一定期限内直至终身不得从事证券业务或者不得担任上市公司董事、监事、高级管理人员的制度。证监会有权对严重违反证券法的公司高级管理人员作出市场禁入的决定。根据《证券市场禁入规定》的规定，下列人员违反法律、行政法规或者中国证监会有关规定，情节严重的，中国证监会可以根据情节严重的程度，采取证券市场禁入措施：(1) 发行人、上市公司的董事、监事、高级管理人员，其他信息披露义务人或者其他信息披露义务人的董事、监事、高级管理人员；(2) 发行人、上市公司的控股股东、实际控制人或者发行人、上市公司控股股东、实际控制人的董事、监事、高级管理人员；(3) 证券公司的董事、监事、高级管理人员及其内设业务部门负责人、分支机构负责人或者其他证券从业人员；(4) 证券公司的控股股东、实际控制人或者证券公司控股股东、实际控制人的董事、监事、高级管理人员；(5) 证券服务机构的董事、监事、高级管理人员等从事证券服务业务的人员和证券服务机构的实际控制人或者证券服务机构实际控制人的董事、监事、高级管理人员；(6) 证券投资基金管理人、证券投资基金托管人的董事、监事、高级管理人员及其内设业务部门、分支机构负责人或者其他证券投资基金从业人员；(7) 中国证监会认定的其他违反法律、行政法规或者中国证监会有关规定的有关责任人员。被中国证监会采取证券市场禁入措施的人员，在禁入期间内，除不得继续在原机构从事证券业务或者担任原上市公司董事、监事、高级管理人员职务外，也不得在其他任何机构中从事证券业务或者担任其他上市公司董事、监事、高级管理人员职务。被采取证券市场禁入措施的人员，应当在收到中国证监会作出的证券市场禁入决定后立即停止从事证券业务或者停止履行上市公司董事、监事、高级管理人员职务，并由其所在机构按规定的程序解除其被禁止担任的职务。

对于违法行为人证券市场禁入的期限，《证券市场禁入规定》规定了三种：(1) 违反法律、行政法规或者中国证监会有关规定，情节严重的，可以对有关责任人员采取3年至5年的证券市场禁入措施。(2) 行为恶劣、严重扰乱证券市场秩序、严重损害投资者利益或者在重大违法活动中起主要作用等情节较为严重的，可以对有关责任人员采取5年至10年的证券市场禁入措施。(3) 有下列情形之一的，可以对有关责任人员采取终身的证券市场禁入措施：严重违反法律、行政法规或者中国证监会有关规定，构成犯罪的；违反法律、行政法规或者中国证监会有关规定，行为特别恶劣，严重扰乱证券市场秩序并造成严重社会影响，或者致使投资者利益遭受特别严重损害的；组织、策划、领导或者实施重大违反法律、行政法规或者中国证监会有关规定的活动的；其他违反法律、行政法规或者中国证监会有关规定，情节特别严重的。

本案中，科龙电器董事长的顾雏军在科龙公司连续几年的年度报告中的虚假陈述负主要责任，不仅在决议上签字而且实际组织、领导、策划了该违法行为，故而违反了《证券法》关于证券市场禁入的规定，属于《证券市场禁入规定》第3条第1项规定的"发行人、上市公司的董事、监事、高级管理人员，其他信息披露义务人或者其他信息披露义务人的董事、监事、高级管理人员"，证监会对顾雏军作出市场禁入决定是正确的。

第四章

保险法

第一节　保险法的基本原则

━━━ **本节重点法条** ━━━

《中华人民共和国保险法》

　　第四条　从事保险活动必须遵守法律、行政法规，尊重社会公德，不得损害社会公共利益。

　　第五条　保险活动当事人行使权利、履行义务应当遵循诚实信用原则。

　　第六条　保险业务由依照本法设立的保险公司以及法律、行政法规规定的其他保险组织经营，其他单位和个人不得经营保险业务。

　　第七条　在中华人民共和国境内的法人和其他组织需要办理境内保险的，应当向中华人民共和国境内的保险公司投保。

　　第八条　保险业和银行业、证券业、信托业实行分业经营、分业管理，保险公司与银行、证券、信托业务机构分别设立。国家另有规定的除外。

　　第九条　国务院保险监督管理机构依法对保险业实施监督管理。

　　国务院保险监督管理机构根据履行职责的需要设立派出机构。派出机构按照国务院保险监督管理机构的授权履行监督管理职责。

一、保险利益原则

案例 承租房屋退租案

【案情介绍】

法国阿尔比斯有限责任公司承租中国圣康有限责任公司一座楼房经营，为预防经营风险，法国阿尔比斯有限责任公司欲将此楼房在中国保险公司投保 700 万元。

中国永顺保险公司同意承保，于是，法国阿尔比斯有限责任公司交付了一年的保险金。

6 个月后，法国阿尔比斯有限责任公司结束租赁，将楼房退还给中国圣康有限责任公司。在保险期的第 8 个月该楼房发生了火灾，损失 500 万元。法国阿尔比斯有限责任公司根据保险合同的约定向中国永顺保险公司主张赔偿，并提出保险合同、该楼房受损失的证明等资料。

【法律问题】

保险利益原则

【法律分析和结论】

保险利益，指投保人或被保险人对保险标的具有的法律上认可的利益，又称可保利益。保险利益产生于投保人或被保险人与保险标的之间的经济联系，它是投保人或被保险人可以向保险公司投保的利益，体现了投保人或被保险人对保险标的所具有的法律上承认的利害关系，即投保人或被保险人因保险标的遭受风险事故而受损失，因保险标的未发生风险事故而受益。

对保险标的具有保险利益，是投保的前提条件。我国《保险法》规定，投保人应当对保险标的具有保险利益；投保人对保险标的不具有保险利益的，保险合同无效。规定保险利益原则的意义在于避免将保险变成赌博行为，预防道德风险，确定保险赔偿范围。

财产保险的保险利益一般要求从保险合同订立到保险事故发生时始终存在；人身保险的保险利益则存在于合同成立时，要求投保人在保险合同订立时必须具有保险利益，而发生保险事故时，则不追究是否具有保险利益。

在人身保险合同中，保险利益是指投保人对被保险人具有的法律上承认的利益，除前款规定外，被保险人同意投保人为其订立合同的视为投保人对被保险人具有保险利益。

根据 2002 年《保险法》第 53 条规定，投保人对下列人员具有保险利益：（1）本人；（2）配偶、子女、父母；（3）前项以外与投保人有抚养、赡养，或者扶养关系的家庭其他成员、近亲属。除前款规定外，被保险人同意投保人为其订立合同的，视为投保人对被保险人具有保险利益。（2009 年新修订《保险法》第 31 条）

1. 2002 年《保险法》第 11 条明确规定："投保人对保险标的应当具有保险利益。投保人对保险标的不具有保险利益的，保险合同无效。保险利益是指投保人对保险标的具有的法律上承认的利益。保险标的是指作为保险对象的财产及其有关利益或者人的寿命和身体。" 2009 年新修订《保险法》第 12 条规定了保险利益原则。

法国阿尔比斯有限责任公司拥有对该楼房的承租权，所以具有保险利益，承租的楼房可以投保。

2. 法国阿尔比斯有限责任公司提出赔偿的请求没有法律依据，因为其租赁法律关系已经结束，对其原来使用的楼房不再具有保险利益。根据《保险法》规定：投保人对保险标的不具有保险利益的，保险合同无效。

二、损失补偿原则

案例 1　张某汽车超额投保案

【案情介绍】

2005 年 7 月，张某到保险公司为自己新买的现代汽车投保。2006 年 1 月，张某酒后驾车发生交通事故，车辆报废，交警部门鉴定由张某负全部责任。张某随即到保险公司要求赔偿。保险公司在理赔时发现张某投保的保险金额超出了该现代车的实际价值，因此仅同意按汽车的实际价值给付保险金。张某却认为自己是与保险公司协商一致签订了合同，自己也已经足额交纳了保险费，因此，保险公司应当按照合同约定的保险金额给付保险金。

双方协商未果，张某起诉至法院。

【法律问题】

损失补偿原则、超额保险

【法律分析和结论】

本案的焦点在于超额保险是否应当得到赔偿。为此，我们首先要了解几个基本概念。

保险价值，是指投保人与保险人在订立合同时投保人对保险标的的所享有的保险利益以货币形式表现出来的价值数额；或者是指在保险事故发生造成损失时保险标的的实际价值。保险价值从本质上讲是一个变量。从保险合同订立到保险事故发生这段时间内，由于市场供求关系的变化、科技的发展、固定资产的折旧等因素，保险标的的实际价值总是处在变化之中。因此，投保人在投保时、保险人在理赔时需要确定保险价值。在定值保险合同中，保险价值是投保时保险标的的实际价值；在不定值保险合同中，保险价值是保险事故发生时保险标的的实际价值。

保险金额，是指投保人对保险标的的实际投保金额，也是保险人承担保险责任的最高限额。定值保险合同的保险金额在全额保险的情况下，就等于保险价值。不定值保险合同的保险金额由投保人根据保险标的的实际价值自行确定，或者由投保人与保险人协商确定。

超额保险合同是指保险金额超过保险价值的保险合同。产生超额保险合同的原因大致有以下几种：（1）基于投保人的善意而产生的超额保险。即投保人在未违反善良管理人的注意义务的情况下，不知道保险金额高于保险价值而进行超额投保所产生的超额保险。（2）基于投保人的恶意而产生的超额保险。即投保人明知或根据善良管理人的注意义务应当知道保险金额高于保险价值而进行超额投保所产生的超额保险。此时，投保人的目的多为利用保险合同谋取不正当利益。（3）保险合同成立后，因供求关系的变化、科技的发展、固定资产的折旧等因素，保险标的的实际价值降低，导致保险事故发生时保险金额超过保险价值。这种情况属于广义的善意超额保险。

超额保险极易导致欺诈，损害保险人的正当利益，因此各国的保险法大都对超额保险加以严格限制：（1）对于基于投保人的善意而产生的超额保险合同，超过部分无效。（2）对于基于投保人的恶意而产生的超额保险合同，一般规定，投保人以此谋取不正当利益的，保险合同全部无效。

根据损失补偿原则，保险的目的是补偿被保险人因为保险事故而遭受的财产损失，不能也不应当因为发生保险事故而使被保险人获得额外利益。

因此，张某只能获得相当于保险标的的实际价值的赔偿，超过部分无效。

案例 2　第三者责任险和雇主责任险竞合案

【案情介绍】

2003 年 12 月 9 日，文某为自己的帕萨特轿车向永顺保险公司投保了第三者责任保险，保险期限为一年。2004 年 1 月 17 日，华兴有限责任公司为其聘用的所有员工向永安财产保险公司投保雇主责任险，保险期限为一年，该公司的一名外销人员方某，也在被保险名单内。2004 年 2 月 4 日，文某驾驶的帕萨特轿车在西环路上因避让后面的车辆超车，不慎驶入非机动车辆道，撞上了正骑自行车送货的方某。文某马上打电话报警，并尽快将方某送到了医院。住院期间方某共花去医药费 18 400 元。经交通事故管理部门认定，这起交通事故由文某负完全责任，方某不负任何责任。文某付清了方某所有的医药费和交管部门鉴定费，共计 18 600 元。随后，文某向永顺保险公司提出 18 600 元的保险赔偿要求。2004 年 4 月 12 日，华兴有限责任公司以雇员方某因工负伤为由向永安保险公司索赔。在由哪家保险公司赔偿和如何赔偿的问题上，文某、华兴有限责任公司、永顺保险公司和永安保险公司产生纠纷。

【法律问题】
损失补偿原则、保险竞合

【法律分析和结论】
上述案例构成了保险竞合。发生保险竞合应该如何赔偿？

保险竞合是指同一保险事故发生导致同一保险标的受损时，两个或两个以上的保险人对此均负保险责任的情形。典型的保险竞合必须是保险事故发生时，数个保险人应给付保险金的对象均为同一被保险人。保险竞合在财产保险与人身保险中都存在。

损失补偿原则是指当保险事故发生使被保险人遭受损失时，保险人在其责任范围内对被保险人所遭受的实际损失进行赔偿。损失补偿原则由保险的经济补偿性质所决定，它最直接地体现了保险的经济补偿职能。其主要含义有以下两方面：第一，被保险人只有遭受约定的保险危险所造成的损失才能获得赔偿。如果有危险无损失，或者有损失但并非合同约定的保险事故所引起，则保险人无须进行赔偿；第二，补偿的量应该等于实际损失的量，即保险人的补偿恰好能使保险标的恢复到保险事故发生前的状况。

损失补偿的范围包括：第一，保险事故发生时保险标的的实际损失；第二，合理费用；第三，其他费用。

此外，损失补偿原则虽然是保险法的基本原则之一，但是在保险实践中仍存在一些例外情况，如，人身保险的例外、定值保险的例外、重置保险的例外等。

根据损失补偿原则，投保人投保的目的是发生保险事故或保险合同规定的事由出现后补偿损失而非营利。因此，任何人不得以营利为目的，向保险公司索赔，也不得因从保险公司获得赔偿中盈利。根据保险的补偿原则，被保险人从某一保险人那里得到补偿后，就丧失了向其他保险人索赔的权利。如果被保险人从某一保险人没有获得损失的完全补偿，不足部分可以向其他保险公司索赔。而对于重复保险的赔偿的处理，通常由保险人进行分摊。我国法律规定的赔偿方式是比例分摊方式。

在这个案例中，方某因受伤而导致的损失，已从永顺保险公司得到完全补偿，所以华兴有限责任公司就丧失了向永安保险公司索赔的权利。

保险竞合在我国的保险立法与理论研究中都是空白。发生保险竞合时，保险公司如何赔偿，一般都是依照损失弥补原则由保险人和被保险人协商处理。

三、近因原则

案例 1　冻伤水果索赔案

【案情介绍】

2004 年 1 月，广东隆发甘鲜果品有限责任公司与黑龙江兴达有限责任公签订了一份购销合同。兴达有限责任公司购买隆发甘鲜果品有限责任公司一批柑橘，共计 6 000 箱，价值 12 万元。铁路运输，共 3 车皮。隆发甘鲜果品有限责任公司通过铁路承运部门投保了货物运输综合险，保费 4 000 元。2005 年 2 月 20 日，保险公司出具了保险单。

2005 年 3 月，到达目的地以后，兴达有限责任公司收货人员发现：一节车厢门被撬开，保温棉被被掀开 5 米，货物丢失 200 箱，冻坏变质 350 箱。直接损失 11 000 元。当时气温为零下 15 度。

隆发甘鲜果品有限责任公司向保险公司索赔。保险公司同意赔偿丢失的货物 200 箱，拒绝赔偿被冻坏的 350 箱。认为造成该 350 箱损失的原因是天气寒冷，不在货物运输综合险的保险责任范围内。

隆发甘鲜果品有限责任公司起诉至法院。法院审理认为：350 箱柑橘冻坏的原因是盗窃，不是天气寒冷。判保险公司全额赔偿，并负担诉讼费。

【法律问题】

保险法的近因原则

【法律分析和结论】

近因原则是英美法中经常使用的一个概念，在我国法律中习惯上称之为因果关系。近因原则是指保险人按照约定的保险责任范围承担责任时，其所承保危险的发生与保险标的的损害之间必须存在因果关系。所谓"近因"指直接促成结果的原因，效果上有支配力或有效的原因，并非指时间上最接近损失的原因。在损失的原因有两个以上，且各个原因之间的因果关系尚未中断的场合，其最先发生并造成一连串事故的原因为近因。因果关系的出现有两种情况：第一，单一原因造成的损失。如果这一危险事故属于保险责任范围，保险人应承担损失，反之拒赔。第二，数种原因造成的事故，可分为三种情况。其一，多种原因同时发生。如同时发生的原因都是保险事故，保险人应赔偿损失，反之拒赔。如果同时发生的原因既有保险事故，又有除外责任，保险人仅负责保险事故造成的损失。其二，多数原因连续发生。一般以最近的、最有效的原因为主因。如果后因是前因直接而自然的结果，或合理的连续，或属于前因自然延长的结果时，以前因为主因。保险人是否负赔偿责任取决于主因是否属于保险事故。其三，多种原因间断发生。造成损失的危险事故先后出现，但前因与后因之间不相关联，后发生的危险是完全独立的一个原因。在这种情况下，如属于保险事故造成的损失保险人应负赔偿责任。

根据近因原则，就本案而言，我们应思考以下问题：（1）本案造成货物损害的原因有几种？（2）如何处理多种原因？

造成本案货物损害的原因有三种：盗窃、保温棉被被损坏、天气寒冷。

本案中，盗窃是前因，棉被破损是后因，又是天气寒冷的前因，天气寒冷是后因。天气寒冷冻坏货物是盗窃的必然的结果，三者之间的关系是合理的连续。因此，盗窃是对货物冻坏持续地起决定性作用或支配性作用的原因即近因。

案例 2　张某跌倒后心律衰竭死亡案

【案情介绍】

2003 年 7 月 10 日，王某为丈夫张某投保意外伤害险，保险金为 50 万元。保险费为 500 元。保险期一年，自 2003 年 8 月 1 日至 2004 年 7 月 31 日。受益人为王某。

2004 年 4 月 8 日，张某在散步时突然跌倒，送医院抢救无效死亡。医院诊断为"心律衰竭死亡"。事后，王某向保险公司提出给付 50 万元保险金的请求，理由是张某意外跌到，导致心脏病发作死亡。

保险公司认为：张某一直患严重的心脏病，被保险人是由于心脏病而引起突然发生心律衰竭死亡，不属于保险范围，保险公司不予承担给付意外伤害保险金的责任。

双方各执一词，王某遂起诉至法院。

【法律问题】

保险法的近因原则

【法律分析和结论】

本案中，争议的焦点是，被保险人是意外跌倒引起心律衰竭死亡，还是心律衰竭死亡。

受益人认为：被保险人死亡以后，申请人已经提供了医院出具的抢救诊断书、心律衰竭死亡证明、被保险人跌倒后死亡的证明。申请人履行了自己的义务，可是保险公司始终没有发出理赔通知。要求保险公司给付50万元的意外伤害保险金。

保险公司认为：被保险人是心律衰竭死亡，不属于保险合同条款规定的保险责任。被保险人年事已高，一直患有严重的心脏病，被保险人是由于心脏病引发的心律衰竭死亡，不是由于跌倒死亡。即使是被保险人由于心脏病发引起跌倒而死亡，也是由于被保险人身体之缘故引起的死亡，不是意外伤害导致死亡，不能给付保险金。

在本案中，疾病可以造成意外事故，意外事故也可以造成疾病。如果认定被保险人由于疾病跌倒，加速心律衰竭，最后死亡，被保险人就不是死于意外事故，保险公司不应当承担给付保险金的责任。如果认定被保险人由于意外事故造成了疾病，疾病导致被保险人死亡，被保险人的死亡就是由于意外事故所致，保险公司应当承担给付保险金的责任。

本案中，法院经审理认为：原告患有心脏病，随时可能发生身体不适，例如头晕、胸闷，被保险人突然晕倒，可能是身体不适造成的，不构成保险公司承担保险责任的依据。由于原告人不能提供任何证明被保险人发生了意外伤害的证据，故驳回原告的诉讼请求。

四、最大诚信原则

案例　刘某宝马车超额保险案

【案情介绍】

原告刘某于2001年7月以35万元的价格购入宝马轿车一辆，并以该轿车为标的，于当年9月与被告保险公司签订了一份机动车辆保险合同。原告投保的险种为车辆损失险、第三者责任险等，其中车辆损失险的保险金额为100万元，保险期为一年。2002年2月17日，原告驾驶该宝马车发生交通事故，轿车因路滑冲出公路与路边树木相撞，造成车体因严重损坏而报废。原告在事故发生后，立即通知被告保险公司。被告保险公司随即派人对事故现场进行了勘查。原告在事故发生15日后向被告保险公司提出索赔请求，被告保险公司认为原告为价值35万元的轿车投保100万元的保险金，且未履行应有的如实告知义务，存在欺诈行为。并以此为由拒绝赔付保险金。

【法律问题】
最大诚信原则

【法律分析和结论】
最大诚信原则在保险领域中的运用，最早可追溯到海上保险的初期。由于当时的通讯等方面条件的限制，如果一方当事人以欺诈的手段订立合同，将使对方遭受重大损失，所以要求双方当事人必须有超出一般合同的诚实信用。最大诚信原则是诚实信用原则在保险法中的具体体现。

《保险法》第5条规定："保险活动当事人行使权利、履行义务应当遵循诚实信用原则。"这一条是2002年修改《保险法》时新增的，2009年新修订《保险法》中第5条规定了诚实信用原则。它以法律条文明确规定了保险活动应遵循诚信原则。保险合同是射幸合同，保险公司是否应当给付保险金，取决于合同成立后偶然事件的发生。因此，保险合同中的保险危险是不确定的，保险人主要依据投保人对保险标的的告知来决定是否承保和保险费的多少。如果投保人隐瞒，就可能造成保险人判断失误，造成双方权利义务失衡，甚至使保险流为赌博。但是，保险合同同时也是在作为强势主体的保险公司和作为弱势主体的投保人之间订立合同，保险公司作为专门从事保险业务的主体，在业务知识、法律知识等方面均胜过投保人。保险合同的射幸性质决定了一方面在对投保人提出要求的同时，也要对保险公司课以一定的义务。因此，保险活动中，对当事人的诚信提出了更高的要求——最大诚信原则。在保险实践中，投保人遵守最大诚信原则主要体现在如实告知和履行保证上；而保险人遵守最大诚信原则主要体现在弃权与禁止抗辩。

最大诚信原则具体体现在以下几方面：

1. 弃权与禁止反言。

弃权的意思是指：保险合同一方当事人以明示或默示方式，放弃合同中的某项权利。这种权利，在保险合同中一般是指放弃解除权或者抗辩权。比如：投保人没有按期交纳保险费，保险公司可以解除合同。

禁止反言属于英美法系的原则，就是指：一方当事人对相对人，就某事实作了虚假的意思表示，相对人方面相信这一表示是真实的，为一定的作为或不作为，又受到了损失，这时，法院就会引用这个原则，禁止说假话的当事人再改口，提出与假话不同的、新的主张或陈述。

这个原则运用到保险合同中，如果保险公司作了错误的陈述，被保险人依据该陈述为或不为一定的行为，保险公司不得在事后作不同的解释。

2. 告知义务。

在保险活动中，告知义务是当事人必须遵循的诚信原则，投保人故意隐瞒，或因过失遗漏，或因错误陈述，足以使保险人变更（增加或减少）对保险标的的危险的估计的，这些行为都可能导致保险人解除保险合同。

2002年《保险法》第16条规定："订立保险合同，保险人应当向投保人说明保险合同的条款内容，并可以就保险标的或者被保险人的有关情况提出询问，投保人应当如实告知。

投保人故意隐瞒事实，不履行如实告知义务的，或者因过失未履行如实告知义务，足以影响保险人决定是否同意承保或者提高保险费率的，保险人有权解除保险合同。

投保人故意不履行如实告知义务的，保险人对于保险合同解除前发生的保险事故，不承担赔偿或者给付保险金的责任，并不退还保险费。

投保人因过失未履行如实告知义务，对保险事故的发生有严重影响的，保险人对于保险合同解除前发生的保险事故，不承担赔偿或者给付保险金的责任，但可以退还保险费。"

2009年新修订《保险法》第16条规定了投保人的告知义务。

与保险人相比，投保人更了解保险标的的危险程度，他应当将实际情况告诉保险人，以便保险人估算保险之危险，确定是否承保，保险率的多少。

3. 保证义务。

保证是指：被保险人保证在保险期间对某一事项的作为，或者不作为，或者保证某一事项的真实性。被保险人一旦作出了保证，就必须遵守。保证是当前保险业普遍接受的和遵守的基本理论。保证是保险合同存在的基础，违反保证会导致保险合同无效。保证可以使危险不会因为投保人的作为或者不作为增大。

2002年《保险法》第36条规定："被保险人应当遵守国家有关消防、安全、生产操作、劳动保护等方面的规定，维护保险标的的安全。根据合同的约定，保险人可以对保险标的的安全状况进行检查，及时向投保人、被保险人提出消除不安全因素和隐患的书面建议。投保人、被保险人未按照约定履行其对保险标的的安全应尽的责任的，保险人有权要求增加保险费或者解除合同。保险人为维护保险标的的安全，经被保险人同意，可以采取安全预防措施。"2009年新修订《保险法》第51条规定了被保险人维护保险标的安全义务。

本案中，被告保险公司认为原告刘某为35万元的宝马轿车投保100万元的车辆损失险，且在投保时未履行如实告知的义务，存在欺诈行为。对于本案中的原告的行为是否构成欺诈有两种观点。一种观点认为：原告将仅价值35万元的轿车投保100万元车辆损失险，且在投保过程中没有将购车的实际价格告知保险人。违反了保险法最大诚信原则中关于如实告知义务的要求，确有欺诈之嫌，应当允许保险公司以此为由解除保险合同。另一种观点认为：原告虽然没有告知保险人其购车价格，存在隐瞒事实的行为，未履行如实告知义务。但是被告保险公司作为长期从事保险业务的专业保险公司，其应当具有相当的专业判断能力。在原告投保100万元的车辆损失险时，被告也应当遵守最大诚信原则的要求，对保险合同进行认真审查，否则，应视为其对保险合同撤销权的放弃。因此保险公司不能以原告存在隐瞒行为为由解除合同。笔者支持第二种观点。

第二节　保险合同总论

本节重点法条

《中华人民共和国保险法》

第十条　保险合同是投保人与保险人约定保险权利义务关系的协议。

投保人是指与保险人订立保险合同，并按照合同约定负有支付保险费义务的人。

保险人是指与投保人订立保险合同，并按照合同约定承担赔偿或者给付保险金责任的保险公司。

第十一条　订立保险合同，应当协商一致，遵循公平原则确定各方的权利和义务。

除法律、行政法规规定必须保险的外，保险合同自愿订立。

第十二条　人身保险的投保人在保险合同订立时，对被保险人应当具有保险利益。

财产保险的被保险人在保险事故发生时，对保险标的应当具有保险利益。

人身保险是以人的寿命和身体为保险标的的保险。

财产保险是以财产及其有关利益为保险标的的保险。

被保险人是指其财产或者人身受保险合同保障，享有保险金请求权的人。投保人可以为被保险人。

保险利益是指投保人或者被保险人对保险标的具有的法律上承认的利益。

第十三条　投保人提出保险要求，经保险人同意承保，保险合同成立。保险人应当及时向投保人签发保险单或者其他保险凭证。

保险单或者其他保险凭证应当载明当事人双方约定的合同内容。当事人也可以约定采用其他书面形式载明合同内容。

依法成立的保险合同，自成立时生效。投保人和保险人可以对合同的效力约定附条件或者附期限。

第十四条　保险合同成立后，投保人按照约定交付保险费，保险人按照约定的时间开始承担保险责任。

第十五条　除本法另有规定或者保险合同另有约定外，保险合同成立后，投保人可以解除合同，保险人不得解除合同。

第十六条　订立保险合同，保险人就保险标的或者被保险人的有关情况提出询问的，投保人应当如实告知。

投保人故意或者因重大过失未履行前款规定的如实告知义务，足以影响保险人决定是否同意承保或者提高保险费率的，保险人有权解除合同。

前款规定的合同解除权，自保险人知道有解除事由之日起，超过三十日不行使而消灭。自合同成立之日起超过二年的，保险人不得解除合同；发生保险事故的，保险人应当承担赔偿或者给付保险金的责任。

投保人故意不履行如实告知义务的，保险人对于合同解除前发生的保险事故，不承担赔偿或者给付保险金的责任，并不退还保险费。

投保人因重大过失未履行如实告知义务，对保险事故的发生有严重影响的，保险人对于合同解除前发生的保险事故，不承担赔偿或者给付保险金的责任，但应当退还保险费。

保险人在合同订立时已经知道投保人未如实告知的情况的，保险人不得解除合同；发生保险事故的，保险人应当承担赔偿或者给付保险金的责任。

保险事故是指保险合同约定的保险责任范围内的事故。

第十七条　订立保险合同，采用保险人提供的格式条款的，保险人向投保人提供的投保单应当附格式条款，保险人应当向投保人说明合同的内容。

对保险合同中免除保险人责任的条款，保险人在订立合同时应当在投保单、保险单或者其他保险凭证上作出足以引起投保人注意的提示，并对该条款的内容以书面或者口头形式向投保人作出明确说明；未作提示或者明确说明的，该条款不产生效力。

第十八条　保险合同应当包括下列事项：

（一）保险人的名称和住所；

（二）投保人、被保险人的姓名或者名称、住所，以及人身保险的受益人的姓名或者名称、住所；

（三）保险标的；

（四）保险责任和责任免除；

（五）保险期间和保险责任开始时间；

（六）保险金额；

（七）保险费以及支付办法；

（八）保险金赔偿或者给付办法；

（九）违约责任和争议处理；

（十）订立合同的年、月、日。

投保人和保险人可以约定与保险有关的其他事项。

受益人是指人身保险合同中由被保险人或者投保人指定的享有保险金请求权的人。投保人、被保险人可以为受益人。

保险金额是指保险人承担赔偿或者给付保险金责任的最高限额。

第十九条 采用保险人提供的格式条款订立的保险合同中的下列条款无效：

（一）免除保险人依法应承担的义务或者加重投保人、被保险人责任的；

（二）排除投保人、被保险人或者受益人依法享有的权利的。

第二十条 投保人和保险人可以协商变更合同内容。

变更保险合同的，应当由保险人在保险单或者其他保险凭证上批注或者附贴批单，或者由投保人和保险人订立变更的书面协议。

第二十一条 投保人、被保险人或者受益人知道保险事故发生后，应当及时通知保险人。故意或者因重大过失未及时通知，致使保险事故的性质、原因、损失程度等难以确定的，保险人对无法确定的部分，不承担赔偿或者给付保险金的责任，但保险人通过其他途径已经及时知道或者应当及时知道保险事故发生的除外。

第二十二条 保险事故发生后，按照保险合同请求保险人赔偿或者给付保险金时，投保人、被保险人或者受益人应当向保险人提供其所能提供的与确认保险事故的性质、原因、损失程度等有关的证明和资料。

保险人按照合同的约定，认为有关的证明和资料不完整的，应当及时一次性通知投保人、被保险人或者受益人补充提供。

第二十三条 保险人收到被保险人或者受益人的赔偿或者给付保险金的请求后，应当及时作出核定；情形复杂的，应当在三十日内作出核定，但合同另有约定的除外。保险人应当将核定结果通知被保险人或者受益人；对属于保险责任的，在与被保险人或者受益人达成赔偿或者给付保险金的协议后十日内，履行赔偿或者给付保险金义务。保险合同对赔偿或者给付保险金的期限有约定的，保险人应当按照约定履行赔偿或者给付保险金义务。

保险人未及时履行前款规定义务的，除支付保险金外，应当赔偿被保险人或者受益人因此受到的损失。

任何单位和个人不得非法干预保险人履行赔偿或者给付保险金的义务，也不得限制被保险人或者受益人取得保险金的权利。

第二十四条 保险人依照本法第二十三条的规定作出核定后，对不属于保险责任的，应当自作出核定之日起三日内向被保险人或者受益人发出拒绝赔偿或者拒绝给付保险金通知书，并说明理由。

第二十五条　保险人自收到赔偿或者给付保险金的请求和有关证明、资料之日起六十日内，对其赔偿或者给付保险金的数额不能确定的，应当根据已有证明和资料可以确定的数额先予支付；保险人最终确定赔偿或者给付保险金的数额后，应当支付相应的差额。

第二十六条　人寿保险以外的其他保险的被保险人或者受益人，向保险人请求赔偿或者给付保险金的诉讼时效期间为二年，自其知道或者应当知道保险事故发生之日起计算。

人寿保险的被保险人或者受益人向保险人请求给付保险金的诉讼时效期间为五年，自其知道或者应当知道保险事故发生之日起计算。

第二十七条　未发生保险事故，被保险人或者受益人谎称发生了保险事故，向保险人提出赔偿或者给付保险金请求的，保险人有权解除合同，并不退还保险费。

投保人、被保险人故意制造保险事故的，保险人有权解除合同，不承担赔偿或者给付保险金的责任；除本法第四十三条规定外，不退还保险费。

保险事故发生后，投保人、被保险人或者受益人以伪造、变造的有关证明、资料或者其他证据，编造虚假的事故原因或者夸大损失程度的，保险人对其虚报的部分不承担赔偿或者给付保险金的责任。

投保人、被保险人或者受益人有前三款规定行为之一，致使保险人支付保险金或者支出费用的，应当退回或者赔偿。

第二十八条　保险人将其承担的保险业务，以分保形式部分转移给其他保险人的，为再保险。

应再保险接受人的要求，再保险分出人应当将其自负责任及原保险的有关情况书面告知再保险接受人。

第二十九条　再保险接受人不得向原保险的投保人要求支付保险费。

原保险的被保险人或者受益人不得向再保险接受人提出赔偿或者给付保险金的请求。

再保险分出人不得以再保险接受人未履行再保险责任为由，拒绝履行或者迟延履行其原保险责任。

第三十条　采用保险人提供的格式条款订立的保险合同，保险人与投保人、被保险人或者受益人对合同条款有争议的，应当按照通常理解予以解释。对合同条款有两种以上解释的，人民法院或者仲裁机构应当作出有利于被保险人和受益人的解释。

一、保险合同的主体

案例　何某意外死亡后保险合同主体纠纷案

【案情介绍】

2003 年 12 月，何某（女）向兴达银行贷款购买了一套商品房，同时与永安财产保险公司（以下简称保险公司）签订了一份保险合同。合同规定若何某在保险期间因意外伤害事故丧失还款能力，由保险公司承担其剩余贷款的还款责任。2004 年 3 月，何某和男友去深圳旅游期间，从所住旅馆阳台坠楼身亡。事后何某的父亲向保险公司提出索赔要求，被保险公司拒绝，遂将保险公司告上法院，要求保险公司给付保险赔偿金。

一审法院认为，该财产保险受益人是银行，何父虽然是其女儿的遗产继承人，但是由于该保险合同指定了受益人，何父不能继承这笔保险金，所以不能作为提起该诉讼的诉讼主体，不具有该保险金的请求权，并以此为由驳回了何父的诉讼请求。何父认为：根据法律规定，只有人身保险合同中才存在受益人这一概念，而何某购买的保险属于财产保险，财产保险合同中没有受益人这一概念。同时对于何父具有该保险金的请求权，保险公司在一审时并没有提出任何异议。何父遂上诉至市中院，请求法院依法改判其具有诉讼主体资格。

【法律问题】

保险合同的主体

【法律分析和结论】

保险合同的主体分为保险合同当事人、保险合同关系人和保险合同辅助人三类：

（一）保险合同当事人

1. 保险人，也称承保人，是与投保人订立合同，收取保险费，在保险事故发生时，对被保险人承担赔偿损失责任的人。在我国是专指保险公司。

2. 投保人，又称要保人、保单持有人，是指与保险人订立保险合同，并负有交付保险费义务的人。

（二）保险合同的关系人

1. 被保险人，指保险事故或事件在其财产或在其身体上发生而受到损失时享有向保险人要求赔偿或给付的人。

2. 受益人，又称保险金领受人。受益人是指在人身保险合同中由被保险人或投保人指定的享有赔偿请求权的人。受益人的要件为：

（1）受益人是由被保险人或投保人所指定的人。被保险人或投保人应在保险合同中明确受益人。

（2）受益人是独立地享有保险金请求权的人。受益人在保险合同中，不负交付保费的义务，也不必具有保险利益，保险人不得向受益人追索保险费。

（3）受益人的赔偿请求权并非自保险合同生效时开始，而只有在被保险人死亡时才产生。在被保险人生存期间，受益人的赔偿请求权只是一种期待权。

在保险合同期间，受益人可以变更，但必须经被保险人的同意。受益人的变更无须保险人的同意，但应当将受益人的变更事宜及时通知保险人，否则变更受益人的法律效力不得对抗保险人。

（三）保险合同的辅助人

1. 保险代理人。即保险人的代理人，指依保险代理合同或授权书向保险人收取报酬，并在规定范围内，以保险人名义代理经营保险业务的人。

2. 保险经纪人。保险经纪人是基于投保人的利益，为投保人和保险人订立合同提供中介服务，收取劳务报酬的人。

首先，个人抵押商品住房险是一种综合保险，由财产损失保险和还贷保证保险组成。还贷保证保险赔偿的前提是被保险人发生人身意外伤害，所以该保险的性质是一种人身保险。因此，该保险合同是存在受益人的。保证保险合同的当事人是债务人（即被保证人何某）和保险人（即保证人保险公司），债权人（即银行）可以作为合同的第三人即受益人。其次，保险单所记载的还贷保证保险的受益人为兴达银行总行营业部，应认定有权自保险公司领取保险金的主体是兴达银行总行营业部而不是何某或其遗产继承人。投保人何某指定的受益人银行是有权向保险公司请求给付保险金的主体。指定了受益人的保险合同的保险金不属于遗产范畴，保险金应给付投保人指定的受益人，而不应由被保险人的遗产继承人取得。

因此，何父上诉称根据《保险法》第 22 条第 3 款规定，人身保险合同中才存在受益人，财产保险合同没有受益人这一概念，二审法院不予支持。

2009 年新修订《保险法》第 18 条第 3 款规定了受益人的概念。

二、保险合同的订立与效力

案例 1　保险合同生效时间争议案

【案情介绍】

2004 年 5 月 8 日，兴昌化学工业有限责任公司到永宁保险公司投保财产保险，按照投保单格式填写了投保申请书：保险期限为 2004 年 5 月 9 日 0 时至 2005 年 5 月 8 日 24 时。

2004年5月9日凌晨3时，兴昌化学工业有限责任公司仓库发生火灾，货物损失价值达300万元。

2004年5月9日上午，永宁保险公司将其签发的保险单送至兴昌化学工业有限责任公司。保险单约定：保险期限自2004年5月10日0时至2005年5月9日24时。保险单还约定了责任范围、免责条款等其他事项。

迟至2004年5月30日，兴昌化学工业有限责任公司才将保险费缴到保险公司。

兴昌化学工业有限责任公司要求永宁保险公司勘察事故现场，提出索赔。

永宁保险公司声称：事故发生在约定期限之外，拒绝赔偿。

兴昌化学工业有限责任公司认为：永宁保险公司擅自修改保险合同，起诉至法院。

【法律问题】

保险合同的订立

【法律分析和结论】

涉及本案有两种不同意见：（1）一种观点认为：根据2002年《保险法》第13条规定，保险合同不是要式合同，只要投保人与保险人就金额、费率等达成一致意见，合同就成立了。保险人就应该承担保险责任。兴昌化学工业有限责任公司在永宁保险公司业务人员指导下填写的保险单，是双方的约定。擅自修改合同的保险期限，是无效的。（2）另一种观点认为：发放投保单是要约邀请，投保人填写投保单是要约，经过保险人的同意，签发了保险单，合同才可以成立。投保单与保险单不一致时，以保险单为准。

本案双方争议的焦点是保险合同是否成立、保险期限从何时起算，实质上是对保险合同的订立认识不同所造成的。

保险合同的订立是一个过程，是当事人之间经过要约与承诺，意思表示达成一致，签订合同的过程。

1. 散发投保单、填写投保单与要约。

在一般情况下，保险公司散发投保单被认为是要约邀请，投保人填写投保单被认为是要约。

要约是指向一个或一个以上特定的人提出的订立合同的建议，如果十分确定并且表明要约人在得到接受时承受约束的意旨，即构成要约。如果内容不完备、不确定，还要进一步协商的话，就只能被认为是要约邀请。

2. 在投保单上签章、签发保险单与承诺。

承诺是指被要约人同意要约的意思表示，即接受，通常表现为书面、口头声明或作出其他行为，沉默或不作为本身不等于承诺。

一般情况下，投保人填写投保单被认为是要约，保险人同意承保以后，才会对双方产生约束力。

保险人可以在投保单上签章表示承诺，也可以签发保险单（或保险凭证）或向投保人出具保险费收据表示承诺。

如果保险单与投保单不一致，只能被看作是反要约，即新要约。

3. 保险合同什么时候生效。

投保人应该在保险合同生效之前，缴纳保险费，否则保险人有权拒绝赔偿，或者终止合同。

但是，如果投保人迟缴保险费，保险人收下了保险费，基于最大诚信原则，视为保险人放弃了合同中的上述权利。弃权的意思是指：保险合同一方当事人以明示或默示方式，放弃合同中的某项权利。这种权利，在保险合同中一般是指放弃解除权或者抗辩权。

在本案中，保险合同合法有效。永宁保险公司修改保险合同应当视为反要约，兴昌化学工业有限责任公司接受保险单应当视为对反要约的承诺。保险期限应当是自 2004 年 5 月 10 日 0 时至 2005 年 5 月 9 日 24 时。因此，事故发生在约定期限之外，保险公司对该事故不承担责任。

案例 2　保险公司未履行说明义务案

【案情介绍】

高某为自己向保险公司投保了重大疾病险，保险公司予以承保，高某交纳了保险费，保险公司签发了保险单，双方保险合同成立。高某在保险期限内患病，经三家医院诊断，一致认为其患有急性心肌梗塞。高某心想自己刚好有保险，算是不幸中的万幸，随即向保险公司提出理赔，要求保险公司给付保险金。保险公司明确答复：拒绝给付。保险公司认为高虽患心肌梗塞，但其病不符合其保险条款中关于："心肌梗塞应同时具备的 3 项医学指标"的要求，故根据合同规定，如不能同时具备上述 3 项医学指标，保险公司应当免除赔付的责任。通过法医鉴定得出了不利于高的结论：她所患的心肌梗塞确有一项不符合保险条款规定的指标。高却认为，在订立合同时保险公司并未对"心肌梗塞应同时具备的 3 项医学指标"规定作出说明，自己并不知道 3 项指标的医学含义，因此该项条款无效。

特别是该份保险单在字面上没有对保险公司的免责条款作出着重说明，未作清楚的交代。保险公司辩解称，订立合同时，本公司已将免责条款对投保人进行了口头说明，该免责条款是有效的。

【法律问题】

保险人的先合同义务——说明、免责条款的效力

【法律分析和结论】

本案争议的焦点是保险人是否适当履行了其说明义务。保险的说明义务是指法律规定保险人在订立保险合同时，应将保险合同条款内容，向投保人陈述清楚的责任。基于最大诚实信用原则以及保险合同格式条款的性质，各国保险法都对保险人的说明义务进行了规定。我国原《保险法》第17、18条也确立了保险人的说明义务。这里我们需要注意的是，立法者在规定说明义务时针对合同的一般条款和免责条款使用了不同的措辞，即"说明"和"明确说明"。2009年新修订《保险法》第17条规定了保险人的说明义务。

本案涉及的是免责条款说明义务的履行问题。高某认为保险公司没有履行说明义务，而保险公司则以已经作出口头说明为由，认为其已经履行了义务。根据题中的介绍，保险人没有适当履行其说明义务，应当承担保险责任。理由如下：

2002年《保险法》第18条中的"明确说明"是指，保险人在与投保人签订保险合同时，对于保险合同中所约定的有关保险人责任免除条款，应当在保险单上或者其他保险凭证上对有关免责条款作出能够足以引起投保人注意的提示，并且应当对有关免责条款的内容以书面或口头形式向投保人作出解释。由于免责条款对于合同相对方的利益影响很大，保险人在制作保险合同或保险单时应当将合同的免责条款予以明确提示，使投保人注意到免责条款的内容。而本案中保险公司的保险单在字面上没有对保险公司的免责条款作出着重说明，未作清楚的交代。这一行为已经违反了说明义务的要求。

保险公司认为其已将免责条款对投保人进行了口头说明，该免责条款是有效的。最高人民法院研究室的一个批复中指出："明确说明"是指保险人对于免责条款，除了在保险单上提示投保人注意外，还应当对有关免责条款的概念、内容及其法律后果等，以书面或者口头形式向投保人作出解释，以使投保人明了该条款的真实含义和法律后果。而题中高某对免责条款中规定的"心肌梗塞应同时具备的3项医学指标"的要求显然并没有明确的认识和理解。可见，保险公司即使对免责条款进行了口头说明，也没有达到明确说明的要求。

三、保险合同的内容

案例　李某擅自改动人身保险受益人案

【案情介绍】

李某与永安保险公司于 2002 年 3 月 31 日签订康宁定期及住院医疗附加保险单，并预交保险费。之后，李某便到深圳工作。李某妻子王某在其不知情的情况下，擅自将保险单的受益人由原李某指定的其儿子更改为王某本人。2002 年 4 月 6 日，王某向永安保险公司出示已更改的保险单并称已得到李某授权。永安保险公司遂根据王某已更改的保险单制作出保险单正本交王某。次年，王某向永安保险公司交纳了第二年的保险费。2004 年，李某从深圳回家准备交纳第三年保险费时，发现自己原指定的受益人是儿子，现已被王某更改成了她自己。为此，李某中止向永安保险公司交纳保险费。经双方多次协商无果，李某诉至法院。

【法律问题】

保险合同的内容

【法律分析和结论】

根据保险法的规定，被保险人或者投保人有权指定受益人。如果被保险人或者投保人在指定受益人之后，因为情况发生变化或者自己改变主意想变更受益人，也是允许的。因此，保险法规定，被保险人或者投保人可以变更受益人。由于受益权的实现涉及被保险人的身体或者生命，为了防止出现谋害被保险人以取得保险金的道德危险，保护被保险人的利益，保险法规定投保人指定受益人时必须经被保险人同意。基于同样道理，保险法规定变更受益人时也必须经被保险人同意。关于变更受益人的程序，保险法规定，由被保险人或者投保人书面通知保险人。保险人收到变更受益人的通知后，应当在保险单上批注。即对被保险人或者投保人来讲，变更受益人必须通知保险人，否则保险人将向原来指定的受益人给付保险金。同时，为了避免产生不必要的纠纷，保险法规定被保险人或者投保人必须以书面形式通知保险人。对保险人来讲，收到变更受益人的通知后，应当履行在保险单上批注的义务，以便将来在给付保险金时有据可查。

李某与永安保险公司所签订的人寿保险合同是双方真实意思的表示，未违反法律、行政法规的强制性规定，该合同有效。根据我国保险法规定，在保险合同有效期内，投保人和保险人经协商同意，可以变更保险合同的有关内容，变更保险合同的应当由保险人在原保险单或者其他保险凭证上批准或者附加批单，或由投保人和保险人订立变更的书面协议。变更合同内容只能由投保人和保险人协商进行，但永安保险公司并没有按照上述法律规定变更合同。王某擅自在保单上涂改变更受益人，永安保险公司不但未加查证（王某的口头声明并不具有法律效力），反而还根据已更改的保险单制作出保险合同，严重侵害了李某的合法权益。因此，永安保险公司应承担违约责任。

四、保险合同的解除

案例　保险公司强制要求内部职员退保案

【案情介绍】

王某在某保险公司任职，该保险公司推出一个新的养老保险险种，王某觉得值得投保。于是，2003 年 6 月，王某投保了 50 万养老保险，年缴保险费 3 600 多元。这样，到退休时，王某可以一次性得到 50 万元的养老金。2005 年，王某缴纳保险费时被拒绝，理由是公司于 2004 年 12 月下发内部通知：凡是内部职员投保该项保险的，一律要求退保。

王某坚决不同意退保。说，如果保险公司坚持要求员工退保，自己就诉诸法律。

【法律问题】

保险人的解除权

【法律分析和结论】

对于保险合同的解除我们大致可以分以下几个方面进行讨论：

第一，保险合同的法定解除。保险合同的法定解除，是指当事人行使法律、法规所赋予的解除权而单方将保险合同解除的情形。它不必经过对方的同意，只要解除权人将解除合同的意思表示直接通知对方，或经过法院或仲裁机构向对方主张，即可发生解除的效果。我国保险法规定，除本法另有规定或者保险合同另有约定外，保险合同成立后，投保人可以解除保险合同，而保险人不得解除合同。通过对保险法有关规定我们可以看出，投保人在一般情况下是享有任意解除权的，而保险人的解除权只是在特定的条件下才能行使。立法上的这一选择主要是基于平衡合同双方当事人的利益，保护处于相对弱势一方的投保人利益考虑。

投保人行使解除权具有很大的自由性，除法律或者合同另有规定外均可行使。而保险人行使法定解除权则需具备一定的条件。这些条件主要是投保人、被保险人或受益人违反了一定法定义务，主要包括：如实告知义务的违反，保险标的危险程度的增加，违反防灾防损的义务，故意制造保险事故，谎称发生保险事故，误报年龄而超出了限制条件，保险合同中止后超过复效期而未复效等。我国保险法规定，投保人解除保险合同的，保险人在已经承担了保险责任的期间内，不负返还保险费的责任；保险人解除保险合同的，保险人对于保险合同解除前发生的保险事故，不承担赔偿或者给付保险金的责任。在保险费的处理上，在有的情况下可以返还保费，有的情况下则不返还。关于行使保险法定解除权的时间问题，我国保险法尚无明文规定。

第二，保险合同的协议解除。保险合同的协议解除是指保险合同当事人双方通过协商的手段达成协议解除保险合同的行为。除强制保险外，保险合同是基于双方当事人意思自治而订立的。双方当事人当然也应当有权利通过协商解除保险合同。由于投保人所享有的广泛的法定解除权，使得协议解除难有存在的空间。但是我们不应当因此而忽视这一保险合同的解除方式。

第三，保险合同的约定解除权。保险合同的约定解除是指合同当事人在保险合同中约定合同解除条件，当合同约定的解除条件出现时，合同当事人有权解除合同。由于保险合同多为保险人制定，而投保人又在很多情况下享有法定解除权，所以保险合同的约定解除权多为保险人所享有。保险人在行使这一权利时不得滥用，不得随意约定保险合同的解除条款，破坏保险合同的稳定性。

根据 2002 年《保险法》第 16 条规定，保险人是不可以随意解除合同的。公司的内部通知既不具有法的效力，更非与王某订立保险合同时作出的特别约定。2009 年新修订《保险法》第 15 条规定了此内容。

本案中，保险人在既没有出现法定解约事由，也没有在合同中约定解除权的情况下，没有单方面解除合同的权利。如果保险公司仅以内部规定为由坚持单方面解除保险合同，要承担相应的民事责任。

五、保险合同的履行

案例 1　许某出险后迟延通知案

【案情介绍】

许某在保险公司投保了汽车责任保险。某日，其子许小东驾车在公路上发生事故，撞伤两个行人。当时，许小东 20 岁，与父母一起生活。

经过调查，查明：许小东在肇事以前饮酒过量，于是，许小东以交通肇事罪被起诉，被判处 1 年徒刑。

宣判后，受害人以许小东为被告，又提起了民事赔偿诉讼。这时，许某想起自己以前购买过汽车责任险。保险合同规定，发生保险事故以后，要尽快通知保险公司。于是，许某立即通知保险公司。保险公司认为许某延迟通知，没有遵守保险合同的约定，不予给付保险金。许某不服，起诉至法院。

【法律问题】

投保人的通知义务

【法律分析和结论】

本案争议的焦点是：许某是否履行了通知义务。许某的通知，是否符合合同的约定。

只要当事人是在合理的时间内作出了通知，延迟通知没有影响到保险公司的利益，就应该认为符合保险合同的约定。保险单中规定的及时通知的目的，是为了使保险公司能够及时充分地调查保险事故。如果保险公司以通知延迟进行抗辩，就要举证证明自己受到了损失。

在本案中，保险公司虽然在较晚的时候才得到有关通知，但是保险公司的利益没有受到损害。对于"尽快"通知的理解，一定要考虑具体情况，给一个合理的时间。故此，许某要求保险公司承担责任应当予以支持。

案例 2 冯某过期索赔案

【案情介绍】

冯某是一家私有餐厅的老板，开业之初，就为餐厅的财产投保了数万元的火灾险。2000 年夏天，因电线短路，餐厅发生火灾，由于发现及时，只是造成 1 万余元的财产损失。冯某随后就整理了有关材料，准备到保险公司索赔。但由于事务繁忙，一再拖延，冯某就把索赔的事给忘了。

2004 年年底，由于经营不善，冯某的餐厅倒闭，生活陷入困难。此时，冯某才想起索赔的事。于是，冯某找到整理的材料，到保险公司要求赔偿。不料，保险公司受理了材料以后，很快就向其发出了拒绝赔偿通知书。冯某气愤之下，向法院起诉，要求保险公司赔偿。

【法律问题】

保险索赔期限

【法律分析和结论】

本案涉及时效问题。

民商法上的时效，是指一定事实状态经过一定的期间就会产生一定的法律后果的法律制度。一般情况下，时效分为取得时效、消灭时效、诉讼时效。取得时效，又称占有时效，是指占有人以占有的事实状态经过法定期间而取得占有标的物的所有权的一种期间制度。消灭时效，是指因不行使权利的事实状态经过一定的期间导致权利消灭的法律后果的一种期间制度。诉讼时效，是指因不行使权利的事实状态经过一定的期间导致该权利不受法律保护（即丧失胜诉权）的一种期间制度。一旦超过诉讼时效，该权利就成为自然权利。时效制度的建立，是为了督促权利人行使权利和维护稳定的经济秩序。

我国《民法通则》规定的诉讼时效，一般为两年（第 135 条），特殊情形为一年（第 136 条）。2002 年《保险法》第 27 条第 1 款规定："人寿保险以外的其他保险的被保险人或者受益人，对保险人请求赔偿或者给付保险金的权利，自其知道保险事故发生之日起二年不行使而消灭。"2009 年新修订《保险法》第 26 条规定了对保险人请求赔偿的诉讼时效。该条规定的请求保险人赔偿或者给付保险金的时效为两年，但该时效为消灭时效，即如果不在两年内行使索赔权，该权利消灭。根据特别法优于一般法的原则，对保险索赔期限，应当适用《保险法》的规定。而且，我们应当注意，《民法通则》规定的时效的起算时间为知道或者应当知道权利被侵害时，《保险法》规定的时效的起算时间则为被保险人或者受益人知道保险事故发生之日。

本案中，冯某餐厅被烧毁的财产属于人寿保险以外的财产保险承保范围，索赔期限为两年。冯某餐厅发生火灾是 2000 年，提出赔偿是 2004 年，已超过索赔期限，保险公司有权拒绝赔偿。

六、保险合同条款的解释

案例　杨某保险合同歧义案

【案情介绍】

2004 年 10 月 8 日，杨某投保了人寿保险附加意外伤害险。同年 12 月 15 日，杨某在工作时，右手不慎受伤，中指、无名指残废，医院和公安机关也作了鉴定。

杨某根据意外伤害保险条款附件《保险公司伤残程度与给付比例表》与《保险公司人身意外伤害残疾给付标准》，关于中指、无名指"残缺"之规定，请求赔偿 30 000 元。

保险公司认为，从杨某"残缺"程度看，中指、无名指还没有完全丧失功能，只是丧失部分功能。按有关规定，只能赔付 5 000 元。

双方协商未果，杨某起诉至法院。

【法律问题】
保险合同条款的解释

【法律分析和结论】
保险合同条款的解释必须遵守合同的一般解释原则。保险合同是一种格式合同，因合同条款多为保险人事先制定，因此又称为定型化合同。因此，对保险合同的解释，在遵守普通的合同解释原则的同时，又要根据其自身的特殊性，进行公平、合理的解释。

文义解释原则。按保险条款的通常含义解释。应尊重保险合同条款所用词句的文义，所作解释不能超出保险合同所用词句的可能的文义。

目的解释的原则。在保险合同的条款文义不清或者有歧义时，通过判断合同当事人订约时的真实意图，以阐明保险合同条款的内容。运用意图解释，要根据保险合同条款所用文字，订约时间，客观情况推测当事人订约时所采用条款的真实意图。虽然对保险合同解释时应尽量揭示当事人的真实意思，但一般应以书面的客观标准为基础。

有利于被保险人解释的原则。当保险人和投保人，被保险人或受益人对保险合同的内容有争议，应当对保险合同所用的文字或条款作有利于被保险人的解释。前提是基于保险条款大多由保险人拟订并事先印就，保险人在制定条文时，往往偏重本身利益。为避免保险人订立的保险条款含义不清，损害投保人的利益，应从有利于被保险人利益的角度进行解释。

本案主要涉及保险条款的解释问题。保险合同是格式合同，是保险公司拟订的，有些专业术语对于缺乏专业知识的投保人、被保险人、受益人而言，过于艰深，也不能对此深入仔细地研究。保险公司拟订合同时，难免考虑自己的利益多，考虑对方当事人的利益少。所以，为保护投保人、被保险人、受益人的合法利益，《保险法》规定，对于保险合同的条款，保险人与投保人、被保险人或者受益人有争议时，人民法院或者仲裁机关应当作有利于被保险人和受益人的解释。

从本案看，订立合同时，保险公司没有向杨某解释"残缺"之具体含义，导致双方对这两个字的含义的理解发生了分歧。根据保险法应作有利于被保险人和受益人的解释之规定，杨某的解释符合规定，保险公司应该赔偿杨某保险金30 000元。

第三节　财产保险合同

▌本节重点法条

《中华人民共和国保险法》

第四十八条　保险事故发生时，被保险人对保险标的不具有保险利益的，不得向保险人请求赔偿保险金。

第四十九条　保险标的转让的，保险标的的受让人承继被保险人的权利和义务。

保险标的转让的，被保险人或者受让人应当及时通知保险人，但货物运输保险合同和另有约定的合同除外。

因保险标的的转让导致危险程度显著增加的，保险人自收到前款规定的通知之日起三十日内，可以按照合同约定增加保险费或者解除合同。保险人解除合同的，应当将已收取的保险费，按照合同约定扣除自保险责任开始之日起至合同解除之日止应收的部分后，退还投保人。

被保险人、受让人未履行本条第二款规定的通知义务的，因转让导致保险标的的危险程度显著增加而发生的保险事故，保险人不承担赔偿保险金的责任。

第五十条　货物运输保险合同和运输工具航程保险合同，保险责任开始后，合同当事人不得解除合同。

第五十一条　被保险人应当遵守国家有关消防、安全、生产操作、劳动保护等方面的规定，维护保险标的的安全。

保险人可以按照合同约定对保险标的的安全状况进行检查，及时向投保人、被保险人提出消除不安全因素和隐患的书面建议。

投保人、被保险人未按照约定履行其对保险标的的安全应尽责任的，保险人有权要求增加保险费或者解除合同。

保险人为维护保险标的的安全，经被保险人同意，可以采取安全预防措施。

第五十二条　在合同有效期内，保险标的的危险程度显著增加的，被保险人应当按照合同约定及时通知保险人，保险人可以按照合同约定增加保险费或者解除合同。保险人解除合同的，应当将已收取的保险费，按照合同约定扣除自保险责任开始之日起至合同解除之日止应收的部分后，退还投保人。

被保险人未履行前款规定的通知义务的，因保险标的的危险程度显著增加而发生的保事故，保险人不承担赔偿保险金的责任。

第五十三条　有下列情形之一的，除合同另有约定外，保险人应当降低保险费，并按日计算退还相应的保险费：

（一）据以确定保险费率的有关情况发生变化，保险标的的危险程度明显减少的；

（二）保险标的的保险价值明显减少的。

第五十四条　保险责任开始前，投保人要求解除合同的，应当按照合同约定向保险人支付手续费，保险人应当退还保险费。保险责任开始后，投保人要求解除合同的，保险人应当将已收取的保险费，按照合同约定扣除自保险责任开始之日起至合同解除之日止应收的部分后，退还投保人。

第五十五条　投保人和保险人约定保险标的的保险价值并在合同中载明的，保险标的发生损失时，以约定的保险价值为赔偿计算标准。

投保人和保险人未约定保险标的的保险价值的，保险标的发生损失时，以保险事故发生时保险标的的实际价值为赔偿计算标准。

保险金额不得超过保险价值。超过保险价值的，超过部分无效，保险人应当退还相应的保险费。

保险金额低于保险价值的，除合同另有约定外，保险人按照保险金额与保险价值的比例承担赔偿保险金的责任。

第五十六条　重复保险的投保人应当将重复保险的有关情况通知各保险人。

重复保险的各保险人赔偿保险金的总和不得超过保险价值。除合同另有约定外，各保险人按照其保险金额与保险金额总和的比例承担赔偿保险金的责任。

重复保险的投保人可以就保险金额总和超过保险价值的部分，请求各保险人按比例返还保险费。

重复保险是指投保人对同一保险标的、同一保险利益、同一保险事故分别与两个以上保险人订立保险合同，且保险金额总和超过保险价值的保险。

第五十七条　保险事故发生时，被保险人应当尽力采取必要的措施，防止或者减少损失。

保险事故发生后，被保险人为防止或者减少保险标的的损失所支付的必要的、合理的费用，由保险人承担；保险人所承担的费用数额在保险标的的损失赔偿金额以外另行计算，最高不超过保险金额的数额。

第五十八条　保险标的发生部分损失的，自保险人赔偿之日起三十日内，投保人可以解除合同；除合同另有约定外，保险人也可以解除合同，但应当提前十五日通知投保人。

合同解除的，保险人应当将保险标的未受损失部分的保险费，按照合同约定扣除自保险责任开始之日起至合同解除之日止应收的部分后，退还投保人。

第五十九条　保险事故发生后，保险人已支付了全部保险金额，并且保险金额等于保险价值的，受损保险标的的全部权利归于保险人；保险金额低于保险价值的，保险人按照保险金额与保险价值的比例取得受损保险标的的部分权利。

第六十条　因第三者对保险标的的损害而造成保险事故的，保险人自向被保险人赔偿保险金之日起，在赔偿金额范围内代位行使被保险人对第三者请求赔偿的权利。

前款规定的保险事故发生后，被保险人已经从第三者取得损害赔偿的，保险人赔偿保险金时，可以相应扣减被保险人从第三者已取得的赔偿金额。

保险人依照本条第一款规定行使代位请求赔偿的权利，不影响被保险人就未取得赔偿的部分向第三者请求赔偿的权利。

第六十一条 保险事故发生后，保险人未赔偿保险金之前，被保险人放弃对第三者请求赔偿的权利的，保险人不承担赔偿保险金的责任。

保险人向被保险人赔偿保险金后，被保险人未经保险人同意放弃对第三者请求赔偿的权利的，该行为无效。

被保险人故意或者因重大过失致使保险人不能行使代位请求赔偿的权利的，保险人可以扣减或者要求返还相应的保险金。

第六十二条 除被保险人的家庭成员或者其组成人员故意造成本法第六十条第一款规定的保险事故外，保险人不得对被保险人的家庭成员或者其组成人员行使代位请求赔偿的权利。

第六十三条 保险人向第三者行使代位请求赔偿的权利时，被保险人应当向保险人提供必要的文件和所知道的有关情况。

第六十四条 保险人、被保险人为查明和确定保险事故的性质、原因和保险标的的损失程度所支付的必要的、合理的费用，由保险人承担。

第六十五条 保险人对责任保险的被保险人给第三者造成的损害，可以依照法律的规定或者合同的约定，直接向该第三者赔偿保险金。

责任保险的被保险人给第三者造成损害，被保险人对第三者应负的赔偿责任确定的，根据被保险人的请求，保险人应当直接向该第三者赔偿保险金。被保险人怠于请求的，第三者有权就其应获赔偿部分直接向保险人请求赔偿保险金。

责任保险的被保险人给第三者造成损害，被保险人未向该第三者赔偿的，保险人不得向被保险人赔偿保险金。

责任保险是指以被保险人对第三者依法应负的赔偿责任为保险标的的保险。

一、财产保险合同的订立、变更、解除和终止

案例 1　投保人未按期缴纳保费案

【案情介绍】

2002 年 12 月 1 日，某纺织厂与某保险公司签订了一份企业财产保险合同。合同约定：保险金额为 350 万元，保险费 1 400 元，保险期限自 2002 年 12 月 2 日至 2003 年 12 月 1 日。同日，保险公司向纺织厂出具了保险单，并在纺织厂未交付保险费的情况下向其开具了保险费收据。随后，保险公司多次向纺织厂催要

保险费，但纺织厂以资金周转困难为由拖延付款。2003年7月5日，纺织厂仓库失火，造成很大损失。纺织厂随即通知保险公司，保险公司派员赶赴现场后得知纺织厂一直未交付保险费，便退出现场，拒绝理赔。7月6日，纺织厂派员向保险公司足额交付保险费，保险公司当即收下，未表异议。7月13日，纺织厂向保险公司发出申请书，要求赔偿火灾损失共计25万元。保险公司以纺织厂未按期交纳保险费为由拒赔。纺织厂诉至法院。

一审法院审理认为，纺织厂与某保险公司签订的保险合同合法有效。纺织厂未按期交纳保险费属违约行为，应支付延期交付的利息。保险公司在纺织厂未交付保险费的情况下向其开具了保险费收据，事故发生后，又收取了纺织厂的保险费，其行为是对纺织厂迟延履行交纳保险费义务的认可。保险公司以纺织厂未按期交纳保险费为由拒赔，理由不当，不予支持。法院依法判决：保险公司赔偿纺织厂火灾损失23万元和违约金12 000元。

保险公司提起上诉。二审法院认为，保险合同意思表示真实，并经双方签字盖章认可，依法有效成立。纺织厂未按期交纳保险费属违约行为，保险公司可以依法终止合同。保险公司不仅没有提出终止合同，而且在事故发生后又收取了纺织厂的保险费，其行为是对纺织厂迟延履行交纳保险费义务的认可。因此，原审法院判决保险公司承担赔偿责任并无不当，但赔偿数额过高。故改判保险公司赔偿纺织厂火灾损失18万元和违约金6 500元。

【法律问题】
财产保险合同的成立

【法律分析和结论】
根据《保险法》的规定，投保人提出保险要求，经保险人同意承保，并就合同的条款达成协议，保险合同即告成立。保险合同的订立过程与订立其他合同一样，就是要约与承诺的过程。一般由投保人向保险人提出投保的要求，即要约。保险人同意承保，即承诺。投保人向保险人递交投保单即产生要约，保险人向投保人签发保险单即为承诺，保险合同成立。一般保险合同成立即生效。

本案的关键问题在于保险事故发生时，保险责任期间是否已经开始，即保险合同是否已经成立并生效。根据《保险法》规定，对于分期支付保险费的人身保险合同，投保人必须在合同成立时支付首期保险费，否则合同将不能成立。但对于财产保险合同，法律没有类似规定。因为财产保险合同属于诺成合同，即使投保人没有支付保险费，只要双方签订了合同，并且意思表示真实，合同就宣告成立，保险公司应当依照合同约定承担保险责任。本案中，保险公司在事故发生前并未通知纺织厂解除保险合同，并且在事故发生后又收取了纺织厂的保险费，其行为是对纺织厂迟延履行交纳保险费义务的认可，保险合同是有效的，保险公司应当承担赔偿责任。

案例 2　保险标的风险降低案

【案情介绍】

2004 年 3 月 5 日，赵某为自己祖居的一座四合院向保险公司投保。保险公司派员调查发现，该四合院有百余年历史，属危房，承保风险很高。经双方协商，保险金额 600 万元，保险费 5 000 元，保险期限自 2004 年 3 月 6 日至 2005 年 3 月 5 日。赵某随即足额交纳了保险费。2004 年 4 月 22 日，该四合院被市文物部门确定为市级古迹，并拨专款进行维修、加固，维修工程 7 月 30 日完工。8 月 12 日，赵某向保险公司提出，四合院维修后危险程度明显降低，应当退还部分保险费。保险公司则认为：保险费是双方协商确定的，保险公司不存在欺诈行为。因此拒绝退还部分保险费。

【法律问题】

保险费的降低和退还

【法律分析和结论】

保险合同是射幸合同。射幸的本意是碰运气。所谓射幸合同，就是指合同当事人一方支付的代价所获得的只是一个机会，对投保人而言，他有可能获得远远大于所支付的保险费的利益，但也可能没有利益可获；对保险人而言，他所赔付的保险金可能远远大于其所收取的保险费，但也可能在收取保险费以后不承担支付保险金的责任。保险合同的这种射幸性质是由保险事故的发生具有偶然性的特点决定的。就本案而言，订立保险合同时，四合院属危房，承保风险很高，因此保险费较高。四合院维修后危险程度明显降低，此时若还收取较高的保险费，则成本与风险不成正比，违背了射幸合同的本质。为保持双方当事人的利益平衡，《保险法》作出了相应规定。因此，赵某提出退还部分保险费的要求是合理的，保险公司应按日计算退还相应的保险费。

案例 3 投保人要求解除保险合同案

【案情介绍】

2004 年 6 月 5 日，钱某为自己所有的汽车租赁公司的 20 辆汽车向保险公司投保。经双方协商，保险金额 300 万元，保险费 3 000 元，保险期限自 2004 年 6 月 6 日至 2005 年 6 月 5 日。钱某随即足额交纳了保险费。2004 年 10 月 16 日，因公司经营不善，长期亏损，钱某向保险公司提出解除保险合同。保险公司则认为：保险合同是双方协商一致后签订的，保险公司为此作了相应的前期投入，因此不同意解除合同。

【法律问题】

保险合同的解除

【法律分析和结论】

保险合同的解除是在保险合同期限尚未届满前，合同一方当事人依照法律或约定行使解除权，提前终止合同效力的法律行为。解除保险合同的法律后果集中表现在，保险合同的法律效力消失，回复到未订立合同以前的原有状态。因此，保险合同的解除具有溯及既往的效力，保险人一般要退还全部或部分保险费，并不承担相应的保险责任。

在保险合同终止的情形中，解除权是基础。解除权是法律赋予保险合同的当事人在合同成立之后，基于法定或约定事由解除合同的权利。解除权可以由保险人行使，也可由投保人行使（即退保）。解除权依合同一方当事人的意思表示即可行使，但是，当事人行使解除权，应当符合法律规定的条件。这些条件是：必须在可以解除的范围内行使解除权；必须存在解除的事由；必须以法律规定的方式解除；必须在时效期间内行使解除权。

保险合同的解除，一般分为法定解除和意定解除两种形式。

1. 法定解除。法定解除是指当法律规定的事项出现时，保险合同当事人一方可依法对保险合同行使解除权。法定解除的事项通常由法律直接规定。但是，不同的主体有不尽相同的法定解除事项。

对投保人而言，在保险责任开始前，可以对保险合同行使解除权，而在保险责任开始后，法律对投保人的解除权作出了两种不同的规定：对财产保险合同而言，投保人要求解除合同的，保险人可以收取自保险责任开始之日起至合同解除之日止期间的保险费，剩余部分退投保人。对人身保险合同而言，投保人解除合同，已交足2年以上保险费的，保险金应当退还保险单的现金价值；未交足2年保险费的，保险人按照约定在扣除手续费后，退还保险费。保险人只有在发生法律规定的解除事项时方有权解除合同。

2. 意定解除。意定解除又称协议终止，是指保险合同双方当事人依合同约定，在合同有效期内发生约定情况时可随时解除保险合同。意定解除要求保险合同双方当事人应当在合同中约定解除的条件，一旦约定的条件成就，一方或双方当事人有权行使解除权，使合同的效力归于消灭。

《保险法》规定，保险活动遵循自愿原则。保险责任开始前，投保人要求解除合同，对保险人而言，并无实际利益的损失。根据2002年《保险法》第39条的规定，此时，投保人应当向保险人支付手续费，保险人应当退还保险费。2009年新修订《保险法》第54条规定了此内容。

案例4 部分保险标的灭失后保险合同是否解除案

【案情介绍】

2003年7月8日，孙某为自己所有的五间（规格、质量相同）平房向保险公司投保。经双方协商，保险金额10万元，保险费1 000元，保险期限自2003年7月9日至2004年7月8日。钱某随即足额交纳了保险费。2004年1月28日，因邻居生火取暖不慎引起火灾，孙某的三间平房被烧毁，钱某向保险公司提出赔付保险金。保险公司派员现场调查后于1月31日赔付孙某6万元。2月1日，保险公司通知孙某终止合同。孙某认为，保险合同是双方协商一致后签订的，合同尚未到期，因此不同意终止合同。

【法律问题】

保险合同的终止

【法律分析和结论】

本案的焦点是保险人是否有权终止合同。本案中，保险公司在保险标的发生部分损失（五间平房烧毁三间）后及时赔偿了孙某的损失。根据2002年《保险法》第43条规定，保险标的发生部分损失的，保险人赔偿后也可以终止合同，除非合同约定不得终止合同。2009年新修订《保险法》第58条规定了保险标的部分损失后保险人可选择的权利。因此，保险公司可以终止合同。不过，保险公司应当提前 15 日通知投保人——即 2 月 1 日，保险公司通知孙某于 2 月 16 日终止合同。同时，保险公司应将保险标的未受损失部分（两间平房）的保险费 400 元（1 000 元的 2/5），扣除自保险责任开始之日（2004 年 1 月 28 日）起至终止合同之日（2004 年 2 月 16 日）止期间的应收部分，退还给孙某。

二、保险价值、保险金额与重复保险

案例 1   王某不足额投保案

【案情介绍】

2004 年 10 月 9 日，王某到保险公司为自己新买的本田汽车投保。保险单载明：投保汽车重置价值 15 万元；保险金额 15 万元；保险期限自 2004 年 10 月 10 日至 2005 年 3 月 31 日。2005 年 1 月 8 日，王某酒后驾车发生交通事故，车辆严重受损，交警部门鉴定由王某负全部责任。王某随即向保险公司说明了情况。保险公司派员到出险地，并先行给付修理费 15 000 元。最终，该车实际修理费共计 5 万元。后经汽车销售部门估价，国内购置该种车新车最低市价 30 万元。王某要求保险公司支付全部修理费，扣除先行给付修理费，应再给付 35 000 元。保险公司认为，投保汽车重置价值 30 万元，王某申报为 15 万元，属于不足额保险。因此，保险公司仅同意按保险金额与重置价值的比例赔偿。

双方协商未果，王某起诉至法院。

【法律问题】

不足额保险

【法律分析和结论】

在不足额保险中，保险标的的实际价值被低估，投保人因此少付出了保险费。根据权利义务相一致的原则，也应当减轻保险人的责任。如果允许投保人按对保险标的的低估价值投保而让保险人按保险标的的实际价值进行赔偿，会造成利益的失衡，这也不符合损失补偿原则。

根据 2002 年《保险法》第 40 条的规定，在不足额保险中，除非合同另有约定，保险标的无论是全部损失还是部分损失，保险人都是按照保险金额与保险价值的比例赔偿。2009 年新修订《保险法》第 55 条第 4 款规定了不足额保险制度。计算公式为损失额乘以保险金额与保险价值之比。假设保险事故发生时，保险标的的保险金额是 1 万元，保险标的的保险价值是 2 万元，二者之比就是 1∶2。那么在保险标的发生全损时，保险人的赔偿数额为 20 000×（10 000/20 000）＝10 000（元）。若发生部分损失 3 000 元，则赔偿数额为 3 000×（10 000/20 000）＝1 500（元）。

本案中，保险金额是 15 万元，保险价值是 30 万元，二者之比是 1∶2。所以，保险公司只需赔偿损失的 1/2 即 25 000 元。扣除先行给付的修理费 15 000 元，保险公司只需再支付王某 10 000 元。

案例 2　重复保险索赔案

【案情介绍】

2004 年 2 月 19 日，服装批发商薛某到永安保险公司为自己新进的一批价值 30 万元的服装投保财产险。保险单载明：保险金额 20 万元；保险期限自 2004 年 2 月 20 日至 2004 年 6 月 19 日。2 月 20 日，薛某到永宁保险公司就同一批服装投保财产险。保险单载明：保险金额 20 万元；保险期限自 2004 年 2 月 21 日至 2004 年 6 月 20 日。薛某随即将该批服装委托某仓储公司保管。3 月 22 日，因仓储公司仓库保管员违规吸烟引发火灾，货物全部被烧毁。3 月 27 日，薛某分别向永安保险公司、永宁保险公司提出索赔。两家保险公司均拒绝按照保险合同约定的保险金额进行赔偿，认为薛某分别在两家保险公司投保的行为构成重复保险，只能按比例赔偿。薛某认为，保险事故确实发生在保险责任期间，完全符合保险合同的有关规定，因此坚持要求两家保险公司按照订立的保险合同上约定的保险金额进行赔偿。

薛某与两家保险公司协商未果，起诉至法院。

【法律问题】

重复保险

【法律分析和结论】

本案涉及的关键问题是重复保险如何进行赔偿。重复保险，是相对于单保险而言的，是指投保人对同一保险标的、同一保险利益、同一保险事故分别向二个以上保险人订立保险合同的行为。重复保险的存在，可能使被保险人获得比实际损失较多的赔偿，从而违背了损失补偿原则，因此，各国保险法大都给予限制。

我国 2002 年《保险法》第 41 条对重复保险作了规定。2009 年新修订《保险法》第 56 条规定了重复保险。

需要特别注意的是，重复保险必须同时具备三个要件（同一保险标的、同一保险利益、同一保险事故），如果就同一保险标的的不同保险利益分别向不同的保险人投保（如抵押合同中，抵押人和抵押权人分别就抵押财产投保），或者就同一保险标的的不同保险事故分别向不同的保险人投保（如投保人就同一批产品分别投保产品质量保证保险和产品责任保险），均不构成重复保险。2002 年《保险法》第 41 条对重复保险作了规定。重复保险的赔偿应遵循分摊原则，即重复保险的保险金额总和超过保险价值的，各保险人的赔偿金额的总和不得超过保险价值。除合同另有约定外，发生保险事故时，各保险人按照其保险金额与保险金额总和的比例承担赔偿责任。

本案中，法院经审理认为，薛某就同一批服装、同一保险利益和保险责任分别向永安、永宁保险公司投保同一险种，属于重复保险，由于两个保险公司的承保金额之和达 40 万元，超过了保险价值，根据法律规定，各保险人按照其保险金额（永安 20 万元、永宁 20 万元）与保险金额总和（40 万元）的比例承担赔偿责任，永安、永宁保险公司只需各赔付 15 万元。

三、代位求偿权

案例　保险公司代位求偿权案

【案情介绍】

2004 年 8 月 25 日，顾某为自己的奥迪 A8 汽车投保车辆损失险和第三者责任险，保险期限为 1 年。

2004 年 9 月 26 日，顾某驾车外出，在高速公路上被一辆强行超车的大卡车碰撞，车辆受损，顾某受伤。卡车司机驱车逃逸。交通部门认定，此起交通事故由卡车司机负全责。

事后顾某向保险公司告知有关情况并请求赔偿。经鉴定车损为 5 万元，保险公司按照损失额的 80% 赔付 4 万元，同时保险公司还给付王某第三者责任保险金 2 600 元及施救费 600 元，扣除损余 400 元，实际赔付 42 800 万元。

后来肇事司机被公安部门抓获，公安部门通知顾某。顾某与肇事司机谈判达成书面协议，规定对方只须支付顾某车辆损失的 20% 即 1 万元及施救费 1 500 元，顾某放弃对其行使第三者责任赔偿请求权。保险公司得知后，要求顾某退回重赔保险金，顾某拒绝，双方遂引起争议。

【法律问题】
代位求偿权

【法律分析和结论】
2002 年《保险法》第 45 条第 1 款规定："因第三者对保险标的的损害而造成保险事故的，保险人自向被保险人赔偿保险金之日起，在赔偿金额范围内代位行使被保险人对第三者请求赔偿的权利。"2009 年新修订《保险法》第 60 条第 1 款规定了此内容。保险公司赔付了顾某车损、第三者责任保险金和施救费，因此保险公司就以上三项保险金取得代位求偿权，即保险公司有权向肇事司机索赔以上三项费用。

2002 年《保险法》第 46 条规定："保险事故发生后，保险人未赔偿保险金之前，被保险人放弃对第三者的请求赔偿的权利的，保险人不承担赔偿保险金的责任。

保险人向被保险人赔偿保险金后，被保险人未经保险人同意放弃对第三者请求赔偿的权利的，该行为无效。

由于被保险人的过错致使保险人不能行使代位请求赔偿的权利的，保险人可以相应扣减保险赔偿金。"2009 年新修订《保险法》第 61 条规定了此内容。

因此，顾某与肇事司机私下约定放弃对第三者责任赔偿请求权之行为无效。同时，为了避免顾某行使两种请求权而获得双重利益，顾某不能就已获赔款范围再向肇事司机行使原有的赔偿请求权，故顾某从肇事司机处获得 1 500 元施救费为重赔保险金，应归属保险公司。

2002 年《保险法》第 45 第 3 款规定："保险人依照第一款行使代位请求赔偿的权利，不影响被保险人就未取得赔偿的部分向第三者请求赔偿的权利。"（2009 年新修订《保险法》第 60 条第 3 款）因此，顾某有权就车损赔付不足部分向肇事司机索赔。因此，本案中顾某与肇事司机谈判达成书面协议，规定对方支付顾某车辆损失的 20％即 1 万元是顾某正当行使权利的行为。

保险的基本职能是分散风险和损失补偿，它不允许被保险人因损失而获利。因此，对被保险人而言，一定要了解代位求偿权的真正含义，只有这样，才能既维护自己的利益，又避免不必要的纠纷。

因此，顾某应当退还保险公司重赔保险金，即施救费 1 500 元。

四、责任保险

案例　第三者责任险责任范围争议案

【案情介绍】

2000年9月,出租车司机赵某以其出租车向某保险公司投保了机动车辆险和第三者责任险,合同约定保险期限为1年。2000年12月某日,赵某将乘客刘某送至某地后,刘某在打开车门下车时不慎将手机掉在地上。刘某走出几步后才发现手机已经掉落,正要回身去捡时发现赵某已经将车辆启动。刘某虽然喊赵某停车,但终因赵某未能及时停住,车轮将手机碾碎。刘某手机价值3000元。刘某要求赵某赔偿,赵某向保险公司索赔。保险公司认为,赵某投保的第三者责任险是针对被保险人使用保险车辆发生保险事故造成第三者遭受损失时,保险公司才承担责任。而刘某是赵某的乘客,不属于第三者的范畴,因此拒绝了赵某的请求。赵某遂将该保险公司告上法庭。

【法律问题】

责任保险

【法律分析和结论】

责任保险是以被保险人对第三者依法应负的赔偿责任为保险标的的险种。按承保范围不同,责任保险主要分为公众责任保险、产品责任保险、雇主责任保险、职业责任保险等类型。责任保险的最终目的是保护受到被保险人行为损害的第三者的利益,使受害的第三者得到及时有效的经济补偿。因此,责任保险具有很强的社会公益性,与老百姓的生活密切相关。尽管责任保险的投保人多为企业,一旦发生保险责任事故,则由保险公司向受害者提供赔偿。责任保险使保险公司全部或部分承担了被保险人依法对第三者承担的责任,有利于第三者及时得到赔偿,而且还可以在一定范围内或一定程度上减轻被保险人面对第三者的索赔而产生的种种问题。

本案属于典型的责任保险,本案的焦点是责任保险中第三者的认定问题。刘某能否作为保险合同中规定的第三者是本案的关键。根据机动车辆保险条款的规定,保险车辆造成下列人身伤亡和财产损毁,不论在法律上是否应当由被保险人承担赔偿责任,保险人也不负责赔偿:(1)被保险人所有或代管的财产;(2)私有、个人承包车辆的被保险人及其家庭成员，以及他们所有或代管的财产；（3）本车上的一切人员和财产；（4）车辆所载货物掉落、泄漏造成的人身伤亡和财产损毁。可见，如果刘某的身份是赵某车上的乘客，则刘某的损失保险公司是不予赔偿的。通过案情的分析我们可知，刘某是在打开车门下车后手机才掉落的，而刘某打开车门下车就意味着其已经不再是赵某车上的乘客。此时，刘某是符合第三者责任保险中对第三者的要求的。因此刘某所受的财产上的损失属于第三者责任险承保的范围，保险公司应当予以赔偿。

第四节　人身保险合同

本节重点法条

《中华人民共和国保险法》

第三十一条　投保人对下列人员具有保险利益：

（一）本人；

（二）配偶、子女、父母；

（三）前项以外与投保人有抚养、赡养或者扶养关系的家庭其他成员、近亲属；

（四）与投保人有劳动关系的劳动者。

除前款规定外，被保险人同意投保人为其订立合同的，视为投保人对被保险人具有保险利益。

订立合同时，投保人对被保险人不具有保险利益的，合同无效。

第三十二条　投保人申报的被保险人年龄不真实，并且其真实年龄不符合合同约定的年龄限制的，保险人可以解除合同，并按照合同约定退还保险单的现金价值。保险人行使合同解除权，适用本法第十六条第三款、第六款的规定。

投保人申报的被保险人年龄不真实，致使投保人支付的保险费少于应付保险费的，保险人有权更正并要求投保人补交保险费，或者在给付保险金时按照实付保险费与应付保险费的比例支付。

投保人申报的被保险人年龄不真实，致使投保人支付的保险费多于应付保险费的，保险人应当将多收的保险费退还投保人。

第三十三条　投保人不得为无民事行为能力人投保以死亡为给付保险金条件的人身保险，保险人也不得承保。

父母为其未成年子女投保的人身保险，不受前款规定限制。但是，因被保险人死亡给付的保险金总和不得超过国务院保险监督管理机构规定的限额。

第三十四条　以死亡为给付保险金条件的合同，未经被保险人同意并认可保险金额的，合同无效。

按照以死亡为给付保险金条件的合同所签发的保险单，未经被保险人书面同意，不得转让或者质押。

父母为其未成年子女投保的人身保险，不受本条第一款规定限制。

第三十五条　投保人可以按照合同约定向保险人一次支付全部保险费或者分期支付保险费。

第三十六条　合同约定分期支付保险费，投保人支付首期保险费后，除合同另有约定外，投保人自保险人催告之日起超过三十日未支付当期保险费，或者超过约定的期限六十日未支付当期保险费的，合同效力中止，或者由保险人按照合同约定的条件减少保险金额。

被保险人在前款规定期限内发生保险事故的，保险人应当按照合同约定给付保险金，但可以扣减欠交的保险费。

第三十七条　合同效力依照本法第三十六条规定中止的，经保险人与投保人协商并达成协议，在投保人补交保险费后，合同效力恢复。但是，自合同效力中止之日起满二年双方未达成协议的，保险人有权解除合同。

保险人依照前款规定解除合同的，应当按照合同约定退还保险单的现金价值。

第三十八条　保险人对人寿保险的保险费，不得用诉讼方式要求投保人支付。

第三十九条　人身保险的受益人由被保险人或者投保人指定。

投保人指定受益人时须经被保险人同意。投保人为与其有劳动关系的劳动者投保人身保险，不得指定被保险人及其近亲属以外的人为受益人。

被保险人为无民事行为能力人或者限制民事行为能力人的，可以由其监护人指定受益人。

第四十条　被保险人或者投保人可以指定一人或者数人为受益人。

受益人为数人的，被保险人或者投保人可以确定受益顺序和受益份额；未确定受益份额的，受益人按照相等份额享有受益权。

第四十一条　被保险人或者投保人可以变更受益人并书面通知保险人。保险人收到变更受益人的书面通知后，应当在保险单或者其他保险凭证上批注或者附贴批单。

投保人变更受益人时须经被保险人同意。

第四十二条　被保险人死亡后，有下列情形之一的，保险金作为被保险人的遗产，由保险人依照《中华人民共和国继承法》的规定履行给付保险金的义务：

（一）没有指定受益人，或者受益人指定不明无法确定的；

（二）受益人先于被保险人死亡，没有其他受益人的；

（三）受益人依法丧失受益权或者放弃受益权，没有其他受益人的。

受益人与被保险人在同一事件中死亡，且不能确定死亡先后顺序的，推定受益人死亡在先。

第四十三条　投保人故意造成被保险人死亡、伤残或者疾病的，保险人不承担给付保险金的责任。投保人已交足二年以上保险费的，保险人应当按照合同约定向其他权利人退还保险单的现金价值。

受益人故意造成被保险人死亡、伤残、疾病的，或者故意杀害被保险人未遂的，该受益人丧失受益权。

第四十四条 以被保险人死亡为给付保险金条件的合同，自合同成立或者合同效力恢复之日起二年内，被保险人自杀的，保险人不承担给付保险金的责任，但被保险人自杀时为无民事行为能力人的除外。

保险人依照前款规定不承担给付保险金责任的，应当按照合同约定退还保险单的现金价值。

第四十五条 因被保险人故意犯罪或者抗拒依法采取的刑事强制措施导致其伤残或者死亡的，保险人不承担给付保险金的责任。投保人已交足二年以上保险费的，保险人应当按照合同约定退还保险单的现金价值。

第四十六条 被保险人因第三者的行为而发生死亡、伤残或者疾病等保险事故的，保险人向被保险人或者受益人给付保险金后，不享有向第三者追偿的权利，但被保险人或者受益人仍有权向第三者请求赔偿。

第四十七条 投保人解除合同的，保险人应当自收到解除合同通知之日起三十日内，按照合同约定退还保险单的现金价值。

一、人身保险合同的主体

案例1　郑某为未婚妻投保人寿保险案

【案情介绍】

2003 年 7 月 10 日，郑某以其未婚妻付某为被保险人，向保险公司投保人寿险，保险公司经审核后同意承保。经保险公司同意，郑某在保险单中投保人与被被保险人关系一栏填为"配偶"；保险种类主险为平安长寿险，保险金额 20 万元，保险费 14 365 元/年，保险期为 2003 年 7 月 11 日至终身；附险为意外伤害险，保险金额 1 万元，保险费 30 元，保险期为 2003 年 7 月 11 日至 2004 年 7 月 10 日。受益人为郑某。付某作为被保险人在保险合同上签了字。

2003 年 9 月 26 日，付某遭遇车祸死亡。郑某随即要求保险公司给付保险金。保险公司认为，虽然与郑某签订的保险合同的保险单中投保人与被被保险人关系一栏填为"配偶"，但实际上郑某与付某尚未结婚，因此郑某对付某并不具有保险利益，所以保险公司不应给付保险金，但可以退还部分保险费。双方对此发生纠纷，郑某起诉至法院。

【法律问题】

人身保险合同中的被保险人保险利益原则

【法律分析和结论】

本案争议的焦点是郑某对付某是否具有保险利益。根据 2002 年《保险法》第 53 条第 1 款规定，未婚妻不属于配偶，也不属于与投保人有抚养、赡养或者扶养关系的家庭其他成员、近亲属，投保人对未婚妻不具有保险利益。2009 年新修订《保险法》第 31 条规定此内容。因此，一般情况下，保险人可以此理由主张保险合同无效。但是，该条第 2 款规定："除前款规定外，被保险人同意投保人为其订立合同的，视为投保人对被保险人具有保险利益。"本案中，付某作为被保险人在保险合同上签了字，说明付某同意郑某为其订立人身保险合同。因此，郑某对付某具有保险利益。另外，郑某在保险单中投保人与被被保险人关系一栏填为"配偶"是经保险公司同意的，就不能认为郑某未尽如实告知义务。也就是说，保险公司明知郑某与付某的真实关系仍同意承保，视为是接受了对其不利的风险，合同应当有效。

因此，保险公司应给付郑某保险金。

案例 2   保险合同受益人纠纷案

【案情介绍】

2003 年 9 月 7 日，陈某以其正在上大学的女儿陈清（19 岁）为被保险人，向保险公司投保学生平安附加住院医疗险，经与陈清商量，指定其妻李某为受益人。保险公司经审核后同意承保，保险期为一年，自 2003 年 9 月 8 日至 2004 年 9 月 7 日。

2004 年 3 月 10 日，陈某与李某离婚。2004 年 5 月 26 日至 6 月 8 日，陈清患阑尾炎住院治疗，花去医疗费 2 000 余元。6 月 12 日，李某向保险公司要求给付保险金。保险公司与陈某联系核实情况，陈某随即表示，已与李某离婚，女儿与自己共同生活，保险金应当给自己或陈清，就是不能给李某。后来，陈某得知保险公司还是向李某给付了保险金，遂找保险公司理论，双方为此发生纠纷，陈某起诉至法院。

【法律问题】

人身保险合同中的受益人

【法律分析和结论】

本案争议的焦点是保险公司是否应当向李某给付保险金。根据 2002 年《保险法》第 61 条第 2 款（2009 年新修订《保险法》第 39 条）规定，投保人指定受益人时须经被保险人同意。本案中，陈某投保时被保险人陈清已 19 岁，为完全民事行为能力人。所以，陈某经与陈清商量，指定其妻李某为受益人。李某因此是适格的受益人，其受益人身份不因与陈某离婚或未与陈清共同生活而改变。

因此，保险公司给付李某保险金的行为是适当的。

二、人身保险合同的效力

案例 1　投保人未如实履行告知义务案

【案情介绍】

2004 年 6 月 1 日，张某到保险公司为父母投保人身健康保险。

经双方协商，保险合同规定如下：该保险是综合险，包括意外伤残、意外死亡、疾病死亡。被保险人应当身体健康。保险费：每人 200 元，共计 400 元。保险金额：每人 5 万元，共计 10 万元。被保险人在保险合同生效 180 天以后因疾病死亡，保险公司按照保险金额给付保险金。

保险公司签发了保险单。在保险合同签订过程中，保险公司的业务员没有就合同条款解释，也没有询问有关情况，就允许张某代替其父母签了字。

2004 年 8 月 31 日，张某的父亲因心脏病突发死亡。张某要求保险公司给付疾病死亡保险金。

保险公司拒绝支付保险金，仅同意返还 100 元保险费。

保险公司认为：保险合同规定，被保险人必须是身体健康的家庭成员，经过调查，张某的父亲在投保时，已经身患心脏病，不符合投保条件，该部分合同无效。另外，张某没有将父亲患有心脏病的情况告诉保险公司，没有尽到如实告知的义务。保险法规定，以死亡为给付保险金条件的保险合同，必须经过被保险人的书面同意，否则无效。

张某认为：自己与保险公司签订了保险合同，交纳了保险费，保险合同有效。父亲是被保险人，因病去世，符合保险责任范围，保险公司应该支付保险金 5 万元。同时，保险公司没有告诉自己必须要经被保险人的书面同意才能为其投保。因此，保险公司也存在过错。

【法律问题】

1. 人身保险合同无效的情形
2. 投保人的告知义务

【法律分析和结论】

本案涉及的主要问题是：被保险人是否符合投保条件、投保人是否履行了如实告知义务、保险合同是否有效。

1. 被保险人符合投保条件。

首先，保险公司与保险合同没有就"健康"的概念给出具体的标准。其次，在签订保险合同时，保险公司的业务员没有解释"健康"的含义。也没有询问被保险人的健康情况。作为投保人，张某无法知道保险人的具体要求，从而确定自己是否符合投保标准。

因此，保险公司不能以被保险人不符合投保条件为由，主张保险合同无效。

2. 投保人未履行如实告知义务。

保险人有义务说明保险合同条款的内容，同时投保人也有义务如实告知自己的有关情况。

根据 2002 年《保险法》第 17 条规定，投保人应当告知有关情况，但是投保人不知道什么应当告知，什么不必告知。所以，投保人应当告知保险人的事项，以保险人的询问或者投保书中写明的事项为限。保险人没有询问的，投保人没有义务告知。

本案中，保险人没有任何询问有关张某父母的身体状况的问题，张某也就没有义务告知自己父母的身体状况。保险公司不能以此为由，主张不承担责任。

3. 保险合同无效，保险公司存在过错，应当承担合同无效的赔偿责任。

本案中，保险公司认为，以死亡为给付保险金条件的合同，未经被保险人书面同意并认可保险金额的，合同无效。所以，该合同应当无效。

张某认为，保险公司没有告诉他，必须要经过被保险人书面同意并认可保险金额，所以自己没有责任。保险合同应当有效。

2002 年《保险法》第 56 条规定："以死亡为给付保险金条件的合同，未经被保险人书面同意并认可保险金额的，合同无效。依照以死亡为给付保险金条件的合同所签发的保险单，未经被保险人书面同意，不得转让或者质押。父母为其未成年子女投保的人身保险，不受第一款规定限制。"（2009 年新修订《保险法》第 34 条）

中国保险监督管理委员会在（1999）154 号的批复中规定，所谓以死亡为给付保险金条件的人身保险合同，是指单纯以死亡为给付保险金条件的人身保险合同。如果未经被保险人书面同意，该合同无效。含有死亡、疾病、伤残以及医疗费用等保险责任的综合性人身保险合同，如果未经被保险人书面同意并认可死亡责任保险金额，该合同死亡给付无效。

本案中，订立保险合同的双方当事人意思表示真实，合同内容合法，投保人交纳了保险费，保险人签署了保险单。同时，结合《保险法》和保监会的批复，应当认定该合同死亡给付无效，其他部分是有效的。

在签订保险合同中，保险公司有一定的过错，应该承担相应的责任，这就是导致合同无效的赔偿责任。《合同法》第58条规定："合同无效或者被撤销后，因该合同取得的财产，应当予以返还；不能返还或者没有必要返还的，应当折价补偿。有过错的一方应当赔偿对方因此所受到的损失，双方都有过错的，应当各自承担相应的责任。"

综上所述，该合同死亡给付无效，保险公司应当承担合同无效的赔偿责任。

案例2 保险合同效力纠纷案

【案情介绍】

2003年10月10日，某市人寿保险公司业务员孙某到某单位推销人寿保险。该单位职员胡某为父亲购买了卡折式短期意外保险一份，保险期间一年，保险费50元，保险金额为：意外伤害保险金额为50 000元，意外伤害住院医疗（补贴）保险金额为1 000元。在填到"被保险人签名"一栏时，因被保险人家住山区，离市区较远，经孙某同意，由胡某同一办公室的同事代签了字。10月13日，孙某将卡折（保单）客户留存联交予胡某。2004年1月18日，胡某之父外出遭遇车祸当场死亡。事故发生后，胡某立即通知了保险公司，保险公司派员到现场勘查证实胡某之父确属意外死亡。2004年1月27日，胡某向保险公司提出理赔申请。

保险公司审核相关单证后认为：该保单没有被保险人的亲笔签字，保险合同无效，保险公司只同意退还50元保险费。胡某认为：保险合同是在保险公司业务员孙某的指导下填写的，被保险人未亲自签名是因为家住山区，路途遥远，并且是经孙某认可的，保险公司也在保单上签字盖章，系双方当事人的真实意思表示，因而是合法有效的，保险公司应当支付保险金50 000元。

双方协商不成，胡某起诉至法院。

【法律问题】

1. 人身保险合同的无效情形
2. 保险合同条款的解释

【法律分析和结论】

本案争议的焦点在于保险合同在没有被保险人亲笔签名的情况下是否有效。

205

首先，从保险合同本身来看，胡某与保险公司签订的"短期意外伤害保险"合同为格式合同，胡某在与保险公司的代理人孙某协商一致的情况下签订了该合同。胡某作为投保人，在交纳了保险费后即已完成了合同约定的义务；而在被保险人发生了意外伤害后，保险公司就应当履行给付保险金的义务。根据2002年《保险法》第56条第1款规定："以死亡为给付保险金条件的合同，未经被保险人书面同意并认可保险金额的，合同无效。"(2009年新修订《保险法》第34条第1款)

保险公司以此为依据，认定保险合同无效而不予理赔的做法，不符合该条款的立法本意。该条款的立法本意在于防范投保人为谋取不正当利益故意损害被保险人的情形发生，确保被保险人的生命不致在其毫不知情的情况下被他人（恶意投保人）置于危险状态，因而特别规定必须经过被保险人书面同意并认可保险金额，保险合同方为有效。

其次，从保险合同的订立过程来看，本案中对于保险公司的行为应当适用最大诚信原则中的弃权与禁止反言。该保险合同的订立过程中，代签名时保险公司的代理人孙某在场并认可，表明保险公司对此行为是知情的。保险公司在知道有违背保险法强制性规定的行为存在的情况下仍开具保单，应视为保险人放弃抗辩权，保险人日后不得以此为由主张其解除合同或者抗辩的权利，就本案而言，保险公司不得以胡某之父未在保险合同上签字为由主张合同无效，应当承担给付保险金的责任。

本案法院经审理认为：代签名行为是经过了保险公司的默示认可的，虽然该行为违反了《保险法》第56条第1款（2009年《保险法》第34条第1款）的强制性规定，但并未违反该条款的立法本意。根据《保险法》第31条规定，"对于保险合同的条款，保险人与投保人、被保险人或者受益人有争议时，人民法院或者仲裁机关应当作有利于被保险人和受益人的解释。"(2009年新修订《保险法》第30条规定保险合同的疑义解释规则）因此，法院认为，保险公司不予赔付的理由不能成立，保险公司应当支付胡某保险金50 000元。

案例3　人身健康保险质押案

【案情介绍】

2004年5月12日，许某到保险公司为8岁的女儿投保人身健康保险。

经双方协商，保险合同约定如下：该保险是综合险，包括意外伤残、意外死亡、疾病死亡。被保险人应当身体健康。保险费100元，保险金额5万元。被保险人在保险合同生效180天以后因疾病死亡，保险公司按照保险金额给付保险金。

许某代替女儿签了字，保险公司签发了保险单。

2004年7月8日，许某向曹某借款2万元，将该保险单交与曹某作为质押物。9月30日，还款期限到来，许某无力偿还。曹某遂持借款合同、保险单到保险公司，提出确认自己为该保险单的受益人。

保险公司拒绝确认，并指出许某的质押行为无效。

双方协商不成，曹某起诉至法院。

【法律问题】

人身保险合同的无效情形

【法律分析和结论】

本案的焦点在于许某的质押行为是否有效。

首先，许某与保险公司订立的保险合同有效。2002年《保险法》第56条第1款规定："以死亡为给付保险金条件的合同，未经被保险人书面同意并认可保险金额的，合同无效。"（2009年新修订《保险法》第34条第1款）该条款的立法本意在于防范投保人为谋取不正当利益故意损害被保险人的情形发生，目的是维护被保险人的利益。人身保险合同是以人的寿命和身体作为保险标的的保险合同，为确保被保险人的生命不致在其毫不知情的情况下被他人（恶意投保人）置于危险状态，2002年《保险法》第56条第1款作出了上述规定。但是，现实中，由于未成年子女作为无民事行为能力人无法为自己投保，而父母往往希望为未成年子女投保人身保险，目的也是维护未成年子女的利益。因此，2002年《保险法》第56条第3款规定："父母为其未成年子女投保的人身保险，不受第一款规定限制。"即父母与保险公司订立以未成年子女死亡为给付保险金条件的合同，即使未经被保险人书面同意并认可保险金额的，合同仍然有效。

其次，许某的质押行为无效。2002年《保险法》第56条第2款规定："依照以死亡为给付保险金条件的合同所签发的保险单，未经被保险人书面同意，不得转让或者质押。"而第3款的例外规定只是针对第1款，父母为其未成年子女投保的人身保险，仍应适用第2款的规定。如前所述，第3款的例外规定最终目的是维护未成年子女的利益。2009年新修订《保险法》第34条有些规定。但是，如果允许父母在未经被保险人书面同意的情况下，将其为未成年子女投保的人身保险转让或者质押，就会违背《保险法》有关"投保人变更受益人时须经被保险人同意"的规定，从而也违背了维护未成年子女的利益的目的。

因此，保险公司有权拒绝确认曹某为受益人。

三、人身保险合同的履行

案例1　人身保险合同的受益人签名不实案

【案情介绍】

2003年10月31日，韩某到某人寿保险公司为丈夫严某投保终身保险，受益人为其子严某。在公司业务员张某在场的情况下，韩某在"被保险人签名"一栏中签了严某的名字，并于当日交付了首期保险费。11月2日，保险公司签发了保险单。2004年1月29日，严某因病去世，韩某随即通知了保险公司。2月3日，韩某请求理赔。2月6日，保险公司以签订合同时未经严某签字认可保险合同无效为由发出拒赔通知书。韩某认为，保险公司在签约及审批时并未要求必须被保险人本人签名，按程序收取了保险费并签发了保险单后，在保险事故发生时拒绝理赔，只享有合同权利却不承担合同义务，不符合诚信原则。于是，韩某向法院起诉，诉请法院判令保险公司承担缔约过失责任，赔偿韩某经济损失。

【法律问题】

人身保险合同的效力　缔约过失责任的承担

【法律分析和结论】

本案主要涉及以下两方面的问题：

1. 人身保险合同的效力问题

人身保险合同是以人的寿命和身体作为保险标的的保险合同，为确保被保险人的生命不致在其毫不知情的情况下被他人（恶意投保人）置于危险状态，2002年《保险法》第56条明确规定："以死亡为给付保险金条件的合同，未经被保险人书面同意并认可保险金额的，合同无效"（2009年新修订《保险法》第34条第1款）。本案中，由于存在韩某在未获得严某书面同意的情况下代替其签字的客观事实。因此，该保险合同为无效合同。

2. 缔约过失责任的承担问题

保险合同是格式合同，合同条款由保险公司事先拟定，投保人只能就该条款表示愿意接受与否来决定是否签订合同。韩某是在保险公司业务员张某在场的情况下在"被保险人签名"一栏中签了严某的名字，没有恶意欺诈。根据2002年《保险法》第17条的规定，订立保险合同时，保险人应当就合同条款向投保人履行相应的说明义务。2009 年新修订《保险法》第 17 条规定对格式条款的说明义务。但是，张某在明知严某不在场的情况下没有对韩某的代签字行为加以制止，也未要求韩某出示严某书面同意的材料，更未告知韩某这一行为将导致合同无效的严重后果。随后，保险公司签发了保险单。这些都表明了保险公司默认了韩某代签字的行为。本案中，正是由于保险公司怠于履行告知义务，后又默认了韩某代签字的行为，最终导致了保险合同无效的法律后果。因此，保险公司应当对合同形式上的瑕疵承担缔约过失责任。

综上所述，在订立保险合同的过程中，由于保险公司的过失，造成原告韩某信赖利益（缔约过失责任的赔偿范围）的损失，所以保险公司应当承担赔偿责任。

案例 2 李某未如实告知心脏病案

【案情介绍】

李某以自己为被保险人、以妻子张某为受益人向某人寿保险公司投保，按保险公司要求填写投保书。其中，在投保书中的"有无心血管疾病"一栏，李某填为"无"。李某于当日交纳了保险费，保险公司随后签发了保险单。在保险合同有效期间内，李某因心脏病突发死亡。张某向保险公司提出了给付保险金请求。

保险公司经调查，发现李某在投保之前有长期的心脏病史。保险公司认为，投保人在投保时没有如实告知实情，投保时心脏病已经对保险事故构成重大影响，故拒绝赔付保险金。

张某不服，起诉至法院。

【法律问题】

投保人的如实告知义务

【法律分析和结论】

保险合同被称为最大诚信合同，它要求投保人应当真实、充分地向保险公司说明被保险人的相关情况。因此，2009 年新修订《保险法》第 16 条规定："订立保险合同，保险人就保险标的或者被保险人的有关情况提出询问的，投保人应当如实告知。投保人故意或者因重大过失未履行前款规定的如实告知义务的，足以影响保险人决定是否同意承保或者提高保险费率的，保险人有权解除保险合同……投保人故意不履行如实告知义务的，保险人对于合同解除前发生的保险事故，不承担赔偿或者给付保险金的责任，并不退还保险费。"可见，如实告知义务是投保人在订立保险合同时必须履行的法定义务。

本案中，李某在投保书中的"有无心血管疾病"一栏填"无"的行为已经构成不实告知，并且这一不实告知对保险事故的发生有严重影响。而且，从李某在投保之前有长期的心脏病史这一事实来看，李某作出该行为时的心理状态应为故意。所以，保险公司可以解除合同并且拒付保险金。

四、人身保险合同的中止与复效

案例 1　林某未按时缴纳人寿保险合同保费案

【案情介绍】

2002 年 3 月 6 日，林某到保险公司为自己投保人寿保险，缴费方式为年付。经双方协商，保险条款规定：林某应于每年的 3 月 10 日缴纳当年的保险费。林某于当日缴付了 2002 年的保险费，保险公司随即签发了保险单。2003 年林某按期缴纳了保险费，但 2004 年的保险费林某到期后一直未缴纳。2004 年 4 月 25 日，林某因车祸身亡。林某的妻子陈某作为指定受益人，在办理完林某的丧事后向保险公司请求支付保险金。保险公司认为，林某最后一次缴纳保险费是 2003 年 3 月 10 日，林某发生事故是 2004 年 4 月 25 日，超过法定的宽限期 60 日，保险合同的效力已经中止，因而向陈某发出了拒赔通知书。陈某不服，诉至法院。

【法律问题】

人身保险合同的效力中止

【法律分析和结论】

保险合同效力的中止，是指已生效的保险合同暂时中止其效力，待符合法定或约定条件时，可以恢复合同效力。根据 2002 年《保险法》第 58 条的规定，人身保险合同效力中止是宽限期届满时，投保人可能承担的不利后果之一。合同效力的中止，应同时具备以下条件：

（1）投保人在交付首期保费后，未能依合同约定按时交付当期的续期保费，且此种逾期履行行为已持续至约定或法定的宽限期届满后。

（2）人身保险合同未约定其他补救措施，即合同对于投保人逾期未缴保费的，未约定中止合同效力之外的其他解决办法，如解除保险合同、相应减少保险金额、保费自动垫交等措施。

人身保险合同效力中止期间，即使发生合同约定的保险事故，保险人也不承担给付保险金的责任。但需注意的是，此处保险合同效力的中止只是暂时的，保险合同既未解除也未终止。

人身保险合同因前述原因而致效力中止的，经保险人与投保人协商并达成协议，在投保人补交保险费后，合同效力恢复。保险合同中止效力后2年内，投保人可以申请复效，在此期间，除非保险合同另有约定，保险人不得解除合同。但是自合同效力中止之日起2年内双方未达成协议的，保险人有权解除合同。

本案的焦点是投保人超过规定的期限60日是从何时起算。

保险公司认为，林某发生事故是在合同效力中止期间，因此拒付保险金。《保险法》第58条规定："合同约定分期支付保险费，投保人支付首期保险费后，除合同另有约定外，投保人超过规定的期限六十日未支付当期保险费的，合同效力中止"（2009年新修订《保险法》第36条）。即投保人超过规定的期限60日未缴纳保险费，不是从最后一次缴纳保险费的2003年3月10日起算，而是从未支付当期保险费的2004年3月10日起算。由此可见，保险公司对60日的起算点认识错误。本案中，虽然林某未缴纳2004年的保险费，但保险合同并未特别约定合同效力中止的期限，因此仍应适用《保险法》第58条的规定，60日从2004年3月10日起至2004年5月9日24时，即合同的效力从2004年5月10日起中止，发生事故的2004年4月25日仍处于合同的有效期间。

因此，保险公司应当向陈某支付保险金。

案例2 人寿保险合同投保人自杀案

【案情介绍】

2002年7月5日，蔡某到保险公司为自己投保人寿保险，缴费方式为年付。蔡某于当日缴付了2002年的保险费，保险公司随即签发了保险单。2003年蔡某未缴纳保险费，合同效力于2003年9月5日中止。2003年11月8日，蔡某与保险公司协商达成协议，蔡某补缴了拖欠的保险费与利息，合同效力恢复。2004年，蔡某按时缴纳了当年的保险费。2005年2月12日，蔡某自杀。2005年2月20日，受益人秦某向保险公司提出给付保险金的请求。

保险公司认为，"复效日"2003年11月8日应为合同效力的起算日，根据《保险法》规定，以死亡为给付保险金条件的保险合同，自成立之日起满二年后，如果被保险人自杀，保险人可以按照保险合同给付保险金。由于蔡某是在二年内自杀，保险人不承担给付保险金的责任，因此拒绝赔付。

秦某认为，蔡某已补缴所欠保险费，保险公司也同意继续承保，说明合同一直有效，因此保险公司应当给付保险金。

双方协商不成，秦某诉至法院。

【法律问题】

人寿保险合同的复效、自杀条款

【法律分析和结论】

本案主要涉及人身保险合同的复效问题，争议的焦点在于复效合同的效力是以合同成立日还是以复效日为起算日。

2002年《保险法》第59条规定，保险合同效力中止之日起2年内，经保险人与投保人协商并达成协议，在投保人补交保险费后，合同效力恢复。2002年《保险法》第66条规定，以死亡为给付保险金条件的合同，自成立之日起满2年后，如果被保险人自杀，保险人可以按照保险合同给付保险金。除此之外，保险人不承担给付保险金的责任。这就引出一个问题：复效合同的效力是以合同成立日还是以复效日为起算日？要回答这一问题，就要弄清楚中止和复效的含义。首先，中止不同于终止，仅仅是指合同效力的中断而非永久性失去效力。因此，2002年《保险法》第59条规定当投保人与保险人达成协议补交保险费后，合同效力恢复。其次，复效是一个相对于中止的概念，是指已经生效而又因故暂停的合同效力的恢复。复效是恢复原合同的效力，是对原合同的认可。除非复效时双方另行约定，原合同约定的事项均未变更。2009年新修订《保险法》第37条有此规定。

本案中，当蔡某与保险公司协商达成协议补缴了拖欠的保险费与利息后，合同效力恢复。而双方对原合同条款又未另行约定，因此，该保险合同的效力应当追溯到合同成立之日。从合同成立之日2002年7月5日到蔡某自杀之日2005年2月12日，已满2年，保险公司应当按合同约定向秦某支付保险金。

五、人身保险合同的特殊规定

案例1　被保险人实施犯罪行为致死案

【案情介绍】

2004年2月2日，辛某到保险公司为自己投保人寿保险，缴费方式为年付。

辛某于当日缴付了 2004 年度的保险费，保险公司随即签发了保险单。2004 年 6 月 17 日，辛某在实施抢劫的过程中，被受害人正当防卫打死。其妻郑某办理完辛某的丧事后，于 2004 年 7 月 4 日作为合同指定的受益人向保险公司请求支付保险金，遭到保险公司拒绝。郑某不服，诉至法院。

【法律问题】
保险人不承担给付保险金责任的情形

【法律分析和结论】
保险合同作为射幸合同，其目的是为防范将来可能发生的不确定的风险，而故意犯罪则是当事人有意为之的行为，是可控制的，与射幸合同的性质不符。而且，故意犯罪是危害社会的行为，如果被保险人故意犯罪导致其自身伤残或者死亡，保险人仍承担给付保险金的责任。就是将犯罪的危害结果转嫁给保险公司，这违背了民商法的基本原则——公序良俗。被保险人故意犯罪导致其自身伤残或者死亡的，保险人不承担给付保险金的责任。

因此，本案中，保险公司不承担向郑某给付保险金的责任。同时，由于辛某未交足二年以上保险费，保险公司可以不按照保险单退还郑某保险费。

案例 2　保险公司代位求偿案

【案情介绍】
张某（女）为其正在上小学的儿子刘某投保平安保险附加意外伤害医疗保险。

2003 年 9 月 22 日下午，刘某在学校操场上活动，被另外一个学生李某抛来的石子击中右眼睛，马上送医院抢救。医院多方医治，无奈眼球已经被打坏，最后，只能将眼球摘除。

保险公司根据合同，支付了刘某的保险金和医疗费。

保险公司是否享有在赔偿范围内代位行使刘某对李某请求赔偿的权利？

【法律问题】
人身保险中保险人排除适用代位求偿权

【法律分析和结论】
人身保险合同是以人的身体和寿命为保险标的的合同，与被保险人自身密不

213

可分。《合同法》第 81 条规定："债权人转让权利的，受让人取得与债权有关的从权利，但该从权利专属于债权人自身的除外。"如果人身保险中保险人享有代位求偿权，无异于使保险人享有专属于被保险人自身的权利，这与《合同法》第81 条的规定相背离。因此，人身保险中保险人排除适用代位求偿权。

本案中，保险公司不享有在赔偿范围内代位行使刘某对李某请求赔偿的权利。

第五节 保险业法律制度

本节重点法条

《中华人民共和国保险法》

第六十七条 设立保险公司应当经国务院保险监督管理机构批准。

国务院保险监督管理机构审查保险公司的设立申请时，应当考虑保险业的发展和公平竞争的需要。

第六十八条 设立保险公司应当具备下列条件：

（一）主要股东具有持续盈利能力，信誉良好，最近三年内无重大违法违规记录，净资产不低于人民币二亿元；

（二）有符合本法和《中华人民共和国公司法》规定的章程；

（三）有符合本法规定的注册资本；

（四）有具备任职专业知识和业务工作经验的董事、监事和高级管理人员；

（五）有健全的组织机构和管理制度；

（六）有符合要求的营业场所和与经营业务有关的其他设施；

（七）法律、行政法规和国务院保险监督管理机构规定的其他条件。

第六十九条 设立保险公司，其注册资本的最低限额为人民币二亿元。

国务院保险监督管理机构根据保险公司的业务范围、经营规模，可以调整其注册资本的最低限额，但不得低于本条第一款规定的限额。

保险公司的注册资本必须为实缴货币资本。

第七十八条 保险公司及其分支机构自取得经营保险业务许可证之日起六个月内，无正当理由未向工商行政管理机关办理登记的，其经营保险业务许可证失效。

第七十九条 保险公司在中华人民共和国境外设立子公司、分支机构、代表机构，应当经国务院保险监督管理机构批准。

第八十二条 有《中华人民共和国公司法》第一百四十七条规定的情形或者下列情形之一的，不得担任保险公司的董事、监事、高级管理人员：

（一）因违法行为或者违纪行为被金融监督管理机构取消任职资格的金融机构的董事、监事、高级管理人员，自被取消任职资格之日起未逾五年的；

（二）因违法行为或者违纪行为被吊销执业资格的律师、注册会计师或者资产评估机构、验证机构等机构的专业人员，自被吊销执业资格之日起未逾五年的。

第八十三条　保险公司的董事、监事、高级管理人员执行公司职务时违反法律、行政法规或者公司章程的规定，给公司造成损失的，应当承担赔偿责任。

案例1　旅游时意外死亡案

【案情介绍】

2004年6月，甲公司与乙旅行社签订了一份旅游合同，合同约定由旅行社负责组织甲公司职工到某东南亚国家进行7日游活动，时间是7月20日至7月26日。协议中包括了乙旅行社代为投保旅游意外保险。7月20日乙旅行社将该旅游团被保险人名单及有关事项加盖公章传真给保险公司，保险公司加盖业务章后又传真给了乙旅行社。但是，直到8月7日乙旅行社才向保险公司拨付保险费。顾某是甲公司的职工，参加这次的旅行团。7月24日，顾某在游览某景点时不慎从高处跌落导致脑出血，抢救无效死亡。乙旅行社随即向保险公司索赔。保险公司以保险费是在顾某死后才收到的为由拒绝赔偿。双方遂诉至法院。经查，保险公司与乙旅行社约定：保险公司委托乙旅行社代理旅游保险，保险费应当在次月5日前按月与保险公司进行结算。乙旅行社应当在旅游团出发前将被保险人名单及有关事项等加盖公章后传真给保险公司，保险公司接到传真后，加盖业务公章传真给乙旅行社，以此作为投保凭证。保险公司每月以传真资料为依据向旅行社收取保险费并承担保险责任，并支付代理手续费。

【法律问题】

1. 保险代理人
2. 保险合同的成立

【法律分析和结论】

本案涉及甲公司、乙旅行社和保险公司三方的关系。我们下面对其进行具体分析：首先，保险公司与乙旅行社之间存在代理协议，但该协议是无效的。根据该协议，乙旅行社的身份是保险公司的保险代理人。我国《保险法》规定，保险代理人是根据保险人的委托，向保险人收取代理手续费，并在保险人授权的范围内代为办理保险业务的单位或者个人。但是，并不是任何单位和个人都可以成为保险代理人的。根据保险法和有关法律法规的规定，未经保监会批准并颁发"经营保险代理业务许可证"并向工商行政管理机关办理登记，领取营业执照的情况下，是不能从事保险代理业务的。乙旅行社并无上述手续，因此其与保险公司签订的代理协议无效。其次，代理协议虽然无效，但是乙旅行社向保险公司投保旅游意外保险的行为是有效的。在这个旅游意外保险关系中，旅行社是投保人，被保险人和受益人都是甲公司参加7日游的职工。再次，本案中保险公司以保险费实际收取的时间作为抗辩理由不成立。根据《保险法》的有关规定，投保人提出保险要求，经保险人同意承保，并就合同的条款达成协议，保险合同成立。乙旅行社将被保险人名单及有关事项加盖公章传真给保险公司的行为就是提出保险要约；保险公司加盖业务章后传真给乙旅行社的行为就是表示其同意承保，双方已经达成协议，保险合同成立。由于双方没有对合同生效作出特殊约定，则保险合同已经生效。保费给付时间只是旅行社与保险公司之间的结算协议问题，不影响保险合同的生效。综上，保险公司应当按保险合同的规定，承担相应的保险责任。

案例2　保险代理人、保险经纪人讨论案

【案情介绍】

在《保险法》的课堂讨论中，几位同学纷纷谈了自己对保险代理人和保险经纪人的认识。甲说："保险代理人和保险经纪人都只能是单位。"乙说："不对，保险代理人和保险经纪人都可以是单位或个人。"丙说："保险经纪人接受投保人的委托，代表的是投保人的利益。因此，保险经纪人在办理保险业务中的过错，给投保人、被保险人造成损失的，不承担赔偿责任；而保险代理人为保险公司代理业务，代表的是保险公司的利益。因此，保险代理人在办理保险业务中的过错，给投保人、被保险人造成损失的，由保险公司承担赔偿责任。"丁说："保险经纪人和保险代理人提供的服务不同。保险经纪人是为投保人与保险人订立保险合同提供中介服务，本身并不参与保险合同的订立；而保险代理人则是为保险公司代理保险业务，代表保险公司与保险人订立保险合同。"

请问：以上四人的说法正确与否？为什么？

【法律问题】

保险代理人、保险经纪人

【法律分析和结论】

保险经纪人和保险代理人虽然都是保险中介人，但两者之间有着根本的区

别。保险代理人被称作是保险人"延长的手",而独立保险经纪人则有被保险人的"同盟者"之称。二者具体的区别主要有以下四点:

1. 主体资格的要求不同。保险经纪人只能是单位,保险代理人则可以是单位或个人。

2. 代表的利益不同。保险经纪人接受客户委托,代表的是客户的利益;而保险代理人为保险公司代理业务,代表的是保险公司的利益。

3. 提供的服务不同。保险经纪人是为投保人与保险人订立保险合同提供中介服务,本身并不参与保险合同的订立;而保险代理人则是为保险公司代理保险业务,代表保险公司与保险人订立保险合同。

4. 承担的责任不同。客户与保险经纪人是委托与受托的关系,如果因为保险经纪人的过错造成客户的损失,保险经纪人对客户承担相应的赔偿责任。而保险代理人与保险公司是代理与被代理的关系,被代理保险公司对保险代理人在授权范围内办理保险业务的行为后果负责。

综上所述,甲、乙、丙的说法错误,丁的说法正确。

第五章

票 据 法

第一节 总 则

本节重点法条

《中华人民共和国票据法》

第二条 在中华人民共和国境内的票据活动，适用本法。

本法所称票据，是指汇票、本票和支票。

第四条 票据出票人制作票据，应当按照法定条件在票据上签章，并按照所记载的事项承担票据责任。

持票人行使票据权利，应当按照法定程序在票据上签章，并出示票据。

其他票据债务人在票据上签章的，按照票据所记载的事项承担票据责任。

本法所称票据权利，是指持票人向票据债务人请求支付票据金额的权利，包括付款请求权和追索权。

本法所称票据责任，是指票据债务人向持票人支付票据金额的义务。

第五条 票据当事人可以委托其代理人在票据上签章，并应当在票据上表明其代理关系。

没有代理权而以被代理人名义在票据上签章的，应当由签章人承担票据责任；代理人超越代理权限的，应当就其超越权限的部分承担票据责任。

第六条 无民事行为能力人或者限制民事行为能力人在票据上签章的，其签章无效，但是不影响其他签章的效力。

第七条 票据上的签章，为签名、盖章或者签名加盖章。

法人和其他使用票据的单位在票据上的签章，为该法人或者该单位的盖章加其法定代表人或者其授权的代理人的签章。

在票据上的签名，应当为该当事人的本名。

第八条　票据金额以中文大写和数码同时记载，二者必须一致，二者不一致的，票据无效。

第九条　票据上的记载事项必须符合本法的规定。

票据金额、日期、收款人名称不得更改，更改的票据无效。

对票据上的其他记载事项，原记载人可以更改，更改时应当由原记载人签章证明。

第十条　票据的签发、取得和转让，应当遵循诚实信用的原则，具有真实的交易关系和债权债务关系。

票据的取得，必须给付对价，即应当给付票据双方当事人认可的相对应的代价。

第十二条　以欺诈、偷盗或者胁迫等手段取得票据的，或者明知有前列情形，出于恶意取得票据的，不得享有票据权利。

持票人因重大过失取得不符合本法规定的票据的，也不得享有票据权利。

【相关法条】　本法第11条。

第十三条　票据债务人不得以自己与出票人或者与持票人的前手之间的抗辩事由，对抗持票人。但是，持票人明知存在抗辩事由而取得票据的除外。

票据债务人可以对不履行约定义务的与自己有直接债权债务关系的持票人，进行抗辩。

本法所称抗辩，是指票据债务人根据本法规定对票据债权人拒绝履行义务的行为。

【相关法条】　本法第18条。

第十四条　票据上的记载事项应当真实，不得伪造、变造。伪造、变造票据上的签章和其他记载事项的，应当承担法律责任。

票据上有伪造、变造的签章的，不影响票据上其他真实签章的效力。

票据上其他记载事项被变造的，在变造之前签章的人，对原记载事项负责；在变造之后签章的人，对变造之后的记载事项负责；不能辨别是在票据被变造之前或者之后签章的，视同在变造之前签章。

第十五条　票据丧失，失票人可以及时通知票据的付款人挂失止付，但是，未记载付款人或者无法确定付款人及其代理付款人的票据除外。

收到挂失止付通知的付款人，应当暂停支付。

失票人应当在通知挂失止付后三日内，也可以在票据丧失后，依法向人民法院申请公示催告，或者向人民法院提起诉讼。

【相关法条】　《民事诉讼法》第194条。

第十六条　持票人对票据债务人行使票据权利，或者保全票据权利，应当在票据当事人的营业场所和营业时间内进行，票据当事人无营业场所的，应当在其住所进行。

第十七条　票据权利在下列期限内不行使而消灭：

（一）持票人对票据的出票人和承兑人的权利，自票据到期日起二年。见票即付的汇票、本票，自出票日起二年；

（二）持票人对支票出票人的权利，自出票日起六个月；

（三）持票人对前手的追索权，自被拒绝承兑或者被拒绝付款之日起六个月；

（四）持票人对前手的再追索权，自清偿日或者被提起诉讼之日起三个月。票据的出票日、到期日由票据当事人依法确定。

第十八条 持票人因超过票据权利时效或者因票据记载事项欠缺而丧失票据权利的，仍享有民事权利，可以请求出票人或者承兑人返还其与未支付的票据金额相当的利益。

【相关法条】 《票据纠纷规定》第4～7条。

案例1 世兴公司拒绝付款案

【案情介绍】

世兴建筑公司从兴业水泥厂购进一批水泥，数量20吨，价款5.6万元。水泥运抵建筑公司后，世兴建筑公司为兴业水泥厂签发一张以世兴建筑公司为发票人和付款人、以兴业水泥厂为收款人的到期日在三个月后的商业承兑汇票。一个月后，兴业水泥厂从兴旺金属公司购进一批冶金轧辊，价款6万元。兴业水泥厂就把世兴建筑公司开的汇票背书转让给兴旺金属公司，余下的4 000元用支票方式支付完毕。汇票到期后，兴旺金属公司把汇票提交世兴建筑公司要求付款，世兴建筑公司拒绝付款，理由是兴业水泥厂供给的水泥不合格，不同意付款。

【法律问题】

票据无因性

【法律分析和结论】

本案的重点在于票据的无因性。根据票据法原理，票据是无因证券，票据如果具备票据法上的条件，票据权利就成立，至于票据行为赖以发生的原因，在所不问。《票据法》第13条规定："票据债务人不得以自己与出票人或者与持票人的前手之间的抗辩事由，对抗持票人"。

票据无因性解析：

1. 票据关系与票据基础关系相分离原则

票据关系一经成立，就与其基础关系相分离，两种关系各自独立存在，分属于不同的法律制度规范。基础关系是否存在，是否有效，是否履行，对票据关系都没有影响。特别是票据关系与原因关系存在于不同的当事人时更是如此。这就是票据关系与票据基础关系相分离原则，它是票据关系与票据基础关系之间相互关系的基本原则，票据关系无因性也即产生于此。

票据关系与票据基础关系相分离原则，在三种不同的票据基础关系中有不同的体现。

（1）票据关系与票据原因关系的分离。就票据原因关系而言，分离原则主要体现在以下三个方面：

1）票据发行、背书转让等票据行为只要具备法定的要件，就能产生有效的票据关系，而不问作为票据行为背景的票据原因关系是否存在及有效。即使票据原因关系无效或被撤销，票据关系仍然有效。

2）票据权利人行使票据权利时，一般只以持有票据为必要条件，不须证明取得票据的原因。

3）票据债务人不得以原因关系有缺陷或有错误或无效等事由，对抗与其无直接原因关系的持票人。

（2）票据关系与票据资金关系的分离

票据关系与基础关系分离的原则，同样适用于票据关系与票据资金关系。就票据资金关系而言，分离原则主要表现在：

1）持票人享有的票据权利，不受资金关系有无的影响。只要是票据关系合法有效成立，持票人就可对付款人行使付款请求权。如果付款人因无资金关系而对票据拒绝付款，票据关系也仍然存在，持票人仍享有票据权利，可行使票据权利中的追索权。

2）付款人对票据是否予以承兑、付款，由付款人自行选择。即使有资金关系存在，付款人仍然可以不承兑、付款；但是，付款人若已承兑，也必须承担付款责任。

3）发票人虽然与付款人有资金关系，并依资金关系为基础发出票据，但票据不获付款时，发票人不能以已有资金关系作为抗辩理由，对抗持票人或其他后手的追索权。支票没有资金关系而签发时，银行应予退票，但对发票人而言，所签发的支票仍然有效，发票人仍应对持票人或其后手的追索权承担责任。

（3）票据关系与票据预约关系的分离

票据关系和票据预约关系的分离主要表现在：

1）票据预约关系是否遵守，对票据本身不发生影响，发票人、背书人等票据行为人，即使违反预约而为发行、背书等票据行为，只要该票据行为具备法定要件，仍能有效成立票据关系。作为预约关系的当事人，只能依民法规则解决预约的违约。

2）票据预约关系的消灭对票据关系不发生影响，票据预约关系消灭后，已发行的票据仍然有效。

2. 票据关系与票据基础关系的牵连

票据关系与票据基础关系，在一般情况下实行的是相互分离原则。但在一些特殊场合中，票据关系与票据基础关系是有牵连的。这些特殊场合中的牵连，主要是指在法律规定的某些事实存在的场合，票据关系则有可能受基础关系的影响。

（1）票据关系与原因关系的牵连。票据关系的效力在以下情况下，受原因关系的影响：

1）授受票据的直接当事人之间，仍可基于原因关系主张抗辩。

如果票据关系与票据原因关系存在于同一当事人之间时，票据债务人可利用票据原因关系对抗票据债权人。

2）无对价或无相当对价取得票据者，不能有优于前手的票据权利。

我国《票据法》第11条规定，因税收、继承、赠与等无偿取得票据的，所享有的票据权利不得优于其前手的权利。

3）持票人明知票据债务人与出票人或者与自己的前手之间存在抗辩事由而取得票据，债务人可对其进行抗辩。

（2）票据关系与票据资金关系的牵连。

在一定情况下，资金关系与票据关系也有牵连之处。表现在：

汇票的承兑人在对票据予以承兑后，虽然不能以没有收到资金为理由对抗持票人，但当发票人向其请求时，当然能够以此为理由行使抗辩权。这是直接当事人之间的抗辩。

（3）票据关系与票据预约关系的牵连。

票据预约的当事人一旦履行了预约关系，进行了预约的出票或背书等票据行为以后，票据预约关系即因已履行了预约而消灭。

综上所述，本案中世兴建筑公司的做法是不符合法律规定的。因为根据票据的无因性，并且根据《票据法》第13条的规定，票据关系一经形成，就与原因关系相分离。原因关系是否存在和有效，对票据关系不发生影响，票据债权人只要持有票据即可行使票据权利。在本案中，兴业水泥厂与世兴建筑公司之间的水泥购销关系是本案汇票的原因关系。汇票开出后，世兴建筑公司就与票据持有人产生票据关系。原因关系与票据关系是相互分离的。世兴建筑公司提出水泥质量不合格是原因关系有瑕疵。其拒绝付款就是用原因关系来对抗票据关系。但现在汇票已被背书转让，持票人不再是原因关系的当事人，所以世兴建筑公司不得以水泥不合格为由来对抗兴旺金属公司，世兴建筑公司必须付款。但是世兴建筑公司可根据原因关系的瑕疵请求兴业水泥厂赔偿损失。

案例 2 李燕工行支票保证案

【案情介绍】

李燕在工商银行某支行开立了支票账户。2005 年因其受到刺激导致精神失常。2005 年 5 月 1 日李燕签了一张 40 万元的转账支票给旺荣房地产公司购买房屋，并由李燕的朋友王利做保证。旺荣房地产公司收受支票后，5 月 15 日以背书的方式将该支票转让给了某租赁公司以支付所欠的建筑机械租金。5 月 19 日某租赁公司持该支票向某现代商城购置办公用品。5 月 26 日某现代商城通过其开户银行提示付款时，开户银行以超越提示付款期为由作了退票处理。某现代商城只好通知其前手进行追索。在追索的过程中，租赁公司和房地产公司均以有保证人为由推卸自己的责任，保证人王利以李燕系精神病人，其签发支票无效为由，拒不承担责任。经鉴定，李燕确属精神不正常，属无行为能力人。

【法律问题】

票据行为效力、票据责任

【法律分析和结论】

1. 无民事行为能力人的票据行为无效，但是其所签发的票据有效。

《中华人民共和国民法通则》第 13 条规定："不能辨认自己行为的精神病人是无民事行为能力人，由他的法定代理人代理民事活动。不能完全辨认自己行为的精神病人是限制民事行为能力人，可以进行与他的精神健康状况相适应的民事活动；其他民事活动由他的法定代理人代理，或者征得他的法定代理人的同意。"

《中华人民共和国票据法》第 6 条规定："无民事行为能力人或者限制民事行为能力人在票据上签章的，其签章无效，但是不影响其他签章的效力。"

2. 保证的意义。

汇票上的保证是票据债务人以外的人，以担保因主要票据行为所生之债务为目的而作出的票据行为。主票据行为，不仅指发票行为，凡被保证的承兑，参加承兑、背书等行为均属之。

汇票上的保证与民法上的保证同为保证行为，但有如下特点：（1）汇票上的保证为要式行为。应于汇票上记载保证之意思、被保证人姓名及年月日并由保证人签名。（2）汇票上的保证为独立的票据行为。被保证之债务即使无效，保证人仍应负责。汇票上的保证是单方面行为。（3）票据保证人无检索抗辩权。

汇票上的保证人以票据债务人以外的人为限。被保证人则可以是发票人、背书人、承兑人、参加承兑人。

3．保证的效力。

（1）保证人与被保证人负同样的责任。

（2）保证人清偿债务后，得行使持票人对承兑人、被保证人及其前手所享有的追索权。

4．由上可知，在本案中，首先，依照法律规定无民事行为能力人和限制民事行为能力人的票据行为是无效的。由此，本案中的李燕经鉴定为无民事行为能力人，其完成的出票行为是无效的。其次，如果票据的必须记载事项是齐全的，出票行为无效，票据依然有效，由于票据行为彼此之间是各自独立的，如果在一张票据上有众多的票据行为，某一行为的无效不影响其他行为的效力。本案中的当事人和关系人均未对李燕签发的支票记载事项提出异议，因此，应当推定李燕出票无效，但所签支票有效。

5．票据行为人应承担票据责任，保证人王利不承担保证责任。《票据法》第68条第1款规定："汇票的出票人、背书人、承兑人和保证人对持票人承担连带责任。"第93条规定：支票的背书、付款行为和追索权的行使，除有特殊规定外，适用汇票的规定。按照法律规定，支票没有保证行为，本案中王利所做的保证只是一般的民事保证。这种保障是第二顺序的，只有在票据法的保障不能使权利人的利益得到充分实现时，才能起作用。尽管李燕的出票行为无效，并且由于李燕的出票行为无效，李燕在此基础上的保证行为也是无效的，李燕无须承担保证责任。但房地产公司和租赁公司的背书行为都是有效的，他们应该对现代商城承担连带责任。

案例3　利德有限责任公司拒绝付款案

【案情介绍】

利德有限责任公司从光华钢铁厂购进200吨钢材，总价款40万元。钢材到货后，利德建筑有限责任公司为光华钢铁厂签发一张以利德建筑有限责任公司为出票人和付款人、以光华钢铁厂为收款人，三个月后到期的商业承兑汇票。一个月后，光华钢铁厂从释文有限责任公司购进办公设备一批，总价款45万元。光华钢铁厂就把利德建筑有限责任公司开的汇票背书转让给宏达公司，余下的5万元用支票方式支付完毕。利德有限责任公司发现200吨钢材中质量不合格，双方发生纠纷。汇票到期时，宏达公司把汇票提交利德有限责任公司要求付款，利德有限责任公司拒绝付款，理由是光华钢铁厂供给的钢材不合格，不同意付款。

【法律问题】

票据抗辩

【法律分析和结论】

利德建筑有限责任公司的做法是违反法律规定的。其不可以拒绝付款。

（一）票据抗辩

票据抗辩是指票据债务人根据票据法的规定对票据债权人拒绝履行义务的行为。亦即票据债务人对票据债权人的请求，提出一定的合法事由予以对抗，并依此而拒绝履行票据义务的行为。这里的合法事由称为抗辩事由；提出抗辩，并依此而拒绝履行票据义务的权利称为抗辩权。

根据抗辩的事由及其效力的不同，票据抗辩可以分为物的抗辩和人的抗辩两类：

1. 物的抗辩又称绝对抗辩或客观抗辩，是指基于票据本身所存在的事由而发生的抗辩。因抗辩事由是基于票据这个客观物体而发生，故称物的抗辩；又因该抗辩事由可以对一切持票人提出，所以又称绝对抗辩。

2. 人的抗辩。

人的抗辩又称相对抗辩或主观抗辩，是指票据债务人仅可以对特定的票据债权人提出的抗辩。这类抗辩是基于票据当事人之间的特定关系而产生的，只能对特定的票据债权人行使。当债权人（持票人）发生变更，这种抗辩便被切断，债务人不得再以原来的事由对新的债权人行使抗辩。

（二）票据的无因性

票据是一种无因证券。票据的无因性是指，票据关系虽然需要基于一定的原因关系才能成立，但是票据关系一经成立，就与产生或转让票据的原因关系相分离，两者各自独立。票据具备票据法上的条件，票据权利就成立，至于票据行为赖以发生的原因关系是否存在和有效，在所不问。票据债务人不得以原因关系无效为理由，对善意的持票人进行抗辩。根据《票据法》第13条的规定：

"票据债务人不得以自己与出票人或者与持票人的前手之间的抗辩事由，对抗持票人"。

（三）本案分析

本案中，光华钢铁厂与利德建筑有限责任公司之间的钢材购销关系是本案汇票的原因关系。汇票开出后，利德建筑有限责任公司就与票据持有人产生票据关系。原因关系与票据关系是相互分离的。利德建筑有限责任公司提出钢材质量不合格是原因关系有瑕疵。其拒绝付款就是用原因关系来对抗票据关系。但现在汇票已被背书转让，持票人不再是原因关系的当事人，所以利德建筑有限责任公司不得以钢材不合格为由来对抗宏达公司，利德建筑有限责任公司必须付款。付款后票据关系消灭，原因关系不消灭，利德建筑有限责任公司仍可根据原因关系的瑕疵请求光华钢铁厂赔偿损失。

案例 4 李华伪造汇票案

【案情介绍】

李华伪造一张 100 万元的银行承兑汇票，该汇票以新世纪公司为收款人，以工商银行为付款人，汇票的"交易合同号码"栏未填。李华将这张伪造的银行承兑汇票向新世纪换取了 74 万元，新世纪公司持这张伪造的汇票到交通银行申请贴现，交通银行未审查出汇票的真假，予以贴现 90 万元，新世纪公司由此获得收入 16 万元。交通银行通过联行往来向工商银行提示承兑。工商银行未办理过银行承兑业务。在收到汇票后，工商银行立即向公安局报案。后查明该汇票系伪造。因此工商银行将汇票退给交通银行，拒绝承兑。

【法律问题】

票据的伪造、追索权

【法律分析和结论】

首先，这张汇票是非法的、无效的。本案涉及主要知识点是票据的伪造。票据的伪造指假冒他人名义（假借、假造）而为票据行为。包括假冒他人名义为发票行为而发出票据，以及假冒他人名义为发票以外的行为（如背书、承兑、保证等）。此时假冒他人名义签名的人因并未在票据上签自己的姓名，故不负责任；而被假冒姓名的人，因自己并未在票据上签名，亦可不负责任。但如在此伪造之票据（假冒他人名义发出的票据）或有伪造签名之票据上真正签名的人，仍应负票据上的责任（票据行为独立的原则）。《票据法》第10条第1款规定："票据的签发、取得和转让，应当遵循诚实信用的原则，具有真实的交易关系和债权债务关系。"第14条规定："票据上的记载事项应当真实，不得伪造、变造。伪造、变造票据上的签章和其他记载事项的，应当承担法律责任。"在本案中，李华伪造汇票的收款人、付款人，违反了国家法律的规定，因此，该汇票是非法的、无效的，工商银行有权拒绝承兑。李华的行为是犯罪行为，应当依法追究刑事责任。

其次，交通银行可向新世纪公司行使追索权。《票据法》第61条规定：汇票到期被拒绝承兑的，持票人可以对背书人、出票人以及汇票的其他债务人行使追索权。另外，该法第37条还规定："背书人以背书转让汇票后，即承担保证其后手所持汇票承兑和付款的责任。背书人在汇票得不到承兑或者付款时，应当向持票人清偿本法第七十条、第七十一条规定的金额和费用"，这些金额和费用包括：(1)被拒绝付款的汇票金额；(2)汇票金额自到期日或者提示付款日起至清偿日止，按照中国人民银行规定的利率计算的利息；(3)取得有关拒绝证明和发生通知书的费用。在本案中，新世纪公司持汇票到交通银行申请贴现的行为是一种将汇票背书转让给交通银行的行为，交通银行是被背书人，新世纪公司是背书人。由于汇票是非法的、无效的，工商银行拒绝承兑。因此，交通银行作为持票人有权向背书人新世纪公司行使追索权。新世纪公司的损失应由其向伪造票据者李华追索，工商银行不承担任何责任。新世纪公司明知该汇票无真实的交易关系和债权债务关系，不经审查收受伪造的商业汇票，进行非法融资交易，获得非法收益，它接受伪造汇票而造成的经济损失，应由其向诈骗者李华追索，工商银行不承担任何责任。

案例5　刘黎转让票据案

【案情介绍】

1999年5月6日，刘黎携带以自己为收款人的中国工商银行广西分行150万元银行汇票和中国建设银行广西分行50万元汇票各一张到南宁市。次日，刘黎委托广越酒店业务员王云萍到南宁市信用社办理两张汇票的有关手续，将汇票暂时存在该处。

该社的业务员张新利对银行汇票进行核对后，王云萍将刘黎身份证交给张新利，王云萍在该两张汇票背面背书人栏加盖预留印鉴"广越酒店财务专用章"和"刘黎印"。张新利收下两张银行汇票后，填写一张送款单回单给王云萍和刘黎。

送款单上收款单位为南宁市信用社，账号 8235，款项来源刘黎汇票转入，合计金额 200 万元。南宁市信用社收下两张汇票的当日，即在两张汇票上加盖南宁市票据交换章后送南宁市河南西路票据交换所办理票款解付。5 月 11 日，南宁市信用社用转账付出传票将 200 万元汇票款从其账号转入广越酒店账户。6 月，刘黎发现此事，即以 200 万元转给广越酒店不妥向南宁市信用社提出异议。南宁市信用社认为，其是依汇票背书及银行规定将款划入广越酒店的，并无不妥。双方就此发生争议。

【法律问题】
汇票的合法转让

【法律分析和结论】
本案中汇票属合法转让。汇票转让是指持票人可以将汇票权利转让给他人或者将一定的汇票权利授予他人行使。持票人行使汇票转让权利时，应当背书并交付汇票。票据上权利的移转有两种方式：(1) 背书交付；(2) 单纯交付无记名票据，只以交付转让，不用签名。

背书是以转移票据权利给他人为目的的票据行为。背书分为正式背书与略式背书。正式背书（完全背书）为背书人在票据背面记名背书的意思（例如"此票让与给"及被背书人姓名，由背书人签名并记明日期）。正式背书可以证明背书的连续。对于证明票据移转的情形最为方便。略式背书（空白背书）又名不完全背书，即只记载背书人之签名而不记载被背书人姓名之背书。略式背书的票据转让有三种方式，或只以票据交付，或再以空白背书转让之，或再以正式背书转让之。持票人也可以在背书内即以自己姓名为背书人而再转让。空白背书在效力上与正式背书同。

票据行为有自己的特性：首先，票据行为具有无因性。也即票据行为只要具备法定形式要件即可生效，不论其实质关系如何。其次，票据行为具有独立性。票据上有多个法律行为时，各个票据行为各自独立，互不影响。一行为无效，不影响其他票据行为的效力。

南宁市信用社在此过程中处于办理汇票转账者的地位，只对转账手续是否合法，转账结果是否错误负责，而不是南宁市信用社能否办理转账。刘黎、广越酒店之间的背书转让真实意思表示已授权南宁市信用社转账。南宁市信用社当广越酒店业务员的面，代刘黎在讼争两张汇票背面书写其姓名、身份证号、住址、发证机关等，这种行为，符合票据法的规定。南宁市信用社作为汇票受让人开立账户的金融机构，依职责审查了转让汇票记载事项及汇票权利受让人的预留印鉴。南宁市信用社的这些行为，符合银行的有关规定。因此，本案中汇票转让的行为是合法有效的。

案例6 国美有限责任公司失票案

【案情介绍】

2000年4月1日，某人持国美有限责任公司遗失的一张填有食品专用的转账支票至原告盛利超市处，要求盛利超市予以调取现金。盛利超市未审核支票来源及来人身份证件，就支付给该人现金人民币1万元，并收取支票金额千分之七人民币70元的手续费。该人收款后留下一张现金收条。同月27日，盛利超市将该支票解入银行，银行以账户存款不足为由而退票。盛利超市没有找到该人。同时，国美有限责任公司收到银行退票，并被处罚款，这时才知道所遗失的转账支票被他人冒用。盛利超市催款未果遂诉至法院，要求国美有限责任公司支付支票金额1万元。

【法律问题】

票据的丧失

【法律分析和结论】

（一）原告盛利超市对本案中的损失负有主要责任

我国票据法规定的票据丧失补救方法既包括普通诉讼程序，也包括公示催告制度。公示催告制度是丧失票据的人申请法院宣告票据无效从而使票据权利与票据相分离的制度。

（二）票据丧失的意义

票据的丧失指持票人对票据的占有，包括票据的灭失（物质的毁灭），遗失和被盗。行使票据上权利，以占有票据为必要。持票人如丧失占有，即不能行使票据上的权利，而票据即有为他人冒领的可能，因此，法律规定如下方式保护持票人利益。

（三）公示催告与除权判决

1. 公示催告为丧失票据人在丧失票据后依法申请法院宣告票据无效而使票据上权利与票据相分离的一种制度。关于公示催告与除权判决的程序一般规定在民事诉讼法中。除已经由付款人付款的票据与票据上已因时效或手续欠缺而权利消灭的票据外，票据权利人丧失票据时，均可向法院申请为公示催告。法院准许后，即应以公示方式告知持有该票据者，于一定期限内向法院申报权利。持有票据的人如直到除权判决时尚未申报时，即"失权"。即不能再主张其对于票据的权利。如有申报权利的人，申报权利的持票人与申请公示催告的人应另以诉讼确定其权利。

2. 如无人申报权利或申报权利人受败诉判决，申请公示催告的人即可申请法院为除权判决。法院为除权判决时，即在除权判决中宣布该票据无效。经除权判决宣布票据无效后，公示催告申请人即得主张、行使其票据上的权利（不持有票据而行使票据上的权利），至于票据丧失后取得票据的人（包括善意取得人）则不能享有票据上的权利（因此时票据已因除权判决而失效）。

3. 另外，票据法对丧失票据的人，还有如下的保护方法：（1）公示催告开始后，票据如已到期，申请人得提供担保请求付款人付款，或请求将票据提存。（2）公示催告开始后，票据如尚未到期，申请人得提供担保，请求发给新票据。票据权利人丧失票据时，应向付款人通知止付。通知止付后，付款人即应负停止付款的义务并留存止付的金额。

（四）本案分析

本案国美有限责任公司遗失支票，负有保管不善的责任。而且支票遗失后未及时采取办理挂失止付公示催告等弥补手续，其责任是明显的。根据《票据法》第 83 条规定："支票可以支取现金，也可以转账，用于转账时，应当在支票正面注明。支票中专门用于支取现金的，可以另行制作现金支票，现金支票只能用于支取现金。支票中专门用于转账的，可以另行制作转账支票，转账支票只能用于转账，不得支取现金。"本案盛利超市获取该支票，虽给付了相当的代价，但违反了《票据法》等有关规定，明知支票使用用途不符并在未审查支票持有人身份的情况下以现金换取转账支票，存在重大过失，是造成他人冒用该支票的主要原因。

可见，盛利超市对本案中的损失负有主要责任。

案例 7 汇票转让中背书的连续性案

【案情介绍】

李刚签发汇票一张，汇票上记载收款人为郑永新、金额为 20 万元、付款人为某建设银行支行，汇票到期日为 2003 年 4 月 1 日。郑永新取得票据以后，将其背书转让给东胜超市，东胜超市没有背书转让给刘磊，刘磊再背书转让给郑永新，郑永新再背书转让给许淇，许淇再背书转让给詹明。詹明要求付款银行某建设银行支行付款时，被以背书不具连续性为由拒绝付款。

【法律问题】

背书的连续性

【法律分析和结论】

此背书具有连续性。票据背书是指：持票人为了转让票据权利或者为了将票据权利授予他人行使，在票据的背面或粘单上记载法律要求的事项并签章，然后把票据交付给被背书人的票据行为。票据背书的连续性是指票据上为转让票据权利而为的背书中，转让票据的背书人与受让票据的被背书人在票据上的签章具有不间断性。票据法不要求持票人审查背书的实质原因，也就是说，除了其直接前手的背书以外，票据法也不要求持票人审查背书的真假。可是，票据法要求持票人必须审查背书在形式上的连续性。《票据法》第 31 条规定：以背书转让的汇票，背书应当连续。持票人以背书的连续，证明其汇票权利；非经背书转让，而以其他合法方式取得汇票的，依法举证，证明其汇票权利。前款所称背书连续，是指在票据转让中，转让汇票的背书人与受让汇票的被背书人在汇票上的签章依次前后衔接。《票据法》第 32 条规定：以背书转让的汇票，后手应当对其直接前手背书的真实性负责。后手是指在票据签章人之后签章的其他票据债务人。

持票人如果是依背书取得票据，连续的背书方能证明其为票据权利人。在东胜超市与刘磊之间的转让，没有背书。《票据法》对空白背书均不予承认。若数次背书中，有因形式不具备而背书无效的，则应认定该汇票的背书为不连续。但是，如果将数次背书中的无效背书除去后，其余背书连续时，其背书仍应认定为连续。所以，我们可以将无效背书除去，简化地看成李刚、郑永新、许淇、詹明之间的转让，该票据之背书仍应认定为连续。

案例 8　兴华有限责任公司诉商业银行案①

【案情介绍】

2006 年 4 月 26 日，兴华有限责任公司业务员李兴华自带汇票到三亚市购买珍珠养殖，其汇票记载：收款人为李兴华，支付地为某商业银行，金额为人民币100 万元。购买珍珠养殖中间介绍人刘利以办理住宿和发运粮食需要抵押为理

---

① 案例来源：中国法院网。

由，将李兴华的身份证及该汇票要到手，交给了三亚市珍珠养殖有限责任公司经理李学品留作抵押。同年 4 月 30 日，李学品将该 100 万元汇票带到商业银行要求结付。商业银行在该汇票收款人李兴华不在现场，汇票上没有背书人背书和被背书人签字盖章的情况下，将该汇票项下 100 万元结付给了三亚市珍珠养殖有限责任公司，该公司用此款偿还了其他银行的贷款。此后，兴华有限责任公司多次要求商业银行还款无果，即以上述事实向法院提起诉讼，认为被告商业银行非法将其 100 万元汇票款转入三亚市珍珠养殖有限责任公司，被告的行为违反了银行结算的规定，严重侵犯了其合法权益。请求法院判令被告返还其 100 万元汇票款及赔偿利息损失。

【法律问题】
票据责任承担

【法律分析和结论】
本案付款人商业银行应当赔偿出票人兴华有限责任公司 100 万元汇票款和利息损失。《票据法》第 57 条规定："付款人及其代理付款人付款时，应当审查汇票背书的连续，并审查提示付款人的合法身份证明或者有效证件。付款人及其代理付款人以恶意或者有重大过失付款的，应当自行承担责任。"

从票据法律关系上看，本案汇票的出票人是兴华有限责任公司，因属自带汇票，故其收款人为本单位的业务员李兴华。该汇票如因购买珍珠养殖等所用，则必须由收款人李兴华作背书人，在背书栏中作成背书指示被背书人，由所指明的被背书人在被背书栏中签字盖章，被背书人才能持票提示付款行予以付款。付款人付款时，应当审查汇票背书的连续性，并审查提示付款人的合法身份证明或有效证件，否则，付款人以恶意或者有重大过失付款的，应当自行承担责任。本案作为付款人的商业银行在汇票没有背书人背书，也没有持票人签字盖章的情况下，即将汇票款项付给持票人，违反了结算业务的规定，有重大过失。商业银行作为票据法律关系的付款人，应当承担向出票人赔偿损失的民事责任。如果本案收款人到场，可是没有在背书栏内背书，没有在汇票上签字盖章，要求提示付款，作为付款人的商业银行也不应该同意付款，而应当拒绝。这是票据的要式性决定的，因为可背书转让的汇票，必须有背书人的背书，为要式条件。兴华有限责任公司可以通过票据法律关系的诉讼向付款人追回其损失，故其不能同时向持票人主张赔偿损失。付款人的损失可向获得付款的持票人主张。

案例9　票据关系分析案

【案情介绍】

1998年1月，湖南天易公司与福建华茂发展公司签订了名为联营实质上是借贷性质的《联营合同》，约定华茂公司向天易公司借款人民币500万元，湖南交通银行衡阳某分行（以下简称为交行）对该借款作担保并给天易公司出具了担保书。之后，天易公司签发了以浙江某服装厂为收款人，到期日为1998年8月底的500万元商业汇票一张，还同该厂签订了虚假的购销合同，将该汇票与合同一并提交给农业银行某县支行（以下简称为农行）请求承兑，双方签订了委托承兑商业汇票协议。天易公司告知农行拟使用贴现的方式取得资金，并承诺把该汇票的贴现款项大部分汇回该行，由该行控制使用。其后，该农行承兑了此汇票。而后收款人浙江某服装厂持票到建设银行浙江某分行贴现，并将贴现所得现款以退货款形式退回给天易公司，后者则按联营协议的约定，将此款项全部借给华茂发展公司。汇票到期后农行以受天易公司等诈骗为理由拒绝付款给贴现行，而当天易公司要求华茂发展公司及交行归还借款时，该行则以出借方签发汇票套取资金用于借贷不合法为由，拒绝承担保证人责任。

【法律问题】

票据关系

【法律分析和结论】

（一）票据关系

因票据的发行而生的当事人之间的法律关系称为票据法上的关系，其中分为票据关系和票据法上的非票据关系。票据关系指票据上的当事人基于票据行为而发生的票据法上的债权债务关系。凡取得票据的人即取得票据上的权利。凡在票据上签名为某种票据行为的人即负一定义务。不持有票据者不能行使权利。

票据关系最主要的是收款人与付款人间的关系，亦即受款人请求付款人付款的权利。在发票人与付款人之间，发票人委托付款人付款，付款人承担付款（在汇票为承兑）的关系。在发票人与受款人之间。发票人向受款人交付票据后负有担保付款人向受款人付款的义务。在受款人遭到拒付后又付款的义务。受款人在遭到拒付后又向发票人行使追索权的权利。票据法上规定的其他票据关系还有：

（1）持票人对票据上的主债务人（承兑人、发票人）请求付款的权利。

（2）持票人即背书人对于前手的追索权。

（3）持票人对于保证人的权利。

（4）已履行债务（付款）的保证人对被保证人及其前手的追索权。

（5）持票人对于参加承兑人与参加付款人请求付款的权利。

（6）参加付款人对于承兑人（本票的发票人）、被参加付款人及其前手行使持票人的权利。

（二）票据法上的非票据关系

票据法为使票据债权人能顺利行使其权利，以维持票据制度的作用，使票据上的关系人享有某种权利时，因此种权利而发生的关系，不是直接基于票据行为而发生，这时的关系是票据法上的非票据关系。这种权利只能称为票据法上的权利。非票据关系有广狭两义，广义的非票据关系是指与票据和票据行为有密切关系，但不是基于票据行为而产生的债权债务关系，包括票据法上的非票据关系和票据基础关系。而狭义的非票据关系，仅指票据法上的非票据关系，亦即由票据法规定，与票据行为有联系但不是由票据行为本身所产生的法律关系。票据法之所以要规定非票据关系，目的是要保护票据债权人的利益，当其在某种原因下丧失票据上的权利时，基于这些法律规定可以给债权人适当的补救。

票据法上的非票据关系和票据关系的区别，主要在于前者直接由票据法规定而发生，而后者则因当事人的票据行为所引起；前者权利的行使不以持有票据为必要，而后者则须以持有票据为前提。

票据法上规定的非票据关系包括：

1. 票据上的正当权利人对于因恶意或重大过失而取得票据的持票人行使票据返还请求权而发生的关系；

2. 因时效或手续欠缺而丧失票据上权利的持票人对于出票人或承兑人行使利益偿还请求权而发生的关系；

3. 票据付款人付款后向持票人行使交出票据请求权而发生的关系；

4. 汇票收款人及收款人以外的持票人向出票人行使发给复本请求权而发生的关系；

5. 汇票复本持票人向复本接受人行使交还复本请求权而发生的关系；

6. 汇票誊本持票人向原本持有人行使交还原本请求权而发生的关系。

（三）本案结论

1. 天易公司的出票、农行的承兑、浙江某服装厂向建行浙江某分行的贴现，构成了本案中的汇票的出票人、收款人、承兑人、背书人及被背书人之间的一系列的票据债权债务关系，即本案的票据关系。

2. 在本案中存在以下几种非票据关系：（1）票据原因关系。将套取的资金用于非法借贷是本案中一系列出票、承兑等票据行为的真正原因，它们在本案中是以各种合同关系体现出来的。（2）票据资金关系。该关系以天易公司同农行某县支行签订的委托承兑商业汇票协议体现出来。

3. 农行和交行的理由均不能成立。因为付款人一旦承兑，其即成为确定的付款人，承担保证到期支付票款的责任，不得以资金关系抗辩善意的持票人。交行是票据基础关系的当事人，同样不得以他人的票据关系系非法来作为借贷担保关系的抗辩理由。本案中，天易公司与华茂发展公司的借贷关系显然是无效的，交行应依法就其过错承担赔偿责任。

第二节 汇 票

本节重点法条

《中华人民共和国票据法》

第十九条 汇票是出票人签发的，委托付款人在见票时或者在指定日期无条件支付确定的金额给收款人或者持票人的票据。

汇票分为银行汇票和商业汇票。

【相关法条】 本法第 25 条。

第二十一条 汇票的出票人必须与付款人具有真实的委托付款关系，并且具有支付汇票金额的可靠资金来源。

不得签发无对价的汇票用以骗取银行或者其他票据当事人的资金。

第二十二条 汇票必须记载下列事项：

（一）表明"汇票"的字样；

（二）无条件支付的委托；

（三）确定的金额；

（四）付款人名称；

（五）收款人名称；

（六）出票日期；

（七）出票人签章。

汇票上未记载前款规定事项之一的，汇票无效。

【相关法条】 本法第 23、24、76、81、85、94 条。

第二十六条 出票人签发汇票后，即承担保证该汇票承兑和付款的责任。出票人在汇票得不到承兑或者付款时，应当向持票人清偿本法第七十条、第七十一条规定的金额和费用。

第二十七条 持票人可以将汇票权利转让给他人或者将一定的汇票权利授予他人行使。

出票人在汇票上记载"不得转让"字样的，汇票不得转让。

持票人行使第一款规定的权利时，应当背书并交付汇票。

背书是指在票据背面或者粘单上记载有关事项并签章的票据行为。

第三十三条　背书不得附有条件。背书时附有条件的，所附条件不具有汇票上的效力。

将汇票金额的一部分转让的背书或者将汇票金额分别转让给二人以上的背书无效。

第三十四条　背书人在汇票上记载"不得转让"字样，其后手再背书转让的，原背书人对后手的被背书人不承担保证责任。

第三十七条　背书人以背书转让汇票后，即承担保证其后手所持汇票承兑和付款的责任。背书人在汇票得不到承兑或者付款时，应当向持票人清偿本法第七十条、第七十一条规定的金额和费用。

【相关法条】　本法第 29～32、35～36、70～71 条。

第三十八条　承兑是指汇票付款人承诺在汇票到期日支付汇票金额的票据行为。

第三十九条　定日付款或者出票后定期付款的汇票，持票人应当在汇票到期日前向付款人提示承兑。

提示承兑是指持票人向付款人出示汇票，并要求付款人承诺付款的行为。

第四十条　见票后定期付款的汇票，持票人应当自出票日起一个月内向付款人提示承兑。

汇票未按照规定期限提示承兑的，持票人丧失对其前手的追索权。

见票即付的汇票无需提示承兑。

第四十三条　付款人承兑汇票，不得附有条件；承兑附有条件的，视为拒绝承兑。

【相关法条】　本法第 42、44 条。

第四十五条　汇票的债务可以由保证人承担保证责任。

保证人由汇票债务人以外的他人担当。

第五十条　被保证的汇票，保证人应当与被保证人对持票人承担连带责任。汇票到期后得不到付款的，持票人有权向保证人请求付款，保证人应当足额付款。

第五十一条　保证人为二人以上的，保证人之间承担连带责任。

第五十二条　保证人清偿汇票债务后，可以行使持票人对被保证人及其前手的追索权。

【相关法条】　本法第 47～49 条。

第五十三条　持票人应当按照下列期限提示付款：

（一）见票即付的汇票，自出票日起一个月内向付款人提示付款；

（二）定日付款、出票后定期付款或者见票后定期付款的汇票，自到期日起十日内向承兑人提示付款。

持票人未按照前款规定期限提示付款的，在作出说明后，承兑人或者付款人仍应当继续对持票人承担付款责任。

第五十四条　持票人依照前条规定提示付款的，付款人必须在当日足额付款。

第五十七条　付款人及其代理付款人付款时，应当审查汇票背书的连续，并审查提示付款人的合法身份证明或者有效证件。

付款人及其代理付款人以恶意或者有重大过失付款的，应当自行承担责任。

第五十八条　对定日付款、出票后定期付款或者见票后定期付款的汇票，付款人在到期日前付款的，由付款人自行承担所产生的责任。

第六十条　付款人依法足额付款后，全体汇票债务人的责任解除。

第六十一条　汇票到期被拒绝付款的，持票人可以对背书人、出票人以及汇票的其他债务人行使追索权。

汇票到期日前，有下列情形之一的，持票人也可以行使追索权：

（一）汇票被拒绝承兑的；

（二）承兑人或者付款人死亡、逃匿的；

（三）承兑人或者付款人被依法宣告破产的或者因违法被责令终止业务活动的。

第六十五条　持票人不能出示拒绝证明、退票理由书或者未按照规定期限提供其他合法证明的，丧失对其前手的追索权。但是，承兑人或者付款人仍应当对持票人承担责任。

【相关法条】　本法第 66 条。

第六十八条　汇票的出票人、背书人、承兑人和保证人对持票人承担连带责任。

持票人可以不按照汇票债务人的先后顺序，对其中任何一人、数人或者全体行使追索权。

持票人对汇票债务人中的一人或者数人已经进行追索的，对其他汇票债务人仍可以行使追索权。被追索人清偿债务后，与持票人享有同一权利。

第六十九条　持票人为出票人的，对其前手无追索权。持票人为背书人的，对其后手无追索权。

【相关法条】　本法第 70～71 条。

案例 1　郑丽汇票未向银行划款案

【案情介绍】

洛阳市的张辉和郑州市的郑丽达成协议，由张辉交给郑丽一张银行承兑汇票，金额 400 万元。其中 200 万元用于偿还原先所欠债务，200 万元用于联营投资。三天后，张辉、郑丽和洛阳市的建设银行三方达成协议，由建设银行出具银行承兑汇票 400 万元给郑丽，郑丽将 400 万元资金一次性汇入建设银行存储。建设银行开出银行承兑汇票 400 万元给了郑丽，但是郑丽并未划款给建设银行，却持这张汇票到了郑州市的光大银行办理抵押贷款 400 万元，并由郑州市公证处出具公证书。这时，光大银行几次向建设银行查询所出汇票的真伪，在得到准确有效答复后贷款 400 万元给郑丽。建设银行在收不到资金的情况下，便去人去函索要所开汇票。在该汇票将到期的前两天，建设银行和张辉以郑丽不按协议划款、不退汇票为由，光大银行以追索对郑丽的贷款为由分别向洛阳、郑州二市法院起诉，二市法院竞相冻结该汇票，郑州市法院抢先实现，但洛阳市法院先行认定汇票无

237

效，并且判决由郑丽赔偿有关损失，光大银行退还汇票给建设银行。郑丽已经丧失偿债能力，贷款抵押汇票又难以兑付，光大银行 400 万元贷款面临损失的危险。

【法律问题】

汇票的效力

【法律分析和结论】

本案中建设银行和张辉的诉讼理由以及洛阳市法院的判决有误。

1. 汇票的效力是受汇票的形式要件和实质要件约束的。本案的关键问题在于，张辉、郑丽和建设银行三方达成了协议，而郑丽并未遵守，这是否影响到汇票的效力。本案中，汇票的形式上没有问题，符合票据法中对于形式要件的规定。因此主要看实质要件是否符合。我国《票据法》第 10 条规定："票据的签发、取得和转让，应当遵循诚实信用的原则，具有真实的交易关系和债权债务关系。"

2. 本案中建设银行签发 400 万元的银行承兑汇票给郑丽，其中 200 万元用于偿还原先所欠郑丽的债务，另外 200 万元用作联营投资，并不违法，至于后来张辉、郑丽、建设银行三方达成的协议，即郑丽应将 400 万元资金一次性汇入建设银行存储，实质上是建设银行对郑丽提出条件，作为自己承兑该汇票的代价，这在票据法上没有任何规定，因而不受票据法的保护。按照票据的无因性，票据当事人之间，在票据关系发生之前常有一种作为发生票据关系的基础关系，即票据当事人间接受票据总先有一种关系。票据关系发生在票据发行之后或接受之后，而基础关系则在票据发行之前或接受之前已经存在。这种基础关系不是票据法上的关系，而是民法上的关系。票据基础关系与票据关系之间是相互分离的。因此，郑丽后来违反了这个三方协议，也不会对该汇票的效力发生任何影响。洛阳市法院的判决没有法律依据，应予撤销。郑州市法院可以判决建设银行依照汇票文义付款，鉴于郑丽已经无力偿还银行的贷款，而光大银行握有该汇票作抵押，建设银行应当向光大银行支付 400 万元。

案例 2　南京农行诉熊猫电视机厂案[①]

【案情介绍】

2003 年 1 月 23 日，一个自称为李莉（下落不明）的人持合肥市农行东城区

---

① 案例来源：首都律师网。

支行签发的 IV100162661 号银行汇票，到南京的熊猫电视机厂处购买电视机，汇票载明的收款人是熊猫电视机厂，汇票金额为 7 万元。熊猫电视机厂的经办人员经审查该汇票无误后，将李莉所购价值 7 万元的电视机交李莉提走。同月 25 日，熊猫电视机厂在该汇票上加盖印章后，到南京农行处办理解付手续。南京农行的经办人员经审核汇票无误后，按票面金额将 7 万元款项转入熊猫电视机厂账户。同月 26 日，南京农行在解讫通知书上加盖转讫章，随联附代付单寄给汇票签发行。同月 30 日，汇票签发行来电话告知南京农行：你行解付的汇票金额 7 万元与原签发的汇票金额不符，原签发的汇票金额为 700 元。南京农行遂向公安机关报案，但因李莉下落不明，未能追回差额款。南京农行责成当时的经办人员如数退赔了损失款 69 300 元以后，又向熊猫电视机厂要求返还损失 69 300 元。被熊猫电视机厂拒绝后，南京农行以熊猫电视机厂对汇票审查不严，造成其经济损失为由，向人民法院提起诉讼，要求熊猫电视机厂返还其损失款 69 300 元。被告熊猫电视机厂在答辩中称：审查汇票真伪是银行部门的职责，原告因其工作人员疏忽大意未审查出汇票是假的，且已将货款转入我厂账户，损失应由原告自负。

【法律问题】
票据的变造

【法律分析和结论】
1. 票据的变造指无权限变更票据上记载事项的内容的人对于有效票据上所记载的内容加以变更的行为，如变更金额、变更到期日。如为变更签名，则属票据上签名的伪造。票据变造有三个要件：（1）票据合法成立。（2）将票据上内容变更。（3）为无权限的人所变更。票据经变造后，票据仍有效。在票据上签名的人如在变造前签名，即依变造前的文义负责；在变造后签名的，依变造后的文义负责。不能确定在变造前或变造后签名的，推定其在变造前。
2. 本案中，法院应当驳回南京农行对熊猫电视机厂的诉讼请求。因为持票人出于恶意或重大过失取得票据的，不得享有票据权利；如已取得票据权利，则可依侵权或不当得利之由追回其所得的票据利益。但是，付款人以恶意或重大过失付款的，应自行承担损失。本案中熊猫电视机厂取得票据，相信其票据金额为 7 万元的记载内容，并付出了与 7 万元票据金额相等价值的货物，符合票据取得应具有真实的交易关系和给付相应对价的要求。同时，该厂并未参与票据的变造，也不明知该票据为变造的票据，故其不存在恶意取得的问题；而该厂在接收汇票时，经办人经审核汇票未发现票据金额被变造的问题，按有关规定，其审查只需要进行形式审查，故不构成重大过失。而付款人南京农行作为专业办理银行结算业务者，在办理业务中的注意义务要大大高于普通人的注意义务，即其应负有善良管理人的注意义务。在本案中，票据的变造问题连负有善良管理人注意义务的付款人南京农行都不能发现，就更不能要求负有普通注意义务的持票人熊猫电视机厂发现了。因此，本案中熊猫电视机厂因不存在持票人的重大过失，享有所取得的票据权利，其所取得的票据利益也不属于不当得利，合法取得的利益不存在返还的问题。故南京农行对熊猫电视机厂的诉讼请求不能成立，法院应当驳回其对熊猫电视机厂的诉讼请求。南京农行所受的损失只能依侵权关系追究票据变造人的民事责任。

3. 本案涉及的汇票签发时票据金额为 700 元，熊猫电视机厂取得时票据金额为 7 万元，显然发生了票据的变造。根据我国《票据法》的规定，票据被变造并不影响票据本身的效力，只是变造前后的签章人的票据责任不同，在变造之前签章的人对变造前原记载的事项负责。在本案中，签发行合肥市农行东城区支行在 700 元的金额内负票据责任。而在变造之后签章的人应对变造后记载的事项负责，故本案中熊猫电视机厂应在 7 万元金额内负票据责任。

案例 3   兴业银行诉求票据无效案①

【案情介绍】

新苗农产品有限责任公司与欣欣经济发展有限责任公司向兴业银行申请签发银行承兑汇票。兴业银行开出三张汇票，其中一张收款人为宏泰有限责任公司，金额为 3 000 万元。其他两张收款人为益和有限责任公司，金额分别为 2 500 万元和 4 000 万元。新苗农产品有限责任公司与欣欣经济发展有限责任公司在联营合同中约定，除经签发银行同意外，该有关汇票不得贴现或转让。兴业银行也在合同上签了字。欣欣经济发展有限责任公司收到汇票后，分别将其交给宏泰有限责任公司和益和有限责任公司。宏泰有限责任公司收到金额为 3 000 万元的汇票和兴业银行发来的确认书后，向有关单位交付了商品和代清偿债务。

益和有限责任公司收到汇票后，将其中一张金额为 2 500 万元的汇票在鑫注银行贴现，另一张金额为 4 000 万元的汇票背书以后转让给集发有限责任公司。集发有限责任公司又到中兴银行贴现，中兴银行与集发有限责任公司签订了汇票

---

① 案例来源：中国法院网。

贴现契约，同时经中国人民银行省分行查询汇票情况。中兴银行收到兴业银行复电：汇票不予贴现。但是中兴银行仍然按汇票贴现契约予以贴现。

兴业银行以受到欺骗为由起诉，要求判决汇票无效，持票人交回汇票。

【法律问题】
票据贴现

【法律分析和结论】
（一）票据贴现

票据贴现，是指资金的需求者，将自己手中未到期的商业票据、银行承兑票据或短期债券向银行或贴现公司要求变成现款，银行或贴现公司（融资公司）收进这些未到期的票据或短期债券，按票面金额扣除贴现日以后的利息后付给现款，到票据到期时再向出票人收款。因此，对持票人来说，贴现是将未到期的票据卖给银行获得流动性资金的行为，这样可提前收回垫支于商业信用的资本，而对银行或贴现公司来说，贴现是与商业信用结合的放款业务。

（二）票据权利的善意取得

票据权利的善意取得，又称票据的善意取得，是票据法中规定的票据权利原始取得的重要方式。所谓票据权利的善意取得，是指依票据法规定的转让方法，善意且无重大过失地从无票据处分权人处取得票据，即取得票据权利的制度。

票据权利善意取得的构成要件：

1. 须是从无票据处分权的人手中取得票据。

2. 须依照票据法规定的转让方法而取得。

我国票据法上规定的转让方法，仅指背书而言，未以背书取得票据的，不发生善意取得的效果。例如，通过税收、继承、赠与、公司合并、破产清偿、普通债权转让等方法取得票据，即使取得者为善意，亦不能发生票据权利的善意取得。

此时取得者的票据权利，不发生对票据债务人的抗辩切断，票据债务人可以以对其直接前手的抗辩事由对抗取得者。

3. 受让人须善意且无重大过失。

4. 受让人须以背书连续证明自己的形式性资格。

任何依背书取得的票据，都需要具备形式性资格。票据权利的善意取得由于是发生在票据权利移转中断之时，依据票据权利外观而发生，所以背书连续作为票据权利外观的重要内容，在此是不可或缺的。

5. 在票据上必须有独立有效的票据债务存在。

票据债务，是发生票据权利善意取得的效果的保证。在票据关系中如果没有独立有效的票据债务存在，票据债权也就无法成立了，因为依据民法，债权具有相对性，缺少了债务人，当然没有债权人的存在。另外根据外观主义，善意取得的效果归属于以自己的行为"惹起外观存在"的人，如果没有可归责之人，也就当然不发生善意取得的效果。

（三）本案分析

中兴银行的贴现不合法。根据《票据法》第13条，"票据债务人不得以自己与出票人或者与持票人的前手之间的抗辩事由，对抗持票人。但是，持票人明知存在抗辩事由而取得票据的除外。票据债务人可以对不履行约定义务的与自己有直接债权债务关系的持票人，进行抗辩。本法所称抗辩，是指票据债务人根据本法规定对票据债权人拒绝履行义务的行为"。兴业银行可以行使抗辩权，对抗中兴银行。

益和有限责任公司收到汇票后，将其中一张金额为2 500万元在鑫注银行贴现，鑫注银行取得汇票，支付了对价。鑫注银行是善意取得，有票据权利。集发有限责任公司取得的4 000万元汇票是以背书方式得到的，是合法的，中兴银行与集发有限责任公司签订了汇票贴现契约。中兴银行在贴现前，已经通过人民银行省分行知道该票据有瑕疵，不可兑现，仍予以兑现，取得票据。

中兴银行与集发有限责任公司签订了汇票贴现契约，是票据的原因关系，原因关系的法律约束力，不能使票据行为产生效力。所以，我国实行的是有条件的、有限制的独立性，该限制条件是善意取得，否则，在先票据行为的无效性，将影响持票人票据行为的效力。

案例4 某市建行诉雅士通、东胜公司案

【案情介绍】

2000年1月16日，雅士通公司与东胜公司签订了一份电视购销合同，双方约定：由东胜公司向雅士通公司供应电视200台，价款为25万元，交货期为2000年1月25日，货款结算后即付3个月的商业承兑汇票。1月24日，雅士通公司向东胜公司签发并承兑商业承兑汇票一张，金额为25万元，到期日为2000年4月24日。2月10日，东胜公司持该汇票向某市建行申请贴现，银行审核后同意贴现，向东胜公司实付贴现金额23.6万元，东胜公司将汇票背书转让给某市建行。该商业汇票到期后，某市建行持雅士通公司承兑的汇票提示付款，因该公司银行存款不足而遭退票。某市建行遂直接向该公司交涉票款。雅士通公司以东胜

公司未履行合同为由不予付款。2000年11月2日，某市建行又向其前手东胜公司追索要款，亦未果。为此，某市建行诉至法院，要求汇票的承兑人雅士通公司偿付票款25万元及利息；要求东胜公司承担连带赔偿责任。雅士通公司辩称，诉争的商业承兑汇票确系由其签发并经承兑，但东胜公司未履行合同，有骗取票据之嫌，故拒绝支付票款。东胜公司辩称，原合同约定的履行期太短，无法按期交货，可以延期交货，但汇票追索时效已过了6个月，某市建行不能要求其承担连带责任。

【法律问题】

票据付款

【法律分析和结论】

1. 雅士通公司应当履行付款责任。因为在本案中，雅士通公司作为承兑人（其同时也是出票人）以东胜公司未履行合同为由拒付票款，该抗辩事由只是对东胜公司的抗辩事由，不得对抗善意持票人。某市建行通过贴现，支付了相应的对价，经原持票人背书后成为新的善意持票人，享有票据权利。某市建行在承兑期间提示承兑，雅士通公司不能以持票人的前手即东胜公司的抗辩事由来对抗某市建行，雅士通公司应履行付款责任。

2. 东胜公司不负担连带责任。因为某市建行的追索权时效已届满。我国票据法规定背书人以背书转让票据后，即承担保证其后手所持汇票承兑和付款的责任。但是，当汇票得不到承兑或付款时，背书人应当及时向持票人清偿依法被追索的金额和费用。持票人需在拒付之日起6个月内行使追索权，否则将丧失对于前手的追索权。所以，在本案中，讼争的商业承兑汇票在2000年4月24日被拒付后，某市建行有权在法定期间内向其前手即背书人东胜公司行使追索权。但某市建行并未及时行使这一权利，直到2000年11月2日才对前手进行追索，已超过了法律规定的6个月的追索时效。因此东胜公司不需承担连带责任。

案例5 建行某分行诉大明水泥案①

【案情介绍】

大明水泥有限责任公司与永安建筑有限责任公司签订了一份合同。大明水泥

---

① 案例来源：中国法院网。

有限责任公司出售给永安建筑有限责任公司40万元的水泥。永安建筑有限责任公司向大明水泥有限责任公司出具了一张以建设银行某分行为承兑人的银行承兑汇票，该汇票记载事项完全符合票据法的要求。大明水泥有限责任公司将汇票贴现给建设银行某某分行。后建设银行某某分行向承兑行建设银行某分行提示付款时，遭到拒付。理由是：永安建筑有限责任公司来函告知，因水泥质量不合格，该汇票不能解付，请协助退回汇票。建行某某分行认为，该行是因为汇票贴现成为该汇票的善意持有人，购销合同纠纷不影响自己的票据权利。于是起诉至法院，向大明水泥有限责任公司追索权利。

【法律问题】
1. 建行某某分行的看法是否正确，为什么？
2. 建行某某分行可否向大明水泥有限责任公司追索权利，为什么？

【法律分析和结论】
（一）票据追索权
1. 追索权是指汇票到期不获付款或期前不获承兑，或者有其他法定原因出现时，持票人在履行了保全手续后，向其前手请求偿还汇票金额、利息及费用的一种票据上的权利。

追索权又称第二次请求权，是指票据持有人行使付款请求权遭到拒绝或有其他法定原因时，向其前手请求偿还票据金额及其他费用的权利。票据权利之所以有双重请求权，乃旨在保护票据债权人的权利，维护交易安全，促进票据流通。

《票据法》第4条规定："票据出票人制作票据，应当按照法定条件在票据上签章，并按照所记载的事项承担票据责任。持票人行使票据权利，应当按照法定程序在票据上签章，并出示票据。其他票据债务人在票据上签章的，按照票据所记载的事项承担票据责任。本法所称票据权利，是指持票人向票据债务人请求支付票据金额的权利，包括付款请求权和追索权。本法所称票据责任，是指票据债务人向持票人支付票据金额的义务。"

2. 追索权可以分为：（1）以持票人行使追索权的时间为标准，可将追索权分为期前追索和到期追索。

期前追索指汇票不获承兑时或付款人死亡、破产时，不必等到到期日持票人即可行使的追索权；到期追索是指当汇票不获付款时持票人可以行使的追索权。

（2）以行使追索权人为标准，可分为最初追索和再追索。

最初追索是指行使付款请求权遭拒绝承兑或有其他法定原因的持票人行使的追索权；再追索是指偿还了最初追索金额之后的票据债务人所行使的追索权。

3. 追索权作为补充付款请求权的权利，是在票据权利不能依正常程序实现时产生的，并且持票人不履行法定的程序，不得行使。因此，一项完整的追索权的构成须有实质和形式两个方面的要件。

（1）追索权的实质要件。

实质要件是指追索发生的原因（追索原因）。追索原因是一种法定的原因，大致可分两种：

其一，不获承兑。许多国家的法律都规定，当持票人提示承兑而遭拒绝时，他有两种选择：一是等到期日请求付款，如遭拒绝则行使追索权；二是直接行使追索权，而不必等到期日再请求付款。可见不获承兑是追索权发生的原因之一。

其二，不获付款。不获付款既可以是付款人明确表示拒绝付款，也可以是付款人被宣告破产、解散、歇业，或付款人死亡、逃匿或其他原因使持票人无从得到付款。对于不付款的，持票人可根据具体情况分别行使到期追索权或期前追索权。

《票据法》第61条规定："汇票到期被拒绝付款的，持票人可以对背书人、出票人以及汇票的其他债务人行使追索权。汇票到期日前，有下列情形之一的，持票人也可以行使追索权：（一）汇票被拒绝承兑的；（二）承兑人或者付款人死亡、逃匿的；（三）承兑人或者付款人被依法宣告破产的或者因违法被责令终止业务活动的。"

（2）追索权的形式要件。

追索的原因出现后，持票人必须依法作出票据权利保全行为，然后才能行使追索权。保全是持票人行使追索权的前提，持票人不为保全手续，将发生丧失追索权的不利后果。

4. 追索权的保全由以下步骤组成：

（1）提示。

第一，承兑提示。应该请求承兑的汇票，持票人应于规定的期间内为承兑提示，否则丧失对其前手的追索权。但在法定事由发生时，持票人无须提示承兑，即可发生追索权保全。这些法定事由包括：其一，付款人死亡、逃匿或有其他原因，无从为承兑之提示；其二，付款人被宣告破产；其三，有不可抗力事变发生致不能于规定期间内提示，而且事变延至到期日30天以外。

第二，付款提示。一切汇票均应在规定的期间内提示付款，否则持票人丧失追索权。但下列情形例外，持票人可不为付款提示：其一，承兑被拒绝；其二，承兑人死亡、逃匿或有其他原因无从为付款提示；其三，承兑人宣告破产或解散、歇业；其四，不可抗力事变发生致使不能于规定期间内提示，而且事变延至到期日后30天以外；其五，因丧失票据而请求法院作了除权判决。

提示承兑和提示付款，因其获得满足与否而表现出不同的性质。当持票人如期提示承兑和提示付款并获得满足时，它们便是持票人行使票据权利的行为；不能获得满足时，即被拒绝承兑或拒绝付款时，它们便成了保全追索权的行为。

（2）作成拒绝证书。持票人提示汇票请求承兑或请求付款遭拒绝时，持票人如欲行使追索权，还必须请求有关机关作成拒绝证书以资证明。在请求作成拒绝证书时，持票人对被拒绝的事实负举证责任。提示和作成拒绝证书共同构成一个完整的追索权保全行为。不做到这两点，持票人的追索权就无从谈起。

（3）拒绝事由的通知。即追索通知。英美法系国家称为退票通知。是指持票人将自己为票据提示，并被拒绝承兑或拒绝付款的事由，告之被追索人。

5. 追索权的行使程序。

持票人追索权的行使，始自提示和作成拒绝证书，终于领受追索金额并交回汇票，现详述如下：

（1）保全追索权。

保全追索权后，才谈得上行使追索权，保全追索权是行使追索权的开端。关于追索权的保全前文有述，这里从略。

（2）通知拒绝事由。

持票人于作成拒绝证书后，应在法定的期间内将自己被拒绝付款的事由通知其所有的被追索对象，这种通知称为"拒绝事由之通知"或"追索通知"。

（二）永安建筑有限责任公司不能因为水泥存在瑕疵而拒绝付款

建行某某分行认为，该行是因为汇票贴现成为该汇票的善意持有人，购销合同纠纷不影响自己的票据权利，这是有理由的。汇票是无因证券的一种。票据上的法律关系只是单纯的金钱支付关系，权利人享有票据权利只以持有票据为必要，至于这种支付关系的原因或者说权利人取得票据的原因均可不问，即使这种原因关系无效，对票据关系也不发生影响。持有票据的人行使权利时无须证明其取得证券的原因。票据关系虽以非票据关系为基础而成立，但一经成立，便与非票据关系脱离，不受非票据关系的影响，这是作为无因证券的票据的流通所必需的。在这里不能因为水泥存在瑕疵而拒绝付款。建行某分行可以向大明水泥有限责任公司追索权利，以至于向永安建筑有限责任公司追索。

案例 6 绵阳市煤炭（集团）有限责任公司诉某银行案

【案情介绍】

2006 年 4 月 1 日，绵阳市煤炭（集团）有限责任公司与该市君兴公司订立了一份购销合同。合同约定：由绵阳市煤炭（集团）有限责任公司供给君兴公司煤炭一批，价值人民币 128 万元。次日，君兴公司签发了一张以其开户银行为付款人、以绵阳市煤炭（集团）有限责任公司为收款人、票面金额为 128 万元、见票后 30 天付款的商业汇票，并将汇票交付绵阳市煤炭（集团）有限责任公司。4 月 27 日，绵阳市煤炭（集团）有限责任公司持该汇票向君兴公司的开户银行提示承兑，该银行经审查后同意承兑，在汇票上作了相应的记载后，交还绵阳市煤炭（集团）有限责任公司。后绵阳市煤炭（集团）有限责任公司财务室被盗，除被盗走现金 5 万余元外，另有汇票、支票 13 张失窃，票面总金额约 396 万元，其中包括该已经承兑的汇票。5 月 8 日下午，绵阳市煤炭（集团）有限责任公司将汇票被盗的情况通知君兴公司的开户行。开户行告知绵阳市煤炭（集团）公司，该汇票已于当日上午经人向其提示付款，并已足额支付，对此银行不承担责任。经多次交涉无果，绵阳市煤炭（集团）有限责任公司以该银行为被告向法院起诉，以银行审查有过错为由要求其承担付款责任。

【法律问题】

到期日前付款

【法律分析和结论】

本案所涉及的法律问题为票据丧失后的补救措施以及银行审查票据的责任。

1. 票据持有人可能由于被盗、遗失或灭失而丧失票据，这时候，可以采取的补救措施有：（1）通知挂失止付；（2）申请公示催告；（3）提起诉讼。

《票据法》第 15 条规定："票据丧失，失票人可以及时通知票据的付款人挂失止付，但是，未记载付款人或者无法确定付款人及其代理付款人的票据除外。收到挂失止付通知的付款人，应当暂停支付。失票人应当在通知挂失止付后三日内，也可以在票据丧失后，依法向人民法院申请公示催告，或者向人民法院提起诉讼。"

2. 银行在审查票据、支付款项的过程中有过错的，应承担法律责任。

这涉及汇票到期日的计算。君兴公司签发的汇票属见票后定期付款的汇票。

故汇票起算日应为见票之日，即提示承兑之日为准，而不是以出票日为起算日。承兑之日为 4 月 27 日，银行在 5 月 8 日付款属到期日前付款。根据《票据法》第 58 条规定："对定日付款、出票后定期付款或者见票后定期付款的汇票，付款人在到期日前付款的，由付款人自行承担所产生的责任。"银行应承担法律责任。

第三节　本票和支票

本节重点法条

《中华人民共和国票据法》

第七十三条　本票是出票人签发的，承诺自己在见票时无条件支付确定的金额给收款人或者持票人的票据。

本法所称本票，是指银行本票。

第七十四条　本票的出票人必须具有支付本票金额的可靠资金来源，并保证支付。

第七十五条　本票必须记载下列事项：

（一）表明"本票"的字样；

（二）无条件支付的承诺；

（三）确定的金额；

（四）收款人名称；

（五）出票日期；

（六）出票人签章。

本票上未记载前款规定事项之一的，本票无效。

第七十六条　本票上记载付款地、出票地等事项的，应当清楚、明确。

本票上未记载付款地的，出票人的营业场所为付款地。

本票上未记载出票地的，出票人的营业场所为出票地。

第七十七条　本票的出票人在持票人提示见票时，必须承担付款的责任。

第七十八条　本票自出票日起，付款期限最长不得超过二个月。

第七十九条　本票的持票人未按照规定期限提示见票的，丧失对出票人以外的前手的追索权。

第八十三条　支票可以支取现金，也可以转账，用于转账时，应当在支票正面注明。

支票中专门用于支取现金的，可以另行制作现金支票，现金支票只能用于支取现金。

支票中专门用于转账的，可以另行制作转账支票，转账支票只能用于转账，不得支取现金。

第八十四条　支票必须记载下列事项：

（一）表明"支票"的字样；

（二）无条件支付的委托；

（三）确定的金额；

（四）付款人名称；

（五）出票日期；

（六）出票人签章。

支票上未记载前款规定事项之一的，支票无效。

第八十五条 支票上的金额可以由出票人授权补记，未补记前的支票，不得使用。

第八十六条 支票上未记载收款人名称的，经出票人授权，可以补记。

支票上未记载付款地的，付款人的营业场所为付款地。

支票上未记载出票地的，出票人的营业场所、住所或者经常居住地为出票地。

出票人可以在支票上记载自己为收款人。

第九十条 支票限于见票即付，不得另行记载付款日期。另行记载付款日期的，该记载无效。

第九十一条 支票的持票人应当自出票日起十日内提示付款；异地使用的支票，其提示付款的期限由中国人民银行另行规定。

超过提示付款期限的，付款人可以不予付款；付款人不予付款的，出票人仍应当对持票人承担票据责任。

第九十二条 付款人依法支付支票金额的，对出票人不再承担受委托付款的责任，对持票人不再承担付款的责任。但是，付款人以恶意或者有重大过失付款的除外。

第九十四条 涉外票据的法律适用，依照本章的规定确定。

前款所称涉外票据，是指出票、背书、承兑、保证、付款等行为中，既有发生在中华人民共和国境内又有发生在中华人民共和国境外的票据。

第九十六条 票据债务人的民事行为能力，适用其本国法律。

票据债务人的民事行为能力，依照其本国法律为无民事行为能力或者为限制民事行为能力而依照行为地法律为完全民事行为能力的，适用行为地法律。

第九十七条 汇票、本票出票时的记载事项，适用出票地法律。

支票出票时的记载事项，适用出票地法律，经当事人协议，也可以适用付款地法律。

第九十八条 票据的背书、承兑、付款和保证行为，适用行为地法律。

第九十九条 票据追索权的行使期限，适用出票地法律。

案例1 东方胜景公司诉某市工行案

【案情介绍】

2004年4月5日，某市工行根据汉博公司的申请和其提供的"联营合同书"，与汉博公司签订了"银行承兑协议"并签发了一张150万元的本票。该本票没有列出出票日期和收款人名称，并且在本票"交易合同号码"栏中均未填写。汉博公司收到本票后，在"出票日期"栏中填写"2004年5月7日"，并将之交付给联营合同的对方当事人东方胜景公司，东方胜景公司将自己的名称填写于"收款人"栏中。东方胜景公司持本票向银行提请付款，银行以该本票无效为由而予以拒付。为此东方胜景公司将银行诉至法院。

【法律问题】

本票记载事项

【法律分析和结论】

1. 本案中的本票是无效本票，因为《票据法》规定了本票出票时绝对必要记载事项，其中包括"收款人名称"和"出票日期"，如果缺少了绝对必要记载事项，则本票无效。根据《票据法》对于本票上的绝对必要记载事项的规定，它未严格按照法定的格式要求逐项填写，而是空缺了"收款人名称"和"出票日期"，根据《票据法》的规定，本票若缺少上述二项内容，本票即无效。

2. 根据《票据法》中关于本票的付款期限的规定，如果本票有效，应在本票签发之日起，付款期限最长不得超过2个月。本案中票据的签发日期是2004年5月7日，因此票据的付款期限截至2004年7月7日。

3. 利帆公司可以持本票要求银行付款，银行不得拒付。依据《票据法》规定，票据适用善意取得的原则，只要对方支付了对价，并且对于票据的瑕疵并无所知，取得票据出于善意，则可以取得票据权利。本案中，利帆公司是善意的持票人，其不知道从东方胜景公司手中取得的本票是无效的。票据法律关系的无因性使进入流通领域内的票据不再受其基础法律关系的影响。即使票据本身无效，也不能成为银行拒付的理由。

案例2　伊里亚特诉华盛友谊案①

【案情介绍】

华盛友谊有限责任公司遗失空白转账支票一张。2005年4月1日，李明华持该空白转账支票到伊里亚特商厦购买物品，价值合人民币12 400元。伊里亚特商厦售货员根据李明华提示填写了支票，包括开户银行名称、签发人账户、用途及大小写金额等事项。其中金额一项被错写。4月2日，伊里亚特商厦财务持

---

① 案例来源：北京律师在线。

该支票到银行转账，银行以账户不符退回支票。伊里亚特商厦凭支票上的印鉴要求华盛友谊有限责任公司偿付货款。华盛友谊有限责任公司以该支票已作废为由拒绝绝支付，伊里亚特商厦遂起诉。

【法律问题】
空白支票

【法律分析和结论】
华盛友谊有限责任公司应对此负责。

本案的重点是谁应对空白转账支票被他人冒用购物负法律责任。

（一）空白票据

空白票据是指出票人在签发票据时，因一定原因，有意将票据上的记载事项不记载完全，待以后再由自己或授权持票人予以补充完备的票据。出票时欠缺法定绝对记载事项的，本应无效，但在实践中，会出现因为一定原因，出票人在出票时对某些绝对记载事项应如何记载上不能确定的情形。因此，我国票据法在一定情况下允许某种特殊的空白票据存在。但是在这方面有一些限定条件。

（二）本案分析

首先，华盛友谊有限责任公司签发预留印鉴的空白转账支票系违法行为。因为，根据中国人民银行《关于不得签发空白支票的补充规定》以及《转账支票使用须知》均强调"不得签发预留印鉴的空白支票"。华盛友谊有限责任公司签发预留印鉴的空白支票属于违法行为。国务院 1988 年 12 月 19 日发布的《银行结算办法》明确规定支票应按规定填写，"未按规定填写，被涂改冒领的，由签发人负责"。因此，华盛友谊有限责任公司签发预留印鉴的空白转账支票系违法行为。

其次，华盛友谊有限责任公司未妥善保管支票，支票遗失后，又未按法定公示催告程序宣告票据无效。《中华人民共和国民事诉讼法》第 195 条规定："按照规定可以背书转让的票据持有人，因票据被盗、遗失或者灭失，可以向票据支付地的基层人民法院申请公示催告。"第 199 条规定："没有人申报的，人民法院应当根据当事人的申请，作出判决，宣告票据无效。判决应当公告，并通知支付人。"根据法律规定，宣告票据无效只能通过公示催告程序由法院作出，票据当事人单方面声明票据作废的做法是没有法律效力的。本案华盛友谊有限责任公司在空白支票遗失后，没有采取法定补救措施，致使支票被他人冒领，对此，华盛友谊有限责任公司应承担责任。

最后，伊里亚特商厦工作人员因工作失误，填写支票时错写，不是本案支票被他人冒领的原因，只能造成银行退回支票，不会造成他人冒用支票购物的必然结果，所以不能免除华盛友谊有限责任公司的民事责任。伊里亚特商厦要求华盛友谊有限责任公司赔偿货款损失的请求，符合法律规定，应该予以支持。

案例 3 瑰宝纸箱诉德亨水果案

【案情介绍】

德亨水果批发公司和利兴进出口贸易公司签订了一份购销合同。德亨水果批发公司卖给利兴进出口贸易公司价值 20 万元的水果，利兴进出口贸易公司以空白转账支票方式支付货款。9 月 22 日货物发出，利兴进出口贸易公司验收合格后签发给德亨水果批发公司一张在用途上注明"限额 20 万元"的空白转账支票。

同年 10 月 5 日，德亨水果批发公司与瑰宝纸箱有限责任公司签订了一份合同。德亨水果批发公司购买瑰宝纸箱有限责任公司 30 万元包装纸箱，遂将上述空白转账支票补记 30 万元金额背书转让给了瑰宝纸箱有限责任公司。

10 月 20 日，瑰宝纸箱有限责任公司向当地工商银行分行提示付款，银行拒付，理由是：票面写有限额 20 万元，而提示的票据票面金额为 30 万元，超过了限额。

瑰宝纸箱有限责任公司遂向出票人利兴进出口贸易公司行使追索权。利兴进出口贸易公司认为自己出票时已经注明该空白转账支票限额 20 万元，所以只能承担 20 万元的责任，对超过部分不承担。

瑰宝纸箱有限责任公司又向德亨水果批发公司行使追索权。德亨水果批发公司认为尽管金额是自己补记的，但是支票是利兴进出口贸易公司签发的，应由利兴进出口贸易公司承担付款责任。

瑰宝纸箱有限责任公司只得起诉至法院。

【法律问题】
空白支票

【法律分析和结论】

《票据法》第 84 条规定了支票的绝对必要记载事项：（1）表明"支票"的字样；（2）无条件支付的委托；（3）确定的金额；（4）付款人名称；（5）出票日期；（6）出票人签章。"确定的金额"是支票绝对必要记载事项，空白支票可以授权补记。只要支票被补记成为完全票据，就以票据上记载的金额发生票据法上的效力。合法票据持有人依法有权主张票据权利。在本案中，利兴进出口贸易公

252

司认为自己出票时已经在该空白转账支票上注明"限额 20 万元"的限制，因此只负责 20 万元内的额度，在票据法上是没有法律依据的。所以，银行审查票据合格后，应当足额付款。

票据票面金额 30 万元，已经超过了限额，出票人可以依据民法规定，追究充填人的越权行为。

案例 4 张力诉李鸿铭案

【案情介绍】

李鸿铭于 1996 年 1 月 3 日签发支票一张，经刘春晓背书转让给张力。张力于 1996 年 4 月 11 日提示付款，因出票人李鸿铭存款不足而被退票，未获兑现。5 月 5 日，张力诉至法院，诉请判令李鸿铭付款。人民法院尚未受理此案，张力即在友人劝说下于次日撤诉。此后李鸿铭仍未能支付票面金额，张力忍无可忍，遂于 1996 年 11 月 3 日再次诉至人民法院，诉请判令李鸿铭交付票面金额以及迟延付款的利息。李鸿铭在答辩的过程中，以张力起诉时已过票据时效期间为由提出抗辩。

【法律问题】

票据时效

【法律分析和结论】

（一）票据时效的含义

时效指一定事实状态经过一定期间，即发生一定法律后果的法律制度。可分为取得时效、消灭时效和诉讼时效三种。

取得时效是无权利人因公开占有他人之物之事实状态经过一定的时间，即可获得对该物的所有权的时效制度。

消灭时效是指权利人因怠于行使权利之事实状态经过一定期间而丧失该权利之时效制度。

诉讼时效指权利人因不行使权利之事实状态，经过一定期间而丧失诉请法院保护该权利之胜诉权之法律制度。

消灭时效和诉讼时效很近似，两者的主要区别是时效期间届满，消灭时效的法律效果是丧失权利本身；而诉讼时效丧失的是诉请法院保障其权利之胜诉权。我国《票据法》第 17 条规定："票据权利在下列期限内不行使而消灭。"可见，我国的票据法规定的票据时效，当属票据权利的消灭时效。

（二）票据时效期间

1. 对汇票承兑人或本票出票人之付款请求权

我国《票据法》第 17 条规定，持票人对票据出票人和承兑人之权利，自票据到期日起 2 年，见票即付的汇票、本票，自出票日 2 年不行使其票据权利，该票据权利即告消灭。

2. 对支票出票人之权利

《票据法》第 17 条规定，持票人对支票出票人的权利，自出票日起 6 个月内不行使而消灭。持票人向支票付款人的提示，对支票出票人有无请求的效力，《票据法》未作规定。

3. 持票人对其前手的追索权

《票据法》第 17 条规定，持票人对其前手的追索权自被拒绝承兑或者被拒绝付款之日起 6 个月内不行使即告消灭。

4. 持票人对其前手的再追索权

《票据法》第 17 条规定，持票人对前手的再追索权，自清偿日或者被提起诉讼之日起 3 个月内不行使即告消灭。

（三）票据时效的中断

我国《票据法》并未对票据时效的中断问题作出明确的规定。我们认为，应适用我国《民法通则》关于诉讼时效的规定。原因有二：首先，票据法为民商法的特别法，故特别法无规定时应适用一般法。其次，虽然《票据法》规定的票据消灭时效与《民法通则》的诉讼时效不同，但二者均为促进权利人积极行使权利而设。所以从立法目的之解释的角度来看，二者并不矛盾。

对于下列情况一般不认定为《民法通则》第 140 条所称"起诉"：法院不受理；法院驳回起诉；起诉后又撤诉。本案中，张力于 4 月 11 日提示付款，产生时效中断的效力，时效期间自中断之日起重新计算。但后来张力起诉，又撤诉，不认为是起诉，故不产生时效中断的效力。张力再次起诉的时间为 11 月 3 日，已经超过自 4 月 11 日起 6 个月的时效，故认定为时效已过，权利消灭。

案例 5　涉外票据纠纷案[①]

【案情介绍】

2005 年 11 月 20 日，图海有限责任公司与英国商人约翰约定：图海有限责

---

① 案例来源：首都律师网。

任公司用4 000万人民币从约翰手中购买英国某银行开出的001403号和304100号本票两张，金额分别为260万英镑和240万英镑。约翰在上述两张本票的收款人空白栏内填入图海有限责任公司后，图海有限责任公司当日即持票到建设银行某分行办理兑付。由于该行与英国某银行无直接业务关系，便建议图海有限责任公司到中国银行某分行办理兑付。同月25日，建设银行某分行与图海有限责任公司一起到中国银行某分行办理兑付业务。中国银行某分行审查后，认为该两张本票票面要件相符，密押相符，便在本票上盖了"印押相符"章，图海有限责任公司与建设银行某分行分别在两张本票后背书鉴章。中国银行某分行即将500万英镑划入建设银行某分行账内，建设银行某分行又将此款划入图海有限责任公司账户。图海有限责任公司将4 000万人民币划到约翰指定的账户上。中国银行某分行工作人员在划出500万英镑汇款后，便把两张本票留作存根归档。至2006年9月22日，有关人员在检查中发现后，方从档案中取出这两张本票，并向英国某银行提示付款。同月30日，中国银行某分行接到英国某银行的退票通知书称此两张本票系伪造，拒绝付款。

中国银行某分行即日向建设银行某分行退回本票并说明理由，要求其将500万英镑归还。建设银行某分行接票后当日即函复中国银行某分行，请求控制图海有限责任公司在中国银行某分行的英镑账户。此时约翰已不知去向。

中国银行某分行以建设银行某分行与图海有限责任公司为共同被告提起诉讼。

【法律问题】
票据伪造

【法律分析和结论】
这是一起因涉外本票被伪造而引发的纠纷案，案件比较复杂，应该依据《中华人民共和国票据法》的规定，围绕重要争议问题解决。

1. 本案中有关本票的出票、付款提示期限应适用英国的法律，而有关本票的背书及非票据法上的关系，则应当适用我国法律。本票的初手倒卖、两次背书转让均发生在我国境内。持票人、背书人为中国的银行或公司，而本票所记载的出票人和付款债务人为英国某银行，具有涉外因素。

根据《中华人民共和国票据法》第97条规定："汇票、本票出票时的记载事项，适用出票地法律。支票出票时的记载事项，适用出票地法律，经当事人协议，也可以适用付款地法律。"第98条规定："票据的背书、承兑、付款和保证行为，适用行为地法律。"第 100 条规定："票据的提示期限、有关拒绝证明的方式、出具拒绝证明的期限，适用付款地法律。"以及《中华人民共和国民事诉讼法》的有关规定，本案中有关本票的出票、付款提示期限应适用英国的法律，而有关本票的背书及非票据法上的关系，则应当适用我国法律。

本案中的两张本票并不欠缺法定应记载的事项，从形式上说，符合票据法要求，应认定为是有效的。票据是要式证券，它必须具备票据法规定的形式。票据形式是否符合票据法的要求，是认定票据有效与否的唯一标准。无效票据产生的原因是票据上的记载事项违反票据法的规定，它具体体现为两种情况：(1)票据上的记载事项不齐全，从而引起票据无效。(2)虽然票据上的记载事项齐全，但其记载不符合票据法的规定，从而引起票据无效。故只要票据在形式上符合票据法的要求，票据即生效力，至于出票人有无票据能力、意思表示是否真实、鉴章是否真实等均不能引起票据的无效。

本案中的两张本票并不欠缺法定应记载的事项，从形式上说，符合票据法要求，应认定为是有效的。不能因为该本票实际上并不是由英国某银行作出的而否定其效力。这是因为，其后手的票据受让人不可能从票据的形式及文义来判断出票行为的实质情况，为保护善意票据受让人的利益，维护票据的流通性，此时应适用票据行为独立性原则，即出票行为因欠缺实质要件而无效的，并不导致票据无效，也不影响其他票据行为的效力。

2. 票据是文义证券，只有在票据上留下鉴章的人才能按照票据所记载的事项承担票据责任。未在票据上留下真实鉴章的，不负票据上的责任，但应该按照民法的规定承担责任。

本案的两张伪造本票由于无伪造人签名、无约翰签名，出票人英国某银行的鉴章系伪造，因此伪造人、约翰、英国某银行不应负有票据上的责任。但伪造人及约翰应当承担民法上的侵权责任，若构成刑法上的诈骗或伪造有价证券罪，应当承担相应的刑事责任。

3. 票据上的背书人，即建设银行某分行与图海有限责任公司，具有担保票据付款人付款的责任。《票据法》第 14 条规定："票据上的记载事项应当真实，不得伪造、变造。伪造、变造票据上的签章和其他记载事项的，应当承担法律责任。票据上有伪造、变造的签章的，不影响票据上其他真实签章的效力。票据上其他记载事项被变造的，在变造之前签章的人，对原记载事项负责；在变造之后签章的人，对变造之后的记载事项负责；不能辨别是在票据被变造之前或者之后签章的，视同在变造之前签章。"

图海有限责任公司、建设银行某分行是本票的背书人，根据《中华人民共和国票据法》第 14 条第 2 款的规定以及票据行为独立性的原则，图海有限责任公司和建设银行某分行就应对票据上所记载事项承担票据上的责任。

《票据法》第 37 条规定："背书人以背书转让汇票后，即承担保证其后手所持汇票承兑和付款的责任。背书人在汇票得不到承兑或者付款时，应当向持票人清偿本法第七十条、第七十一条规定的金额和费用。"第 70 条规定："持票人行使追索权，可以请求被追索人支付下列金额和费用：（一）被拒绝付款的汇票金额；（二）汇票金额自到期日或者提示付款日起至清偿日止，按照中国人民银行规定的利率计算的利息；（三）取得有关拒绝证明和发出通知书的费用。被追索人清偿债务时，持票人应当交出汇票和有关拒绝证明，并出具所收到利息和费用的收据。"第 71 条规定："被追索人依照前条规定清偿后，可以向其他汇票债务人行使再追索权，请求其他汇票债务人支付下列金额和费用：（一）已清偿的全部金额；（二）前项金额自清偿日起至再追索清偿日止，按照中国人民银行规定的利率计算的利息；（三）发出通知书的费用。行使再追索权的被追索人获得清偿时，应当交出汇票和有关拒绝证明，并出具所收到利息和费用的收据。"建设银行某分行和图海有限责任公司以背书转让本票后，即承担保证其后手所持本票付款的责任，在本票得不到付款时，应当向持票人清偿项下金额，按照中国人民银行规定的利率计算的自提示付款日起至清偿日止的利息，取得有关拒绝证明和发出通知书的费用。可见，票据上的背书人具有担保票据付款人付款的责任。

4. 中国银行某分行不能要求建设银行某分行和图海有限责任公司再承担票据上的责任。依据票据法原理，当持票人向第一债务人提示请求付款遭拒绝后，可向票据上的背书人及其他债务人行使追索权，但持票人追索权的行使有时间上的限制，即当持票人不在有效的付款提示期内行使权利，便会丧失对其前手的追索权。

《票据法》第 78 条规定："本票自出票日起，付款期限最长不得超过二个月。"第 79 条规定："本票的持票人未按照规定期限提示见票的，丧失对出票人以外的前手的追索权。"但是，由于本票付款提示期适用英国法律，所以中国银行能否对图海有限责任公司和建设银行某分行行使追索权，应依英国票据法律来认定。

《英国票据条例》第 92 条规定："凡已背书即期本票须于背书后合理时间内，作出付款提示，如不作上述提示，则背书人责任即告解除。"这个合理时间一般可由本票的性质、交易惯例及客观情况而定，但不可能太长。中国银行某分行作为持票人，由于其工作人员失误致使两张本票长期作为存根归档，从 2005 年 11 月至 2006 年 9 月这漫长的 10 个月期间显然不能认定为"合理时间"。中国银行某分行超过了有效付款提示期限，也当然丧失了对其前手建设银行某分行和图海有限责任公司的追索权。据此，中国银行某分行不能要求建设银行某分行和图海有限责任公司再承担票据上的责任。

5. 中国银行某分行有权要求有过错的当事人承担民事赔偿责任。中国银行某分行对此案的发生负有重大过错，对本案的损失承担主要责任。尽管中国银行某分行丧失了票据权利，但并不影响其行使其他民事权利，其仍有权要求有过错的当事人承担民事赔偿责任。因此，本案实为与票据有关的非票据诉讼案件，确定当事人的民事责任是解决本案的关键。

中国银行某分行未进行严格而慎重的审查，使图海有限责任公司确信本票没有问题，从而使约翰得以提走 4 000 万人民币，因此，中国银行某分行对此案的发生负有重大过错，对本案的损失承担主要责任。

图海有限责任公司以不正当方式购买本票，非法买卖外汇，其违法过错行为是本案发生的初始原因，也应承担相应责任。

建设银行某分行尽管已免除了票据上的被追索义务，但由于背书所具有的担保性质，其应对图海有限责任公司的债务承担连带赔偿责任。

21
世纪
法 学
系列教材

第六章

破 产 法

第一节 总 则

■■■■ **本节重点法条** ■■■■

《中华人民共和国企业破产法》

第一条 为规范企业破产程序，公平清理债权债务，保护债权人和债务人的合法权益，维护社会主义市场经济秩序，制定本法。

第二条 企业法人不能清偿到期债务，并且资产不足以清偿全部债务或者明显缺乏清偿能力的，依照本法规定清理债务。

企业法人有前款规定情形，或者有明显丧失清偿能力可能的，可以依照本法规定进行重整。

第三条 破产案件由债务人住所地人民法院管辖。

第四条 破产案件审理程序，本法没有规定的，适用民事诉讼法的有关规定。

第五条 依照本法开始的破产程序，对债务人在中华人民共和国领域外的财产发生效力。

对外国法院作出的发生法律效力的破产案件的判决、裁定，涉及债务人在中华人民共和国领域内的财产，申请或者请求人民法院承认和执行的，人民法院依照中华人民共和国缔结或者参加的国际条约，或者按照互惠原则进行审查，认为不违反中华人民共和国法律的基本原则，不损害国家主权、安全和社会公共利益，不损害中华人民共和国领域内债权人的合法权益的，裁定承认和执行。

第六条 人民法院审理破产案件，应当依法保障企业职工的合法权益，依法追究破产企业经营管理人员的法律责任。

案例 某公司破产案

【案情介绍】

某公司是全民所有制企业，经会计师事务所审计，其资产负债率已经高达360.02%，呈现严重的资不抵债、不能清偿到期债务的状态。国家对流通领域国有企业破产的条件规定严格，法院对流通领域国有企业申请破产的立案极其慎重。一些国有流通领域企业实质上处于歇业状态，但不能通过破产还债程序进行企业改制和调整产业布局，导致国有资产的闲置和耗散，影响了企业职工的分流安置，潜伏着社会不安定因素。2004年，国务院出台新的规定，允许部分资不抵债的国有流通领域企业通过破产程序实现国有资产的退出，优化国有资产的质量和效益。2007年8月18日，某公司向当地中级人民法院申请破产还债。

该中院经审理认为，申请人因经营管理不善，不能清偿到期债务呈连续状态，符合法定破产条件。根据我国《企业破产法》、最高人民法院司法解释，以及国务院有关文件规定，法院指定清算组进行清产核资、明晰债权债务等相关事项后，依法宣告该申请人破产。

【法律问题】
破产原因

【法律分析和结论】

与《企业破产法（试行）》相比，本案在新的《企业破产法》施行后，首先涉及的问题是破产法适用于哪些主体？

（一）《企业破产法》的适用范围

破产法的立法过程中，关于破产法适用范围在社会上展开了激烈的争论，其主要集中在以下两方面：

一是，原有的《企业破产法（试行）》以及《民事诉讼法》第十九章企业法人破产还债程序是分别适用全民所有制企业和非全民所有制企业法人，因此，本案中中国包装进出口北京公司是全民所有制企业，法院根据《企业破产法（试行）》及相关司法解释宣告其破产，而新的破产法如何规定呢？

二是，是否将自然人和合伙企业、个人独资企业等非法人企业纳入破产法的适用范围？在提交全国人大常委会初次审议的破产法草案第2条规定："本法适用于下列民事主体：（一）企业法人；（二）合伙企业及其合伙人；（三）个人独资企业及其出资人；（四）其他依法设立的营利性组织。前款规定的民事主体已解散但未清算或者未清算完毕的，在本法规定的范围内视为存续。"因此，立法者起初是将自然人和合伙企业、个人独资企业等非法人企业纳入破产法的适用范围，只是自然人仅限于合伙企业的合伙人、个人独资企业的出资人。

新颁布的《企业破产法》对于其适用范围较草案作了限缩，第2条第1款规定："企业法人不能清偿到期债务，并且资产不足以清偿全部债务或者明显缺乏清偿能力的，依照本法规定清理债务"。因此，新的《企业破产法》取消了以所有制为标准区别适用的模式，并且，仅适用于企业法人而不适用于自然人和合伙企业、个人独资企业等非法人企业。①

新《企业破产法》的适用范围限定在企业法人，但是根据其规定有两点需要注意：

一是，新《企业破产法》第134条规定："商业银行、证券公司、保险公司等金融机构有本法第二条规定情形的，国务院金融监督管理机构可以向人民法院提出对该金融机构进行重整或者破产清算的申请。国务院金融监督管理机构依法对出现重大经营风险的金融机构采取接管、托管等措施的，可以向人民法院申请中止以该金融机构为被告或者被执行人的民事诉讼程序或者执行程序。金融机构实施破产的，国务院可以依据本法和其他有关法律的规定制定实施办法。"《商业银行法》第71条第1款规定："商业银行不能支付到期债务，经国务院银行业监督管理机构同意，由人民法院依法宣告其破产。商业银行被宣告破产的，由人民法院组织国务院银行业监督管理机构等有关部门和有关人员成立清算组，进行清算。"《证券法》第129条第1款规定："证券公司设立、收购或者撤销分支机构，变更业务范围或者注册资本，变更持有百分之五以上股权的股东、实际控制人，变更公司章程中的重要条款，合并、分立、变更公司形式、停业、解散、破产，必须经国务院证券监督管理机构批准。"《证券公司管理办法》第17条规定："证券公司变更下列事项，应当经中国证监会批准：……（六）合并、分立、变更公

<hr />

① 据全国人大法律委员会副主任委员蒋黔贵介绍，将破产法的这一限缩的理由在于，对于不具有法人资格的合伙企业、个人独资企业，由于现行法律规定其合伙人、出资人应对企业债务承担无限连带责任，这些企业如果破产，必然会连带牵涉企业合伙人、出资人个人破产问题。而对个人破产如何规范的问题，还缺乏必要的实践经验，将其纳入破产法适用范围的条件尚不成熟。在相关法律修改前，这两类企业的债务清偿问题，仍可按照民事诉讼法等有关法律的规定执行。《修改后破产法草案缩减适用范围限定为企业法人》，载新华网，www.xinhuanet.com。

司形式以及解散或向人民法院申请破产"。第 19 条规定："证券公司债权人依法向法院申请证券公司破产的，证券公司必须在得知该事实之日起一个工作日内报告中国证监会。"《信托投资公司管理办法》第 18 条规定："信托投资公司不能支付到期债务，经中国人民银行同意，由人民法院依法宣告破产"。商业银行、证券公司、保险公司等金融机构也属适用与其相关的部门法以及根据他们自身性质制定的具体实施办法。

二是，其他非法人型企业和社会组织的破产清算参照适用新破产法。新《企业破产法》第 135 条规定："其他法律规定企业法人以外的组织的清算，属于破产清算的，参照适用本法规定的程序。"这是为了缓解其他非法人型企业和社会组织的破产无法可依的问题，妥善处理好其他非法人型企业和社会组织的破产与新破产法的衔接问题，而规定了参照适用。

（二）破产原因

破产原因是指认定债务人丧失清偿能力，当事人得以提出破产申请，法院据以启动破产程序、宣告债务人破产的法律事实。实际上，破产原因就是衡量债务人是否陷入破产的客观标准，一方面，破产申请人根据该客观标准向法院提出破产申请；另一方面，法院则严格按照此标准来判断是否宣告企业法人破产。

新《企业破产法》第 2 条规定："企业法人不能清偿到期债务，并且资产不足以清偿全部债务或者明显缺乏清偿能力的，依照本法规定清理债务。"据此，我国破产法对于破产原因采取了概括式的立法模式，将其界定为不能清偿并且资产不足以清偿全部债务或者明显缺乏清偿能力。

1. 不能清偿

不能清偿，是指债务人欠缺清偿能力，对于已到清偿期限，而且已受清偿请求之债务的全部或主要部分，处于全面地、长期地不能清偿之客观状态。2002 年最高人民法院《关于审理企业破产案件若干问题的规定》第 31 条规定：不能清偿到期债务是指：（1）债务的履行期限已届满；（2）债务人明显缺乏清偿债务的能力。债务人停止清偿到期债务并呈连续状态，如无相反证据，可推定为"不能清偿到期债务"。实务中，认定是否构成不能清偿，应具备以下几个要件：

（1）债务已届清偿期，债权人提出清偿请求。

首先，债务人所负债务无论是基于合同产生还是基于侵权等其他方式产生，都应该是已到清偿还款期限，而对于未到期的债务，债务人享有相应的期限利益，债权人则不能请求清偿。

其次，债权人已经提出清偿要求。即债权人已就到期债权向债务人提出清偿请求，而对于请求方式没有特别要求。

最后，债权人提出的清偿请求无争议，如果债务人逾期不履行债务是基于正当理由，如合同履行抗辩权或者是基于留置权等，则不能认定债务人不能清偿。

（2）债务人明显缺乏清偿能力。

债务人缺乏清偿能力是指债务人客观上没有能力清偿债务，即不能以财产、信用或能力等任何方法清偿债务。此外，债务人缺乏清偿能力的客观状况具有明显性。一般认为，所谓明显是指对于全部或者主要债务缺乏清偿能力，并非次要的部分债务。债务人的清偿能力是一个综合性的指标，不仅包括其有形财产，还包括无形财产、信用状况以及技术能力等多方面的因素。因此，在实务中具体的评测债务人的清偿能力时，一般要考虑多个因素。

首先，企业的资金状况。根据企业的整体资产情况，包括固定资产、流动资金以及所享债权和所负债务等，来确定企业的全部资产是否能够偿还所有债务，即确定企业的资产负债率，来考量企业的清偿能力。

其次，企业的信誉状况。企业的信誉高低，关系到企业的筹资能力，进而影响企业的清偿能力。如果企业具有良好的信誉，尽管其出现了支付困难，甚至资不抵债的状况，但是，基于其自身的良好信誉，企业能够较为容易通过借贷等多种方式来筹措资金，改善企业的经营状况，从而缓解债务压力。

最后，企业的技术力量、知识产权以及人力资源状况。企业的技术力量、知识产权以及人力资源等可以被当成企业的无形财产，技术力量的强弱、知识产权价值的高低以及人力资源的丰富与否都会影响企业吸引资金和取得债务人的信任而延缓清偿期，从而影响债务人的清偿能力。

（3）债务人对于全部或主要债务在可预见的相当长时期内持续不能清偿。

债务人明显缺乏清偿能力，是指对于全部债务或主要债务而非次要的部分债务，并且这种清偿能力的明显欠缺具有持续性，即在可预见的相当长的时间内，而并非因资金周转困难等问题暂时中止支付。

（4）债务人不能清偿是一种客观状况。

债务人不能清偿是一种客观经济状况，是债务人的财产客观上已无力支付全部或主要债务，而并非债务人的主观不愿意或出于恶意拒绝支付。如果仅是债务人主观上停止支付，则不能简单地认定为不能清偿，因为，从具有主观性的停止支付这种外在行为，不能够判定债务人陷入不能清偿的客观状况。

（5）债务标的不限于金钱支付的债务，但必须是能够以金钱评价估算的债务。

通说认为债务的标的为给付，但是给付所指向的具体对象则具有多样性，或是行为，或是金钱，或是具体的物等。尽管，在实务中，债务人破产多是由不能清偿金钱之债而引起，但是，我们不能就此将不能清偿的债务限定在金钱给付之债。法院在以不能清偿为由宣告债务人破产时，往往会将各种债换算为一定金额，从而确定资产负债率，因此，许多其他的非金钱给付之债也被当做破产债权，经过折算后而获得相应的清偿。

2. 资产不足以清偿全部债务

资产不足以清偿全部债务，又称为资不抵债，是指债务人的净资产总额不足以偿付全部债务，即净资产＝资产－负债＜0。企业出现资不抵债的状况时，若不及时申请宣告破产，则可能会扩大债权人和债务人的损失。资不抵债的确定主要是根据企业拥有或控制的能以货币计量的经济资源，包括各种财产、债权和其他权利，而没有考虑信用、技术力量以及人力资源等因素，因此，与不能清偿相比，当企业出现资不抵债的状况时，可能并非不能清偿。为了衔接二者，《企业破产法》第 2 条将不能清偿和资不抵债并列，实务中法院也往往只有在企业法人不能清偿并且资不抵债的情况下，才宣告债务人破产。

3. 明显缺乏清偿能力的

在论述不能清偿的构成要件时，我们将明显缺乏清偿能力也纳入其中，因此，在此处明显缺乏清偿能力从根本上说并非一个独立的破产原因，而是作为不能清偿的组成部分存在。

综上所述，申请人某公司是全民所有制企业，适用《企业破产法》。根据新《企业破产法》第 2 条规定，由于其资产负债率已经高达 360.02％，呈现严重的资不抵债、不能清偿到期债务的状态，因此，应该裁定宣告其破产。

第二节　申请和受理

■■■■ **本节重点法条** ■■■■

《中华人民共和国企业破产法》

第七条　债务人有本法第二条规定的情形，可以向人民法院提出重整、和解或者破产清算申请。

债务人不能清偿到期债务，债权人可以向人民法院提出对债务人进行重整或者破产清算的申请。

企业法人已解散但未清算或者未清算完毕，资产不足以清偿债务的，依法负有清算责任的人应当向人民法院申请破产清算。

第八条 向人民法院提出破产申请，应当提交破产申请书和有关证据。

破产申请书应当载明下列事项：

（一）申请人、被申请人的基本情况；

（二）申请目的；

（三）申请的事实和理由；

（四）人民法院认为应当载明的其他事项。

债务人提出申请的，还应当向人民法院提交财产状况说明、债务清册、债权清册、有关财务会计报告、职工安置预案以及职工工资的支付和社会保险费用的缴纳情况。

第九条 人民法院受理破产申请前，申请人可以请求撤回申请。

第十条 债权人提出破产申请的，人民法院应当自收到申请之日起五日内通知债务人。债务人对申请有异议的，应当自收到人民法院的通知之日起七日内向人民法院提出。人民法院应当自异议期满之日起十日内裁定是否受理。

除前款规定的情形外，人民法院应当自收到破产申请之日起十五日内裁定是否受理。

有特殊情况需要延长前两款规定的裁定受理期限的，经上一级人民法院批准，可以延长十五日。

第十一条 人民法院受理破产申请的，应当自裁定作出之日起五日内送达申请人。

债权人提出申请的，人民法院应当自裁定作出之日起五日内送达债务人。债务人应当自裁定送达之日起十五日内，向人民法院提交财产状况说明、债务清册、债权清册、有关财务会计报告以及职工工资的支付和社会保险费用的缴纳情况。

第十二条 人民法院裁定不受理破产申请的，应当自裁定作出之日起五日内送达申请人并说明理由。申请人对裁定不服的，可以自裁定送达之日起十日内向上一级人民法院提起上诉。

人民法院受理破产申请后至破产宣告前，经审查发现债务人不符合本法第二条规定情形的，可以裁定驳回申请。申请人对裁定不服的，可以自裁定送达之日起十日内向上一级人民法院提起上诉。

第十三条 人民法院裁定受理破产申请的，应当同时指定管理人。

第十四条 人民法院应当自裁定受理破产申请之日起二十五日内通知已知债权人，并予以公告。

通知和公告应当载明下列事项：

（一）申请人、被申请人的名称或者姓名；

（二）人民法院受理破产申请的时间；

（三）申报债权的期限、地点和注意事项；

（四）管理人的名称或者姓名及其处理事务的地址；

（五）债务人的债务人或者财产持有人应当向管理人清偿债务或者交付财产的要求；

（六）第一次债权人会议召开的时间和地点；

（七）人民法院认为应当通知和公告的其他事项。

第十五条 自人民法院受理破产申请的裁定送达债务人之日起至破产程序终结之日，债务人的有关人员承担下列义务：

（一）妥善保管其占有和管理的财产、印章和账簿、文书等资料；

（二）根据人民法院、管理人的要求进行工作，并如实回答询问；

（三）列席债权人会议并如实回答债权人的询问；

（四）未经人民法院许可，不得离开住所地；

（五）不得新任其他企业的董事、监事、高级管理人员。

前款所称有关人员，是指企业的法定代表人；经人民法院决定，可以包括企业的财务管理人员和其他经营管理人员。

第十六条 人民法院受理破产申请后，债务人对个别债权人的债务清偿无效。

第十七条 人民法院受理破产申请后，债务人的债务人或者财产持有人应当向管理人清偿债务或者交付财产。

债务人的债务人或者财产持有人故意违反前款规定向债务人清偿债务或者交付财产，使债权人受到损失的，不免除其清偿债务或者交付财产的义务。

第十八条 人民法院受理破产申请后，管理人对破产申请受理前成立而债务人和对方当事人均未履行完毕的合同有权决定解除或者继续履行，并通知对方当事人。管理人自破产申请受理之日起二个月内未通知对方当事人，或者自收到对方当事人催告之日起三十日内未答复的，视为解除合同。

管理人决定继续履行合同的，对方当事人应当履行；但是，对方当事人有权要求管理人提供担保。管理人不提供担保的，视为解除合同。

第十九条 人民法院受理破产申请后，有关债务人财产的保全措施应当解除，执行程序应当中止。

第二十条 人民法院受理破产申请后，已经开始而尚未终结的有关债务人的民事诉讼或者仲裁应当中止；在管理人接管债务人的财产后，该诉讼或者仲裁继续进行。

第二十一条 人民法院受理破产申请后，有关债务人的民事诉讼，只能向受理破产申请的人民法院提起。

一、破产申请：破产程序的启动

案例 北京某田园科技有限公司债务清偿案①

【案情介绍】

北京某田园科技有限公司是由王先生等几位股东出资组建的，注册资金109

---

① 案例来源：金建军、易纬：《企业资不抵债破产不是唯一选择》，载北京法院网，http：//bjgy. chinacourt. org/。

266

万元，法定代表人王先生。田园科技有限公司在经营过程中与北京某机械工程公司、闫先生等 26 家单位和个人签订借款、劳务、供货等各种合同。后由于田园科技有限公司涉嫌违法犯罪被司法机关追究刑事责任，法定代表人王先生被判刑，公司无法正常经营，从而引起了一系列以田园科技有限公司为被告的诉讼，涉案标的达 124.8 万元。此一系列案件判决生效后，由于田园科技有限公司没有自觉履行判决义务，26 家单位和个人向法院申请强制执行。

法院在受理此一系列执行案件后，发现被执行人田园科技有限公司已经到了资不抵债，无法偿还到期债务的地步。于是，法院告知各方当事人可以申请田园科技有限公司破产，但无人申请。

【法律问题】
破产原因

【法律分析和结论】
首先，我们必须明确的是在破产法领域法院无权主动宣告债务人破产，启动破产程序。其原因在于，一方面，破产法作为商法，具有私法的自治属性，而法院作为公权机关负有维护私法自治的职责；另一方面，法院的司法裁判机关的地位决定其应该具有中立性和被动性。

其次，那么由谁来提出申请启动破产程序呢？《企业破产法》第 7 条规定："债务人有本法第二条规定的情形，可以向人民法院提出重整、和解或者破产清算申请。债务人不能清偿到期债务，债权人可以向人民法院提出对债务人进行重整或者破产清算的申请。企业法人已解散但未清算或者未清算完毕，资产不足以清偿债务的，依法负有清算责任的人应当向人民法院申请破产清算。"由此可知，《企业破产法》明确了破产申请人为：（1）债务人；（2）债权人；（3）负有清算责任的人。

1. 债务人
破产法是具有保护债权人和债务人的双重目的，从二者比较看来，债务人势必对于其自身的经营状况、资金状况等难以为外人所知的信息最为了解，因此，债务人是提出破产申请的重要主体。根据前面论述，此处的债务人限定在企业法人，既包括国有企业法人，还包括私营企业法人、三资企业法人以及商业银行、证券公司、保险公司等金融机构。

2. 债权人
破产程序设立的最初目的就在于债权人的保护，而破产程序的终结也是以破产财产分配完毕，破产债权得到全部或部分清偿为结果。因此，破产程序的启动和运行与债权人利益息息相关。

3. 负有清算责任的人

《企业破产法》规定企业法人已解散但未清算或者未清算完毕，资产不足以清偿债务的，依法负有清算责任的人应当向人民法院申请破产清算。负有清算责任的人是指在企业作出解散决议后，根据法律规定负责对企业财产进行清算的组织，主要是指企业内部的清算组，在理论上又被称为准债务人。《公司法》第188条规定："清算组在清理公司财产、编制资产负债表和财产清单后，发现公司财产不足清偿债务的，应当依法向人民法院申请宣告破产。公司经人民法院裁定宣告破产后，清算组应当将清算事务移交给人民法院。"将负有清算责任的人，即准债务人纳入破产申请人的范围，实际上是债务人作为破产申请人的延续。

综上所述，本案中，北京某田园科技有限公司尽管已经符合了不能清偿且资不抵债的破产条件，但是，由于债务人和债权人基于各自的考量，都不愿意提出破产申请，而法院又不能依职权宣告其破产，因此，导致不能启动破产程序。

二、受理

案例　辽宁省某某铁矿破产案[①]

【案情介绍】

某某铁矿系由辽宁省北票市某乡政府出资开办的集体企业，企业截至2007年1月17日欠中国长城资产管理公司沈阳办事处（系处理中国农业银行贷款形成）本金合计14 214 709.71元人民币。2007年，香港的国际航空资讯科技有限公司（以下简称科技公司）通过拍卖受让该笔债权。科技公司于2007年6月开始向某某铁矿主张债权，在双方进入诉讼程序，为管辖异议等程序性事项胶着之时，某某铁矿申请破产，科技公司诉龙升铁矿的诉讼程序被迫中止。

某某铁矿向辽宁省北票市人民法院申请破产，法院于2008年1月20日受理，并于同日宣告企业进入破产还债程序。

依据最高人民法院《关于审理企业破产案件若干问题的规定》规定，人民法院收到破产申请后，应当有7日的审查期决定是否立案（第10条）；并且在决定

---

① 案例来源：新浪网，http://finance.sina.com.cn/g/20060525/03052594708.shtml，有改动。

受理后，应当组成合议庭，并在 10 日内完成一系列工作（第 15 条）等。北票市人民法院面对企业厚重的破产申请资料在接到申请当日即立案受理、当日即组成合议庭、当日审理查明、当日作出破产宣告裁定，效率之高令人不解。

进入破产程序之后，法院没有依法通知债权人，并告知相关事项。科技公司作为某某铁矿最大的债权人，且与某某铁矿处于诉讼进程中，科技公司仅从中止诉讼程序的裁定中得知某某铁矿宣告破产，自始至终未得到北票市法院的明确书面通知，甚至第一次债权人会议的时间地点也未能从正当渠道获知。

【法律问题】

1. 受理破产程序
2. 人民法院裁定受理破产申请后，将会产生什么样的后果？

【法律分析和结论】

本案中，债务人某某铁矿向辽宁省北票市人民法院申请破产，法院于 2008 年 1 月 20 日受理，并于同日宣告企业进入破产还债程序，确实令人质疑。

（一）人民法院受理破产申请的程序

1. 申请受理前的程序

（1）债权人提出破产申请的受理程序

《企业破产法》第 10 条第 1 款规定："债权人提出破产申请的，人民法院应当自收到申请之日起五日内通知债务人。债务人对申请有异议的，应当自收到人民法院的通知之日起七日内向人民法院提出。人民法院应当自异议期满之日起十日内裁定是否受理。"因此，可以基本的概括为"债权人提出申请—通知债务人（5 日）—债务人提出异议（7 日）—法院裁定是否受理（10 日）"。

（2）债务人、负有清算责任的人提出破产申请的受理程序

《企业破产法》第 10 条第 2 款规定："除前款规定的情形外，人民法院应当自收到破产申请之日起十五日内裁定是否受理。"与债权人提出申请相区别的是，债务人、负有清算责任的人（准债务人）提出申请时，受理前，法院不需要通知债权人，因此，基本程序为"债务人、负有清算责任的人提出申请—法院裁定是否受理（15 日）"。

法院在接到申请后，审查并作出是否受理的期限，在有特殊情况下需要延长的，经上一级人民法院批准，可以延长 15 日。

2. 裁定不予受理的程序

对于申请人提出的破产申请，人民法院在法定的审查期限内根据《企业破产

法》第 2 条规定，经过审查，作出受理或者不予受理的裁定。

（1）申请的审查期限内作出不予受理裁定。

《企业破产法》第 12 条第 1 款规定："人民法院裁定不受理破产申请的，应当自裁定作出之日起五日内送达申请人并说明理由。申请人对裁定不服的，可以自裁定送达之日起十日内向上一级人民法院提起上诉。"基本程序可以概括为"申请—不受理—送达申请人并说明理由（5 日）—向上一级人民法院上诉（10 日）"。

（2）裁定受理后破产宣告前，发现不符合受理条件裁定驳回申请

《企业破产法》第 12 条第 2 款规定："人民法院受理破产申请后至破产宣告前，经审查发现债务人不符合本法第二条规定情形的，可以裁定驳回申请。申请人对裁定不服的，可以自裁定送达之日起十日内向上一级人民法院提起上诉。"对于受理后破产宣告前，人民法院发现债务人不具备破产原因的，其程序可以概括为：申请—受理—驳回（受理后宣告前）—向上一级人民法院上诉（10 日）。

3. 裁定受理申请的程序

人民法院经过审查发现债务人具备《企业破产法》第 2 条所规定的破产原因时，即应在法定期限作出受理申请的裁定。

人民法院受理破产申请的，应当自裁定作出之日起 5 日内送达申请人。而债权人提出申请的，人民法院应当自裁定作出之日起 5 日内送达债务人。债务人应当自裁定送达之日起 15 日内，向人民法院提交财产状况说明、债务清册、债权清册、有关财务会计报告以及职工工资的支付和社会保险费用的缴纳情况。

人民法院应当自裁定受理破产申请之日起 25 日内通知已知债权人，并予以公告。通知和公告应当载明下列事项：（1）申请人、被申请人的名称或者姓名；（2）人民法院受理破产申请的时间；（3）申报债权的期限、地点和注意事项；（4）管理人的名称或者姓名及其处理事务的地址；（5）债务人的债务人或者财产持有人应当向管理人清偿债务或者交付财产的要求；（6）第一次债权人会议召开的时间和地点；（7）人民法院认为应当通知和公告的其他事项。

（二）裁定受理破产申请后产生的后果

人民法院裁定受理破产申请的，应当同时指定管理人。人民法院受理破产申请后，债务人对个别债权人的债务清偿无效。债务人的债务人（次债务人）或者财产持有人应当向管理人清偿债务或者交付财产。如果债务人的债务人或者财产持有人故意违反前款规定向债务人清偿债务或者交付财产，使债权人受到损失的，不免除其清偿债务或者交付财产的义务。

此外，有关债务人财产的保全措施应当解除，执行程序应当中止。已经开始

而尚未终结的有关债务人的民事诉讼或者仲裁应当中止；在管理人接管债务人的财产后，该诉讼或者仲裁继续进行。而其他有关债务人的民事诉讼，只能向受理破产申请的人民法院提起。

本案中，债务人某某铁矿向辽宁省北票市人民法院申请破产，北票市人民法院接受申请后，面对企业厚重的破产申请资料在接到申请当日即立案受理、当日即组成合议庭、当日审理查明、当日作出破产宣告裁定，北票市人民法院的行为有违破产法的相关规定。

第三节 管理人

本节重点法条

《中华人民共和国企业破产法》

第二十二条 管理人由人民法院指定。

债权人会议认为管理人不能依法、公正执行职务或者有其他不能胜任职务情形的，可以申请人民法院予以更换。

指定管理人和确定管理人报酬的办法，由最高人民法院规定。

第二十三条 管理人依照本法规定执行职务，向人民法院报告工作，并接受债权人会议和债权人委员会的监督。

管理人应当列席债权人会议，向债权人会议报告职务执行情况，并回答询问。

第二十四条 管理人可以由有关部门、机构的人员组成的清算组或者依法设立的律师事务所、会计师事务所、破产清算事务所等社会中介机构担任。

人民法院根据债务人的实际情况，可以在征询有关社会中介机构的意见后，指定该机构具备相关专业知识并取得执业资格的人员担任管理人。

有下列情形之一的，不得担任管理人：

（一）因故意犯罪受过刑事处罚；

（二）曾被吊销相关专业执业证书；

（三）与本案有利害关系；

（四）人民法院认为不宜担任管理人的其他情形。

个人担任管理人的，应当参加执业责任保险。

第二十五条 管理人履行下列职责：

（一）接管债务人的财产、印章和账簿、文书等资料；

（二）调查债务人财产状况，制作财产状况报告；

（三）决定债务人的内部管理事务；

（四）决定债务人的日常开支和其他必要开支；

（五）在第一次债权人会议召开之前，决定继续或者停止债务人的营业；

（六）管理和处分债务人的财产；

（七）代表债务人参加诉讼、仲裁或者其他法律程序；

（八）提议召开债权人会议；

（九）人民法院认为管理人应当履行的其他职责。

本法对管理人的职责另有规定的，适用其规定。

第二十六条 在第一次债权人会议召开之前，管理人决定继续或者停止债务人的营业或者有本法第六十九条规定行为之一的，应当经人民法院许可。

第二十七条 管理人应当勤勉尽责，忠实执行职务。

第二十八条 管理人经人民法院许可，可以聘用必要的工作人员。

管理人的报酬由人民法院确定。债权人会议对管理人的报酬有异议的，有权向人民法院提出。

第二十九条 管理人没有正当理由不得辞去职务。管理人辞去职务应当经人民法院许可。

案例　石家庄三九啤酒有限责任公司诉三得利养殖有限责任公司等破产清算组资产转让合同案

【案情介绍】

邯郸啤酒厂（以下简称邯啤）系邯郸市政府所属国有企业，因经营不善资不抵债，被邯郸市政府列为企业破产试点单位。邯郸市政府规定，"将选好收购单位作为实施企业破产的先决条件。把整体破产、整体收购、全员安置作为企业破产试点的主要方式"。根据这一规定，作为邯啤的上级主管部门，邯郸市轻工业局经过考察协商，选定三得利公司和石家庄三九啤酒有限责任公司（以下简称石三九公司）为收购单位（其中三得利公司是邯啤职工集资开办的有限责任公司，个体性质，注册资金100万元；石三九公司是由三九集团和原石家庄啤酒厂联合开办的有限责任公司，国有性质，注册资金6 653.4万元）。1996年10月5日，三方为此签订联营协议。协议主要约定，隶属丙方（邯郸市轻工业局）的邯啤宣布破产并进入法律程序后，破产不停产。乙方（石三九公司）注入检修资金并派管理人员进入企业。丙方保证邯啤破产后优先由甲方（三得利公司）整体购买。破产程序结束后，乙方购买该厂的股份，实现控股等。该协议签订后，邯啤即申请破产，邯郸市中级人民法院于1996年10月9日裁定邯啤进入破产程序，成立了破产清算组，并对破产资产进行评估和确认。经国资局确认，邯啤的资产总额为7 081万元，总负债为16 377万元，已资不抵债9 296万元。

1996年12月2日清算组第二次全体会议纪要决定同意三得利公司收购邯啤

拍卖的财产，并委托陈潞与三得利公司及石三九签订资产拍卖及转让的有关协议。1996年12月3日，清算组与三得利公司签订"资产拍卖协议"，主要约定，清算组决定对邯啤的资产拍卖还债，其收购单位为三得利公司。拍卖资产为整体拍卖，整体收购。拍卖资产的价格为36 599 203.12元，三得利公司需支付的收购金额为14 620 941.03元。三得利公司应在协议签订后的15天内注入300万元资金，在清算组监督下全部用于偿还拖欠的工资和集资。在60天内全部还清拖欠职工的工资、集资和医疗费。这时邯啤的上述拍卖资产的产权将归三得利公司所有。合同签订后15日内，自三得利公司注入300万元资金到位之日即生效，合同开始执行，三得利公司对破产资产有使用权。

在"资产拍卖协议"签订的当日，三得利公司、石三九公司、清算组又签订"资产转让协议"，该协议主要约定：(1) 转让资产及价格：通过整体收购破产的邯啤资产，甲方（三得利公司）所属资产合计36 599 203.12元，甲方原有养殖场资产1 522 455.10元，资产合计38 121 658.22元。(2) 转让方式及额度：其一，乙方（石三九公司）同甲方付款1 614 339 613元，专项购买甲方资产，该费用用于清偿法院裁定的第一偿还序列的债务。其二，丙方（清算组）以土地使用权作价，不足部分以部分资产作价划拨给甲方的职工安置费，划转为新组建公司的公积金，用于职工安置，金额为16 669 560元。其三，拖欠税款5 308 702.09元由甲方划转到新组建公司，挂在新企业名下待企业生产经营转入正常并有盈利时，再予以补交。甲方原有资产1 522 455.10元合并入新公司。通过以上有偿转让，本协议第一条所列资产产权归甲乙双方共同组建的新公司所有，转让后出资比例调整为甲方占10%，乙方占90%。(3) 付款方式及期限：乙方应在协议签订生效后15日内注入300万元资金，在丙方监督下全部用于偿还拖欠职工的工资和集资，在60天内全部还清拖欠职工的工资、集资和医疗费。出资转让手续，本协议签订后立即着手办理产权转移手续。甲方向乙方签发获得甲方转让资产的转让证明，并由双方签署出资转让交接文件。由于甲方向丙方整体收购破产后的邯啤产权尚未移交，因此，本协议中丙方为甲方出让资产的担保人，并负相应的责任。1996年12月3日，石三九公司以三得利公司和清算组在资产转让过程中存在严重欺诈，并强行终止了石三九公司的经营活动为由。请求确认"资产转让协议"无效。

案件经过河北省高级人民法院一审，并经最高人民法院终审判决认为：清算组与三得利公司签订"资产拍卖协议"，以1 600余万元的收购价格购买价值3 659.692 031 2万元的国有资产，且未经债权人会议讨论通过。该拍卖协议无效。

【法律问题】

破产清算组（管理人）的法律地位

【法律分析和结论】

本案中，清算组与他人签订资产转让协议，因为价值上的显失公平以及程序上没有经债权人会议表决通过，而被法院判决无效。从而，让我们反思破产程序中，管理人的法律地位。

管理人是破产宣告后成立的，全面接管破产企业并负责破产财产的保管、清理、估价、处理和分配等破产清算事务的专门机构。

1. 管理人的选任

综观世界各国的立法例，关于管理人的选任方式主要有三种：（1）由法院选任的，如日本、法国等；（2）由债权人会议选任的，如英国、美国等；（3）以债权人会议选任为主，以法院等机构选任为辅，或是相反的，如德国。我国《企业破产法》第22条第1款明确规定，管理人由人民法院指定。其原因在于法院直接选任，有利于管理人即时产生，从而提高效率，节省破产的费用，但是，由于法院的单方面性，有可能会忽视债权人的意思和利益。因此，为了平衡二者，《企业破产法》第22条第2款规定，选任的管理人受到债权人会议的监督，当债权人会议认为管理人不能依法、公正执行职务或者有其他不能胜任职务情形的，可以申请人民法院予以更换。

2. 管理人的组成及其选任条件

关于管理人的组成成员，在我国一直存在两种观点：一是只能由个人担任；二是主张由于我国的诚信制度不健全，因此，个人不能担任，只能由机构担任。根据《企业破产法》第24条规定，我国的破产法采取折中的立法模式，即个人和机构都能担任管理人。具体包括：（1）有关部门、机构的人员组成的清算组；（2）依法设立的律师事务所、会计师事务所、破产清算事务所等社会中介机构；（3）有关社会中介机构的具备相关专业知识并取得执业资格的人员。而其中对于（1）、（2）中规定的个人担任清算人的情况，由于个人的责任承担能力较弱，为了强化对于债权人和债务人利益的保护，破产法规定个人担任管理人的，应当参加执业责任保险，从而削弱了个人担任管理人的风险。

对于担任管理人的任职条件，《企业破产法》是从积极条件和消极条件两个方面来予以规定的：

（1）积极条件：对于相关中介机构人员担任管理人的，必须是人民法院根据债务人的实际情况，在征询有关社会中介机构的意见后，由人民法院指定的。并且该个人应具备相关的专业知识、取得执业资格、是有关社会中介机构的成员。

（2）消极条件：《企业破产法》规定具有下列情形的人不得担任管理人：1）因故意犯罪受过刑事处罚；2）曾被吊销相关专业执业证书；3）与本案有利害关系；4）人民法院认为不宜担任管理人的其他情形。

3. 管理人的法律地位

关于破产管理人的法律地位的认定，观点不一，主要有以下三种：

（1）代理说。

代理说是关于破产管理人法律地位最早的一种学说。该说从债权人与债务人私法自治的角度出发，认为破产清偿程序仅仅是债权人与债务人之间的私人债务清偿关系，因此，破产程序中仅存在私法关系，破产管理人虽依法被选任或由法院指定，但仍然不失其为私法上之代理人地位。破产管理人是代理人，以他人名义行使破产程序中的职务权限。根据代理的对象不同，代理说又可分为破产人代理说、债权人代理说、破产人及债权人共同代理说、破产财团代理说等。

（2）职务说。

该说是从公法强制的角度出发，认为破产程序是对于债务人的强制执行程序，重视国家强制执行机关对破产人与破产债权人之间的公法关系，故而破产管理人的法律地位应视为类似强制执行机关工作人员的公务员，其行为是一种职务行为。

（3）财团代表说。

该说将破产财团人格化，赋予其独立的主体地位。认为债务人财产因破产宣告而成为以破产清算为目的而存在的独立财产，形成类似财团法人性质的破产财团，破产管理人是这种人格化财产的代表机关。

以上观点，都有其合理之处，但是又不尽完善。在《企业破产法》立法过程中，关于管理人的法律地位主要有两种观点，即"债权人代表说"和"法定机构说"。前者认为，破产程序中，债权人利益最易受到侵害，管理人在破产程序中，代表所有人利益，即代表债权人利益；后者认为，破产程序中，管理人具有独立性，其就是为了整个破产程序的顺利进行而存在，不仅代表债权人利益，还代表债务人、劳动者等利益相关人利益。

我国新《企业破产法》采纳了"法定机构说"。《企业破产法》第1条确立了破产法的立法目的是，"保护债权人和债务人的合法权益"。第6条规定了对于企业职工的合法权益的保障。第22条规定："管理人由人民法院指定。"第23条规定："管理人依照本法规定执行职务，向人民法院报告工作，并接受债权人会议和债权人委员会的监督。"

4．管理人的职责

（1）接管债务人的财产、印章和账簿、文书等资料；

（2）调查债务人财产状况，制作财产状况报告；

（3）决定债务人的内部管理事务；

（4）决定债务人的日常开支和其他必要开支；

（5）在第一次债权人会议召开之前，决定继续或者停止债务人的营业；

（6）管理和处分债务人的财产；

（7）代表债务人参加诉讼、仲裁或者其他法律程序；

（8）提议召开债权人会议；

（9）人民法院认为管理人应当履行的其他职责。

5．管理人的权利

（1）债务人继续或停止营业的决定权。

在第一次债权人会议召开之前，管理人经人民法院许可，有权决定继续或者停止债务人的营业或者有《企业破产法》第69条规定的行为。

（2）聘任工作人员的权利。经人民法院许可，可以聘用必要的工作人员。

（3）管理人的报酬请求权。管理人的报酬由人民法院确定，但是债权人会议对管理人的报酬有异议的，有权向人民法院提出。

6．管理人的义务

（1）管理人的忠诚勤勉义务。

《企业破产法》第27条规定："管理人应当勤勉尽责，忠实执行职务。"

（2）无正当理由不得辞职义务。

《企业破产法》第29条规定："管理人没有正当理由不得辞去职务。管理人辞去职务应当经人民法院许可。"

本案中，清算人未按照法律要求履行职责，未经债权人会议表决通过，随意处分债务人财产，损害债权人利益，因此，该拍卖协议无效，清算人应该承担相应的责任。

第四节　债务人财产

本节重点法条

《中华人民共和国企业破产法》

第三十条　破产申请受理时属于债务人的全部财产，以及破产申请受理后至破产程序终结前债务人取得的财产，为债务人财产。

第三十一条 人民法院受理破产申请前一年内，涉及债务人财产的下列行为，管理人有权请求人民法院予以撤销：

（一）无偿转让财产的；

（二）以明显不合理的价格进行交易的；

（三）对没有财产担保的债务提供财产担保的；

（四）对未到期的债务提前清偿的；

（五）放弃债权的。

第三十二条 人民法院受理破产申请前六个月内，债务人有本法第二条第一款规定的情形，仍对个别债权人进行清偿的，管理人有权请求人民法院予以撤销。但是，个别清偿使债务人财产受益的除外。

第三十三条 涉及债务人财产的下列行为无效：

（一）为逃避债务而隐匿、转移财产的；

（二）虚构债务或者承认不真实的债务的。

第三十四条 因本法第三十一条、第三十二条或者第三十三条规定的行为而取得的债务人的财产，管理人有权追回。

第三十五条 人民法院受理破产申请后，债务人的出资人尚未完全履行出资义务的，管理人应当要求该出资人缴纳所认缴的出资，而不受出资期限的限制。

第三十六条 债务人的董事、监事和高级管理人员利用职权从企业获取的非正常收入和侵占的企业财产，管理人应当追回。

第三十七条 人民法院受理破产申请后，管理人可以通过清偿债务或者提供为债权人接受的担保，取回质物、留置物。

前款规定的债务清偿或者替代担保，在质物或者留置物的价值低于被担保的债权额时，以该质物或者留置物当时的市场价值为限。

第三十八条 人民法院受理破产申请后，债务人占有的不属于债务人的财产，该财产的权利人可以通过管理人取回。但是，本法另有规定的除外。

第三十九条 人民法院受理破产申请时，出卖人已将买卖标的物向作为买受人的债务人发运，债务人尚未收到且未付清全部价款的，出卖人可以取回在运途中的标的物。但是，管理人可以支付全部价款，请求出卖人交付标的物。

第四十条 债权人在破产申请受理前对债务人负有债务的，可以向管理人主张抵销。但是，有下列情形之一的，不得抵销：

（一）债务人的债务人在破产申请受理后取得他人对债务人的债权的；

（二）债权人已知债务人有不能清偿到期债务或者破产申请的事实，对债务人负担债务的；但是，债权人因为法律规定或者有破产申请一年前所发生的原因而负担债务的除外；

（三）债务人的债务人已知债务人有不能清偿到期债务或者破产申请的事实，对债务人取得债权的；但是，债务人的债务人因为法律规定或者有破产申请一年前所发生的原因而取得债权的除外。

案例 某国有企业破产案

【案情介绍】

某市一国有企业因经营管理不善，不能清偿到期债务，经上级主管部门同意，该企业向人民法院申请破产宣告。人民法院于 2007 年 8 月 5 日受理了该破产案件，2007 年 11 月 3 日人民法院依法宣告其破产，并于 11 月 10 日成立清算组。清算组清理破产企业的财产和权利的情况如下：（1）破产宣告时，破产企业经营管理的全部财产如下：1）厂房价值 200 万，在向甲银行贷款 200 万时抵押给了银行；2）从乙公司租用的一台价值 90 万元的机器设备；3）注册商标作价 50 万元；4）破产企业对外投资 100 万元；5）2007 年 5 月 9 日，破产企业将一台价值 120 万的生产设备赠与丙公司；6）对丁企业拥有未到期的债权 150 万元。（2）破产企业的债务及相关费用情况如下：1）甲银行向破产企业贷款 200 万元，还有 3 个月到期。2）丁企业拥有无担保的到期债权 100 万元。3）因企业破产而解除劳动合同，劳动者依法对企业享有 30 万元的经济补偿金请求权。4）清算组决定解除与戊公司未履行的合同，从而造成戊公司实际损失 80 万元，并且根据合同规定，违约金 20 万元。5）欠缴税款 160 万元，罚款 60 万元。6）破产企业对破产财产的拍卖费用 10 万元。

【法律问题】

1. 债务人财产
2. 取回权、追回权、抵销权

【法律分析和结论】

本案中主要涉及债务人财产的范围的确定，其中包括了取回权、追回权、抵销权的行使。

债务人的财产包括破产申请受理时属于债务人的全部财产，以及破产申请受理后至破产程序终结前债务人取得的财产。

其中破产申请受理后至破产程序终结前债务人取得的财产主要包括：管理人经法院许可，决定继续债务人的经营的收益；管理人行使追回权所追回的财产等。

本案中，债务人的下列财产应该属于债务人财产的范围：（1）厂房价值 200 万元，在向甲银行贷款 200 万元时抵押给了银行；（2）注册商标作价 50 万元；

（3）破产企业对外投资 100 万元；（4）2007 年 3 月 9 日，破产企业将一台价值 120 万的生产设备赠与丙公司；（5）对丁企业拥有未到期的债权 150 万元。

（一）追回权

破产追回权是指为满足债权人最大比例的清偿要求而设置的，由破产管理人对债务人在破产程序开始前一定期限内所为的有损债权人利益的无效行为通过人民法院进行否认并追回所转移的财产的权利。[①]

《企业破产法》第 31 条、第 32 条、第 33 条先后规定了不当财产处分的撤销、部分清偿的撤销以及无效的财产处分行为。下列情况下，管理人有权请求人民法院予以撤销：

人民法院受理破产申请前一年内，涉及债务人财产的下列行为：（1）无偿转让财产的；（2）以明显不合理的价格进行交易的；（3）对没有财产担保的债务提供财产担保的；（4）对未到期的债务提前清偿的；（5）放弃债权的。在人民法院受理破产申请前 6 个月内，债务人有符合破产条件的情形下，仍对个别债权人进行清偿的，管理人有权请求人民法院予以撤销。但是，个别清偿使债务人财产受益的除外。

下列涉及债务人财产的行为无效：（1）为逃避债务而隐匿、转移财产的；（2）虚构债务或者承认不真实的债务的。

《企业破产法》第 34 条则规定："因本法第三十一条、第三十二条或者第三十三条规定的行为而取得的债务人的财产，管理人有权追回。"

以上关于撤销管理人行使追回权规定中所涉及的行为，都是债务人意图通过各种财产处分行为减少自身的现有财产，从而侵害债权人的整体利益，因此，管理人可以行使追回权，而追回债务人不当处分的财产，保护债权人的利益。

《企业破产法》第 35 条、第 36 条则分别规定了出资人不足出资的追回、债务人的董事、监事和高级管理人员利用职权从企业获取非正常收入和侵占企业财产的追回来确保债务人财产的完整性，从而提高债务人的责任承担能力，保护债权人利益。

本案中，债务人 2007 年 5 月 9 日，破产企业赠与丙公司的一台价值 120 万的生产设备，属于《企业破产法》第 31 条第 1 项规定的无偿转让财产的情形，对于该赠与行为管理人有权请求人民法院予以撤销，并且应当将该生产设备追回。

---

① 参见范健主编：《商法》，303 页，北京，高等教育出版社、北京大学出版社，2002。

（二）取回权

1. 一般取回权

取回权是指财产权利人主张自管理人处返还或交付不属于破产财产而归其支配的财产的权利。[①] 取回权的行使应该符合以下几个条件：

（1）时间要件：人民法院受理破产申请后。

债务人财产是债务人承担责任的基础，因此，债务人对于用于破产清算的财产应该享有所有权，人民法院受理破产申请后，意味着破产程序正式启动，债务人财产就不仅仅具有物权法上的意义，而且另外具备破产法上的意义，所以，人民法院受理破产申请是确立债务人财产的时间点。

（2）权利主体：权利主体是财产权利人。

取回权的权利主体是财产权利人，包括两个方面：一是所有权人，即当债务人通过协议等方式占有该财产时，由于其并不享有所有权不能用于破产清算；二是他物权人，即当债务人没有合法根据占有他人财产时，他物权人可以行使取回权。

（3）义务主体：管理人。

在一般情况下，应该是债务人负有返还财产的义务，但是，当人民法院受理破产申请后，债务人的财产由管理人接管，其财产也转变为负有破产清算责任的债务人财产，而管理人的准债务人的地位，使它继受了债务人返还财产的义务。

（4）客体要件：由债务人占有，但不属于债务人所有的财产权利。

处分权能是财产所有权的核心，而债务人财产因为负有清算的责任，最终要用于破产清偿，管理人需行使处分权，而对于债务人占有而没有所有权的财产权利，管理人是不能处分的。

2. 出卖人的取回权

《企业破产法》第 39 条规定："人民法院受理破产申请时，出卖人已将买卖标的物向作为买受人的债务人发运，债务人尚未收到且未付清全部价款的，出卖人可以取回在运途中的标的物。但是，管理人可以支付全部价款，请求出卖人交付标的物。"该条是关于出卖人的取回权的行使的规定，出卖人行使取回权，应具备以下要件：

（1）货物需要通过运输方式交付；

（2）人民法院受理破产申请时，买卖标的物已经发运，债务人尚未收到且未

---

① 参见范健主编：《商法》，290 页，北京，高等教育出版社、北京大学出版社，2002。

付清全部价款;

（3）管理人未支付全部价款，并请求交付。

实际上，本条的规定可能与《合同法》中买卖合同的相关规定相违，因为，买卖合同中，动产的所有权转移方式是交付，在通过运输方式交付的情况下，一般货交承运人的时候，所有权就已经转移了。破产法的该条规定，主要是为了保护异地买卖中的出卖人，以防止其在货物发出后没有取得货款的情况下，债务人申请破产，欺诈出卖人。

本案中，仅仅涉及一般取回权的行使，债务人从乙公司租用的一台价值 90 万元的机器设备，乙公司作为所有权人，可以向管理人请求取回。

（三）抵销权

《企业破产法》第 40 条是关于破产抵销权的规定。破产抵销权是指破产债权人在债务人受破产宣告时对该债务人负有债务的，可以不依破产分配程序以自己享有的破产债权与该债务相抵销的权利。[①] 破产抵销权的行使条件分为以下两个方面:

1. 积极条件:

（1）权利人:债权人;

（2）时间:破产申请受理前成立的债权;

（3）抵销对象:管理人。

2. 消极条件:不得抵销的三种情况:

（1）债务人的债务人在破产申请受理后取得他人对债务人的债权的;

（2）债权人已知债务人有不能清偿到期债务或者破产申请的事实，对债务人负担债务的;但是，债权人因为法律规定或者有破产申请一年前所发生的原因而负担债务的除外。

（3）债务人的债务人已知债务人有不能清偿到期债务或者破产申请的事实，对债务人取得债权的;但是，债务人的债务人因为法律规定或者有破产申请一年前所发生的原因而取得债权的除外。

消极条件的规定根本目的是为了防止恶意串通，减少债务人财产，从而保护其他债权人。

本案中，债务人对丁企业拥有未到期的债权 150 万元，同时，丁企业对破产企业拥有无担保的到期债权 100 万元，因此，债权人丁企业可以就其享有的 100 万元无担保的债权，与其对债务人所负债务主张抵销。

[①] 参见范健主编:《商法》,298 页,北京,高等教育出版社、北京大学出版社,2002。

第五节　破产费用和共益债务

《中华人民共和国企业破产法》

第四十一条　人民法院受理破产申请后发生的下列费用，为破产费用：

（一）破产案件的诉讼费用；

（二）管理、变价和分配债务人财产的费用；

（三）管理人执行职务的费用、报酬和聘用工作人员的费用。

第四十二条　人民法院受理破产申请后发生的下列债务，为共益债务：

（一）因管理人或者债务人请求对方当事人履行双方均未履行完毕的合同所产生的债务；

（二）债务人财产受无因管理所产生的债务；

（三）因债务人不当得利所产生的债务；

（四）为债务人继续营业而应支付的劳动报酬和社会保险费用以及由此产生的其他债务；

（五）管理人或者相关人员执行职务致人损害所产生的债务；

（六）债务人财产致人损害所产生的债务。

第四十三条　破产费用和共益债务由债务人财产随时清偿。

债务人财产不足以清偿所有破产费用和共益债务的，先行清偿破产费用。

债务人财产不足以清偿所有破产费用或者共益债务的，按照比例清偿。

债务人财产不足以清偿破产费用的，管理人应当提请人民法院终结破产程序。人民法院应当自收到请求之日起十五日内裁定终结破产程序，并予以公告。

案例1　该死亡赔偿金是破产债权还是共益债务案

【案情介绍】

2007年5月23日，杨某6岁的儿子边某在某机械厂宿舍楼平顶上玩耍时触电身亡。事故发生后，杨某找到该厂和供电公司要求赔偿。供电公司与杨某达成协议，赔偿其6万元。而该机械厂与杨某未达成协议，故杨某诉至法院。由于该厂已于2007年3月27日宣告进入破产程序，法院依法判令该厂破产清算组承担赔偿杨某儿子死亡损失费用5万余元。2007年12月20日，杨某向法院申请执行。

【法律问题】

共益债务

【法律分析和结论】

共益债务是指在破产申请受理后，为了全体债权人的共同利益或者破产程序的顺利进行而负担的债务。破产债权是指在破产宣告前成立的，依法申报并获得确认的，只有通过破产清算程序方能获得分配的债权。[①]

对于本案存在两种不同的观点：一种观点认为，该 5 万元的死亡赔偿金应该属于破产债权，其应该在债权申报期间向管理人申报债权；另一种观点认为，该 5 万元应该为共益债务，应该优先于普通债权清偿。

我们认为，根据《企业破产法》第 42 条规定："人民法院受理破产申请后发生的下列债务，为共益债务……（六）债务人财产致人损害所产生的债务。"结合第 44 条规定："人民法院受理破产申请时对债务人享有债权的债权人，依照本法规定的程序行使权利。"我们可知，《企业破产法》主要以产生的时间为标准严格区分了共益债务和破产债权，共益债务产生于人民法院受理破产申请后，而破产申报债权则是在人民法院受理破产申请时就已经存在。结合本案情况，本案中债务人某机械厂已经于 2007 年 3 月 27 日被宣告进入破产程序，而该 5 万元的死亡赔偿金债务则是发生在 2007 年 5 月 23 日，即人民法院受理破产申请且公告之后，因此，应该为共益债务，且本案中该债务产生的原因在于债务人的财产侵害他人的人身权利而产生。

案例 2 破产费用和共益债务的清偿方式

【案情介绍】

某化工厂，由于工艺落后，导致工厂不能清偿到期债务，被债权人申请破产。人民法院受理了该破产申请，并指定了某律师事务所担任管理人，管理人经过人民法院许可，聘用了相关的会计和审计人员对于工厂的财务状况进行检查。在破产申请以前，该债务人获得了一份大额的委托加工合同，管理人认为，工厂如果按照合同履行，将有利于改变工厂的财务状况以及债权人的债务清偿。因此，在第一次债权人会议之前，决定继续债务人的营业，该决定得到了人民法院的许可。后来，在履行该协议过程中，由于安全生产原因，导致部分化学原料泄漏，导致附近农田受到污染减产。经检查，债务人在人民法院受理破产申请后，共产生以下费用：

（1）管理人执行职务的费用和报酬共计 50 000 元；

---

① 参见范健主编：《商法》，292 页，北京，高等教育出版社、北京大学出版社，2002。

(2) 管理人聘用的会计和审计人员的费用和报酬共计 20 000 元；

(3) 因为原料泄漏侵权而发生的损害赔偿费用共计 700 000 元；

(4) 因为继续履行加工承揽合同而拖欠的原料款共计 800 000 元；

(5) 为债务人继续营业而支付的劳动报酬和社会保险费用共计 100 000 元；

(6) 管理人变价拍卖债务人财产共支付拍卖费用 20 000 元。

然而，根据管理人的调查，该化工厂的财产约为 500 000 元。

【法律问题】
共益债务和破产费用的清偿

【法律分析和结论】

破产费用是我国破产法对破产程序进行中针对破产企业或破产财产产生的一切费用和财产支付关系的概括。[①] 共益债务是指在破产申请受理后，为了全体债权人的共同利益或者破产程序的顺利进行而负担的债务。二者的区别在于：

共益债务主要是破产申请受理后，为了继续履行合同、无因管理、不当得利，以及继续营业时管理人及相关人员的侵权之债和必要工作人员的劳动报酬和社会保险费用。共益债务并非必然存在。破产费用则是破产程序进行中进行管理、变卖、分配等程序性事项的必要费用，破产费用是每个破产案件中必不可少的。

根据《企业破产法》第 41、42 条的规定，以上费用中，破产费用包括 (1)、(2)、(6)，共计 90 000 元；共益债务包括 (3)、(4)、(5)，共计 1 600 000 元。

根据《企业破产法》第 43 条以及第 113 条的规定，破产费用和共益债务应该优先清偿。第 43 条规定："破产费用和共益债务由债务人财产随时清偿。债务人财产不足以清偿所有破产费用和共益债务的，先行清偿破产费用。债务人财产不足以清偿所有破产费用或者共益债务的，按照比例清偿。"因此，债务人财产的 500 000 元，首先应该清偿破产费费用 90 000 元，剩余的 410 000 元，则用于清偿共益债务，由于剩余的财产不足以清偿所有共益债务，因此，应该按照比例清偿，即污染侵权赔偿费用约为 179 375 元；拖欠的原料款的可受偿费用约为 205 000元；为债务人继续营业而支付的劳动报酬和社会保险费可受清偿的费用约为 25 625 元。

---

① 参见范健主编：《商法》，300 页，北京，高等教育出版社、北京大学出版社，2002。

第六节　破产重整、和解

《中华人民共和国企业破产法》

第七十条　债务人或者债权人可以依照本法规定，直接向人民法院申请对债务人进行重整。

债权人申请对债务人进行破产清算的，在人民法院受理破产申请后、宣告债务人破产前，债务人或者出资额占债务人注册资本十分之一以上的出资人，可以向人民法院申请重整。

第七十一条　人民法院经审查认为重整申请符合本法规定的，应当裁定债务人重整，并予以公告。

第七十二条　自人民法院裁定债务人重整之日起至重整程序终止，为重整期间。

第七十三条　在重整期间，经债务人申请，人民法院批准，债务人可以在管理人的监督下自行管理财产和营业事务。

有前款规定情形的，依照本法规定已接管债务人财产和营业事务的管理人应当向债务人移交财产和营业事务，本法规定的管理人的职权由债务人行使。

第七十四条　管理人负责管理财产和营业事务的，可以聘任债务人的经营管理人员负责营业事务。

第七十五条　在重整期间，对债务人的特定财产享有的担保权暂停行使。但是，担保物有损坏或者价值明显减少的可能，足以危害担保权人权利的，担保权人可以向人民法院请求恢复行使担保权。

在重整期间，债务人或者管理人为继续营业而借款的，可以为该借款设定担保。

第七十六条　债务人合法占有的他人财产，该财产的权利人在重整期间要求取回的，应当符合事先约定的条件。

第七十七条　在重整期间，债务人的出资人不得请求投资收益分配。

在重整期间，债务人的董事、监事、高级管理人员不得向第三人转让其持有的债务人的股权。但是，经人民法院同意的除外。

第七十八条　在重整期间，有下列情形之一的，经管理人或者利害关系人请求，人民法院应当裁定终止重整程序，并宣告债务人破产：

（一）债务人的经营状况和财产状况继续恶化，缺乏挽救的可能性；

（二）债务人有欺诈、恶意减少债务人财产或者其他显著不利于债权人的行为；

（三）由于债务人的行为致使管理人无法执行职务。

第九十五条　债务人可以依照本法规定，直接向人民法院申请和解；也可以在人民法院受理破产申请后、宣告债务人破产前，向人民法院申请和解。

债务人申请和解，应当提出和解协议草案。

第九十六条 人民法院经审查认为和解申请符合本法规定的，应当裁定和解，予以公告，并召集债权人会议讨论和解协议草案。

对债务人的特定财产享有担保权的权利人，自人民法院裁定和解之日起可以行使权利。

第九十七条 债权人会议通过和解协议的决议，由出席会议的有表决权的债权人过半数同意，并且其所代表的债权额占无财产担保债权总额的三分之二以上。

案例1 江阴市宏伟机械有限责任公司破产整顿案①

【案情介绍】

江阴市宏伟机械有限责任公司是在江阴市工商行政管理局登记的国有企业。由于经营管理不善，江阴市宏伟机械有限责任公司不能清偿到期债务。2007年3月20日被债权人申请破产。

2007年3月24日人民法院受理了此案，并将有关消息通知了江阴市宏伟机械有限责任公司。

2007年5月24日，江阴市宏伟机械有限责任公司申请进行整顿。

7月2日，江阴市宏伟机械有限责任公司与债权人达成了和解协议，7月4日发布公告，中止破产程序，公司进行整顿。整顿期间，债权人A公司发现江阴市宏伟机械有限责任公司经营状况没有好转，又负了一笔新债。于是A公司就向人民法院申请江阴市宏伟机械有限责任公司终结整顿，宣告其破产。法院裁定后于2007年10月30日宣告江阴市宏伟机械有限责任公司破产。

2007年11月30日，破产程序终结。

但是2007年12月25日，人民法院在审理其他案件时发现：1999年11月，江阴市宏伟机械有限责任公司曾放弃对江阴医院的40万元债权，条件是江阴市宏伟机械有限责任公司职工在江阴医院治疗时享有优厚待遇。于是人民法院依法追回了这40万元财产。

【法律问题】

1. 重整程序的启动和运行
2. 重整终止的原因及后果

【法律分析和结论】

本案涉及重整和和解两大制度。在旧法中，整顿和和解是混为一体，只要

---

① 案例来源：http：//221.194.23.133/jiaoshi/lidefeng/shangfa/shangfa_pcf_al.htm，有改动。

债务人债权人达成和解，就自动进入整顿程序；而和解程序的启动是以行政权力为中心的，申请进行和解整顿是由企业的上级主管部门提出，整顿的进行是由上级主管部门主持，所以它实际上不是破产法上的重整制度，而是行政整顿。

（一）重整申请和重整期间

1. 重整申请审查与受理

《企业破产法》规定："人民法院经审查认为重整申请符合本法规定的，应当裁定债务人重整，并予以公告。"

人民法院审查裁定债务人重整应符合以下条件：

（1）实质条件：《企业破产法》第2条规定的重整原因要件，即："企业法人不能清偿到期债务，并且资产不足以清偿全部债务或者明显缺乏清偿能力的，或者有明显丧失清偿能力可能的，可以依照本法规定进行重整。"

（2）形式条件：

一是，享有重整申请权的权利人。

《企业破产法》第70条规定："债务人或者债权人可以依照本法规定，直接向人民法院申请对债务人进行重整。债权人申请对债务人进行破产清算的，在人民法院受理破产申请后、宣告债务人破产前，债务人或者出资额占债务人注册资本十分之一以上的出资人，可以向人民法院申请重整。"

因此，债务人和债权人均可直接申请重整。而当债权人申请对债务人进行破产清算的，人民法院受理破产申请后，宣告债务人破产前，债务人或者出资额占债务人注册资本1/10以上的出资人也可以申请重整。

二是，在法定的期间申请。

三是，采取法定的申请方式。

四是，符合管辖的规定。

五是，重整费用的缴纳。

2. 重整期间的权利行使

人民法院裁定重整开始至重整终止为重整期间，重整期间，经申请并经人民法院批准，债务人可以在管理人的监督下自行管理财产和营业事务。并且，重整期间具有一定的强制性，别除权、取回权以及投资收益分配都受到一定的限制。

3. 重整终止

在重整期间，有下列情形之一的，经管理人或者利害关系人请求，人民法院应当裁定终止重整程序，并宣告债务人破产：

（1）债务人的经营状况和财产状况继续恶化，缺乏挽救的可能性；

重整制度的目的在于，挽救陷于困境的企业，使其能获得重新振作的机会，避免破产清算，而经营状况和财产状况继续恶化，缺乏挽救的可能，则宣示着重整目的失败。

（2）债务人有欺诈、恶意减少债务人财产或者其他显著不利于债权人的行为。

重整期间，经申请并经人民法院批准，债务人可以在管理人的监督下自行管理财产和营业事务，而债务人则有可能利用管理财产和营业事务的机会欺诈、恶意转移和减少财产，而损害债权人的利益，因此，作为管理人和利害关系人的债权人可以请求人民法院裁定终止重整程序。

（3）由于债务人的行为致使管理人无法执行职务。

在重整程序中，管理人履行着重整人、监督人的职责，其职责的履行关系到整个重整程序目的的实现，因此，如果由于债务人的原因致使管理人无法执行相应的职务，则可能导致重整目的的落空，而有损债权人等利益相关人的利益。

（二）重整计划的制定和批准

重整期间，可以由债务人或者管理人担任重整人，即管理财产和营业事务，作为重整人的债务人或管理人应该制作重整计划草案，并且，在人民法院裁定债务人重整之日起6个月内，将重整计划草案同时提交人民法院和债权人会议。如果6个月期限届满，经债务人或者管理人请求，有正当理由的，人民法院可以裁定延期3个月。人民法院自收到重整计划草案之日起30日内召开债权人会议，对重整计划草案进行表决，重整计划草案经债权人会议分组表决，破产法采取了人数标准和债权额标准相结合的方式表决通过，重整计划通过之日起10日内，债务人或者管理人应当向人民法院提出批准重整计划申请，人民法院经审查认为符合相应的条件的，应该在收到申请之日起30日内批准重整计划，终止重整程序，并予以公告。

此外，为了最大限度地发挥重整制度的效力，挽救债务人，从而最大限度的实现债务清偿，对于部分表决组未通过的破产计划草案的情形下，人民法院可以根据法定的具体情形，经债务人和管理人申请，强行批准重整计划草案。

（三）重整计划的执行

重整计划由债务人执行，而管理人担任重整计划执行的监督人。债务人比其他人更为了解债务人自身的业务和经营状况，更有利于拯救债务人。

本案中，债务人江阴市宏伟机械有限责任公司向法院申请进行整顿。并且与债权人达成了和解协议，7月4日发布公告，中止破产程序，公司进行整顿。但是整顿期间，债权人A公司发现江阴市宏伟机械有限责任公司经营状况不仅没有好转，而且继续恶化，又负了一笔新债。并且，整顿期间，债务人还实施放弃债权显著不利于债权人的行为，于是A公司向人民法院申请江阴市宏伟机械有限责任公司终结整顿，宣告其破产。

案例2　ST吉纸公司和解案[①]

【案情介绍】

2005年8月24日，连续三年亏损而且被申请破产的ST吉纸（000718）公告称，公司与债权人达成破产和解协议，同时解除公司及有关担保单位的担保责任。

公告显示，ST吉纸因连续三年亏损，公司股票已于2005年5月13日被深圳证券交易所暂停上市。此外，该公司4月30日接到吉林省吉林市中级人民法院民事裁定书，获悉吉林省吉林市中级人民法院已受理关于申请公司破产的事项。

2005年8月15日在法院主持下，ST吉纸幸运地达成债务和解方案，主要内容如下：公司以全部资产抵偿全部债务，向第三方转让全部资产，所获资金在法院监管下依法清偿。相对应的，请求所有一般债权人停计2005年1月1日起全部贷款利息；免除2004年12月31日以前的陈欠利息；债权本金按30.2288%的比例偿付；此外，解除该公司及其担保单位的担保责任，即截至2005年6月30日，其担保公司吉林化纤为ST吉纸提供担保总额为56 700万元；吉林炭素为吉林纸业股份有限公司担保总额为13 000万元人民币和3 624万美元。在和解协议生效并能够顺利履行，以上两家公司的担保责任自动解除。

8月23日，公司收到吉林省吉林市中级人民法院民事裁定书，裁定如下：

1. 确认债务人吉林纸业股份有限公司与债权人达成的破产和解协议自法院公告之日起具有法律效力。

---

① 案例来源：张歆：《ST吉纸达成破产和解协议吉林担保圈解除警报》，载搜狐网，http://business.sohu.com/20050825/n240294784.shtml，有改动。

2. 自本院公告之日起中止 ST 吉纸破产程序的审理，该裁定将于 8 月 24 日公告。

和解协议确定，ST 吉纸的清偿期限为和解方案通过，并经人民法院裁定确认，公告后的 90 个自然日内。此外，和解方案生效后，如果 ST 吉纸不能履行和解方案，则债权人在本和解方案中所作出的承诺自动失效，债权人仍然对吉林纸业享有全额债权，ST 吉纸已经支付给债权人的款项，债权人有权不予退回。

【法律问题】

1. 和解程序的运行
2. 和解协议的效力

【法律分析和结论】

本案中主要涉及破产和解制度，债务人 ST 吉纸因连续亏损，被债权人申请破产，法院受理后，债务人和债权人达成和解协议，对于债务的履行方式都作出了明确规定。

破产和解是指在破产程序开始后，在债务人发生破产原因时，由债务人和破产债权人之间在双方意愿的基础上，就债务人延期清偿债务、减少债务数额、进行整顿等事项达成的以中止破产程序、避免企业破产为目的和解。

（一）破产和解程序

1. 申请与裁定

债务人可以依照《企业破产法》的规定，直接向人民法院申请和解；也可以在人民法院受理破产申请后、宣告债务人破产前，向人民法院申请和解。债务人申请和解，应当提出和解协议草案。

人民法院经审查认为和解申请符合《企业破产法》的规定的，应当裁定和解，予以公告，并召集债权人会议讨论和解协议草案。

2. 破产和解的表决

债权人会议通过和解协议的决议，由出席会议的有表决权的债权人过半数同意，并且其所代表的债权额占无财产担保债权总额的 2/3 以上。

3. 破产和解协议的认可

债权人会议通过和解协议的，由人民法院裁定认可，终止和解程序，并予以公告。

此外，人民法院受理破产申请后，债务人与全体债权人就债权债务的处理自行达成协议的，可以请求人民法院裁定认可，并终结破产程序。

（二）破产和解协议的效力

经人民法院裁定认可的和解协议，对债务人和全体和解债权人均有约束力。破产和解协议经过表决和认可后，将会产生以下几种后果：

1. 债务人和债权人之间的债权债务发生变更，履行期限、方式和数额等变更；

2. 破产程序中止；

3. 债务人不能执行或者不执行和解协议的，人民法院经和解债权人请求，应当裁定终止和解协议的执行，并宣告债务人破产；

4. 自和解协议执行完毕时起，债务人不再承担清偿责任。

本案中，在人民法院受理债权人的破产申请后，债务人 ST 吉纸与债权人达成和解协议，和解协议作出如下约定：

1. 确定债权利息计算的截止日期，即 2007 年 1 月 1 日；

2. 确定减免债务，即免除 2004 年 12 月 31 日以前的陈欠利息；债权本金按 30.228 8%的比例偿付；

3. 解除该公司及其担保单位的担保责任；

4. 债务的清偿期限，即破产和解协议的履行期限；

5. 约定和解协议效力，即如果 ST 吉纸不能履行和解方案，则债权人在本和解方案中所作出的承诺自动失效，债权人仍然对吉林纸业享有全额债权，ST 吉纸已经支付给债权人的款项，债权人有权不予退回。

第七节　破产清算

本节重点法条

《中华人民共和国企业破产法》

第一百一十一条　管理人应当及时拟订破产财产变价方案，提交债权人会议讨论。

管理人应当按照债权人会议通过的或者人民法院依照本法第六十五条第一款规定裁定的破产财产变价方案，适时变价出售破产财产。

第一百一十二条　变价出售破产财产应当通过拍卖进行. 但是，债权人会议另有决议的除外。

破产企业可以全部或者部分变价出售。企业变价出售时，可以将其中的无形资产和其他财产单独变价出售。

按照国家规定不能拍卖或者限制转让的财产，应当按照国家规定的方式处理。

第一百一十三条 破产财产在优先清偿破产费用和共益债务后，依照下列顺序清偿：

（一）破产人所欠职工的工资和医疗、伤残补助、抚恤费用，所欠的应当划入职工个人账户的基本养老保险、基本医疗保险费用，以及法律、行政法规规定应当支付给职工的补偿金；

（二）破产人欠缴的除前项规定以外的社会保险费用和破产人所欠税款；

（三）普通破产债权。

破产财产不足以清偿同一顺序的清偿要求的，按照比例分配。

破产企业的董事、监事和高级管理人员的工资按照该企业职工的平均工资计算。

第一百三十二条 本法施行后，破产人在本法公布之日前所欠职工的工资和医疗、伤残补助、抚恤费用，所欠的应当划入职工个人账户的基本养老保险、基本医疗保险费用，以及法律、行政法规规定应当支付给职工的补偿金，依照本法第一百一十三条的规定清偿后不足以清偿的部分，以本法第一百零九条规定的特定财产优先于对该特定财产享有担保权的权利人受偿。

案例 斯凯布鲁服装公司破产案①

【案情介绍】

斯凯布鲁服装公司，有员工 400 人，大部分职工具有一定的专业生产技能。斯凯布鲁服装公司占地 200 亩，拥有固定资产原值 900 万元，其中有原价 90 万美元的德国进口化纤、纯棉两条自动生产线。该公司属于市纺织工业局的集体所有制企业。

近年来，公司连年亏损，亏损额高达 700 万元，累计负债 1 500 万元，大部分机器被迫停产，职工领取生活费在家待业。市纺织工业局想方设法采取一系列措施，努力扭转局面，未能收到预期效果。公司向市中级人民法院提出破产申请。

法院受理后，按 1991 年《中华人民共和国民事诉讼法》第 200 条的规定，在规定的期限内通知债权人申报债权。《中华人民共和国民事诉讼法》第 200 条规定："人民法院裁定宣告进入破产还债程序后，应当在十日内通知债务人和已知的债权人，并发出公告。债权人应当在收到通知后三十日内，未收到通知的债权人应当自公告之日起三个月内，向人民法院申报债权。逾期未申报债权的，视为放弃债权。债权人可以组成债权人会议，讨论通过破产财产的处理和分配方案或者和解协议。"

经核定斯凯布鲁服装公司实际有 23 个债权人，申报债权 1 300 万元，其中，

---

① 案例来源：http：//221.194.23.133/jiaoshi/lidefeng/shangfa/shangfa_pcf_al.htm。

有抵押的 95 万元，劳动保险费 9 万元。

依《中华人民共和国民事诉讼法》第 201 条之规定，法院组织有关机关和有关人员成立了该企业的清算组。清算组委托资产评估事务所，清理评估。

1991 年《中华人民共和国民事诉讼法》第 201 条规定："人民法院可以组织有关机关和有关人员成立清算组织。清算组织负责破产财产的保管、清理、估价、处理和分配。清算组织可以依法进行必要的民事活动。清算组织对人民法院负责并报告工作。"

最后确定，固定资产净值 84 万元，存货 150 万元，土地使用权 170 万元。

此外，公司实际债权为 86 万元。

清算组与法院商定：对破产企业资产进行整体招标出售。具体条件为：

1. 接收并妥善安置破产企业的全部在册职工和离退休人员。

2. 购买该企业资产后，按市劳动局有关办法，参考本企业同类人员平均工资水平，给破产企业职工评定工资。

其后，以 800 万元招标成功，清算组与中标人签订了协议书。

该市中级人民法院根据 1991 年《中华人民共和国民事诉讼法》第 199 条、第 200 条，并参照《中华人民共和国企业破产法（试行）》第 37 条的规定，分别于 1993 年 9 月 1 日和 1993 年 12 月 29 日作出裁定：

1. 宣告申请人斯凯布鲁服装厂破产还债。

2. 破产财产总额为 804 万元。其中资产拍卖收入 800 万元，货币资金结余 4 万元。优先支付的押抵债权为 95 万元。

破产费用为 20 万元。支付的劳动保险费 9 万元。职工医药费 6 万元。支付的税款为 15 万元。

供普通债权分配的金额为 754 万元，普通债权额为 1 196 万元，清偿率约为 63%。

【法律问题】
破产债权的清偿顺序

【法律分析和结论】
本案发生在 2007 年《企业破产法》施行前，按照法不溯及既往的原则，本案应适用《中华人民共和国企业破产法（试行）》和 1991 年《中华人民共和国民事诉讼法》的相关规定。本案法院审理时，适用了 1991 年《中华人民共和国民事诉讼法》第 200 条关于债权申报规定和第 201 条关于清算组织的规定。2007

年的《企业破产法》第六章详细规定了债权申报，关于清算组织，本法中称为破产管理人，并在第三章进行了系统的规定。从学习知识的角度出发，本案的分析以相对更为合理完善的 2007 年《企业破产法》为依据。

破产清算是指企业法人不能清偿到期债务被依法宣告破产时，由法院组成清算组对企业法人进行清理，并将破产财产公平地分配给债权人，并最终消灭企业法人资格的程序。债务人在被宣告破产后，即被称为破产人，其财产也被称为破产财产。对于破产财产的分配，《企业破产法》规定，由管理人及时拟订破产财产变价方案，提交债权人会议讨论。对于变价出售破产财产应当通过拍卖的方式进行。但是，债权人会议另有决议的除外。破产财产的分配顺序：

1. 担保物权人就特定担保物优先受偿。

对破产人的特定财产享有担保权的债权人，对该特定财产享有优先受偿的权利。

2. 破产费用和共益债务。

破产费用和共益债务，是指破产程序中为全体债权人的共同利益而管理、变价和分配破产财产所产生的费用和负担的债务。

（1）人民法院受理破产申请后发生的下列费用，为破产费用：

1）破产案件的诉讼费用；

2）管理、变价和分配债务人财产的费用；

3）管理人执行职务的费用、报酬和聘用工作人员的费用。

（2）人民法院受理破产申请后发生的下列债务，为共益债务：

1）因管理人或者债务人请求对方当事人履行双方均未履行完毕的合同所产生的债务；

2）债务人财产受无因管理所产生的债务；

3）因债务人不当得利所产生的债务；

4）为债务人继续营业而应支付的劳动报酬和社会保险费用以及由此产生的其他债务；

5）管理人或者相关人员执行职务致人损害所产生的债务；

6）债务人财产致人损害所产生的债务。

3. 破产人所欠职工的工资和医疗、伤残补助、抚恤费用，所欠的应当划入职工个人账户的基本养老保险、基本医疗保险费用，以及法律、行政法规规定应当支付给职工的补偿金。

社会保险仅限于基本养老保险、基本医疗保险中职工个人账户的费用，而对于用人单位应当缴纳的社会统筹部分不能在本顺序清偿。

4. 破产人欠缴的除前项规定以外的社会保险费用和破产人所欠税款。

5. 普通破产债权。

根据《企业破产法》第 132 条规定："本法施行后，破产人在本法公布之日前所欠职工的工资和医疗、伤残补助、抚恤费用，所欠的应当划入职工个人账户的基本养老保险、基本医疗保险费用，以及法律、行政法规规定应当支付给职工的补偿金，依照本法第一百一十三条的规定清偿后不足以清偿的部分，以本法第一百零九条规定的特定财产优先于对该特定财产享有担保权的权利人受偿。"以《企业破产法》公布之日为界限，确定了劳动债权与担保债权的清偿顺序，公布之日前产生的劳动债权优先于担保物权，而之后产生的劳动债权则后于担保物权清偿。

本案中，破产人斯凯布鲁服装公司共有破产财产总额为 804 万元，首先用抵押物清偿押抵债权 95 万元；其次在扣除破产费用和共益债务后，清偿劳动保险费 9 万元、职工医药费 6 万元；再次，应清偿税款 15 万元；最后，按比例清偿普通债权。

第七章

海 商 法

第一节　船舶和船员

■■■■ **本节重点法条** ■■■■■

《中华人民共和国海商法》

　　第九条　船舶所有权的取得、转让和消灭，应当向船舶登记机关登记；未经登记的，不得对抗第三人。

　　船舶所有权的转让，应当签订书面合同。

　　第十条　船舶由两个以上的法人或者个人共有的，应当向船舶登记机关登记；未经登记的，不得对抗第三人。

　　第十一条　船舶抵押权，是指抵押人对于抵押权人提供的作为债务担保的船舶，在抵押人不履行债务时，可以依法拍卖，从卖得的价款中优先受偿的权利。

　　第十二条　船舶所有人或者船舶所有人授权的人可以设定船舶抵押权。

　　船舶抵押权的设定，应当签订书面合同。

　　第十三条　设定船舶抵押权，由抵押权人和抵押人共同向船舶登记机关办理抵押权登记；未经登记的，不得对抗第三人。

　　船舶抵押权登记，包括下列主要项目：

　　（一）船舶抵押权人和抵押人的姓名或者名称、地址；

（二）被抵押船舶的名称、国籍、船舶所有权证书的颁发机关和证书号码；

（三）所担保的债权数额、利息率、受偿期限。

船舶抵押权的登记状况，允许公众查询。

第十四条 建造中的船舶可以设定船舶抵押权。

建造中的船舶办理抵押权登记，还应当向船舶登记机关提交船舶建造合同。

第十六条 船舶共有人就共有船舶设定抵押权，应当取得持有三分之二以上份额的共有人的同意，共有人之间另有约定的除外。

船舶共有人设定的抵押权，不因船舶的共有权的分割而受影响。

第十七条 船舶抵押权设定后，未经抵押权人同意，抵押人不得将被抵押船舶转让给他人。

第十九条 同一船舶可以设定两个以上抵押权，其顺序以登记的先后为准。

同一船舶设定两个以上抵押权的，抵押权人按照抵押权登记的先后顺序，从船舶拍卖所得价款中依次受偿。同日登记的抵押权，按照同一顺序受偿。

第二十条 被抵押船舶灭失，抵押权随之消灭。由于船舶灭失得到的保险赔偿，抵押权人有权优先于其他债权人受偿。

第二十一条 船舶优先权，是指海事请求人依照本法第二十二条的规定，向船舶所有人、光船承租人、船舶经营人提出海事请求，对产生该海事请求的船舶具有优先受偿的权利。

第二十二条 下列各项海事请求具有船舶优先权：

（一）船长、船员和在船上工作的其他在编人员根据劳动法律、行政法规或者劳动合同所产生的工资、其他劳动报酬、船员遣返费用和社会保险费用的给付请求；

（二）在船舶营运中发生的人身伤亡的赔偿请求；

（三）船舶吨税、引航费、港务费和其他港口规费的缴付请求；

（四）海难救助的救助款项的给付请求；

（五）船舶在营运中因侵权行为产生的财产赔偿请求。

载运 2 000 吨以上的散装货油的船舶，持有有效的证书，证明已经进行油污损害民事责任保险或者具有相应的财务保证的，对其造成的油污损害的赔偿请求，不属于前款第（五）项规定的范围。

第二十三条 本法第二十二条第一款所列各项海事请求，依照顺序受偿。但是，第（四）项海事请求，后于第（一）项至第（三）项发生的，应当先于第（一）项至第（三）项受偿。

本法第二十二条第一款第（一）、（二）、（三）、（五）项中有两个以上海事请求的，不分先后，同时受偿；不足受偿的，按照比例受偿。第（四）项中有两个以上海事请求的，后发生的先受偿。

第二十四条 因行使船舶优先权产生的诉讼费用，保存、拍卖船舶和分配船舶价款产生的费用，以及为海事请求人的共同利益而支付的其他费用，应当从船舶拍卖所得价款中先行拨付。

第二十五条 船舶优先权先于船舶留置权受偿，船舶抵押权后于船舶留置权受偿。

前款所称船舶留置权，是指造船人、修船人在合同另一方未履行合同时，可以留置所占有的船舶，以保证造船费用或者修船费用得以偿还的权利。船舶留置权在造船人、修船人不再占有所造或者所修的船舶时消灭。

第二十六条 船舶优先权不因船舶所有权的转让而消灭。但是，船舶转让时，船舶优先权自法院应受让人申请予以公告之日起满六十日不行使的除外。

第二十七条 本法第二十二条规定的海事请求权转移的，其船舶优先权随之转移。

第二十八条 船舶优先权应当通过法院扣押产生优先权的船舶行使。

第二十九条 船舶优先权，除本法第二十六条规定的外，因下列原因之一而消灭：

（一）具有船舶优先权的海事请求，自优先权产生之日起满一年不行使；

（二）船舶经法院强制出售；

（三）船舶灭失。

前款第（一）项的一年期限，不得中止或者中断。

第三十八条 船舶发生海上事故，危及在船人员和财产的安全时，船长应当组织船员和其他在船人员尽力施救。在船舶的沉没、毁灭不可避免的情况下，船长可以作出弃船决定；但是，除紧急情况外，应当报经船舶所有人同意。

弃船时，船长必须采取一切措施，首先组织旅客安全离船，然后安排船员离船，船长应当最后离船。在离船前，船长应当指挥船员尽力抢救航海日志、机舱日志、油类记录簿、无线电台日志、本航次使用过的海图和文件，以及贵重物品、邮件和现金。

案例 船员死伤应该赔偿的具体数额案①

【案情介绍】

"协航99"轮99％的所有权为浙江村民陈日根，广东长江船务有限公司占1％所有权。该轮由船东雇用船员，长期出租给香港汇通（港澳）服务有限公司，航行于香港与澳门之间。2004年4月12日晚，该轮在珠江口桂江岛附近沉没，5名船员失踪，其中3人下落不明。对找到尸体的2名船员，澳门政府出具了死亡地为澳门的证明。5名船员的家属向广州海事法院提出申请，请求扣押陈敏春及长江公司所有的"协航288"轮。法院经过审查依法扣押该轮，并责令陈日根及长江公司提供400万元担保。由于在法定期限内没有提供担保，5月22日，5名失踪及死亡船员的家属将汇通公司、陈敏春、陈日根、长江船务有限公司告到广州海事法院，请求法院判令其赔偿每人人民币80万元及利息。

【法律问题】

死亡赔偿标准

① 案例来源：中国海事审判网，http://www.ccmt.org.cn/hs/news/show.php? cId=6256。

【法律分析和结论】

　　船员在船上作业时伤亡，目前有三种赔偿标准依据。

　　一种是最高人民法院《关于审理涉外海上人身伤亡案件损害赔偿的具体规定》，适用于涉外人身伤亡赔偿；一种是最高人民法院《关于审理人身损害赔偿案件适用法律若干问题的解释》，适用国内标准的人身侵权损害赔偿；一种是按国内《工伤保险条例》来赔付。

　　三种标准中，第一种赔付标准高，一般是第二种给付数额的十倍，第三种赔付最低。中国船员被中国船东雇用跑境外航线，途中遭遇风浪船沉人亡，到底算不算涉外人身伤亡赔偿，法学界对此争议很大。有人认为，船员死亡事故发生地在境外，有涉外因素，国内被告就应该按国际标准赔偿；有人意见完全相反，认为原、被告都是国内方，理应按国内标准来赔偿。

　　本案经法官陈述利害得失，双方同意调解，但对死亡赔偿金额产生分歧。被告认为，5名船员生前与船东存在以国内法律为依据的劳动合同关系，应按国内《工伤保险条例》赔付，5名船员每人所应得到的赔偿金额不到8万元人民币。船员家属认为，没有任何规定将港澳航线航行的船员纳入《工伤保险条例》保护。船员死亡地在澳门，赔偿标准应按涉外海上人身伤亡的赔偿标准。5名船员家属每人应得到近80万元人民币赔偿。

　　合议庭查阅现行法律，对类似本案纠纷的赔付标准没有明确规定，决定比照现行法律精神来调解。在法官耐心细致地调解下，双方终于达成调解协议，以被告向5名原告共赔付111万元达成和解协议。随着内地与港澳经济交往频繁和劳务活动不断开展，类似本案的纠纷越来越多。建议最高人民法院应对此类案件作出司法解释，对如何处理作出明确规定。

第二节　海上货物运输合同

本节重点法条

《中华人民共和国海商法》

　　第四十一条　海上货物运输合同，是指承运人收取运费，负责将托运人托运的货物经海路由一港运至另一港的合同。

　　第四十六条　承运人对集装箱装运的货物的责任期间，是指从装货港接收货物时起至卸货港交付货物时止，货物处于承运人掌管之下的全部期间。承运人非集装箱装运的货物的责任期间，是指从货物装上船时起至卸下船时止，货物处于承运人掌管之下的全部期间。在承运人的责任期间，货物发生灭失或者损坏，除本节另有规定外，承运人应当负赔偿责任。

前款规定，不影响承运人就非集装箱装运的货物，在装船前和卸船后所承担的责任，达成任何协议。

第四十七条 承运人在船舶开航前和开航当时，应当谨慎处理，使船舶处于适航状态，妥善配备船员、装备船舶和配备供应品，并使货舱、冷藏舱、冷气和其他载货处所适于并能安全收受、载运和保管货物。

第四十九条 承运人应当按照约定的或者习惯的或者地理上的航线将货物运往卸货港。

船舶在海上为救助或者企图救助人命或者财产而发生的绕航或者其他合理绕航，不属于违反前款规定的行为。

第五十条 货物未能在明确约定的时间内，在约定的卸货港交付的，为迟延交付。

除依照本章规定承运人不负赔偿责任的情形外，由于承运人的过失，致使货物因迟延交付而灭失或者损坏的，承运人应当负赔偿责任。

除依照本章规定承运人不负赔偿责任的情形外，由于承运人的过失，致使货物因迟延交付而遭受经济损失的，即使货物没有灭失或者损坏，承运人仍然应当负赔偿责任。

承运人未能在本条第一款规定的时间届满六十日内交付货物，有权对货物灭失提出赔偿请求的人可以认为货物已经灭失。

第五十一条 在责任期间货物发生的灭失或者损坏是由于下列原因之一造成的，承运人不负赔偿责任：

（一）船长、船员、引航员或者承运人的其他受雇人在驾驶船舶或者管理船舶中的过失；

（二）火灾，但是由于承运人本人的过失所造成的除外；

（三）天灾，海上或者其他可航水域的危险或者意外事故；

（四）战争或者武装冲突；

（五）政府或者主管部门的行为、检疫限制或者司法扣押；

（六）罢工、停工或者劳动受到限制；

（七）在海上救助或者企图救助人命或者财产；

（八）托运人、货物所有人或者他们的代理人的行为；

（九）货物的自然特性或者固有缺陷；

（十）货物包装不良或者标志欠缺、不清；

（十一）经谨慎处理仍未发现的船舶潜在缺陷；

（十二）非由于承运人或者承运人的受雇人、代理人的过失造成的其他原因。

承运人依照前款规定免除赔偿责任的，除第（二）项规定的原因外，应当负举证责任。

第五十二条 因运输活动物的固有的特殊风险造成活动物灭失或者损害的，承运人不负赔偿责任。但是，承运人应当证明业已履行托运人关于运输活动物特别要求，并证明根据实际情况，灭失或者损害是由于此种固有的特殊风险造成的。

第五十三条 承运人在舱面上装载货物，应当同托运人达成协议，或者符合航运惯例，或者符合有关法律、行政法规的规定。

承运人依照前款规定将货物装载在舱面上，对由于此种装载的特殊风险造成的货物灭失或者损坏，不负赔偿责任。

承运人违反本条第一款规定将货物装载在舱面上，致使货物遭受灭失或者损坏的，应当负赔偿责任。

第五十四条　货物的灭失、损坏或者迟延交付是由于承运人或者承运人的受雇人、代理人的不能免除赔偿责任的原因和其他原因共同造成的，承运人仅在不能免除赔偿责任的范围内负赔偿责任；但是，承运人对其他原因造成的灭失、损坏或者迟延交付应当负举证责任。

第五十五条　货物灭失的赔偿额，按照货物的实际价值计算；货物损坏的赔偿额，按照货物受损前后实际价值的差额或者货物的修复费用计算。货物的实际价值，按照货物装船时的价值加保险费加运费计算。

前款规定的货物实际价值，赔偿时应当减去因货物灭失或者损坏而少付或者免付的有关费用。

第五十九条　经证明，货物的灭失、损坏或者迟延交付是由于承运人的故意或者明知可能造成损失而轻率地作为或者不作为造成的，承运人不得援用本法五十六条或者第五十七条限制赔偿责任的规定。

经证明，货物的灭失、损坏或者迟延交付是由于承运人的受雇人、代理人的故意或者明知可能造成损失而轻率地作为或者不作为造成的，承运人的受雇人或者代理人不得援用本法第五十六条或者第五十七条限制赔偿责任的规定。

第六十条　承运人将货物运输或者部分运输委托给实际承运人履行的，承运人仍然应当依照本章规定对全部运输负责。对实际承运人承担的运输，承运人应当对实际承运人的行为或者实际承运人的受雇人、代理人在受雇或者受委托的范围内的行为负责。

虽有前款规定，在海上运输合同中明确约定合同所包括的特定的部分运输由承运人以外的指定的实际承运人履行的，合同可以同时约定，货物在指定的实际承运人掌管期间发生的灭失、损坏或者迟延交付，承运人不负赔偿责任。

第六十三条　承运人与实际承运人都负有赔偿责任的，应当在此项责任范围内负连带责任。

第七十条　托运人对承运人、实际承运人所遭受的损失或者船舶所遭受的损坏，不负赔偿责任；但是，此种损失或者损坏是由于托运人或者托运人的受雇人、代理人的过失造成的除外。

托运人的受雇人、代理人对承运人、实际承运人所遭受的损失或者船舶所遭受的损坏，不负赔偿责任；但是，这种损失或者损坏是由于托运人的受雇人、代理人的过失造成的除外。

第八十六条　在卸货港无人提取货物或者收货人迟延、拒绝提取货物的，船长可以将货物卸在仓库或者其他适当场所，由此产生的费用和风险由收货人承担。

第八十七条　应当向承运人支付的运费、共同海损分摊、滞期费和承运人为货物垫付的必要费用以及应当向承运人支付的其他费用没有付清，又没有提供适当担保的，承运人可以在合理的限度内留置其货物。

第八十九条　船舶在装货港开航前，托运人可以要求解除合同。但是，除合同另有约定外，托运人应当向承运人支付约定运费的一半；货物已经装船的，应当负担装货、卸货和其他与此有关的费用。

第九十条 船舶在装货港开航前，因不可抗力或者其他不能归责于承运人和托运人的原因致使合同不能履行的，双方均可以解除合同，并互相不负赔偿责任。除合同另有约定外，运费已经支付的，承运人应当将运费退还给托运人；货物已经装船的，托运人应当承担装卸费用；已经签发提单的，托运人应当将提单退还承运人。

第九十一条 因不可抗力或者其他不能归责于承运人和托运人的原因致使船舶不能在合同约定的目的港卸货的，除合同另有约定外，船长有权将货物在目的港邻近的安全港口或者地点卸载，视为已经履行合同。

船长决定将货物卸载的，应当及时通知托运人或者收货人，并考虑托运人或者收货人的利益。

案例　违反我国法律强制性规定的
提单法律选择条款无效案①

【案情介绍】

2002 年 10 月 16 日，江苏纺织公司（以下简称江苏纺织）将一个集装箱的纺织品交给华夏货运公司（以下简称华夏货运）从上海出运。华夏货运签发了正本提单，提单抬头为华夏货运，托运人为江苏纺织，涉案货物报关单记载，货物总价为 119 098.18 美元，结汇方式为电汇，成交方式 FOB。华夏货运和北京华夏之间签署有代理协议，存在业务代理关系。涉案提单为该两被告在我国交通部各自报备的无船承运人提单。后涉案货物在目的港被无单放货，江苏纺织诉至法院。华夏货运根据涉案提单背面条款的记载主张适用美国法律，并向法院提供了经美国公证机构公证及中国驻纽约总领事馆认证的美国律师事务所律师提供的美国《海上货物运输法》及《提单法》，江苏纺织不同意。涉案提单背面条款第 33 条为地区条款，其中 33.6 条②为美国地区条款。提单背面条款第 36 条为法律适用及管辖权条款。其中第 36.1 条规定，本运输合同应根据香港法律解释。

【法律问题】
法律适用条款、首要条款和地区条款

---

①　案例来源：中国海事审判网，http：//www.ccmt.org.cn/hs/news/show.php？cId=6005。

②　第 33.6 条规定：无论运输从美国开始或者到美国的，承运人的责任必须根据美国《1936 年海上货物运输法》的规定来确定。

【法律分析和结论】

提单中的法律选择条款应视为承、托双方协商一致的意思表示，一般包括法律适用条款、首要条款和地区条款。地区条款是当事人对承运人责任问题在适用法律上所作的特别约定，当涉案货物运输涉及该地区港口时，地区条款应优先适用。同时，当事人协议选择法律，须受有关公共秩序及强制性法律规定的制约。

由于涉案提单地区条款所指向的美国法律允许承运人向记名收货人无单放货，使承运人应承担的责任较我国《海商法》第四章的规定得轻，根据我国《海商法》第 44 条的规定，该地区条款属于违反我国法律的强制性规定的情形，因此对其效力不予确认。最终，我国《海商法》作为"直接适用的法律"在本案中得以适用于对承运人责任的认定。

本案提单背面条款只是载有"无论运输是从美国开始或者到美国的，承运人的责任必须根据美国《1936 年海上货物运输法》"的内容。此外，美国《1936 年海上货物运输法》并未对无单放货行为作出法律界定。另外，被告华夏货运未能证明本案提单是原告自愿选择使用的，提单有关法律适用条款是双方当事人的真实意思表示，因此，对被告华夏货运主张适用美国法律，本院不予支持。根据最密切联系的原则，本案应适用中华人民共和国的法律。遂依据我国《海商法》，认定被告华夏货运应向江苏纺织承担无单放货的损害赔偿责任。

判决后，华夏货运不服，提起上诉。上海市高级人民法院经审理认为，本案提单是承运人应托运人要求而签发的，应视为双方当事人自愿选择适用。根据提单中的地区条款，本案中承运人的责任应依据美国《1936 年海上货物运输法》的规定予以确定。但由于该法及该法指向的美国《提单法》关于无单放货责任的规定，违反了我国《海商法》第 44 条的强制性规定，所以该地区条款的效力不予确认。对承运人责任的认定，还应依照我国《海商法》进行。原判认定事实基本清楚，适用中国法律和处理结果正确，遂判决驳回上诉，维持原判。

第三节　海上旅客运输合同

本节重点法条

《中华人民共和国海商法》

第一百一十四条　在本法第一百一十一条规定的旅客及其行李的运送期间，因承运人或者承运人的受雇人、代理人在受雇或者受委托的范围内的过失引起事故，造成旅客人身伤亡或者行李灭失、损坏的，承运人应当负赔偿责任。

请求人对承运人或者承运人的受雇人、代理人的过失，应当负举证责任；但是，本条第三款和第四款规定的情形除外。

旅客的人身伤亡或者自带行李的灭失、损坏，是由于船舶的沉没、碰撞、搁浅、爆炸、火灾所引起或者是由于船舶的缺陷所引起的，承运人或者承运人的受雇人、代理人除非提出反证，应当视为其有过失。

旅客自带行李以外的其他行李的灭失或者损坏，不论由于何种事故所引起，承运人或者承运人的受雇人、代理人除非提出反证，应当视为其有过失。

第一百一十五条 经承运人证明，旅客的人身伤亡或者行李的灭失、损坏，是由于旅客本人的过失或者旅客和承运人的共同过失造成的，可以免除或者相应减轻承运人的赔偿责任。

经承运人证明，旅客的人身伤亡或者行李的灭失、损坏，是由于旅客本人的故意造成的，或者旅客的人身伤亡是由于旅客本人健康状况造成的，承运人不负赔偿责任。

第一百一十八条 经证明，旅客的人身伤亡或者行李的灭失、损坏，是由于承运人的故意或者明知可能造成损害而轻率地作为或者不作为造成的，承运人得援用本法第一百一十六条和第一百一十七条限制赔偿责任的规定。

经证明，旅客的人身伤亡或者行李的灭失、损坏，是由于承运人的受雇人、代理人的故意或者明知可能造成损害而轻率地作为或者不作为造成的，承运人的受雇人、代理人不得援用本法第一百一十六条和第一百一十七条限制赔偿责任的规定。

第一百一十九条 行李发生明显损坏的，旅客应当依照下列规定向承运人或者承运人的受雇人、代理人提交书面通知：

（一）自带行李，应当在旅客离船前或者离船时提交；

（二）其他行李，应当在行李交还前或者交还时提交。

行李的损坏不明显，旅客在离船时或者行李交还时难以发现的，以及行李发生灭失的，旅客应当在离船或者行李交还或者应当交还之日起十五日内，向承运人或者承运人的受雇人、代理人提交书面通知。

旅客未依照本条第一、二款规定及时提交书面通知的，除非提出反证，视为已经完整无损地收到行李。

行李交还时，旅客已经会同承运人对行李进行联合检查或者检验的，无需提交书面通知。

第一百二十条 向承运人的受雇人、代理人提出的赔偿请求，受雇人或者代理人证明其行为是在受雇或者受委托的范围内的，有权援用本法第一百一十五条、第一百一十六条和第一百一十七条的抗辩理由和赔偿责任限制的规定。

第一百二十六条 海上旅客运输合同中含有下列内容之一的条款无效：

（一）免除承运人对旅客应当承担的法定责任；

（二）降低本章规定的承运人责任限额；

（三）对本章规定的举证责任作出相反的约定；

（四）限制旅客提出赔偿请求的权利。

前款规定的合同条款的无效，不影响合同其他条款的效力。

案例　金任群诉舟山海星轮船有限公司海上旅客运输人身伤害损害赔偿纠纷案①

【案情介绍】

1999年10月2日，原告乘坐被告舟山海星轮船有限公司所属的"海星6号"船（玻璃钢交通客艇，额定载客20人）。从沈家门前往普陀山旅游。该航次"海星6号"船载旅客24人，从沈家门半升洞码头开往普陀山。该船出朱家尖大桥东副通航桥孔北侧200米处时，由于多艘船舶的余浪叠加作用，船长未按本船的操纵性能采取相应的减速措施，船体向右倾斜，致船翻沉，7名旅客死亡。本起事故，经舟山港务监督的事故调查分析认为，多艘船舶驶过形成的余浪和当时的风浪是促使船舶船首上浪侧翻的主要原因，当班船长操作不当是引起这次事故的重要原因，船上人员超载也是本次事故发生的原因之一。"海星6号"船翻沉的海难事故是上述三种因素共同作用所致。事故发生后，被告对落水伤亡旅客进行了赔偿，其中于1999年10月3日赔偿给原告因手机丢失等实物损失3100元。1999年10月6日，原告在上海市心理咨询中心经心理医生诊治。

法院在判决中认为：经舟山港务监督的事故调查分析认为，多艘船舶驶过形成的余浪和当时的风浪是促使船舶船首上浪侧翻的主要原因；当班船长操作不当是引起这次事故的重要原因；船上人员超载也是本次事故发生的原因之一。"海星6号"船翻沉的海难事故是上述三种因素共同作用所致。

原告为去普陀山旅游，自愿接受被告提供的海上旅客运输服务，海上旅客运输合同成立。根据《合同法》第290条之规定，承运人应当在约定期间或者合理期间内将旅客安全运输到约定地点。被告未将原告安全运输到约定地点，没有尽到旅客运输合同约定和法定的义务，理应承担违约责任。由于被告在明知船舶超载的情况下，盲目开航，在遇到周围海域多艘船舶驶过的余浪和自然波浪叠加形成驻波时，应减速而未减速，快速穿浪航行，导致载客船舶翻沉，使原告落入海中，虽被他船救起得以生还，但其生命健康权遭受了侵害。因此，被告的这一违约行为，符合侵权行为的构成要件，被告亦应承担侵权责任。根据《合同法》第122条的规定，因被告的违约行为，侵害原告人身权益的，原告有权选择要求其承担违约责任或者依照其他法律要求其承担侵权责任。原告选择侵权之诉，符合

<hr/>

① 案例来源：浙江省宁波市海事法院，2000年7月17日，载甘肃省人民政府网，http://www.gsfzb.gov.cn/law-1/news/view.asp? id=30342。

法律规定，应予准许。

原告主张的第一项请求，是要求被告赔偿原告经济损失和精神损失人民币1元。原告在开庭审理中多次表明，提出这项请求的目的，不是为了金钱，纯粹是为了讨个说法。本院已查明，事故后诉讼前，被告对原告的手机等实物损失已进行了适当的赔偿。诉讼中原告为主张其请求而提供的财产损失的证据，本院没有认定。因此其在本案中提出经济损失赔偿的请求，不予支持。然而，被告的侵权行为，使原告一行四人随船翻沉全部落入海中，其中两人丧生，原告和另一同伴虽然得以生还，但是这次生死经历，不仅使原告同行四人利用假期去普陀山旅游的计划受挫，而且侵害了原告的健康权，给原告精神上造成一定的痛苦。事故发生后第四天，原告经心理医生诊治，也充分证明了该次海难事故对原告精神上造成损害的事实。目前，在我国的司法实践中，对《民法通则》第119条规定的侵害公民身体造成伤害的赔偿范围作扩张解释，即包括了精神损害赔偿。被告赔偿给原告的3 100元，仅指原告财产损失的赔偿，并没有包括精神损害的赔偿，故被告抗辩对原告已足额赔偿的理由不能成立。本院认为，精神损害难以用金钱计算其损失价值，但予以适当的金钱赔偿，可以抚慰受害人的感情，平复其精神创伤。综上，本案中原告有权请求精神损害赔偿，现原告请求1元钱的精神损害赔偿，理由正当，予以支持。

【法律问题】

1. 《海商法》中旅客运输合同当事人的知情权与告知义务
2. 海难事故是否产生违约责任与侵权责任的竞合
3. 承运人对旅客人身赔偿承担精神损害赔偿责任

【法律分析和结论】

我国《海商法》第107条将海上旅客运输合同定义为："承运人以适合运送旅客的船舶经海路将旅客及其行李从一港运送至另一港，由旅客支付票款的合同。"承运人和旅客是合同的双方当事人。根据我国《海商法》第108条，承运人是指本人或者委托他人以本人名义与旅客订立海上旅客运输合同的人；旅客是指根据海上旅客运输合同运送的人。此外，经承运人同意，根据海上货物运输合同，随船护送货物的人，视为旅客。运送旅客及其行李的行为是合同的标的。根据我国《海商法》第108条，行李是指根据海上旅客运输合同由承运人载运的任何物品和车辆，但是活动物除外。行李包括自带行李和非自带行李。其中，自带行李是指旅客自行携带、保管或者放置在客舱中的行李。

我国《海商法》虽然没有规定旅客对海难事故有知情权和承运人有告知的义务，但是根据《合同法》第298条和《消费者权益保护法》第8条的规定，原告提出旅客对事故的知情权和承运人有告知义务，是值得探讨的法律问题。根据法律适用的原则，《海商法》没有规定的，可以适用《合同法》的规定。在旅客运输合同中，旅客与承运人不仅是运输合同关系，也存在消费者与经营人的关系，应受《消费者权益保护法》的约束。因此，海上旅客运输合同中，旅客对事故原因有法定的知情权。虽然港务监督等行政机关是调查海难事故原因的职能部门，也是公布事故原因的权利和义务机关，但是，依据旅客运输合同关系，在合同相对人之间，旅客仍然有权向承运人了解事实真相，承运人负有告知的义务。

承运人应当在约定期间或者合理期间内将旅客安全运输到约定地点。被告未将原告安全运输到约定地点，没有尽到旅客运输合同约定和法定的义务，理应承担违约责任。而《海商法》第114条仅规定，因承运人过失造成旅客人身伤害的，承运人负赔偿责任，并没有明确区分违约和侵权责任，只是把承运人的过失作为承担责任的要件。在承运人没有过错的情况下，旅客对其遭受的人身伤害并不能向承运人主张损害赔偿的权利。不过，根据《合同法》或1974年《雅典公约》对旅客运输合同的规定，承运人承担责任并不以其过错为要件，即在承运人没有过错不能构成侵权责任的情况下，仍应承担违约责任。

在调整海上人身伤害这一领域，现行海商法的规定是不成系统的，是海商法研究领域中的一个薄弱环节。对于某些侵权所致海上人身伤亡的规定是一片空白，诸如海上人身伤害赔偿的适用效力范围、主体、客体等方面，都没有加以系统地明确。精神损害赔偿是民事主体因其人身权利受到不法侵害，使其人格利益和身份利益受到损害或遭受精神痛苦，侵权人通过财产赔偿等方法进行救济和保护的民事法律制度。我国海商法中没有关于海上人身伤亡的精神损害赔偿的规定。这与西方各国的立法有较大差别。最高人民法院《关于确定民事侵权精神损害赔偿责任若干问题的解释》出台前，在我国的司法实践中，有些法院对《民法通则》第119条、《消费者权益保护法》第41条规定的侵害公民身体造成伤害的赔偿范围作扩张解释，即包括了精神损害赔偿。在请求权竞合的情况下，当事人选择不同的诉因，其受法律保护的内容是截然不同的。

因此，应当在《海商法》中明确规定海上人身伤害的赔偿范围，确认精神损害赔偿的法律依据。统一各法律、司法解释和规定中对赔偿限额的冲突规定，完善其他法律、法规、规章及司法解释和《海商法》的协调性，使得调整海上人身伤亡损害赔偿法律关系的法律条文更衔接，规范更系统、更全面。尽量缩小国内外的赔偿限额差异并根据社会经济发展情况适当提高赔偿限额。

本案中，原告要求被告向全社会公布事实真相。于法无据。因为，合同关系中的知情权和告知义务仅存在于合同相对人，而不能赋予或约束合同以外的第三人。向全社会公布事故真相，不是合同义务，而是行政法规调整下的行政机关的义务。根据《中华人民共和国海上交通安全法》（以下简称《海上交通安全法》）的规定，调查海难事故和公布海难事故原因，是港务监督机关的权利，又是法定的义务。

本案中，原、被告之间存在海上旅客运输合同关系。由于被告在明知船舶超载的情况下，盲目开航，应减速而未减速，导致载客船舶翻沉，使原告落入海中，虽被他船救起得以生还。但其生命健康权遭受了侵害。因此，被告的这一违约行为，同时符合侵权行为的构成要件。被告亦应承担侵权责任。这是一种典型的请求权竞合现象。本案中，法院已查明被告作为承运人存在过错，符合《海商法》第114条承运人的责任构成要件。根据我国《合同法》第122条的规定，因被告的违约行为，侵害原告人身权益的，原告有权选择要求其承担违约责任或者侵权责任。原告选择侵权之诉，符合法律规定。

在原告提起诉讼前，被告对原告的手机等实物损失已进行了适当的赔偿，因此原告在本案中再提出经济损失赔偿的请求，没有依据。然而，本案中能否提起精神损害赔偿，当时法律法规并没有明确规定。若按合同之诉，原告基于被告的违约而提出精神损害赔偿，一般难以得到支持。本案中，由于被告的侵权行为，使原告一行四人随船翻沉全部落入海中，其中两人丧生，原告和另一同伴虽然得以生还，但是这次生死经历，不仅使原告同行四人利用假期去普陀山旅游的计划受挫，而且侵害了原告的生命健康权，给原告精神上造成一定的痛苦。精神损害难以用金钱计算其损失价值，但予以适当的金钱赔偿，可以抚慰受害人的感情，平复其精神创伤。《海商法》第114条规定的承运人的赔偿责任，并没有排除精神赔偿。因此，本案中原告在提起侵权之诉时，有权请求精神损害赔偿。反之，如果原告提起违约之诉，其精神损害请求没有法律依据。本案判决对精神损害赔偿的阐述，符合《海商法》的规定，也与此后颁布施行的最高人民法院《关于确定民事侵权精神损害赔偿责任若干问题的解释》保持一致。

第四节 船舶租用合同

■■■ **本节重点法条** ■■■

《中华人民共和国海商法》

第一百三十一条 出租人应当按照合同约定的时间交付船舶。

出租人违反前款规定的，承租人有权解除合同。出租人将船舶延误情况和船舶预期抵达交船港的日期通知承租人的，承租人应当自接到通知时起四十八小时内，将解除合同或者继续租用船舶的决定通知出租人。

因出租人过失延误提供船舶致使承租人遭受损失的，出租人应当负赔偿责任。

第一百三十七条　承租人可以将租用的船舶转租，但是应当将转租的情况及时通知出租人。租用的船舶转租后，原租船合同约定的权利和义务不受影响。

第一百三十八条　船舶所有人转让已经租出的船舶的所有权，定期租船合同约定的当事人的权利和义务不受影响，但是应当及时通知承租人。船舶所有权转让后，原租船合同由受让人和承租人继续履行。

第一百三十九条　在合同期间，船舶进行海难救助的，承租人有权获得扣除救助费用、损失赔偿、船员应得部分以及其他费用后的救助款项的一半。

第一百四十一条　承租人未向出租人支付租金或者合同约定的其他款项的，出租人对船上属于承租人的货物和财产以及转租船舶的收入有留置权。

船舶未能保持与交船时相同的良好状态的，承租人应当负责修复或者给予赔偿。

第一百四十九条　在光船租赁期间，因承租人对船舶占有、使用和营运的原因使出租人的利益受到影响或者遭受损失的，承租人应当负责消除影响或者赔偿损失。

因船舶所有权争议或者出租人所负的债务致使船舶被扣押的，出租人应当保证承租人的利益不受影响；致使承租人遭受损失的，出租人应当负赔偿责任。

第一百五十条　在光船租赁期间，未经出租人书面同意，承租人不得转让合同的权利和义务或者以光船租赁的方式将船舶进行转租。

案例　珠海经济特区润达船务公司诉大庆经济技术协作总公司船舶租赁合同纠纷案①

【案情介绍】

1993 年 8 月 12 日，原告珠海经济特区润达船务公司（以下简称润达公司）与被告大庆经济技术协作总公司（以下简称大庆经协公司）签订定期租船合同，约定由大庆经协公司承租润达公司所有的"润达 401"轮，交船地点为胜利油田埕岛锚地；租金为每天 4 500 美元，于每月 1 日至 3 日内按合同约定的币种和支付方式预付；但因维持船舶的效力而使船舶入坞或进行其他必要的检测，船员或物料不足，机器损坏，船体受损或其他事故，致阻碍船舶工作连续超过 24 小时，则对该船因此不能执行必要任务的一切，应停付租金，预付的租金应相应地调整；承租人还应支付每月劳务费 2 万元人民币，提供并支付所

---

① 案例来源：http://ads.e-law.cn/cases/other/2006-07-27/56937.html。

有的船用煤、燃油、淡水及港口费、引航费、验舱费及检疫费，供应船员的伙食及费用等。合同还约定了违约责任：如欠付租金，船东有权将船舶从营运中撤回，且不影响未来对承租人的其他索赔权利；任何一方如在合同期届满前提出停租，则违约方承担违约赔偿金，违约赔偿金按其剩余租期租金的25%计算。

1993年10月4日，润达公司正式将"润达401"轮在合同约定地点胜利油田埕岛锚地交给大庆经协公司使用，并签订了"润达401"轮期租交接认定书，双方对交船时间、船舶的适航状态等均无异议。交船当天，该轮锅炉烟囱发生故障，第二天进天津新港修理。10月14日，该轮修复后抵胜利油田埕岛锚地。10月16日，"润达401"轮为履行大庆经协公司与胜利石油管理局浅海科技实业公司（以下简称浅海公司）7月25日签订的"浅海原油销售合同"，向山东省东营港监部门办理3 800吨原油危险品运输报告。"浅海原油销售合同"约定，浅海公司向大庆经协公司提供原油4万吨，每船一结账，由大庆经协公司负责运输事宜。经胜利石油管理局法人代表同意，"可先装油后付款"。10月19日，"润达401"轮根据租船人大庆经协公司的指示，停靠胜利油田浅海三号油井平台，装载2 610.788立方米原油。10月20日，由于浅海三号油井平台不属安全装卸作业码头，风浪较大，"润达401"轮离开油井平台。同日，大庆经协公司与浅海公司签订了关于"润达401"轮装油付款问题协议，约定"于本月25日上午到大庆西综合管理办签署合同，并承付所需款项。油款未到之前，油轮不得离开胜利石油浅海区，如擅自离开油区，大庆经协赔偿浅海勘探公司一切经济损失"。10月26日、27日，"润达401"轮根据大庆经协公司的指示返回锚地停泊，由胜利油田油驳继续过驳装载原油1 994立方米。11月1日，"润达401"轮在航行途中接船东润达公司应租船人之要求发出的通知，返回胜利油田烂泥塘锚地待令。从11月2日到8日的等待装油期间，"润达401"轮遇到风暴天气，船舶出现倾斜。11月8日，因遇大风和巨浪袭击，"润达401"轮起航驶往南京，11日抵南京港锚地。

1993年11月12日，润达公司向武汉海事法院提起诉讼，诉称：根据润达公司与大庆经协公司签订的合同，原告全面履行了义务。但被告违反合同，至今未向原告履行支付租金和其他费用的义务，原告有权依约撤回船舶，并请求法院判令被告支付两个月的租金27万美金，折合人民币2 376 000元；燃料费等其他费用及因被告指定的作业水域恶劣所造成的船舶损坏的损失等共计1 590 088.90元；被告的违约行为直接造成合同的中止履行，应按合同约定支付违约赔偿金计3 556 400元，三项共计人民币7 530 088.90元。同时，并申请扣押"润达401"

轮所装载的原油。

被告辩称：被告未付租金属实。但欠付租金应按实际使用船舶的天数计算，仅为 67 500 美金。原告未按合同约定的时间交船，属违约行为；其船员不听被告调度，两次擅离浅海油区，给被告造成了经济损失，被告保留提出反诉的权利。原告申请扣押的原油不属被告所有，原告应该赔偿因其申请错误造成的一切经济损失。

【法律问题】
定期租船合同

【法律分析和结论】
买卖合同标的物所有权转移时间因标的物的属性不同而有所区别。种类物的所有权和风险自交付时起转移，特定物一般自合同成立时转移，不动产及船舶等特殊的动产自登记时起转移，否则不得对抗第三人。我国《民法通则》第 72 条规定，"按照合同或者其他合法方式取得财产的，财产所有权从财产交付起转移，法律另有规定或当事人另有约定的除外"。虽然这一规定未明确区分上述三种标的物，但种类物的所有权自交付时起转移，在民法理论和审判实践中认识是一致的。法律允许当事人可以约定所有权转移的时间，是针对特定物之不可代替的特性，为了防止卖方在合同订立后仍享有对该物的占有、使用、处分权而使买方处于不利地位，而赋予买方的一种权利保障。买卖双方约定特定物的所有权自合同成立时转移，则买方可在实际占有该物之前享有对该物的绝对支配权，即使卖方将该物转卖给他人，买方仍可依据物权之优先效力和追及效力取得该物。与此相反，种类物的所有权取得则需以交付为前提，其所有人对该物所有权也需以实际控制为保障，一旦丧失占有，则所有人即丧失了对该物的所有权。即使因此而获得债权，原所有人也只能要求以同类物予以补偿或要求赔偿损失。

由于货物的风险随所有权的转移而转移，卖方在交付货物后如仍拥有所有权，则要承担货物意外毁损或灭失的风险，买方可以不必支付货款。如此解释合同是不可能受法律保护的，违背了买卖合同的性质和法律意义，因而不能对抗第三人。值得一提的是，标的物价款的支付与否以及双方对付款时间和方式的约定，和标的物所有权是否转移并无关联。不支付货款只是一种违约行为，而不影响买方取得标的物的所有权。

《中华人民共和国海商法》规定：承租人未向出租人支付租金或者合同约定

的其他款项的，出租人有权解除合同，并有权留置船上属于承租人的货物或财产。本案原告向法院请求扣押"润达401"轮所载原油，可以认为是当事人行使留置权的一种方式。因为在定期租船条件下，有关船舶使用、代理或其他的安排是船长按承租人指示进行的，即由承租人实际占有和控制船舶，船上的货物更是在承租人的直接领管之下。这与《民法通则》中解释的留置权特征不同。所以，出租人润达公司的留置权，实际上是通过向法院申请强制扣押而实现的。但法律规定，出租人因承租人欠付运费而留置的货物必须是属于承租人所有的货物，因此，确定"润达401"轮所载的原油是否属于承租人大庆经协公司所有，成为法院认定润达公司申请扣押这批货物是否正确的前提。这一问题也正是当事人双方争议的焦点之一。

在本案审理中，案外人胜利石油管理局也向法院主张对这批石油的所有权，其依据是浅海公司与大庆经协公司签订的关于"润达401"轮装油付款问题协议，认为双方关于"油款未到之前，油轮不得离开胜利石油浅海区"的约定，是对原油所有权转移方式的特别约定。法院认为这批原油的所有权已经转移，驳回了其主张，这是符合民法精神的。

原告润达公司与被告大庆经协公司签订的定期租船合同有效。大庆经协公司未按合同约定给付租金及燃料费等其他有关费用，应继续履行合同并承担违约责任。润达公司依据合同约定有权撤回船舶，并有权请求被告承担扣押"润达401"轮所载原油给润达公司造成的营运损失。但船舶在航期内不符合适航状态持续满24小时的，应扣除其租金。大庆经协公司的违约行为主观上没有解除合同的意思，不构成合同约定的"提出停租"条件，因此润达公司请求按剩余租期租金的25％计算违约金的主张，不予支持。润达公司逾期交船已由双方当事人认可，"润达401"轮期租交接认定书中对交船日期的修改对双方当事人有效，故对大庆经协公司请求追究润达公司逾期交船的违约责任之主张不予支持。

本案中原油经卖方同意并由卖方的油驳装入买方提供的船上，依据合同约定的"自提货物"的交付方式，货物的交付即已完毕。"油款未到之前，油轮不得离开胜利石油浅海区"的约定，并不是对原油所有权转移方式的特别约定，而只是对构成一种违约的条件的约定。因此，买方违反双方关于付款前不得离开油区的约定，在交付货款前擅自离开了油区，只是一种违约行为，给胜利石油管理局造成的经济损失，属于另一法律关系。本案依据船舶租赁法律关系对承租人已取得所有权的财产予以扣押，符合《海商法》的规定。

第五节　海上拖航合同

《中华人民共和国海商法》

第一百六十条　因不可抗力或者其他不能归责于双方的原因致使被拖物不能拖至目的地的，除合同另有约定外，承拖方可以在目的地的邻近地点或者拖轮船长选定的安全的港口或者锚泊地，将被拖物移交给被拖方或者其代理人，视为已经履行合同。

第一百六十一条　被拖方未按照约定支付拖航费和其他合理费用的，承拖方对被拖物有留置权。

第一百六十二条　在海上拖航过程中，承拖方或者被拖方遭受的损失，由一方的过失造成的，有过失的一方应当负赔偿责任；由双方过失造成的，各方按过失程度的比例负赔偿责任。

虽有前款规定，经承拖方证明，被拖方的损失是由于下列原因之一造成的，承拖方不负赔偿责任：

（一）拖轮船长、船员、引航员或者承拖方的其他受雇人、代理人在驾驶拖轮或者管理拖轮中的过失；

（二）拖轮在海上救助或者企图救助人命或者财产时的过失。

本条规定仅在海上拖航合同没有约定或者没有不同约定时适用。

第一百六十三条　在海上拖航过程中，由于承拖方或者被拖方的过失，造成第三人人身伤亡或者财产损失的，承拖方和被拖方对第三人负连带赔偿责任。除合同另有约定外，一方连带支付的赔偿超过其应当承担的比例的，对另一方有追偿权。

案例　"新风"轮拖航合同纠纷案[①]

【案情介绍】

1992年5月19日，被告东方公司所属"新风"轮在汕头港因辅机故障，失去动力，该公司派王守江到汕头处理修船事宜。因该轮在汕头不能修理，拟拖往广州修理，故向原告询问拖航事宜。王守江与原告代表杨子健在汕头港进行协商，并签订了拖航合同，但均没有盖单位公章。合同约定：拖航费168 000元，签字时付50 000元，起拖时付50 000元，到达目的港时付68 000元；如果被拖方不能按约定支付拖航费，按年息10%支付应付之日起至实际支付之日止的利息；被拖方负责支付被拖物保险费和对第三方责任保险费、代理费，在所有港口

及根据建议对被拖物及拖航布置所进行的检验费、税费、领航费，一切港口使用费、港内操作及安全航行而需要的辅助和护航拖轮费以及其他与被拖物有关的费用。24日，原告与汕头港引航站签订协议，委托引航站为拖带"新风"轮出港引航，并垫付引航拖带风险费5 500元。25日，原告派"德利"号拖轮承拖"新风"轮，"新风"轮船长将"新风"轮交由"德利"号拖带，并配合"德利"号拖轮把"新风"轮从汕头港内锚地拖往广州。26日两船抵广州港莲花山锚地后，广州文冲船厂派拖轮辅助"德利"号拖轮将"新风"轮拖到文冲船厂，原告垫付拖航辅助费2 415元。27日，被告将首期拖航费50 000元汇到原告指定的账户。其余款项拖欠未付。

原告于1993年4月6日向海事法院提起诉讼，请求法院判令被告支付拖航费118 000元和引航拖带风险费及辅助拖轮费等费用7 915元及利息。

被告答辩认为：合同约定的拖航费收费标准过高，显失公平。5月19日，被告与原告联系拖船事宜，被告无法接受原告高达168 000元的报价，经多次协商原告均不肯让步，而此时被告已与广州文冲船厂联系好修船事宜，并订好坞期，为减少船期损失，在没有其他拖轮可供选择的情况下，被告不得已接受了原告的拖航费报价。王守江不是被告的法人代表，其未经单位授权与原告签订的拖航合同无效。

【法律问题】

非法定代表人所签订合同的效力及如何认定显失公平的民事行为

【法律分析和结论】

合同签订时，双方均没有盖单位公章，签字的也不是法定代表人，合同是否有效？对双方是否有约束力？作为工作人员，签字者签订拖航合同时，没有出示法定代表人的书面授权书，但是他以公司的名义签订合同，在合同签订后，双方各自履行了相关的合同义务，一方当事人是完全知道并承认合同签订人所签的合同，所以该签字人的行为并不是私人行为。

本案中王守江是被告的工作人员，签订拖航合同时虽然没有出示法定代表人的书面授权书，但他以公司的名义签订合同，在合同签订后，被告的"新风"轮依合同接受原告的拖带，被告公司也支付了部分费用，可见，被告知道并承认王守江所签的合同，王的行为并不是私人行为。根据《民法通则》第43条的规定，企业法人对它的法定代表人和其他工作人员的经营活动，承担民事责任。王守江与原告代表签订的拖航合同对东方公司具有约束力。但应该指出的是，代表人的行为在法律上直接视为本人的行为，而代理人与本人（被代理人）分别为人格独立的主体，代理人的行为并非本人的行为，只是行为效果由本人承受而已。本案中王守江是东方公司的代表人，而不是代理人。法院在判决时引用了《民法通则》关于代理的有关规定，虽然判决结果没有差异，但认识上有误。被告方王守江与原告签订拖航合同的行为并没有违背被告要把"新风"轮拖至广州文冲船厂的真实意愿。合同签订后，被告依照合同约定把"新风"轮交由原告拖至广州文冲船厂，并依照合同约定把首期拖船费汇到原告的账户，被告的上述行为表明，被告已同意了王守江代表其与原告签订的拖航合同的行为，对此，被告在书面答辩时亦已承认。因此，王守江以被告名义与原告签订的拖航合同有效，并对被告有约束力。被告关于拖航费条款显失公平的主张，因无证据，不能成立。被告应按照合同约定向原告支付拖航费，并应偿还原告为其在汕头港和广州港垫付的拖航风险费与拖带辅助费，以及延迟支付的拖航费的利息。

显失公平的民事行为，是指一方在紧迫或缺乏经验的情况下，实施了明显对自己有重大不利的民事行为，这种行为往往使当事人双方的权利义务极不对等、经济利益上不平衡，因而违反了公平合理原则。这是一种可撤销的民事行为。但法律不允许任何当事人借口自己无经验、无技能或不了解市场行情而随意撤销其民事行为。最高人民法院《关于贯彻执行〈中华人民共和国民法通则〉若干问题的意见（试行）》第72条规定："一方当事人利用优势或者利用对方没有经验，致使双方的权利与义务明显违反公平、等价有偿原则的，可以认定为显失公平。"

本案拖航协议是在原、被告双方代表平等、自愿、协商一致的情况下签订的，被告作为经营船舶运输的专业公司，不可能对拖航费用不了解。被告认为拖航费的约定是在被告别无选择而又时间紧迫的情况下不得已而接受的，不能证明拖航费用不合理。被告主张合同显失公平，显然缺乏依据。

第六节 船舶碰撞

本节重点法条

《中华人民共和国海商法》

第一百六十六条 船舶发生碰撞，当事船舶的船长在不严重危及本船和船上人员安全的情况下，对于相碰的船舶和船上人员必须尽力施救。

碰撞船舶的船长应当尽可能将其船舶名称、船籍港、出发港和目的港通知对方。

第一百六十七条 船舶发生碰撞，是由于不可抗力或者其他不能归责于任何一方的原因或者无法查明的原因造成的，碰撞各方互相不负赔偿责任。

第一百六十八条 船舶发生碰撞，是由于一船的过失造成的，由有过失的船舶负赔偿责任。

第一百六十九条 船舶发生碰撞，碰撞的船舶互有过失的，各船按照过失程度的比例负赔偿责任；过失程度相当或者过失程度的比例无法判定的，平均负赔偿责任。

互有过失的船舶，对碰撞造成的船舶以及船上货物和其他财产的损失，依照前款规定的比例负赔偿责任。碰撞造成第三人财产损失的，各船的赔偿责任均不超过其应当承担的比例。

互有过失的船舶，对造成的第三人的人身伤亡，负连带赔偿责任。一船连带支付的赔偿超过本条第一款规定的比例的，有权向其他有过失的船舶追偿。

案例 "诺华契" 轮与 "腾达" 轮碰撞纠纷的法律问题①

【案情介绍】

1993年3月24日，"腾达"轮拖带"华寿"驳在外罗门水道5号灯浮附近起锚进入湛江港。船长发现"诺华契"轮在右前方约2度，距离约2 000米处，沿航道出口。"腾达"轮鸣放一长声，稍后又鸣放一短声，改航295度，接着又改航300度，航速约9节。以后又每隔短时间鸣放一短声。约0854时，"诺华契"轮在其右前方约2度处。当两船距离约1 000米时，看到"诺华契"轮向左转向。约0858时，"腾达"轮采取右舵20度避让，接着右满舵。约0859时，"华寿"驳左舷与"诺华契"轮首部相碰。

"诺华契"轮于1993年3月24日从湛江港1号引水锚地起锚出港，起锚后靠主航道左侧航行。该航道左侧是大型船舶锚地，当时有数艘大型船舶在锚泊。航道的右侧有足够的水域可供航行。0853时，发现左前方约1海里处，"腾达"轮拖带着一艘空驳船进港。0855时，开始向左转向避让，并鸣放两短声笛号。0857时，航行到航道导标线，为加速向左转向，"诺华契"轮采用半速前进和左满舵。0858时"诺华契"轮停车。接着又全速倒车并正舵。0859时，被拖船"华寿"驳的左舷与"诺华契"轮船首碰撞。碰撞夹角约60度。碰撞时船位约在北纬21°0504，东经110°3157。随后"诺华契"轮顺航道沿河下驶，于1117时在1号引航锚地抛锚。

碰撞使"华寿"轮左舷严重受损，拖缆被拉断。"腾达"轮和"诺华契"轮没有受损。1993年3月28日至4月22日，"华寿"驳在湛江市水运总公司七一

---

① 案例来源：http://info.jctrans.com/wl/hy/hyal/2005913351776.shtml。

船厂进行了海损修理。

原告的经济损失有"华寿"驳修理费用、租金、"腾达"轮船员工资等共计人民币 145 410.14 元、港币 66 666.67 元。原告于 1993 年 3 月 29 日向海事法院申请诉前财产保全，扣押"诺华契"轮，责令被告提供 50 000 美元的担保。海事法院于 3 月 30 日作出扣押"诺华契"轮的裁定。4 月 8 日，被告提供了 50 000 美元的担保，法院解除了对"诺华契"轮的扣押。原告于 5 月 3 日向海事法院提起诉讼，请求判令被告承担船舶碰撞事故的全部责任，赔偿原告经济损失人民币 290 491.20 元、港币 459 270.00 元。

【法律问题】
避碰规则

【法律分析和结论】
我国《海商法》对船舶碰撞赔偿责任的确定采用的是过失责任原则，即对船舶碰撞事故按过失程度确定赔偿责任：有过失才有责任，无过失则无责任，过失大则责任大，过失小则责任也小。如果船舶碰撞事故属于无过失碰撞，则碰撞各方相互不承担赔偿责任，碰撞损害由受损方自己承担；如果船舶碰撞事故属于单方过失造成的，则事故损害由过错方承担赔偿责任；如果船舶碰撞事故属于双方互有过失造成的，对于有过失的各方按过失程度的比例承担赔偿责任。因此，处理船舶碰撞案件要适用《海商法》的上述确定赔偿责任的规定，必须以首先确认事故各方的过错程度及事故造成的损害后果为要件的。因为碰撞各方过失有无和大小直接关系到责任的有无和大小；损害的有无和大小也直接关系到责任的有无和大小。在我国船舶碰撞事故的损害确认，如果没有专门规定则以船舶碰撞属于侵权行为而言，当然应适用我国《民法通则》的规定。但我国最高人民法院在 1995 年发布了《关于审理船舶碰撞和触碰案件财产损害赔偿的规定》，该规定是我国目前处理船舶碰撞案件损害确认的重要法律依据。

在过失责任和损害结果都确定的情况下，如果是互有过失的船舶碰撞，按照我国《海商法》规定，有过失的当事人是按过失程度的比例负赔偿责任的。法院判决被告承担的赔偿责任就是以此为依据而确定的。

如果互有过失的船舶碰撞造成第三人财产损失的，则各当事人的赔偿责任不超过其应当承担的比例；而对造成第三人人身伤亡的，则各当事人负连带赔偿责任。承担了连带责任的当事人支付的赔偿超过其应承担比例的，则有权向其他有过失的当事人追偿。此处互有过失的船舶碰撞造成第三人财产损失，有过失的当事人之间承担的不是连带责任，这和我国《民法通则》规定的共同侵权行为人相互间承担连带责任是不同的。船舶在航行中应遵守相关航行规则和避碰规则，尽可能避免发生船舶碰撞事故。一旦发生船舶碰撞，首先应注意保护和保存好能够证明碰撞原因和碰撞损害结果的证据。因为碰撞事故赔偿责任的确定取决于导致碰撞事故的过失及其大小和所造成损害的有无和大小。

湛江港1号引水锚地海域，虽不是强制引航区，但该区域航道情况复杂，交通密度较大，如船舶特别是外国船舶对航道不熟悉，又不聘请引航员引航，容易发生海上交通事故。本案中，"诺华契"轮出口航线的左面是大型船舶锚地，当时有几艘大型船舶在锚泊。右侧有充裕的水域可供该轮航行。避碰规则第9条规定，"船舶沿狭水道或航道行驶时，只要安全可行，应尽量靠近本船右舷的该水道或航道的外缘行驶"，但该轮船长由于对航道水深情况不熟悉，认为靠大船锚地一侧水深肯定没有问题，而不了解右侧也有足够的水深可供航行。所以该轮启航后，不顾违反避碰规则和《湛江港港章》的规定，一直靠航道左侧航行，不敢离开锚地一侧。发现与"腾达"轮船组有碰撞危险后，亦不敢向右避让，而是盲目向左转向，企图与"腾达"轮船组在右舷会船。

在船舶对遇局面中，双方船舶避让行动不协调，极易发生碰撞。《避碰规则》第14条第1款规定，两船对遇时，应各自向右转，左舷会船，以协调双方船舶的避让行动。这一规定通常情况下是应该严格执行的。但当一方因向右转向避让不安全可行，需要向左转向避让时，必须发出两短声声号，以取得对方同意。如对方同意各自向左转向，也必须鸣放两短声。这是一种双方达成协议背离规则的行为，这种行为，符合我国港口规章的规定。一方在没有听到对方回答两短声前，切不可认为对方已经默认，而不管对方是否听到、是否同意，就贸然左转。否则，当一方向左转向时，对方却依章右让，碰撞则难以避免，尤其是在近距离的时候。本案"诺华契"轮没有取得对方船舶的同意，就向左转向，是严重的过失行为，应负主要责任。

关于背离规则的问题。《避碰规则》第2条规定，"在解释和遵行本规则各条时，应适当考虑到为避免紧迫危险而须背离本规则各条规定的一切航行和碰撞的危险，以及任何特殊情况，其中包括当事船舶条件限制在内"。《避碰规则》规定船舶对遇时应各自向右转向，从而各从他船的左舷通过。但为避免紧迫危险所必需，遵循背离规则不仅可能是正当的，还可能成为一种义务。应该背离而不背离，就构成对该条规定的遵守本规则各条的疏忽，应该承担相应的责任。在本案中，因"诺华契"轮违反规则靠左航行、向左转向，使两船形成紧迫危险局面时，"腾达"轮在已经发现"诺华契"轮向左转向的情况下，仍盲目"遵守规则"，向右转向避让。结果使得拖船越过了"诺华契"轮船首，而被拖船"华寿"驳的左舷与"诺华契"轮船首碰撞，可以看出，如果"腾达"轮能运用良好的船艺，果断地遵循背离规则，采取向左转向的措施，是可以避免或者减轻碰撞的。因此原告应对"腾达"轮的这一过失承担相应的责任。

第七节　海难救助

▓▓▓ 本节重点法条 ▓▓▓▓▓▓▓▓▓▓▓▓▓▓▓▓▓▓▓▓▓

《中华人民共和国海商法》

第一百七十三条　本章规定，不适用于海上已经就位的从事海底矿物资源的勘探、开发或者生产的固定式、浮动式平台和移动式近海钻井装置。

第一百七十四条　船长在不严重危及本船和船上人员安全的情况下，有义务尽力救助海上人命。

第一百七十五条　救助方与被救助方就海难救助达成协议，救助合同成立。

遇险船舶的船长有权代表船舶所有人订立救助合同。遇险船舶的船长或者船舶所有人有权代表船上财产所有人订立救助合同。

第一百七十九条　救助方对遇险的船舶和其他财产的救助，取得效果的，有权获得救助报酬；救助未取得效果的，除本法第一百八十二条或者其他法律另有规定或者合同另有约定外，无权获得救助款项。

第一百八十一条　船舶和其他财产的获救价值，是指船舶和其他财产获救后的估计价值或者实际出卖的收入，扣除有关税款和海关、检疫、检验费用以及行卸载、保管、估价、出卖而产生的费用后的价值。

前款规定的价值不包括船员的获救的私人物品和旅客的获救的自带行李的价值。

第一百八十三条　救助报酬的金额，应当由获救的船舶和其他财产的各所有人，按照船舶和其他各项财产各自的获救价值占全部获救价值的比例承担。

第一百八十六条　下列救助行为无权获得救助款项：

（一）正常履行拖航合同或者其他服务合同的义务进行救助的，但是提供不属于履行上述义务的特殊劳务除外；

（二）不顾遇险的船舶的船长、船舶所有人或者其他财产所有人明确的和合理的拒绝，仍然进行救助的。

第一百八十七条　由于救助方的过失致使救助作业成为必需或者更加困难的，或者救助方有欺诈或者其他不诚实行为的，应当取消或者减少向救助方支付救助款项。

案例 "菊石"轮救助报酬纠纷案^①

【案情介绍】

原告：广州海上救助打捞局（以下简称救捞局）。

被告：万富船务有限公司（以下简称万富公司）。

被告：菊石海运公司（AMMONITE MARINE S. A. 以下简称菊石公司）。

1996年8月17日，万富公司以传真方式书面委托救捞局，要求救捞局派拖轮并备三天的船员伙食，将"菊石"轮拖到珠海联大船厂，并确认此次拖轮费用为50 000美元。救捞局接受委托后，通知"穗救206"轮备好伙食，前往事故地点救助"菊石"轮。8月19日，"穗救206"接拖成功返航，23日将"菊石"轮拖到珠海九洲港联检锚地。"菊石"轮船长签认了完成施工作业的报告单，并承认收到价值人民币1 278元的伙食。应"菊石"轮的要求，"穗救206"轮在抵珠海九洲港联检锚地后仍继续守护"菊石"轮，直至24日1115时。对此，救捞局提出守护费为1 800美元，万富公司没有表示异议。8月23日，万富公司向救捞局支付港币80 000元，但其后未再向救捞局支付任何其他款项。

1996年9月6日，救捞局向海事法院提出诉前扣押"菊石"轮的申请。7日，海事法院裁定准许救捞局的申请，珠海联大船厂扣押了"菊石"轮。"菊石"轮被扣押期间，万富公司没有给"菊石"轮的在编船员支付工资，亦没有向"菊石"轮提供燃油、淡水和船员伙食等费用。10月10日，救捞局向海事院提出公开拍卖"菊石"轮的申请，海事法院准许其申请并刊登了卖船公告，要求与"菊石"轮有关的债权人在规定期限内向海事法院申请登记债权。公告规定期限内，"菊石"轮的在编船员向海事法院申请债权登记，称万富公司拖欠实施救助之前4个月的船员工资及实施救助之后2个月的船员工资；珠海联大船厂也向海事法院申请债权登记，称万富公司拖欠其船舶修理费用。12月3日，"菊石"轮被依法拍卖，拍卖成交价款67 500美元。海事法院从拍卖船舶的价款中先支付给"菊石"轮的在编船员2个月的船员工资，并于12日将"菊石"轮船员全部遣返原籍。

【法律问题】

救助合同和救助报酬

---

① 案例来源：http://law111.com/index.php? op=view_news&id=8796。

【法律分析和结论】

海难救助是指在海上或与海相通的可航水域，对遇险的船舶和其他财产进行的救助。海难救助形式多样，救助方未经被救助方请求自愿进行救助的，称纯救助；救助方基于与被救助方订立的救助合同进行救助的，称合同救助；救助方根据政府的强制命令进行救助的，称强制救助。在通常情况下，海难救助实行无效果无报酬的原则：即救助方对遇险的船舶和其他财产的救助须取得效果才有权获得救助报酬；如果救助未取得效果，则救助方无论付出多大的代价，也无权获得救助报酬。但依海商法的规定，为保护环境而对构成环境污染损害危险的船舶或者船上货物进行的救助，救助方可不以救助有效果为条件而获得救助款项。

本案中，救捞局对遇险"菊石"轮的救助是依据其与万富公司订立的救助协议进行的，该协议以救捞局为"菊石"轮提供拖带、守护及船员伙食等服务为标的，相关报酬数额明确，且不以救助作业取得效果作为支付条件，因而应视其为雇佣救助合同。救助过程中，救捞局对"菊石"轮的拖带、守护及为"菊石"轮船员提供伙食等均依万富公司的要求行事，因而对"菊石"轮的救助在性质上属于雇佣救助的范畴。

但是，本案中雇佣救助合同实际上是一种单纯的劳务合同，基于这种合同进行的救助有以下几个特点：（1）这种救助以救助方提供的一般性劳务为合同标的，且救助报酬的数额或计酬方法依合同的约定确定；（2）救助作业由被救助方指挥；（3）无论救助是否取得效果，被救助方都必须向救助方支付救助报酬。

《海商法》规定，对遇险船舶的救助，救助报酬的金额由被救船舶的所有人承担。但海事实务中，与救助方订立救助合同并承诺支付救助报酬的往往是遇险船舶的经营人而非其所有人。这种情况下，可否认定遇险船舶的经营人为救助报酬关系的义务主体是一个值得探讨的问题。海商法对订立救助合同的主体并没有作严格的资格限制，遇险船舶的经营人可以利害关系人的身份与救助方订立救助合同而成为合同的一方当事人。海商法对救助合同的形式和合同的内容并没有特别的要求，因而也可以认为，在不违背现行法律的情况下，救助方与被救助方可就与海难救助有关的任何事项及双方的权利与义务作自由约定，只要双方达成口头的或书面的协议，即可视为救助合同已成立并对双方具有约束力。前述所谓就与海难救助有关的任何事项作自由约定，应当包括救助合同项下的有关救助报酬支付人的约定，如果遇险船舶的经营人作为被救助方与救助方订立救助合同并承诺承担救助报酬的支付义务，那么当可将其视为合同下支付救助报酬的义务主体，因为其承诺符合意思自治的原则精神，且不违背现行法律规定，也不构成对任何其他第三方利益的侵犯。

以船舶拍卖价款清偿债务，依法应先偿付具有船舶优先权的海事请求，包括船舶留置权、船舶抵押权在内的其他债权于船舶优先权受偿后依法定顺序受偿，船舶拍卖价款不足船舶优先权受偿，或清偿后无余额的，其他债权不在船舶拍卖价款中受偿。根据海商法的规定，具有船舶优先权的海事请求及受偿顺序依次为：（1）船员工资；（2）人身伤亡的赔偿请求；（3）港口规费；（4）救助款项；（5）船舶在营运过程中因侵权行为产生的财产请求。其中，第（4）项即救助款项的海事请求后于第（1）至第（4）项发生的，应当先于第（1）至第（3）项受偿。

本案中，万富公司虽非遇险船舶"菊石"轮的所有人，但以经营人的身份与救捞局订立了对"菊石"轮的救助协议，因而已成为本案合同下的被救助方。由于该协议在性质上属雇佣救助合同，因而万富公司也是救捞局的雇佣人。万富公司确认了救捞局对"菊石"轮的拖带费用以及为"菊石"轮船员提供伙食的费用，对救捞局提出的守护"菊石"轮的费用也未提出异议，这可视为万富公司已就合同项下救助报酬的支付作出了承诺。由于救捞局已按协议履行了对"菊石"轮的全部救助义务，万富公司应承担向救捞局支付救助报酬的义务。本案中，救捞局对"菊石"轮的救助获得成功，该轮的注册船东菊石公司当然也是受益者。该公司虽非本案救助合同的一方当事人，且依合同的约定救助报酬由万富公司支付，但并不能因此而免除其作为获救船舶所有人应负的责任，一旦万富公司无力支付救助报酬，则菊石公司当应承担向救捞局支付救助报酬的义务。

请求在获救"菊石"轮拍卖价款中受偿的债权包括"菊石"轮船员的工资、救捞局的救助报酬和珠海联大船厂的船舶修理费用三项。"菊石"轮船员的工资和救捞局的救助报酬均属船舶优先权的范围，应按船舶优先权项目的受偿顺序受偿。其中船员工资分两部分：一部分为"菊石"轮获救以前共 4 个月的船员工资，该部分应后于救捞局的救助报酬受偿；另一部分为"菊石"轮获救以后 2 个月的船员工资，该部分应先于救捞局的救助报酬受偿。珠海联大船厂的船舶修理费用不属船舶优先权的范围，由于"菊石"轮的拍卖价款不足以清偿船舶优先权，因此该费用不能在船舶拍卖价款中受偿。

第八节　共同海损

本节重点法条

《中华人民共和国海商法》

第一百九十三条　共同海损，是指在同一海上航程中，船舶、货物和其他财产遭遇共同危险，为了共同安全，有意地合理地采取措施所直接造成的特殊牺牲、支付的特殊费用。

无论在航程中或者在航程结束后发生的船舶或者货物因迟延所造成的损失，包括船期损失和行市损失以及其他间接损失，均不得列入共同海损。

第一百九十四条　船舶因发生意外、牺牲或者其他特殊情况而损坏时，为了安全完成本航程，驶入避难港口、避难地点或者驶回装货港口、装货地点进行必要的修理，在该港口或者地点额外停留期间所支付的港口费，船员工资、给养，船舶所消耗的燃料、物料，为修理而卸载、储存、重装或者搬移船上货物、燃料、物料以及其他财产所造成的损失、支付的费用，应当列入共同海损。

第一百九十五条　为代替可以列为共同海损的特殊费用而支付的额外费用，可以作为代替费用列入共同海损；但是，列入共同海损的代替费用的金额，不超过被代替的共同海损的特殊费用。

第一百九十六条　提出共同海损分摊请求的一方应当负举证责任，证明其损失应当列入共同海损。

第二百条　未申报的货物或者谎报的货物，应当参加共同海损分摊；其遭受的特殊牺牲，不得列入共同海损。

不正当地以低于货物实际价值作为申报价值的，按照实际价值分摊共同海损；在发生共同海损牺牲时，按照申报价值计算牺牲金额。

第二百零一条　对共同海损特殊牺牲和垫付的共同海损特殊费用，应当计算利息。对垫付的共同海损特殊费用，除船员工资、给养和船舶消耗的燃料、物料外，应当计算手续费。

案例1　共同海损与单独海损的区分案

【案情介绍】

一条载货船从青岛港出发驶往日本，在航行途中货船起火，大火蔓延到机舱。船长为了船货的共同安全，命令采取紧急措施，往舱中灌水灭火。火扑灭后，由于主机受损，无法继续航行。船长雇用拖轮将货船拖回青岛修理，检修后重新将货物运往日本。事后经调查，此次事件造成损失有如下几项：（1）500箱货物被火烧毁；（2）1 500箱货物因灌水灭火受到损失；（3）主机和部分甲板被烧坏；（4）雇用拖船费用；（5）额外增加的燃料和船长、船员工资。

【法律问题】

共同海损和单独海损的范围

【法律分析和结论】

本案中属于共同海损的有：（1）因灌水灭火受损的1 500箱货物；（2）雇用

的拖船费用；（3）额外增加的燃料费用和船长、船员工资。属于单独海损的有：（1）被火烧毁的 500 箱货物；（2）被火烧毁的主机和部分甲板。如在日本理算，适用日本法律。

共同海损是指船舶和船上载运的货物遭遇共同危险时，为了共同的安全和利益，采取有益而合理的措施，人为造成的特殊牺牲和额外支付的费用。而单独海损是海上风险对营运中的船舶和运输中的货物所造成的直接损失。

单独海损与共同海损的区别如下：共同海损涉及船、货的共同危险，单独海损只涉及船、货一方的利益；共同海损有人为因素，单独海损多由于偶然的意外事故；共同海损损失由受益各方分担，单独海损由单方承担。我国《海商法》规定，共同海损的理算适用理算地法律。因此，如果本案在日本理算，应适用日本法律。

案例 2　　"铨宝湖" 轮共同海损分摊纠纷案①

【案情介绍】

1994 年 7 月 11 日，畅达公司所属的 "铨宝湖" 轮在龙口港装载华联商厦的普硅 525♯水泥 5 019.2 吨和黄金机械总厂的选矿设备 439.1 吨。大副沈金元在装完货后开出的货物装载图中，记载装货后船舶平均吃水 7.21 米。7 月 18 日铨宝湖轮从龙口港启航，开往目的港三亚。航行途中，"铨宝湖" 轮主机多次出现故障并停航检修。8 月 3 日途经汕尾海域遮浪角附近时失去动力。畅达公司向广州海上救助打捞局请求救助。经救助，"铨宝湖" 轮于 5 日被安全拖抵沙角锚地。8 月 7 日，畅达公司向广州港务监督递交了海事报告。8 月 10 日，畅达公司宣布共同海损，要求货主与其联系理算、分摊事宜。10 月 5 日，中国人民保险公司龙口支公司就共同海损，为华联商厦提供 45 万元担保。11 日，山东省招远金丝厂就共同海损，为黄金机械总厂提供 40 万元担保。17 日，中国人民保险公司龙口支公司为黄金机械总厂提供 38.36 万元担保。14 日铨宝湖轮靠广州黄埔新港卸货。水泥由华联商厦就地自行处理，选矿设备则由黄金机械总厂转运至三亚港。

就海难救助报酬，广州海上救助打捞局先后申请海事法院扣押了 "铨宝湖" 轮和部分货物，并分别提起诉讼。经海事法院审理，判决畅达公司承担 18.93 万元，华联商厦承担 9.78 万元，黄金机械总厂承担 11.22 万元。

事故发生后，广州港务监督于 1994 年 8 月 31 日给予海事鉴证。9 月 16 日，

---

① 案例来源：中国海事审判网，http：//www.ccmt.org.cn/hs/news/show.php？cId＝2875。

中华人民共和国船舶检验局（广州）就"铨宝湖"轮主推进系统损坏状况出具检验报告，验明：弹性联轴节橡胶挤出，弹性联轴节失效，螺旋桨轴失去动力。建议：需进一步拆检以确定弹性联轴节内部损坏的状况、范围及原因，尽快修理以恢复适航能力。

根据广州中心气象台的实况记录和广州海洋环境预报台的记录，8月3日2000时，现场北风4级。4日0800时、2000时，西南风5级。5日0800时，西南风7级。5日2000时，西南风5级。9413号强热带风暴8月3日2335时位于台湾海峡，8月4日凌晨在福建省厦门至漳浦之间沿海地区登陆，登陆时中心最大风力8级～9级，6级大风半径250公里左右，"铨宝湖"轮请求救助时正受其影响。9414号强热带风暴8月3日在菲律宾以东洋面向西北方向移动，5日到达马尼拉以东洋面，8日0200时前后在台湾东北部登陆，登陆时最大风力约12级。"铨宝湖"轮适航证书有效期至1995年1月10日。离开龙口港时，该轮有港务监督的出口签证。据福建省赛岐海上安全监督局下白石监督站检查，"铨宝湖"轮艏压载舱有用于压载调整水尺的石头约75吨，使该轮平均吃水大约增加5公分。铨宝湖轮的航海日志和轮机日志对该航次装完货后船上所存油水数量均无记载。

诉讼期间，畅达公司提供一份注明是大副沈金元1994年7月18日作出的装载图，该装载图作如下说明："由于在龙口港离码头时发现船舶超水尺10cm多，故开航前在锚地进行吃水调整，打出压载水98吨，船耗淡水100多吨，本轮在开航前的六面吃水情况测得F6.85m，M6.95m，A7.20m，平均7.00m。"上述情况航海日志和轮机日志亦无记载。为进一步查明案件事实，法院多次通知畅达公司提供"铨宝湖"轮该航次油水数量的记录和拆检弹性联轴节损坏原因的证据，并要求指派大副沈金元到庭就有关两份装载图记载不一的情况接受调查，但畅达公司始终未提供有关证据，也没有指派大副沈金元到庭接受调查。

畅达公司向海事法院起诉认为："铨宝湖"轮开航时适航证书有效并取得了港口当局的合法出口签证。在开航前和开航当时畅达公司已做到谨慎处理，配备合格船员和装备船舶，使船舶适航。该轮在适航有效期内，主推进系统弹性联轴节断裂，是承运人在开航前和开航当时经过谨慎处理，恪尽职责未能发现的，属船舶潜在缺陷。船舶航行途中，主机车轴弹性联轴节突然断裂，无法修复，船舶失去续航能力。在强台风逼近的情况下，为船货共同安全，请求救助，已构成共同海损，由此产生救助费用、货物卸船费、仓储费、转堆费、选矿设备转运目的港费用、船舶港口使费、油料和淡水费、船员工资以及弹性联轴节配件和安装费等特殊费用，除已由各方分别支付的救助费用外，共计2 030 000元，应由华联商厦和黄金机械总厂按共同海损分摊价值比例分摊。

华联商厦和黄金机械总厂答辩认为："铨宝湖"轮装货后，在总货吨位未超过该船载重吨位的情况下，平均吃水超过水线 35cm，显示该船严重不适航。由此造成的损失，应由畅达公司自己承担。请求法院驳回畅达公司的共同海损分摊请求。

【法律问题】
共同海损

【法律分析和结论】
共同海损，是指在同一海上航程中，船舶、货物和其他财产遭遇共同危险，为了共同安全，有意地、合理地采取措施所直接造成的特殊牺牲、支付的特殊费用。共同海损必须具备四个构成要件：一是船舶、货物和其他财产处于同一海上航程，面临共同的、真实存在的危险；二是所采取的措施是为了船舶、货物和其他财产的共同安全，而且是有意的、合理的；三是所造成的牺牲和支付的费用是特殊的；四是所采取的措施取得了一定的效果，达到了全部或部分保全船舶、货物和其他财产的目的。

共同海损的定义和构成要件中，并不考虑危险的来源，无论是自然的还是人为的，只要危险客观存在且威胁到船舶、货物和其他财产的共同安全，便满足了第一个要件。在由于当事人的过失产生危险的情况下，也不需要考虑过失的性质，无论当事人对过失能否免责，均可以构成共同海损。但是，在决定是否可以要求其他方分摊时，则要考虑共同海损与当事人过失的关系。根据我国海商法的有关规定及国际惯例，引起共同海损特殊牺牲、特殊费用的事故，是由于航程中的一方可以免责的过失造成的，其他受益方应当分摊；由于航程中的一方不可免责的过失造成的，该过失方不仅应承担自己的牺牲和费用，不能要求其他方分摊，而且应对其他方的损失负赔偿责任；当引起共同海损特殊牺牲和特殊费用的事故是否航程中一方的过失引起以及对该过失可否免责，暂时处于不确定状态时，可以先理算，待查清事实、分清责任后，再决定能否要求其他方分摊。由于沿海运输实行完全过失责任制，承运人有过失就应当承担责任，不存在过失免责的例外，因此也不存在承运人有过失还可以要求其他方分摊共同海损的情况。一方要求其他方分摊共同海损牺牲和费用，应证明其对产生共同海损特殊牺牲和特殊费用的事故无过失。

"铨宝湖"轮在航行途中主机弹性联轴节失效，螺旋桨轴失去动力，船舶失去控制，且正受强热带风暴的威胁，船舶及其所载货物共同面临真实存在的危险。畅达公司为了船、货的共同安全，请求救助，使船、货脱离了危险，措施合理，效果显著，因此支出一些特殊的费用，属于共同海损。对于弹性联轴节失效的原因，在诉讼中尚不清楚。畅达公司对此是否有过失，也不能肯定。但在装货后大副开出的装载图所记载的船舶吃水，初步证明船舶超载。这属于《海商法》第 197 条规定的"可能是航程中一方的过失造成的"的情况。根据《海商法》的该条规定，这种情况"不影响该方要求分摊共同海损的权利"，但是，提出分摊请求的一方应当负举证责任，证明其损失应当列入共同海损。畅达公司不能进一步举证证明其对事故无过失，因此应承担败诉的后果。

第九节　船舶污染损害赔偿

案例　海洋与渔业局诉南通天顺船务有限公司等油污损害赔偿纠纷案

【案情介绍】

2001 年 6 月 16 日，"通天顺"轮由山东省岚山港运载 7 390 吨石膏石开往海南省三亚港。2001 年 6 月 20 日，"天神"轮由香港装载 165 个集装箱共 1 230.2 吨货物开往上海。6 月 21 日 0500 时，两船均航行至广东省东部沿海石碑山附近海域，"通天顺"轮罗经航向 240°，航速 10.3 节；"天神"轮罗经航向 71°，航速约 13.5 节。当时海上有雾，能见度不良，视距约 1 海里～2 海里，两船船员均没有派遣了头，疏忽了视觉瞭望，且两船均全速航行，没有使用安全航速，"通天顺"轮未能及早地意识到碰撞危险，盲目保向保速直至两船相距 0.4 海里时采取大舵角左转来避让"天神"轮；"天神"轮在会遇距离约 0.2 海里时，未能意识到碰撞危险，仍盲目保向保速直至发现"通天顺"轮大角度左转时才采取避让措施，因"天神"轮主机未更换轻油，即使采取了停车、倒车措施也未能将船舶停住。约 0635 时，"通天顺"轮右舷 2 号货舱与"天神"轮左舷船艏船名处发生第一次碰撞，之后右舷船艉与"天神"轮左舷船舯发生了第二次碰撞，碰撞地点约在北纬 22°55′.0，东经 116°33′.8。碰撞后，"通天顺"轮船长上驾驶台，经检查发现 2 号货舱、高位 2 号舱、双层底 4 号压载舱严重进水，感到当时船舶右倾速度较快，估计有倾覆危险，遂决定抢滩。"通天顺"轮在抢滩过程中，在北纬 22°56′.62，东经 116°30′.98 处触礁。因触礁后船体继续下沉，船长于 0729 时宣布弃船。船员分乘两艘救生艇离船，在现场守护约 2 小时后，全部被附近的渔船救起。

　　事故发生后，天顺公司于 2001 年 6 月 25 日委托广州海上救助打捞局对搁浅的"通天顺"轮进行了探摸封堵工作，关闭了机舱 5 个水密门，对油舱的空气管、测量管等 11 条管线进行了临时封堵处理。广州海上救助打捞局于 2001 年 6 月 30 日出具了《探摸封堵报告》，该报告载明"通天顺"轮破损情况如下：在船舶的左舷机舱下面，有一长度为 0.8 米，宽度约 3 厘米的裂缝，在 2 号舱的中前部有一长度为 2.2 米～2.5 米，宽度约 3 厘米～10 厘米的裂缝；据潜水员判断，上述两处裂缝为沉船搁于岩石所致；在船舶左舷的艏部，在舭龙骨的起点向后约 3 米的地方，船外板被撞凹进去，但未发现破损；在船舶的右舷，在 2 号舱的中前部，有一长度为 6 米～6.5 米的破口，破口比较整齐，其外板被压凹入船体约 40 厘米，破口宽度两端约 10 厘米，中部最大宽度约为 46 厘米，在高度方向上，破口距离舭龙骨约 3 米，有部分石膏石从破口处漏出。广东海事工程咨询检验公司受天顺公司的诉讼代理人所属的广东永航律师事务所委托，对"通天顺"轮进行了检验，并于 2001 年 7 月 11 日出具《检验报告》认为，广州海上救助打捞局的上述《探摸封堵报告》中所载明的"通天顺"轮的损坏，右舷中前部的破口可以合理归因于该轮船长所称的碰撞事故所致，其他部分的损坏则可合理归因于该轮船长所称的碰撞后抢滩搁浅事故所致。

　　"通天顺"轮为钢质散货船，长 133.9 米，宽 18 米，深 9.1 米，总吨 6 633，净吨 3 339，主机为内燃机，功率 4 027 千瓦。"天神"轮为钢质集装箱船，长 109.6 米，宽 18 米，深 8.3 米，总吨 4 388，净吨 2 337，主机为内燃机，功率 4 310 千瓦。在本案碰撞事故发生前后，"通天顺"轮的所有人为天顺公司，船籍港为江苏南通；"天神"轮的所有人为天神公司，船籍港为天津，天神公司将"天神"轮光船租赁给育洋公司经营，但没有在船舶登记机关办理该轮光船租赁的登记手续。在事故航次中，"通天顺"轮与"天神"轮上均已按最低安全配员要求配足持证船员，两船的船员适任证书及船舶适航证书均在有效期内。

　　(2001) 广海法初字第 109 号和 (2001) 广海法初字第 163 号民事判决认为：根据两船的过失程度，"通天顺"轮与"天神"轮应分别对碰撞事故承担 60% 与 40% 的过失责任；因"天神"轮的光船租赁没有登记，该光船租赁依法不得对抗第三人，天神公司和育洋公司分别作为船舶所有人和实际承租人应对"天神"轮的碰撞过失承担连带责任；"通天顺"轮船长在当时比较危急，没有安全保障的情况下，为了船、货及船上人员的安全，采取抢滩搁浅措施并无不当。"通天顺"轮因抢滩搁浅而沉没，亦是船员所无法预料和无法避免的，天神公司与育洋公司提出该轮沉没是该轮船员抢滩措施不当等过失造成的，该扩大的损失应由天顺公司承担的主张，没有事实与法律依据，不予支持；天顺公司支付的对"通天顺"轮的探摸封堵费用、清污费用、抽油费用均为船舶碰撞造成的损失，应由天神公司和育洋公司连带赔偿。最终，判令育洋公司和天神公司连带赔偿天顺公司损失2 819 083.03 元及其利息，天顺公司赔偿育洋公司损失274 026.42 元及其利息。广州海事法院（2001）广海法初字第89 号民事判决认为：（1）天顺公司赔偿广东省海洋与渔业局天然水产品直接经济损失1 984 380 元及其利息（利息从2001 年6 月21 日起，按中国人民银行同期流动资金贷款利率计算至本判决确定的支付之日止）、污染损失调查费256 560 元，其中，天然水产品直接经济损失及其利息由广东省海洋与渔业局受偿后上交国库；（2）天神公司、育洋公司、中国船东互保协会连带赔偿广东省海洋与渔业局天然水产品直接经济损失1 322 920 元及其利息（利息从2001 年6 月21 日起，按中国人民银行同期流动资金贷款利率计算至本判决确定的支付之日止）、污染损失调查费171 040 元，其中，天然水产品直接经济损失及其利息由广东省海洋与渔业局受偿后上交国库。

【法律问题】
船舶污染损害赔偿

【法律分析和结论】

这是一宗因船舶碰撞而引起的油污损害赔偿纠纷。"通天顺"轮与"天神"轮在粤东沿海石碑山附近海域互有过失碰撞，造成"通天顺"轮所载油类泄漏入海，污染粤东靖海至神泉等附近海域，损害了渔业资源，广东省海洋与渔业局以此为由提起的本案诉讼属于侵权损害赔偿纠纷。

领海内的资源属于国家所有，各级人民政府作为国家在特定区域内的代表，在其辖区内负有维护国家资源不受损害的义务。根据《海洋环境保护法》第90条第2 款规定，对破坏海洋生态、海洋水产资源、海洋保护区，给国家造成重大损失的，由依法行使海洋环境监督管理权的部门代表国家对责任者提出赔偿要求。根据《渔业法》第6 条的规定，县级以上地方人民政府渔业行政主管部门主管本行政区域内的渔业工作；广东省人大常委会于1990 年3 月23 日颁布的《广东省渔业管理实施办法》第3 条与第25 条第4 款分别规定："县级以上人民政府渔业行政主管部门是同级人民政府主管本行政区域内渔业工作的职能机构，负责渔业法及其实施细则和本办法的组织实施和监督检查。""凡污染渔业水域损害渔业资源或者渔业生产的，应承担赔偿责任。损害全民所有的渔业资源的赔偿费，由渔业行政主管部门用于增殖、保护渔业资源，不得挪作他用。"广东省海洋与渔业局是广东省人民政府主管全省海洋综合管理与渔业工作的职能部门，当其管辖下的国有资产和资源受到侵害时，可依法向责任人提出民事损害赔偿诉讼，保护国家财产和自然资源。广东省海洋与渔业局是请求本案油污损害赔偿的适格主体。

根据《民法通则》第 124 条关于违反国家保护环境防止污染的规定，污染环境造成他人损害的，应当依法承担民事责任的规定，以及第 117 条关于损害国家的，集体的财产或者他人财产的，应当恢复原状或者折价赔偿的规定，本案油污事故的责任人，应当赔偿广东省海洋与渔业局因油污所遭受的天然水产品直接经济损失 330.73 万元。油污损害的责任人在油污损害事故发生之日即 2001 年 6 月 21 日就应赔偿广东省海洋与渔业局天然水产品直接经济损失，以便使广东省海洋与渔业局及时恢复受污染的环境，逾期则应支付相应的利息，广东省海洋与渔业局损失 330.73 万元的利息应从 2001 年 6 月 21 日起，按中国人民银行同期流动资金贷款利率计算至本判决确定的支付之日止。天然水产品直接经济损失 330.73 万元及其利息由广东省海洋与渔业局受偿后上交国库。油污事故发生后，广东省海洋与渔业局委托监测中心对污染损失进行调查鉴定是必要的，有关污染损失调查费用是因漏油事故引起的。尽管广东省海洋与渔业局所支付的调查费 42.76 万元是针对广东省海洋与渔业局所主张的天然水产品直接经济损失 330.73 万元和天然渔业资源经济损失 992.19 万元而发生的，而广东省海洋与渔业局所主张的天然渔业资源经济损失 992.19 万元，因证据不足，没有被本院认定，但是，上述天然渔业资源经济损失是以天然水产品直接经济损失额乘以 3 的模式得出的，调查费 42.76 万元基本上是调查天然水产品直接经济损失的开支，是本案油污事故所造成的必要的、合理的费用。油污事故的责任人也应当赔偿广东省海洋与渔业局支出的污染损失调查费 42.76 万元。因调查费利息的发生与本案污染事故并无直接因果关系，广东省海洋与渔业局请求调查费的利息损失，本院不予支持。

"天神"轮与"通天顺"轮碰撞后，"通天顺"轮船长在当时比较危急的情况下，为了船、货及船员的安全，采取了必要的抢滩措施。本案没有证据证明"通天顺"轮的船员在离船前有足够的时间封堵油舱管系。"通天顺"轮在抢滩中触礁搁浅而沉没，船舶沉没直接危及船员人身安全，船员紧急离船时没有来得及封堵油舱管系，也是无可指责的。"通天顺"轮抢滩、搁浅至漏油均是碰撞后紧接着发生的系列后续事件，均起因于碰撞双方的过失，均属于此次碰撞海事事故，其间除了碰撞双方的航行过错外，没有其他过错介入。"通天顺"轮漏油所造成的污染损失是船舶碰撞所造成的财产损失。根据《海商法》第 169 条第 2 款的规定，船舶碰撞的双方或各方互有过失，对造成第三人财产损失的，各船的赔偿责任均不超过其应当承担的比例。"天神"轮与"通天顺"轮发生碰撞，本院已生效的

（2001）广海法初字第 109 号和（2001）广海法初字第 163 号民事判决已认定："天神"轮方面应负 40％的过失责任，"通天顺"轮方面应负 60％的过失责任。

天顺公司作为"通天顺"轮的所有人，应依法对"通天顺"轮的碰撞过失造成的损失承担赔偿责任。在碰撞事故发生时，"天神"轮由育洋公司光船承租，进行配员控制和实际经营，育洋公司应对其船员的碰撞过失承担责任。因天神公司将"天神"轮光船租赁给育洋公司，没有向船舶登记机关办理登记手续，根据《船舶登记条例》第 6 条的规定，该光船租赁的事实不得对抗第三人，因此天神公司虽然将"天神"轮光租给育洋公司，其仍应依法对作为第三人的广东省海洋与渔业局承担相应的赔偿责任。按照两船碰撞的过失比例，天顺公司应赔偿广东省海洋与渔业局 60％的油污损失，即天然水产品直接经济损失 1 984 380 元及其利息、污染损失调查费 256 560 元，天神公司与育洋公司应连带赔偿广东省海洋与渔业局 40％的油污损失，即天然水产品直接经济损失 1 322 920 元及其利息、污染损失调查费 171 040 元。

按照《海事诉讼特别程序法》第 97 条第 1 款的规定，对船舶造成油污损害的赔偿请求，受损害人可以向造成油污损害的船舶所有人提出，也可以直接向承担船舶所有人油污损害责任的保险人或者提供财务保证的其他人提出。船舶所有人的油污责任保险人负有应油污受害人的请求直接向油污受害人赔偿油污损害的法定责任。"天神"轮是造成本案油污损害的船舶之一，天神公司是"天神"轮的所有人，并应承担本案油污损害责任，而中国船东互保协会是天神公司油污损害责任的保险人。《海事诉讼特别程序法》第 97 条并没有将所规定的油污损害赔偿责任主体"承担船舶所有人油污损害责任的保险人"限定为"承担漏油船所有人油污损害责任的保险人"，故中国船东互保协会以其并非漏油船"通天顺"轮所有人的油污损害责任的保险人为由，提出其不应负赔偿责任的抗辩，没有法律依据，不能成立。天神公司所负油污赔偿责任在中国船东互保协会承担的油污赔偿责任限额 10 亿美元以内。中国船东互保协会应依法对应由天神公司所负的油污损害赔偿责任承担连带责任。

第十节　海事赔偿责任限制

本节重点法条

《中华人民共和国海商法》

第二百零七条　下列海事赔偿请求，除本法第二百零八条和第二百零九条另有规定外，

无论赔偿责任的基础有何不同,责任人均可以依照本章规定限制赔偿责任:

(一)在船上发生的或者与船舶营运、救助作业直接相关的人身伤亡或者财产的灭失、损坏,包括对港口工程、港池、航道和助航设施造成的损坏,以及由此引起的相应损失的赔偿请求;

(二)海上货物运输因迟延交付或者旅客及其行李运输因迟延到达造成损失的赔偿请求;

(三)与船舶营运或者救助作业直接相关的,侵犯非合同权利的行为造成其他损失的赔偿请求;

(四)责任人以外的其他人,为避免或者减少责任人依照本章规定可以限制赔偿责任的损失而采取措施的赔偿请求,以及因此项措施造成进一步损失的赔偿请求。

前款所列赔偿请求,无论提出的方式有何不同,均可以限制赔偿责任。但是,第(四)项涉及责任人以合同约定支付的报酬,责任人的支付责任不得援用本条赔偿责任限制的规定。

第二百零八条 本章规定不适用于下列各项:

(一)对救助款项或者共同海损分摊的请求;

(二)中华人民共和国参加的国际油污损害民事责任公约规定的油污损害的赔偿请求;

(三)中华人民共和国参加的国际核能损害责任限制公约规定的核能损害的赔偿请求;

(四)核动力船舶造成的核能损害的赔偿请求;

(五)船舶所有人或者救助人的受雇人提出的赔偿请求,根据调整劳务合同的法律,船舶所有人或者救助人对该类赔偿请求无权限制赔偿责任,或者该项法律作了高于本章规定的赔偿限额的规定。

第二百零九条 经证明,引起赔偿请求的损失是由于责任人的故意或者明知可能造成损失而轻率地作为或者不作为造成的,责任人无权依照本章规定限制赔偿责任。

案例 "大庆245"海事赔偿责任限制案[①]

【案情介绍】

申请人所属"大庆245"轮于1986年10月12日1609时离上海黄埔港空放青岛港并于当月18日1245时靠妥黄岛油码头西泊位,进行装油前的准备工作。1905时该轮前部突然爆炸起火,后沉没于码头附近。本次事故造成青岛港务局码头受损、当时停泊黄岛油码头东泊位的日本国籍"海燕"轮船舶损害和该日籍船人员伤害等损失;并产生了清除、打捞"大庆245"轮残骸的费用。申请人认为,上述爆炸事故及其损害都非其本身的实际过失和私谋造成,故向青岛海事法院提出海事赔偿责任限制的申请,愿意参照国际通常做法,保证将船舶残值人民币400 000元连同从出事之日起至付款之日止按年利率8%计息的利息人民币

---

① 案例来源:青岛海事法院典型案例,载http://qdhs.chinacourt.org/public/detail.php?id=41。

332

199 200 元（预算至 1992 年 1 月 18 日），一并存入法院以设立责任限制基金，请求依法判决予以认可并确定优先顺序及分配程序，以最终解决因"大庆 245"轮爆炸事故所产生的一切赔偿责任。

青岛海事法院经审理查明：申请人系大型航运企业，设有专门的安全监督管理部门，对油轮的营运、管理制定有完备的安全防火防爆规章制度及操作规程。爆炸事故发生前，船舶技术状况正常，各种船舶证书均处于有效期内，该轮处于适航状态。船上共有船员 52 名，主要船员均持有港务监督签发的有效职务证书。爆炸事故及其损害属实。事故发生时该轮尚未受载，无运费收入，亦无其他赔偿收入。该轮残骸经打捞后由青岛市拆船加工公司购得，价款人民币 40 万元。被申请人日本国燕洋海运株式会社因此次事故造成其船舶受损而向申请人提出的索赔额为 101 828 682 日元。

青岛海事法院接受债权登记后，又分别向登记债权人发出通知，告知债权登记情况，并附债权登记申请书及文件副本，同时通知其如对登记债权有异议，可在限期内向法院提出异议。登记债权人日本国燕洋海运株式会社接到法院的上述通知后，对申请人能否享受责任限制的权利等问题提出下列异议：(1)"大庆 245"轮爆炸事故发生于 1986 年 10 月 18 日，而法院受理此案的时间是 1992 年 1 月 30 日，两年的时效期间早已届满，申请人已丧失了请求法院保护的权利；(2)"大庆 245"轮在爆炸事故发生前即存在油管破裂的隐患，一直未予修理，船舶不适航，该轮船东对爆炸事故的发生有故意和重大过失，不应享有责任限制的权利。对第（1）项，青岛海事法院经审查认为：申请人曾于 1988 年 3 月向本院提出责任限制的书面申请，本院当时未予受理，时效中断，其期间从 1988 年 3 月重新起算。申请人又于 1988 年 12 月向本院提出责任限制的书面申请，本院也未予受理，时效中断，其期间从 1988 年 12 月重新起算。此后，申请人于 1990 年 7 月 10 日直接向被申请人提出责任限制的书面申请，时效又中断，其期间从 1990 年 7 月重新起算。在此之后，申请人与被申请人之间就此次爆炸事故的赔偿事宜始终在不间断地协商。故至本院受理此案时止，两年期间未届满。对第（2）项，青岛海事法院经审查认为：从"大庆 245"轮爆炸情况看，尚不能证明该轮船长或船员对事故的发生有过错。经说明道理，异议人日本国燕洋海运株式会社放弃了异议，承认申请人享有海事赔偿责任限制的权利。

【法律问题】
海事赔偿责任限制

【法律分析和结论】

海事赔偿责任限制是指在发生重大海难、给他人造成重大财产损失和人身伤亡时，依法将责任人的赔偿责任限制在一定限度内的海损赔偿制度。由于各国海商法对海事赔偿规定了不同的责任限制制度，同一事故适用不同的责任限制制度，会导致完全不同的结果，从而助长了"择地行诉"行为的发生。为了统一各国有关海事赔偿责任限制的法律，国际社会先后制定了 3 个国际公约，即 1924 年《关于统一海上船舶所有人责任限制若干规定的国际公约》、1957 年《船舶所有人责任限制公约》和 1976 年《海事赔偿责任限制公约》。从总体看，我国在海事赔偿责任限制制度方面的规定还是比较先进的。例如在丧失责任限制权利的条件方面，我国规定为故意过失，相对于 1957 年公约的一般过失，是一个较大的进步。它体现了法律救济的合理性，其目的就是要防止授予责任人以及保险人的权利受阻，符合权利限制的合理性原则，也有利于该制度价值的实现。海事赔偿责任限制制度是鉴于船舶所有人、救助人等从事海上运输生产，其本身含有特殊的行业风险，经营难度较大，为保护和鼓励海上生产业的发展，促进商品流通和世界贸易的兴旺发达而建立的。这是一种权益倾向性的法律，它有别于普通民法的损害赔偿制度，体现了社会经济生活的全局性的平衡。

海事赔偿责任限制基金是责任人对特定海事事故的所有限制性债权人在法定限额内赔偿的担保，一旦设立，一般不得撤回。设立海事赔偿责任限制基金的法律效果主要有：

1. 任何人不得为可向基金索赔的债权扣押责任人的财产。

2. 对有关海事诉讼管辖的影响。当事人在起诉前申请设立基金，以后就有关海事纠纷提起的诉讼应由裁定设立基金的海事法院管辖，不再遵循有关地域管辖的规定，但当事人之间订有诉讼管辖协议或者仲裁协议的，仍应按照诉讼管辖协议进行诉讼或者按仲裁协议申请仲裁。

3. 对船舶优先权的影响。按照《海商法》第 30 条的规定，船舶优先权不影响有关海事赔偿责任限制规定的实施。船舶优先权应当通过法院扣押产生优先权的船舶行使。设立基金后，任何人不得就可以向基金提出索赔的债权申请扣船。如果船舶优先权所担保的债权为同一事故引起的限制性债权，那么该项债权就不能通过扣押船舶来行使，只能请求从基金中清偿。船舶因优先权担保的限制性债权而被扣押的，责任人设立了基金，被扣船舶应该予以释放。由船舶优先权担保的非限制性债权，如海难救助款项等，则不受基金设立的影响，权利人仍然可以扣押当事船，行使优先权。

本案申请人申请海事赔偿责任限制，不是在海事赔偿诉讼中提出的，而是由责任人主动、独自提出申请，并同时请求一并解决最终赔偿责任的。这在我国尚属首例。同时，该申请案是在我国海商法颁布之前受理，并于其施行之前（现行《海商法》于1992年11月7日第七届全国人大常务委员会第28次会议通过，自1993年7月1日起施行）审结的。故在程序上和实体上，主要是参照国际做法和海商法关于海事赔偿责任限制的基本理论，并结合我国主管部门的有关海事赔偿的规定，积极进行了探索：首先，在确认申请人的海事赔偿责任成立并具备海事赔偿责任限制条件的基础上，依法裁定准予其责任限制的申请，责令其在规定期限内向法院设立一定限额的责任限制基金，作为本次事故的最高赔偿数额。其次，发布法院公告，晓谕限制性债权人参与责任限制基金清偿，接受债权登记，通报债权登记情况，并允许登记债权人对其他债权人的登记提出异议。最后，经确认限制性债权后，召集债权人会议进行协商，促使他们达成分配责任限制基金的协议，法院裁定予以认可。这些做法无疑是有益的，特别是在当时我国民事诉讼法和海商法都没有对此种案件的具体程序作出具体规定的情况下，其为法院此后处理同类案件提供了借鉴。

青岛海事法院认为，据现有证据证明，本案爆炸事故应认为系意外事件，根据我国《民法通则》第123条关于"从事高空、高压、易燃、易爆、剧毒、放射性、高速运输工具等对周围环境有高度危险的作业造成他人损害的，应当承担民事责任；如果能够证明损害是由受害人故意造成的，不承担民事责任"的规定，"大庆245"轮系从事易燃、易爆、对周围环境有高度危险的原油运输的船舶，虽然空载，但其舱内残存的原油极易挥发形成可燃气体。发生爆炸后，申请人应对本次事故承担无过错责任。由于作为船舶所有人的申请人在此次事故中没有故意或重大过失，符合责任限制的条件，故申请人关于海事赔偿责任限制的申请应予准许。申请人所提出的业已偿付的日本国籍"海燕"轮受伤船员善后处理费用，以及日本国燕洋海运株式会社提出的船舶受损损失属于限制性债权，应由申请人设立的责任限制基金赔偿，申请人提出的"大庆245"轮残骸清除打捞费用属于非限制性债权，不能参加责任限制基金的分配登记。双方希望法院调处本案。青岛海事法院即主持召开了债权人会议。登记债权人就责任限制基金分配等问题达成如下协议：

（1）申请人承担此次爆炸事故的赔偿责任，以业已设立的责任限制基金为限；日本国燕洋海运株式会社承认申请人享有责任限制的权利；

（2）申请人放弃已登记的打捞、清除"大庆245"轮残骸费用债权的请求；责任限制基金由日本国燕洋海运株式会社登记的船舶损害赔偿债权及申请人代位登记的人身伤害损害赔偿债权分配；

（3）日本国燕洋海运株式会社从责任限制基金中受偿 85 000 美元，剩余部分由申请人受偿；

（4）日本国燕洋海运株式会社受偿的款项，由申请人负责将人民币责任限制基金兑换成美元后直接支付；

（5）日本国燕洋海运株式会社撤回因同一事故引起的船损害赔偿而向其他（境外）法院对申请人提起的索赔诉讼。

青岛海事法院对该协议审查后认为，该协议不违反法律规定，也没有损害他人或社会公共利益，合法有效，于 1992 年 12 月 19 日裁定予以认可。本案所设责任限制基金即按协议条款支付。

第十一节　海上保险合同

本节重点法条

《中华人民共和国海商法》

第二百一十九条第 2 款　保险人与被保险人未约定保险价值的，保险价值依照下列规定计算……（二）货物的保险价值，是保险责任开始时货物在起运地的发票价格或者非贸易商品在起运地的实际价值以及运费和保险费的总和……

第二百三十七条　发生保险事故造成损失后，保险人应当及时向被保险人支付保险赔偿。

第二百四十条　被保险人为防止或者减少根据合同可以得到赔偿的损失而支出的必要的合理费用，为确定保险事故的性质、程度而支出的检验、估价的合理费用，以及为执行保险人的特别通知而支出的费用，应当由保险人在保险标的的损失赔偿之外另行支付。保险人对前款规定的费用的支付，以相当于保险金额的数额为限。保险金额低于保险价值的，除合同另有约定外，保险人应当按照保险金额与保险价值的比例，支付本条规定的费用。

第二百六十九条　合同当事人可以选择合同适用的法律，法律另有规定的除外。合同当事人没有选择的，适用与合同有最密切联系的国家的法律。

《中华人民共和国保险法》

第二十三条　保险人收到被保险人或者受益人的赔偿或者给付保险金的请求后，应当及时作出核定；情形复杂的，应当在三十日内作出核定，但合同另有约定的除外。保险人应当将核定结果通知被保险人或者受益人；对属于保险责任的，在与被保险人或者受益人达成赔偿或者给付保险金额的协议后十日内，履行赔偿或者给付保险金义务。保险合同对赔偿或者给付保险金期限有约定的，保险人应当按照约定履行赔偿或者给付保险金义务。

保险人未及时履行前款规定义务的，除支付保险金外，应当赔偿被保险人或者受益人因此受到的损失。

任何单位和个人不得非法干预保险人履行赔偿或者给付保险金的义务，也不得限制被保险人或者受益人取得保险金的权利。

案例　对保险除外责任条款说明义务和航行与
交货迟延损失除外的理解案①

【案情介绍】

2004 年 4 月 27 日，富虹公司就其从巴西进口的一批大豆向深圳平保公司发出货物运输险投保单，投保单载明投保险别为一切险加战争险、罢工险等，但没有载明险别内容。4 月 28 日，深圳平保公司签发了货物运输保险单，以邮政快递方式寄送富虹公司，保险单载明：被保险人为富虹公司；被保险货物为 60 500 吨散装巴西大豆，货物单价 396.09 美元/吨；货物由"韩进大马"轮于 2004 年 5 月 4 日从巴西桑托斯（Santos）起运至中国湛江，该轮船旗为巴拿马旗；保险金额 23 963 445 美元。保险单没有记载保险价值。保险单正面载明承保条件为：(1) 按照中国人民保险公司（1981/1/1）海洋运输货物保险条款（包括仓至仓条款）承保一切险，按照中国人民保险公司（1981/1/1）海洋运输货物战争险条款承保战争险，并按照中国人民保险公司货物罢工险条款承保罢工险；(2) 短量责任为"港至港"责任，其他责任为"仓至仓"责任；(3) 短量事故绝对免赔为保险金额的 0.5%，其他事故绝对免赔为保险金额的 0.3% 等。

保险单背面全部以英文载明海洋运输货物保险（格式）条款，有关条款内容如下："一、责任范围。本保险的一切险除承保保险单所列明的平安险和水渍险和各项责任外，还负责被保险货物在运输途中由于外来原因所致的全部或部分损失。二、除外责任。本保险对下列损失，不负赔偿责任：（一）被保险人的故意行为或过失所造成的损失；（二）属于发货人责任所引起的损失；（三）在保险责任开始前，被保险货物已存在的品质不良或数量短差所造成的损失；（四）被保险货物的自然损耗、本质缺陷、特性以及市价跌落、运输迟延所引起的损失或费用；（五）本公司海洋运输货物战争险条款和货物运输罢工险条款规定的责任范围和除外责任。三、责任起讫。本保险负"仓至仓"责任，自被保险货物运离保险单所载明的起运地仓库或储存处所开始运输时生效，包括正常运输过程中的海上、陆上、内河和驳船运输在内，直至该项货物到达保险单所载明目的地收货人的最后仓库或储存处所或被保险人用作分配、分派或非正常运输的其他储存处所为止。如未抵达上述仓库或储存处所，则以被保险货物在最后卸载港全部卸离海

---

① 案例来源：中国海事审判网，http://www.ccmt.org.cn/hs/news/show.php? cId=6996。

轮后满 60 天为止,如在上述 60 天内被保险货物需转运到非保险单所载明的目的地时,则以该项货物开始转运时终止。"本案没有证据证明深圳平保公司在富虹公司接受保险单以前就保险单正面与背面的英文条款内容(包括除外责任条款)向富虹公司作出了明确的说明。

5 月 13 日,因被保险货物数量有所变化,经富虹公司申请,深圳平保公司向富虹公司签发保险批单,将保险金额减少为 22 874 197.50 美元,货物数量更改为 57 750 吨,应退还保险费 980.32 美元。富虹公司向深圳平保公司支付了168 587.51 元保险费。5 月 7 日,该轮船长金锡现(Gim, Seog Hyeon)在该装港的代理人为该批货物签发了一式三份正本指示提单,提单正面载明 57 750 吨散装巴西大豆(soybean)已清洁装船等。该提单经正面所载明的托运人科迈实业公司(Comercio E. Industrias Brasileiras Coinbra S/A)背书后,由富虹公司持有。5 月 20 日,货物卖方路易达孚亚洲有限公司向富虹公司出具商业发票,发票载明:57 750 吨巴西散装大豆总价为 21 324 765 美元,单价为成本加运费(卖方不负责卸货费)369.26 美元/吨。巴西 BSI 检疫有限公司(BSI Inspectorate Co. Brasil Ltd.)受卖方的委托在本案货物装船前检验了"韩进大马"轮船舱,在货物装船后对货物进行了品质与重量检验、熏蒸与化学残留物监测与植物检验,于 5 月 7 日出具了相应的检验证书表明船舶在装货前船舱清洁干燥,适合装运大豆,没有记载货物在装运时有不良情况。

8 月 1 日富虹公司在与其他检验人员抽样时发现大豆有霉变、受损现象,同日电话通知深圳平保公司,于次日向深圳平保公司发出出险通知书,告知货损情况。富虹公司于 8 月 6 日书面通知"韩进大马"轮船长金锡现货物有霉变情况。8 月 23 日,富虹公司申请广州海事法院对"韩进大马"轮上的航海日志等资料进行了证据保全。8 月 25 日,富虹公司向广州海事法院申请扣押了"韩进大马"轮。9 月 2 日,中国再保险(集团)公司为该轮所有人向富虹公司与深圳平保公司提供了担保赔偿限额为 400 万美元的担保函。广州海事法院遂于同日解除了对该轮的扣押。9 月 23 日,富虹公司向广州海事法院起诉韩进船务有限公司和中国再保险(集团)公司,请求该两公司连带赔偿富虹公司"韩进大马"轮运载的大豆损失及相关费用 2 400 万元及其利息。10 月 28 日,富虹公司向深圳平保公司书面提出索赔申请。

中国检验认证集团广东有限公司(下称广东检验公司)作出《检验报告》,表明:该轮经 86 天的航行及到港待泊时间,未进行通风或通风不良,货损的主要原因为:(1)第 2～6 舱顶表层货物之霉变、结块及发臭,系由于缺乏通风所致;(2)第 7 舱内严重烧伤为黑色、褐色的货物,系因船舶在航行和待泊期间缺乏通风，加上燃油柜和机舱的大量热量直接传导并积聚于舱内上层货物所致；（3）第2～7舱之热损货物，系因缺乏通风而产生高温所致。

受富虹公司的委托，广东检验公司湛江分公司从2004年8月2日至10月20日在湛江港对"韩进大马"轮所载大豆进行了检验，于10月20日以广东检验公司的名义作出《检验证书（残损鉴定)》，其主要内容与广东检验公司的《检验报告》基本一致。

中国检验认证集团深圳有限公司（下称深圳检验公司）受深圳平保公司的委托派检验人员到湛江港检验"韩进大马"轮的货损情况，于11月8日作出评估报告及附件"韩进大马"轮巴西大豆货损时间分析，表明：货损原因为通风严重不足与货物放置船舱时间较长。经综合分析，评估在船舶停航等待期间（从6月17日至8月2日）发生的货损占总货损的76.32％。深圳检验公司派检验人员廖康敏到庭接受质询时说明：无法判断两种货损原因（船舱通风不良与货物在船时间较长）的作用比例或主次等。

富虹公司于2005年5月26日向广州海事法院起诉，诉称：因深圳平保公司签发的保险单背面以英文载明免责条款，其在订约过程中没有向富虹公司作出说明，富虹公司当时也不了解条款内容，深圳平保公司无权援引保险单背面所载的免责条款拒赔等。请求法院判令深圳平保公司赔付富虹公司货物损失17 903 749.20元、残损大豆施救费及船舶滞期损失2 549 268.39元及其利息，并承担本案诉讼费。

深圳平保公司辩称：双方当事人之间的保险合同合法有效，合同的免责条款是富虹公司自己选择的，深圳平保公司已就保险条款的全部内容向富虹公司作了明确说明，保险合同的全部条款是双方当事人一致同意的内容，富虹公司不能在保险事故发生后只选择合同的责任条款而否定免责条款。本案货物损失的绝大部分（78％）是被保险人、发货人方面的原因与运输迟延造成的，这属于保险单约定的除外责任。深圳平保公司仅应承担22％的损失和费用，向富虹公司支付保险赔偿3 457 787.78元。

【法律问题】

保险除外责任

【法律分析和结论】

1. 关于保险人对保险除外责任条款的说明义务

保险除外责任条款是列明被保险人自担风险范围的条款，对被保险人的利益有重大影响。为防止保险人通过除外责任条款的规定而任意扩大责任免除的范围，或者通过含义模棱两可、被保险人等非保险专业人士所难以正确理解的专业术语来规定免责范围，从而出现对被保险人不公平的条款，损害合同正义，许多国家均对除外责任条款予以明确限制，我国保险法也采用世界通行的做法，将保险人对除外责任条款作明确说明，作为该条款生效的必要条件，而对其他条款没有作类似要求。按照立法趣旨，司法实践对除外责任条款效力的认定，自然应体现法律的特别要求，必须查明保险人是否举证证明其明确说明了除外责任条款，而不能像对待其他条款那样仅根据保险人向被保险人签署保险单和被保险人无异议地接受，认定双方就条款内容协商一致而认定合同条款成立并生效。如果保险人不能举证证明其向被保险人明确说明了除外责任条款，法院就不能依据被保险人选择险别及其条款，其接受保险单时没有提出异议等事实推定被保险人知悉除外责任条款，而保险人无须再明确说明，更不能推定保险人已履行了明确说明的义务，从而认定除外责任条款生效。否则，法律将保险人明确说明作为除外责任条款生效的特别要件岂不形同虚设，又如何切实贯彻于保险实务和审判实践之中？在本案中，保险人不仅不能举证证明其履行了对除外责任条款的说明义务，而且还存在其提供的保险条款为英文，不便于中国的被保险人了解等不利情形，故两审法院认定除外责任条款不生效，理据充分。法院作出的这种认定是明确和断然的，但引起了一些保险公司的抱怨，他们认为：在保险市场中，长期以来保险人没有专门要求被保险人书面确认保险人明确说明除外责任条款，法院如此处理不顾保险市场上的实际做法，使得保险公司陷于被动与尴尬。我们应该认识到，市场经济就是法治经济，经济运行必须符合法律的要求。在保险市场中，保险公司是专业的，而被保险人多是非专业的，法律对保险人明确说明除外责任条款的规定就是要求专业的保险人对非专业的被保险人有专业的服务水平，而对被保险人不要求有专业的认识，体现了一种实质正义。保险市场中存在上述做法，说明有些保险公司本身没有严格按照法律的要求运作，服务不够专业。该案的判决给了保险人一个警示：只要保险人不能举证证明其向被保险人明确说明了除外责任条款，法院就应认定除外责任条款不生效。法院的这种态度应是斩钉截铁的。

2. 关于航行与交货迟延损失除外的问题

（1）保险中航行与交货迟延的认定

《海商法》第 243 条规定，除合同另有约定外，因航行迟延、交货迟延所造成的损失，保险人不负责赔偿。但法律没有对这里的"航行迟延"、"交货迟延"下定义。《海商法》第四章"海上货物运输合同"第 50 条第 1 款规定：货物未能在明确约定的时间内，在约定的卸货港交付的，为迟延交付。根据立法原意，应坚持"约定迟延交付"论,即该"迟延交付"的认定以明确约定交付时间为前提,当事人没有约定交付时间的,就不应认定存在迟延交付。应该看到,这里"迟延交付"不能等同于"航行迟延"、"交货迟延",并予以混用。首先,两者词义相似,但措辞上毕竟明显不同,不是同一术语。其次,前者是《海商法》第四章"海上货物运输合同"中的术语,而后者是《海商法》第十二章"海上保险合同"中的术语,两者外延不同。最后,以海上货物运输合同中的双方当事人是否约定交付时间来认定保险合同下是否存在"航行迟延"、"交货迟延",令人不解。运输合同的内容与保险合同并无必然关联,运输合同当事人之间的约定何以影响保险合同当事人的权利义务?如果运输合同当事人是否约定交付时间会影响保险合同下是否存在"航行迟延"、"交货迟延",就等同于保险合同当事人的权利义务不能仅凭该合同当事人之间的约定,还要受运输合同当事人约定的制约,这哪里还有"合同的相对性"?本案法院基于提单没有明确约定航行和交付时间,认定保险合同下不存在航行迟延和交货迟延,作了新的突破。笔者认为,既然《海商法》对"航行迟延"、"交货迟延"没有定义,那就应按照海上保险实践中的一般观念来认定,本案船舶将货物运抵目的港后停泊 56 天后才靠泊卸货,明显属于海上保险合同法规范中的"航行迟延"、"交货迟延"(尽管不构成海上运输合同法规范中的"迟延交付")。如果这种情况还不构成迟延,停泊多少天才算迟延?而且,本案保险合同双方当事人对"航行迟延"、"交货迟延"的事实也是一致认可的。故应认定本案保险合同下存在"航行迟延"、"交货迟延"。

(2)迟延期间发生的损失与因迟延所造成的损失

"迟延期间所发生的损失不等于因迟延所造成的损失。"这是原审判决中一句精要的论述。这不仅仅是简单地从字面上作如此理解,死抠字眼,玩文字游戏,而是有根有据有意义的。首先,从合同整体上解释,结合保险合同约定:短量责任为"港至港",其他责任为"仓至仓",说明两种责任期间明显不同。如果将迟延期间所发生的损失等同于因迟延所造成的损失,依法作为保险除外责任,那么,就意味着保险人不应赔付货物抵港后迟延期间的损失,其对货物非短量损失实际上承担的责任是"仓至港",而不是"仓至仓"。因而,从双方当事人的约定看,确有区分两种损失的必要。其次,从实际情况看,在迟延期间可能因通风不良等其他因素引起货损,这样,迟延期间的货损就是其他因素,而不是迟延所引起,迟延期间的损失就不是迟延所造成的损失。如果迟延因素与其他因素共同引起货损,则迟延期间发生的货损就不单纯是迟延所造成损失。最后,无论是保险单的约定,还是《海商法》的规定,保险人的除外责任之一是迟延所造成的损失,而不是迟延期间所发生的损失,这里特别需要强调因果关系。在海上保险实务中保险人对海运货物的保险期间普遍为"仓至仓",意味其承保货物滞港（进仓前）期间的风险,这与法律和保险单中均规定迟延所造成的损失除外（而不是迟延期间所发生的损失除外）是相吻合的,这是有意的商业与法律安排,而绝不是法条与保险单条款中不经意的文字疏漏。故审理类似案件必须区分迟延期间所发生的损失与迟延所造成的损失。

（3）关于因迟延所造成的损失的举证责任分配与事实认定

按照"谁主张,谁举证"的原则,被保险人应首先对保险合同承保的风险及其所造成的损失举证,保险人认为损失是保险除外责任,应就除外风险的发生及其所造成的损失举证。举证不能的一方相应承担诉讼的不利后果。这种举证责任的分配是合法合理的,也是海事审判长期的实际做法。这种举证责任分配在损失原因单一的情况下显得简单明了,但在承保风险与除外风险共同造成损失的情况下就比较复杂了。在我国保险法、海商法没有规定保险近因原则的情况下,法院对于损失赔付的判定主要根据上述举证责任的分配规则来处理。

在本案中,被保险人和保险人一致举证证明：在运输过程中货舱一直存在通风不良的情况。通风不良是导致货损的原因之一,且被保险人通过举证类似船舶从事类似长时间的运输而所运大豆没有明显受损的事实,佐证了运输与交货迟延并非货损的必然因素,从而间接证明货损的主因是通风不良。至此,被保险人完成了其举证责任。而保险人在一审中仅举证证明了运输迟延期间所发生的损失,而没有举证证明迟延所造成的损失,即没有证明在全部损失中迟延所造成的损失的比例,故承担举证不能的不利后果,其要求免除部分赔偿责任不能成立,须对全部货损承担赔偿责任。

在一审中,保险人提供的检验人深圳检验公司派人到庭解释：无法判断两种货损原因的作用比例或主次。在二审中,该检验人却补充报告认为：按货损速度为匀速条件,按照时间比例,综合评估因运输迟延造成的货损占迟延期间货损的70%。综合审核,该检验人的补充报告不应采信,理由如下：1）该检验人在二审中改变了一审中的意见,保险人应进一步举证,否则,其举证不符合最高人民法院《关于民事诉讼证据的若干规定》第74条关于反悔成立须有相反证据足以推翻原陈述的规定,不应予以采纳；2）保险人没有举证证明货损速度是否为匀速,检验人以此为条件作出结论,缺乏客观性；3）检验人补充评估因迟延所造成的损失仍然是按照时间比例作出的,时间比不等于作用比；4）更主要的是,该补充评估报告的结论[迟延为货损主因（占70%）]与类似船舶运输所证明的迟延并非货损主因的事实相矛盾。后者是实际已发生的事实,即一种客观事实,其证据效力要高于检验人评估推断的结论。

（4）关于保险近因原则的问题

通过上述分析可以看出，通风不良是本案货损的近因。按照法理上的近因原则，保险人也应对货损承担全部赔付责任，但鉴于我国保险立法没有近因原则之规定，该案只能通过举证责任的分配来处理。在近因原则下，一般将那些对于事故发生起到直接的、决定性的、有效的、主导性的、不可避免的因素确定为近因，法律上的近因更加强调法律后果的公平合理性，而不是拘泥于哲学或常识中的因果关系；近因原则除包含上述举证责任的分配规则外，还主要包含同时并存之多种原因、连续发生之多种原因（因果关系连续）等比较复杂的处理规则，对于处理多因一果问题具有重要指导意义，这里不多加论述。特别是，对于多个原因共同导致一起事故发生，客观上又不可能分清每一原因的作用比例时，近因原则强调近因的作用，以近因是否为承保风险来决定保险人是否赔付。这样，近因原则的运用就比单纯的举证责任分配要公平，更具有可预见性、可操作性。例如，假设在本案中迟延是货损的主要原因，仅按照上述举证责任的分配规则，保险人不能举证证明迟延的作用比例，其可能仍应承担全部赔偿责任，这就有失公平。按照近因原则，只要保险人举证证明迟延等除外风险为损失的近因，其可能免除赔偿责任。鉴于多因一果案例并不少见，通过该案我们可以进一步感觉到我国保险法律规定近因原则是非常必要的。

本案属海上货物运输保险合同纠纷。深圳平保公司接受富虹公司投保海运货物险，向富虹公司签发了保险单及保险批单；富虹公司接受了保险单及保险批单，并向深圳平保公司支付了保险费。双方自愿订立了以保险单及保险批单为主要形式的保险合同。除法律另有规定外，依法成立的合同，自成立时生效。鉴于保险合同条款一般由保险人格式化拟定，且被保险人充分了解免责条款对于公平保护其利益具有重要意义，法律对保险免责条款的生效另有特别规定。2009年新修订《保险法》第17条第2款规定："对保险合同中免除保险人责任的条款，保险人在订立合同时应当在投保单、保险单或者其他保险凭证上作出足以引起投保人注意的提示，并对该条款的内容以书面或者口头形式向投保人作出明确说明；未作提示或者明确说明的，该条款不产生效力。"富虹公司向深圳平保公司投保时在投保单上选择投保一切险等险别，但没有载明险别内容，这不能说明富虹公司在投保时明确了解承保范围、除外责任等险别内容。双方当事人均为国内当事人，而深圳平保公司向富虹公司签发的保险单却以英文规定本保险不负责赔偿运输迟延所引起的损失和费用等除外责任，这可能不便于富虹公司及时了解对其利益有重大影响的除外责任条款，以决定是否同意接受保险单的条款内容并订立保险合同。深圳平保公司先签发保险单，再邮寄给富虹公司接受，不是当面向富虹公司签发保险单，不可能在签发保险单时面对面向富虹公司说明除外责任条款。因此，仅依据富虹公司选择了险别并接受了保险单，尚不能推定富虹公司在接受保险单以前已明确了解保险单规定的除外责任条款，因而深圳平保公司没有必要向富虹公司明确说明；更不能推定深圳平保公司在富虹公司接受保险单以前已向富虹公司明确说明了除外责任条款。深圳平保公司没有举证证明其在富虹公司接受保险单以前已向富虹公司明确说明了保险除外责任条款，应认定深圳平保公司在订立保险合同时没有向富虹公司说明除外责任条款，保险单规定的除外责任条款不产生效力，深圳平保公司无权依据保险单中的除外责任条款拒赔。但是，《海商法》第 243 条规定："除合同另有约定外，因下列原因之一造成货物损失的，保险人不负赔偿责任：（一）航行迟延、交货迟延或者行市变化；（二）货物的自然损耗、本身的缺陷和自然特性；（三）包装不当。"深圳平保公司可以依据法律关于保险除外责任的规定对因航行与交货迟延所造成的货物损失不予赔偿。

双方当事人在保险单上约定深圳平保公司按照中国人民保险公司（1981 年 1 月 1 日）海洋运输货物保险条款承保一切险，对货物短量外的损失承担"仓至仓"责任。按照保险单关于一切险的承保范围与"仓至仓"责任条款的约定，深圳平保公司应负责被保险货物在运输途中由于外来原因所致的全部或部分损失，保险期间从保险单载明的起运地仓库至货物运至保险单载明的目的地仓库。保险合同约定"仓至仓"责任"包括正常运输过程"，不是仅限于正常运输，从而间接将运输迟延排除在保险期间之外。保险合同也没有直接排除运输迟延于保险期间之外的措辞，而是明确约定保险责任"直至"货物达到目的地仓库。而且，保险单正面约定：短量责任为港至港责任，其他责任为仓至仓，保险单对于港与仓有明显区分。如果对于在船舶到目的港后等泊期间货物发生的非短量损失，保险人可以就此拒赔，那么其对非短量损失的保险期间为仓至港，而不是仓至仓。因此，即使发生运输迟延，只要货物尚未达到目的地仓库，仓至仓保险期间不应终止，运输迟延仍属于该保险期间。法律规定航行与交货迟延所造成的损失为保险除外责任，也不意味航行与交货迟延期间不属于保险期间。法律规定保险人可因航行与交货迟延而不负责赔偿的损失，是与航行与交货迟延有因果关系的损失。迟延期间所发生的损失不等于因迟延所造成的损失，因为在迟延期间可能存在外来原因造成被保险货物损失，也可能因迟延等其他因素或多种因素综合作用造成货损。因运输迟延属保险期间，在运输迟延中因承保风险所造成的损失，保险人仍应负责赔偿；如果在运输迟延中因承保风险与迟延等保险除外风险共同造成被保险货物损失，保险人其仅可拒赔因迟延等保险除外风险所造成的损失，即与迟延等保险除外风险有因果关系的部分损失。

按照《民事诉讼法》第64条第1款及最高人民法院《关于民事诉讼证据的若干规定》（法释〔2001〕33号）第2条的规定，当事人对自己提出的诉讼请求所依据的事实或者反驳对方请求所依据的事实有责任提供证据加以证明；没有证据或者证据不足以证明当事人的事实主张的，由负有举证责任的当事人承担不利后果。被保险人提出保险赔偿请求，应就保险合同承保的风险及其所造成的损失与费用举证；保险人以被保险人主张的损失与费用属于保险除外责任为由予以反驳的，应就保险除外风险及其所造成的损失与费用举证。

富虹公司已举证证明了被保险货物在运输途中因船舱通风不良引起高温和舱汗而遭受净损失达5 868.428吨。船舱通风不良（引起高温和舱汗）对于货物而言是一种外来原因。上述货损属于保险合同约定的险别"一切险"的承保范围，深圳平保公司应予以赔偿。深圳平保公司没有举证证明货损中因航行迟延、交货迟延等法律规定的保险除外风险所造成的部分，应依法承担不利后果。被保险货物在装船时状况良好，本案也没有证据表明货物本身具有致损的缺陷。货物的发货人在船舶于2004年6月19日做好卸货准备前一天已办好进口批文，没有影响船舶及时卸货。富虹公司在船舶到港41天后才取得货物进境动植物检疫许可证，会引起运输迟延，富虹公司迟延获得许可证的事实也一并归于运输迟延因素予以考虑。本案没有证据表明富虹公司有迟延获得许可证的故意。而且，因保险合同中的除外责任条款不生效，深圳平保公司无权援引其中关于保险人不负责因被保险人故意或过失，或发货人责任所引起的损失的约定，主张免除赔偿责任。深圳平保公司提出货损大部分是被保险人与发货人方面的原因、运输迟延造成的，其相应地不应予以赔付的抗辩，缺乏事实与法律依据，不予支持。

深圳平保公司不服广州海事法院判决，向广东省高级人民法院提起上诉，称：除外责任条款是保险合同的法定必备条款，富虹公司在投保时选择了包括免责条款在内的保险条款，其对所有保险条款都是十分清楚的，否则其怎么知道按照保险责任条款和除外责任条款投保"一切险"？全部保险条款均是双方当事人一致同意的，对双方均有约束力。富虹公司在接受保险单后没有提出任何异议，只是在庭审时为了推卸自己的责任才否定除外条款的效力，其意图违反了诚实信用原则。富虹公司是专业从事进口大豆生产的油品公司，对英文进出口买卖、保险条款非常熟悉，其也向法院提供的大量的英文证据，其熟知英文。法院应从一般正常的专业水平，而不应按照一般老百姓的水平去理解本案保险条款。78%的货物损失是航行延迟、交货迟延和富虹公司、发货人过错造成，深圳平保公司不应对该部分损失承担赔付责任。富虹公司答辩称：深圳平保公司没有履行对免责条款的说明义务，其将"因迟延而造成的损失"偷换成迟延后的一切损失，企图逃避保险责任。

广东省高级人民法院经审理认为：深圳平保公司没有充分举证证明其向富虹公司明确说明了除外责任条款，原审判决认定深圳平保公司没有履行明确说明义务并认定除外责任条款不生效并无不当。《海商法》第 243 条规定，除合同另有约定外，保险人不负责赔偿因航行迟延、交货迟延或者行市变化造成的货物损失。这里的航行、交货迟延是指船舶实际的航行时间以及交货时间晚于运输合同约定的航行时间以及交货时间。而本案提单没有明确约定航行时间以及交付时间。在承托双方没有明确约定航行时间和交付时间的情况下，深圳平保公司主张涉案货物发生了航行迟延和交货迟延缺乏事实依据。既然本案不存在航行迟延和交货迟延的情形，深圳平保公司以航行迟延和交货迟延造成货物损失为由主张对涉案 78％ 的货损不承担赔偿责任理由不充分，不予支持。深圳平保公司认为涉案 78％ 的货损系因富虹公司、发货人的原因所致并以此作为免责事由的上诉理由缺乏事实和法律依据，不予采信。因此，原审判决深圳平保公司对涉案货损承担赔偿责任并无不当，予以维持。依据《民事诉讼法》第 153 条第 1 款第 1 项的规定，该院于 2006 年 3 月 13 日作出如下判决：驳回上诉，维持原判。

图书在版编目（CIP）数据

商法案例分析/林嘉主编.
北京：中国人民大学出版社，2009
（21世纪法学系列教材/曾宪义，王利明总主编）
ISBN 978-7-300-10732-5

Ⅰ. 商…
Ⅱ. 林…
Ⅲ. 商法-案例-分析-中国-高等学校-教材
Ⅳ. D923.995

中国版本图书馆 CIP 数据核字（2009）第 082675 号

21 世纪法学系列教材
总主编　曾宪义　王利明

商法案例分析

主编　林　嘉

出版发行	中国人民大学出版社			
社　　址	北京中关村大街 31 号		**邮政编码**	100080
电　　话	010－62511242（总编室）		010－62511398（质管部）	
	010－82501766（邮购部）		010－62514148（门市部）	
	010－62515195（发行公司）		010－62515275（盗版举报）	
网　　址	http://www.crup.com.cn			
	http://www.ttrnet.com（人大教研网）			
经　　销	新华书店			
印　　刷	北京市鑫霸印务有限公司			
规　　格	170 mm×228 mm　16 开本		**版　　次**	2009 年 6 月第 1 版
印　　张	23.25		**印　　次**	2011 年 8 月第 2 次印刷
字　　数	420 000		**定　　价**	35.00 元